二十一世纪"双一流"建设系列精品教材

投资银行学

（第三版）

TOUZI YINHANG XUE

主　编　赵洪江

副主编　王秋蕴

西南财经大学出版社

中国·成都

图书在版编目(CIP)数据

投资银行学/赵洪江主编;王秋蕴副主编.
3 版.--成都:西南财经大学出版社,2024.11.
ISBN 978-7-5504-6314-1

Ⅰ.F830.33

中国国家版本馆 CIP 数据核字第 20246SS771 号

投资银行学(第三版)

TOUZI YINHANGXUE

主　编　赵洪江

副主编　王秋蕴

策划编辑:陈何真璐

责任编辑:张　岚

助理编辑:陈何真璐

责任校对:廖　韧

封面设计:墨创文化

责任印制:朱曼丽

出版发行	西南财经大学出版社(四川省成都市光华村街55号)
网　　址	http://cbs.swufe.edu.cn
电子邮件	bookcj@swufe.edu.cn
邮政编码	610074
电　　话	028-87353785
照　　排	四川胜翔数码印务设计有限公司
印　　刷	郫县犀浦印刷厂
成品尺寸	185 mm×260 mm
印　　张	20.625
字　　数	503 千字
版　　次	2024 年 11 月第 3 版
印　　次	2024 年 11 月第 1 次印刷
印　　数	1— 2000 册
书　　号	ISBN 978-7-5504-6314-1
定　　价	49.80 元

前言

Preface

本版教材是前两版《投资银行学》的继续。一方面，沿袭了前两版的内容特点：①注重内容的实用性、时效性和趣味性；②注重投资银行业务理论背景的介绍；③注重投资银行的中国情景和案例介绍；④注重知识内容的拓展。但另一方面，在篇章结构方面进行了大刀阔斧的修改，几乎重写了全部内容。本版的主要调整如下：

（1）根据实用原则，删去了第二版投资银行组织形式、治理结构、组织结构、社会责任、自身风险管理及政府监管的内容，将主干内容集中在投资银行业务上。将原来金融工程业务之证券设计、金融工程业务之风险管理两章内容整合为投资银行金融工程与金融创新业务一章。

（2）为了激发读者的阅读兴趣，在每章新增加了导入案例。

（3）更新了投资银行各项业务涉及的法律条款，并基于最新法律条款介绍了投资银行业务。特别是 2019 年修订的《中华人民共和国证券法》及 2023 年修订的《中华人民共和国公司法》。

（4）增加了内容。比如在第一章，为了加强读者对国际知名投资银行的了解，除全面更新了原有国际投资银行内容外，还增加了国际投资银行及我国投资银行发展历程的介绍。在第二章，增加了绿色金融对投资银行业务影响的介绍。

（5）更新了小资料、小案例的内容。比如第二章增加了商业承兑汇票签发量与商业票据发行量（2017—2020 年）等。

（6）更新了拓展阅读文献。

本教材的读者对象是证券公司、商业银行、信托公司、基金管理公司、VC/

PE等金融机构的中高级管理人员和实务人员，各类企业的中高级管理人员和财务人员，相关专业高年级本科生、硕士生（包括MBA、EMBA、iMBA）及其他对投资银行理论和实务感兴趣的人员。

感谢建设银行研修中心西南研修院许军平副院长，感谢广发证券胡金泉副总经理，空港保理周兴勇董事长，四川文轩宝湾供应链有限公司赵俊怀总经理，川投云链封飞总经理，北京知链刘全宝总裁，成都供应链金融协会马宏毅会长、刘宇航秘书长，成都工业经济联合会胡庆苏秘书长，四川知链未来魏文总经理、张敏副总经理，电子科技大学经济管理学院尹宇明副教授，国融证券投资银行团队负责人兼质控委员林艺伟，川投云链吴东坡副总经理，广发证券边洪滨、高加宽、蔡敬熠经理，国金证券万馨纯经理，远东租赁边昊经理等提供的建议。

感谢电子科技大学硕士生李馥言、冯程程、尤冉、吴鸿宇参与收集资料。

感谢西南财经大学出版社各级领导及出版过程中各位工作人员的辛勤工作，感谢陈何真璐的统筹协调，感谢张岚的细致工作！

本教材得到了浙江同花顺智能科技有限公司产学合作协同育人项目（项目编号：202002311003）、北京知链科技有限公司产学合作协同育人项目（项目编号：202002076042）的资助。

由于编者水平学识有限，书中的不当之处在所难免，恳请广大读者和同仁批评指正。

赵洪江
2024年10月

目录 CONTENTS

第一章
投资银行概述

➤学习目标

掌握投资银行概念、特点，投资银行业务范围，投资银行分类，了解投资银行发展历程及我国投资银行的现状。

➤学习内容

- ■投资银行概念
- ■投资银行与商业银行的区别
- ■投资银行业务范围
- ■投资银行类型
- ■国际投资银行发展历程
- ■我国投资银行发展历程

➤导入案例

哈佛商学院推荐的财经电影绝大部分涉及投资银行，比如《华尔街》（1987）、《门口的野蛮人》（1993）、《华尔街之狼》（2013）。在《华尔街》这部电影中，奥斯卡影帝迈克尔·道格拉斯（Michael Douglas）饰演的投资银行家戈登·盖柯高大稳重，梳着摩根式的大背头，露出宽阔的额头和一双鹰隼一样的眼睛。"金钱永不眠""贪婪是好东西"成为其经典台词。

有人说：如果你手里有20元钱，你就会考虑下顿饭在哪里；如果你手里有2 000元钱，你就会考虑商业银行在哪里；如果你手里有200 000元钱，你就会考虑投资银行在哪里。2024年开年热播剧《繁花》从一个侧面再现了中国20世纪90年代的股市风云。剧中，故事主角之一的爷叔（游本昌饰）告诫宝总（胡哥饰），上海人做生意要讲究派头、噱头和苗头。投资银行，究竟是财富天使还是金钱魔鬼？

资料来源：根据公开资料整理。

启发问题：

1. 什么是投资银行？

2. 我国为什么支持证券公司做大做强？

第一节　投资银行概述

一、投资银行与投资银行业务的定义

投资银行是现代金融体系中与商业银行、保险公司、信托公司等金融机构并行，具有特定业务范围和功能的金融机构。在不同国家，投资银行有不同的称谓，在美国被称作投资银行（investment bank）；在英国，投资银行主要指商人银行（merchant bank）；而在我国和日本，投资银行主要指各种类型的证券公司（securities company）。

目前学术界对投资银行尚无统一定义。在博迪等人所著的《金融学》（2011）教材中，投资银行是指帮助企业、政府和其他主体发行证券筹集资金，或者推动、发起并购的金融中介[1]。在米什金和埃金斯的《金融市场与金融机构》（2020）教材中，投资银行是区别于股票经纪人和经销商的金融中介，除了承销股票、债券和商业票据外，还作为企业并购、做市商、公司买卖中介人以及富人的私人经纪人等发挥关键作用[2]。在马杜拉的《金融市场与金融机构》（2010）教材中，投资银行被定义为是从事投资银行业务（investment banking）的证券公司。这些业务具体包括证券承销，为企业并购、套利活动及重组活动提供咨询和融资等[3]。

美国著名投资银行家库恩（Robert Lawrence Kuhn，1996）列举了投资银行的四种定义[4]。最广义的投资银行是指从事华尔街所有金融业务的金融机构，甚至包括不动产投资和保险公司；次广义的是指仅从事资本市场业务比如证券承销、公司理财、收购兼并、基金管理、风险投资等，不包括不动产经纪、保险和抵押贷款业务的金融机构；次狭义的是指仅从事证券承销和企业并购业务的金融机构；最狭义的是指仅从事一级市场承销、二级市场交易和经纪业务的金融机构。

外延最广泛的定义囊括的金融机构太多，意义不大。目前被市场普遍接受的是次广义定义，即投资银行是立足于资本市场，从事证券交易经纪、证券承销、企业并购、基金管理、资产管理、风险投资等业务的金融机构。其中证券承销和企业并购是投资银行

---

[1]　Z BODIE，R C MERTON，D L CLEETON. Financial Economics［M］. 影印版. 北京：中国人民大学出版社，2011：59.

[2]　米什金，埃金斯. 金融市场与金融机构［M］. 丁宁，等译. 9版. 北京：机械工业出版社，2020.

[3]　马杜拉. 金融市场与金融机构［M］. 何丽芬，译. 8版. 北京：机械工业出版社，2010.

[4]　库恩. 投资银行学［M］. 李申，薛柏英，赵家和，等译. 北京：北京师范大学出版社，1996.

最具标识和最本源的业务。

与投资银行紧密相关的是投资银行业务（investment banking）的概念。根据马杜拉（Madura，2010）的定义，投资银行业务泛指金融机构在客户股票、债券、可转债等证券发行、杠杆收购、套利活动及重组活动中为其提供的证券承销、财务顾问、方案策划、过桥融资等方面的服务。

上述定义意味着，不仅投资银行可从事投资银行业务，商业银行等金融机构也可从事投资银行业务[①]。为了划清投资银行与商业银行的界限，何小锋、黄嵩（2008）认为并不是所有经营投资银行业务的金融机构都是投资银行，只有主业为投资银行业务的金融机构才是投资银行；并不是经营全部投资银行业务的金融机构才是投资银行，部分主营业务是投资银行业务的金融机构也可称为投资银行[②]。

小资料1-1：欧美投资银行简介

作为一类金融机构，投资银行起源于欧洲，在西方国家经历了几百年的发展。投资银行业虽然发端于欧洲，但壮大于美国。1792年5月，美国24位经纪商签订了具有历史意义的《梧桐树协议》（Buttonwood Agreement），1863年纽约证券交易所在此基础上成立。1933年，美国《格拉斯-斯蒂格尔法案》（Glass-Steagall Act）将投资银行与商业银行分离开来，使投资银行成为一种独立的金融机构。

2008年的次贷危机重创了美国投资银行业，投资银行有的破产，有的被迫重组。比如，美林证券（Merrill Lynch）被美国银行（Bank of America）收购。其投资银行和交易业务更名为"美银证券"（Bank of Ametica Securities），其财富管理业务冠以"美林"（Merrill），但去掉"Lynch"一词，与企业客户对接的业务归于美国银行名下。表1-1展示了世界著名投资银行及其创立年份、总部所在地。

表1-1　世界著名投资银行

名称	创立年份	总部所在地
摩根大通（JP Morgan Chase & Co.）	1895年	美国纽约
美国银行（Bank of America）	1968年	美国旧金山
富国银行（Wells Fargo Securities）	1852年	美国旧金山
花旗集团（Citigroup）	1812年	美国纽约
高盛集团（Goldman Sachs & co.）	1869年	美国纽约
摩根士丹利（Morgan Stanley）	1935年	美国纽约
德意志银行（Deutsche Bank）	1870年	德国法兰克福
瑞银集团（United Bank of Switzerland）	1854年	瑞士苏黎世
巴克莱银行（Barclays Bank）	1862年	英国伦敦
瑞士信贷（Credit Suisse）	1856年	瑞士苏黎世

资料来源：根据公开资料整理。

[①]　商业银行也可从事商业票据、国债承销以及并购咨询等方面的业务。
[②]　何小锋，黄嵩. 投资银行学［M］. 2版. 北京：北京大学出版社，2002.

小资料 1-2：国内投资银行简介

我国投资银行发展时间较晚，但近年来发展较快。据中国证券业协会《中国证券业发展报告（2022）》，截至 2021 年年底，我国共有证券公司 140 家，外资参股、控股证券公司共 17 家。截至 2021 年 12 月 31 日，我国证券公司总资产为 10.59 万亿元，净资产为 2.57 万亿元，净资本为 2.00 万亿元。表 1-2 展示了国内著名投资银行及其创立年份和总部所在地。

表 1-2 国内著名投资银行

名称	创立年份	总部所在地
中信证券	1995 年	北京
国泰君安	1999 年	上海
华泰证券	1991 年	南京
海通证券	1988 年	上海
广发证券	1991 年	广州
招商证券	1991 年	深圳
申万宏源	2015 年	上海
中信建投	2005 年	北京
国信证券	1994 年	深圳
银河证券	2007 年	北京

资料来源：根据百度百科等资料整理。

小资料 1-3：投资银行职业阶梯

一般而言，投资银行职位从初级到高级总共分为 A、SA、VP、SVP、D、ED、MD 七级，分别是经理（associate）、高级经理（senior analyst）、副总裁（vice president）、高级副总裁（senior vice presi rector）、总监（director）、执行总经理（executive director）、董事总经理（managing director）。

经理到副总裁主要在现场从事具体工作。高级副总裁基本是现场负责人，已开始承揽项目。总监一般是重要项目的现场负责人，并承担一些项目负责人职责，其精力倾向于项目承揽。从高级副总裁到总监是重要的晋升环节，不仅要考察被考核人是否足够胜任现场负责人的工作，还将考察其在项目承揽方面的贡献度以及是否具备带动团队能力等情况。执行总经理、董事总经理的主要工作在于项目承揽和对项目的整体把控。

资料来源：根据公开资料整理。

小资料 1-4：高盛集团 CEO 对毕业生的建议

高盛集团 CEO 劳尔德·贝兰克梵因带领高盛集团成功走出 2008 年金融危机而为人所熟知。在曼哈顿拉瓜迪亚社区大学 2013 级毕业典礼上，他向毕业生们建议：①信心真的很重要；②要找到自己喜欢的工作；③做一个全面、完整的人；④参与社区活动，回报社会，保持开放的心态；⑤人生是不可预测的，不要自我设限，要与有野心的人为伍，要积极投身到有利成长的机会中去。

资料来源：根据公开资料整理，https://zhuanlan.zhihu.com/p/19863937。

二、投资银行与商业银行的区别

投资银行与商业银行虽然同属金融中介，但两者在经济功能、业务范围、利润来源、监管机构等方面存在很大的差别（表1-3）。

表1-3　投资银行与商业银行的区别

项目	投资银行	商业银行
经济功能	直接融资、长期融资	间接融资、短期融资
本源业务	证券承销与交易	存贷款业务
收入来源	佣金与服务费	存贷利差
服务领域	资本市场	短期借贷市场
经营风格	在控制风险的前提下，稳健与开拓并重	安全性、盈利性和流动性统一
管理机构	证券交易委员会（SEC）、中国证券监督管理委员会（CSRC）	美国联邦储备局（美联储）、国家金融监督管理总局（原银保监会）

1. 金融中介经济功能不一样

在金融中介过程中，商业银行通过出售自己的负债来融资，通过购买其他公司的负债来投资，从而将资金短缺的企业、家庭与资金富余的家庭联系起来，实现资金融通。在这个过程中，商业银行既是债权人又是债务人：对拟借款的家庭、企业或政府而言，银行是债权人；但对存款人而言，银行是债务人。经过商业银行中介完成的融资被称为间接融资，因而商业银行可被理解为从事间接融资的金融中介（图1-1）。商业银行的经济功能包括监督功能（Diamond，1984）、信息创造功能（Boyd & Prescott，1986）、消费平滑功能（Diamond & Dybvig，1983）[①]。

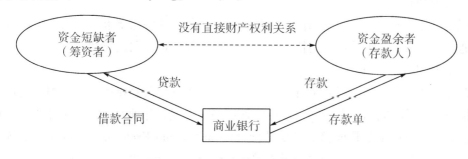

图1-1　商业银行的金融中介作用

① 张春. 公司金融学［M］. 北京：中国人民大学出版社，2008：197-219. Lyland 和 Pyle（1973）从信息不对称角度对金融中介产生的原因进行了解释，认为金融中介是应对信息不对称的机构。

投融资双方直接发生债权、股权关系的金融交易被称作直接融资。在直接融资中，投资银行自身与投融资双方均不产生直接的财产关系，而是利用其声誉或专业技能帮助企业提高融资效率，缓解投融资双方的信息不对称。其融资服务包括：融资工具的建议与设计、融资数量的建议、融资时机的把握、证券承销等。因此，投资银行可被理解为从事直接融资的金融中介（图1-2）。

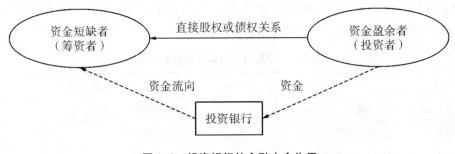

图 1-2　投资银行的金融中介作用

2. 收入来源不一样

商业银行金融中介作用的特征决定了其本源业务是吸收存款、发放贷款，通过存贷利差获取主要收入。其他业务如资产管理、证券投资业务及种类繁多的表外业务对银行的收入构成虽然也很重要，但居于从属地位。

投资银行主要提供证券承销、并购咨询、投资咨询、财富顾问、研究报告、基金管理、资产管理、证券交易等不涉及财产权利的金融服务，因而服务费或佣金成为其主要收入来源。

3. 服务金融领域不一样

商业银行除了为金融体系提供基本的支付、清算外，在资金融通上主要定位于货币信贷市场，通过贷款的方式为客户提供短期资金融通。而投资银行主要定位于资本市场，为企业提供证券承销、并购咨询、战略规划等资本市场服务，为普通家庭提供证券经纪、投资咨询、财富管理、研究报告等证券投资方面的服务。

4. 经营风格不一样

商业银行是金融体系的基础性金融机构，其高负债的特点要求其特别注重风险控制和稳健经营，而投资银行业务的特点使其具有极大的开拓性和创新性。

5. 监管机构不一样

在分业经营情况下，商业银行与投资银行具有各自的监管体系。在美国，商业银行监管机构主要是美联储；在我国，银行监管机构主要是国家金融监督管理总局①。在美国，证券监管机构主要是证券交易委员会（Securities and Exchange Commission，SEC）；在我国，主要是中国证券监督管理委员会（China Securities Regulatory Commission，CSRC）。

---

① 2023 年 3 月，根据中共中央、国务院印发的《党和国家机构改革方案》，国家金融监督管理总局在中国银行保险监督管理委员会基础上组建，不再保留中国银行保险监督管理委员会。其职责是除证券业之外的金融业监管。

三、从财务报表看投资银行与商业银行的差别

1. 资产负债表的差别

表 1-4 和表 1-5 分别是中信证券（股票代码：600030）、工商银行（股票代码：601398）在 2019 年的资产负债表及利润表。中信证券资产总额为 7 917 亿元，而工商银行为 301 100 亿元，后者是前者的约 30 倍。说明商业银行资产规模一般比投资银行大。

从资产结构看，中信证券的资产主要为货币资金（19%）、结算备付金（4%），这两项占到 23%；而工商银行的资产主要为现金及存放中央银行款项（11%）、发放贷款及垫款总额（54%），其中贷款资产达到资产总额的一半。这反映了商业银行以贷款为主要资金投向的事实。由于商业银行的主要资产是贷款，而投资银行的主要资产是现金及证券资产，因此投资银行的资产流动性好于商业银行。

表 1-4　2019 年的中信证券、工商银行资产负债表　　　金额单位：亿元

项目	中信证券		项目	工商银行	
货币资金	1 502	19%	现金及存放中央银行款项	33 180	11%
结算备付金	327	1%	发放贷款及垫款	163 300	54%
交易性金融资产	—	—	存放同业款项	4 753	2%
可供出售金融资产	—	—	持有至到期投资	—	—
长期股权投资	90	1%			
资产总额	7 917	100%	资产总额	301 100	100%
衍生金融负债	140	2%	吸收存款	229 800	76%
代理买卖证券款	1 234	16%	同业及其他金融机构存放款项	17 760	6%
			拆入资金	4 903	2%
			归属于母公司股东的权益合计	26 760	9%
负债总额	6 263	79%	负债总额	274 200	91%
股本	121	2%	股本	3 564	1%
			资本公积金	1 491	1%
			盈余公积金	2 923	1%
			未分配利润	13 690	5%
股东权益	1 654	21%	股东权益	26 920	9%

①资料来源：根据 2019 年相关公司财务报表整理，http://www.eastmoney.com/。

②注：表中百分数=项目/资产总额×100%，所有数据四舍五入取整数。

2. 利润表的差别

从表 1-5 可以看出，中信证券利息净收入、手续费及佣金净收入、投资收益分别占到营业收入的 5%、42%、44%，说明投资银行利润的主要来源是手续费及佣金净收入、

投资收益，利息收入只占很小的比重。而工商银行的利息净收入、手续费及佣金净收入分别为营业收入的 71% 和 18%，说明商业银行的主要收入来自存贷利差。

表 1-5　2019 年中信证券、工商银行的利润表　　金额单位：亿元

项目	中信证券		项目	工商银行	
利息净收入	20	5%	利息净收入	6 069	71%
手续费及佣金净收入	180	42%	手续费及佣金净收入	1 556	18%
投资收益	188	44%			0%
公允价值变动收益	−21	−5%			0%
营业收入	431	100%	营业收入	8 552	100%
营业支出	261	61%	业务及管理费	1 991	23%
		0%	资产减值损失	1 790	21%
营业利润	170	39%	营业利润	3 906	46%
利润总额	170	39%	利润总额	3 918	46%

①资料来源：根据 2019 年相关公司财务报表整理，http://www.eastmoney.com/。
②注：表中百分数＝项目/营业收入×100%，所有数据四舍五入取整数。

第二节　投资银行业务范围

一、投资银行业务范围划分

投资银行业务范围使得投资银行的概念更加具象化，但对其划分目前尚无统一标准。吉斯特（Geisst，1998）将投资银行业务分为三类：承销业务（underwriting）、收费银行业务（fee banking）和交易服务（transaction）。承销业务包括公募和私募，收费的银行业务包括并购顾问、经济研究、其他金融咨询，交易服务包括二级市场交易（做市商）、自营交易和零售经纪①（表 1-6）。

表 1-6　投资银行业务范围

业务大类	具体业务
承销业务（underwriting）	公募、私募
收费银行业务（fee banking）	并购顾问、证券研究、其他金融咨询
交易服务（transaction）	二级市场交易、自营交易和零售经纪

① 吉斯特. 金融体系中的投资银行［M］. 郭浩，译. 北京：经济科学出版社，1998.

我国台湾学者谢剑平将投资银行业务分为四个部分：资金募集、财务顾问、资产管理、财务工程与风险管理（表1-7）。与吉斯特相比，没有包括投资银行的交易服务，但增加了资产管理业务、金融工程与风险管理业务[1]。

表1-7　投资银行业务范围

业务大类	业务内容
资金募集	国内承销、国际承销、私募业务、创投事业
财务顾问	企业估价、并购顾问、融资收购、项目融资规划、民营化业务
资产管理	资产管理、对冲基金操作
金融工程与风险管理	利率风险、汇率风险、权益风险管理，金融资产证券化

马晓军（2021）将投资银行业务分为一级市场业务、二级市场业务、资产管理业务、企业并购业务、资产证券化业务、项目融资业务、私募投资业务以及其他业务[2]。综合以上划分和投资银行的实践，本教材将投资银行业务分为八类：一级市场业务、二级市场业务、并购业务、资产管理业务、自营业务和直接投资业务、金融工程与金融创新业务、资产证券化业务、投资研究业务。每一业务大类的业务细分及业务描述见表1-8。

一级市场业务指投资银行在证券一级市场上帮助企业、政府等机构发行证券的业务，具体包括国际（国内）股票承销、债券承销、资产支持证券（ABS）承销、保荐业务等。投资银行藉此获得承销或保荐服务收入。

二级市场业务指投资银行在证券二级市场上帮助客户买卖证券，或提供资金融通的业务，具体包括证券经纪、融资融券和做市商。投资银行藉此分别获得佣金、利息、价差等收入。

并购业务指投资银行利用自己的专业知识或信息优势，在企业并购、资本运作过程中提供顾问服务的业务，具体内容包括企业估值、并购交易架构设计、过桥融资等方面。投资银行藉此获得服务费、利息等收入。

资产管理业务指投资银行利用自己的专业知识、人才及信息优势，依据客户的风险偏好，为客户提供的资产管理方面的业务，具体包括基金管理、集合理财、委托理财等服务。投资银行藉此获得管理费等收入。

自营业务和直接投资业务指投资银行利用自有资金，在二级市场自营投资或者在一级市场私募投资的业务，具体内容包括二级市场自营、私募投资（VC）、私募股权投资（PE）等。投资银行藉此获得证券价差或投资收入。

金融工程与金融创新业务指投资银行基于客户融资、投资、风险管理等方面的需要，利用自己的专业知识和人才优势，在金融产品设计、金融问题解决、金融工具创新等方面提供的服务。投资银行藉此获得服务费收入。

---

① 谢剑平. 现代投资银行 [M]. 北京：中国人民大学出版社，2004.
② 马晓军. 投资银行学：理论与案例 [M]. 北京：机械工业出版社，2021.

资产证券化业务指在企业或金融机构的资产证券化过程中，投资银行为其提供的资产证券化交易结构设计，ABS 证券定价、承销等方面的服务。投资银行藉此获得咨询或承销服务收入。

投资研究业务指投资银行利用自己专业、人才及信息优势，为客户提供宏观经济、行业发展、个股价值等各类研究报告的业务。投资银行藉此获得服务费收入，或将其作为增值服务赠与客户。

表 1-8 投资银行业务范围

业务大类	业务细分	业务描述
一级市场业务	股票/债券承销、资产支持证券（ABS）承销、保荐业务	帮助企业、政府等机构发行各类证券，提供承销或保荐服务
二级市场业务	证券经纪、融资融券、做市商	为投资者的证券交易、杠杆交易提供便利，提供证券经纪、融资融券或做市商服务
并购业务	企业估值、并购交易架构设计、过桥融资	帮助企业进行收购、反收购、私有化等资本运作，提供方案建议或过桥融资服务
资产管理业务	基金管理、集合理财、私募股权基金	帮助客户进行资产管理，实现收益与风险的平衡
自营业务和直接投资业务	二级市场自营、VC、PE 等	利用自有资金进行二级证券市场投资或对未上市股权进行私募投资
金融工程与金融创新业务	金融产品设计、金融工具创新	为自己或其他企业提供金融产品设计方案、金融解决方案推出新的金融工具等
资产证券化业务	资产证券化交易结构设计，ABS 证券定价、承销	帮助企业或金融机构客户资产证券化，提供方案设计，ABS 证券定价、承销等方面的服务
投资研究业务	宏观研究、行业研究、个股研究	帮助个人或机构客户了解国家宏观经济走势、行业发展前景或个股盈利前景

在上述各细分业务中，自营业务、资产管理、直接投资通常被业界称作证券市场买方业务，证券承销发行、兼并收购业务、零售经纪、金融创新等被称作证券市场卖方业务。不同类型的投资银行，其业务范围不一样，从事多种业务的投资银行被称作大投资银行（bulge bracket），比如 Goldman Sachs、Morgan Stanley、Credit Suisse、Citi Group 等。专注于部分业务的投资银行被称作精品投资银行（boutique）。较之大投资银行，精品投资银行虽然规模较小，但其某一专项业务较为精湛，在市场上仍具有较高的知名度和辨识度。boutique 里的 elite boutique（EB）可理解为精品投资银行中的精品，相应品牌包括 Evercore、Greenhill、Lazard 等。

二、投资银行业务专长

在长期激烈的市场竞争中，由于人力资源禀赋差异等原因，一些投资银行在业务细分领域逐渐建立起了自己的业务专长，形成了独特的市场口碑和竞争优势（表 1-9）。

比如原美林证券在债务抵押证券和资产担保证券市场分别位居世界第一和第二，并在项目融资、产权交易以及个人投资者经纪服务方面享有盛誉。摩根士丹利则是全球证券、资产管理和信用卡市场的佼佼者。高盛在投资、融资、收购兼并、股票债券研究方面均处于世界领先地位。瑞士信贷第一波士顿则擅长组织辛迪加（Syndicat）证券承销，安排私人募债、策划公司合并以及为机构投资者提供经纪服务等（表1-9）。

在2014年阿里巴巴上市的承销商名单中，出现了一些小投资银行的名字，如CLSA、Stifel、Evercore等。这些小投资银行通常擅长某一方面的业务，比如Evercore专注于并购、战略共享咨询、结构调整和资本结构，Cowen擅长医疗行业，Jefferies、William Blair则侧重于中小型客户。据Vault公布的2023年Vault Banking 25排名，在排名前5的投资银行中，有4家都是精品投资银行，其中Centerview Partners、Evercore已经连续多年排名前5[①]。我国投资银行业一个很大的缺陷是业务雷同，为此国家鼓励其特色化发展和差异化竞争。

表1-9　国际著名投资银行的优势

投资银行	优势
原美林证券 （Merrill Lynch）	是世界领先的债券及股权承销人，在债务抵押证券和资产担保证券市场分别位居世界第一和第二位，在组织项目融资、产权交易以及为个人投资者提供经纪服务方面享有盛誉
摩根士丹利 （Morgan Stanley）	是全球证券、资产管理和信用卡市场的佼佼者，2007年在全球并购市场排名第二，在美国股权市场位居第一
高盛 （Goldman Sachs）	在投资、融资、收购兼并、股票债券研究方面处于世界领先地位，2007年在全球并购市场上独占鳌头
瑞士信贷第一波士顿 （Credit Suisse First Boston）	擅长组织辛迪加证券承销，安排私人募债、策划公司合并以及为机构投资者提供经纪服务等

资料来源：谢剑平. 现代投资银行 ［M］. 北京：中国人民大学出版社，2004.

小资料1-5：Centerview Partners 精品投资银行简介

2006年，瑞银副董事长布莱尔·埃夫隆（Blair Effron）与他的朋友罗伯特·普鲁赞（Robert Pruzan）共进晚餐。普鲁赞是一位资深投资银行家，也是Wasserstein Perella的前首席执行长。当时市场并购风潮正盛，而并购咨询利润丰厚，于是两人决定趁着并购热潮，创立名为"Centerview Partners"的精品投资银行。该名字创意来自他们位于洛克菲勒中心19层新办公室的景色。此后，该公司搬到了纽约更大的办公室，并在伦敦、帕洛阿尔托、巴黎和旧金山设有办事处。如今，全球最大的50家公司中，有20%是该公司的客户。

Centerview Partners只有两条业务线：并购咨询和重组，为客户解决战略、财务和运营问题。Centerview Partners虽然规模不大，但参与了许多大型交易，包括Sprint与T-Mobile价值1 460亿美元的合并、BAT与Reynolds American价值9 700万美元的合并、阿斯利康（AstraZeneca）以390亿美元收购Alexion，以及黑石、凯雷（Carlyle）和H&F以

---

① Vault每年根据声望和工作及生活质量对投资银行进行排名。其排名规则如下：声望（40%），企业文化（20%），薪酬（10%），商业前景（10%），整体满意度（10%），工作、生活平衡和培训（10%）。资料来源：https://legacy.vault.com/best-companies-to-work-for/banking/best-banks-to-work-for-top-25。

340 亿美元投资 Medline。该公司还为 Avaya、黑鹰矿业、凯撒娱乐、芝加哥桥梁和钢铁、CTI 食品、Garrett Motion、GTT 通信、One Call、PG&E 和 Westmoreland Coal 的重组提供建议。

资料来源：https://legacy.vault.com/company-profiles/commercial-banking-and-investment-banking/centerview-partners。

三、投资银行业务资格的获取

金融行业是高度管制的行业。同其他金融机构一样，投资银行受到政府的严格监管。这意味着不是任何公司都可以随意进入投资银行业。同时，投资银行也不能随意从事某种投资银行业务，而是受到严格的条件限制。

根据现行《中华人民共和国证券法》（2019 修订）（以下简称《证券法》），在我国设立证券公司，应当具备下列条件，并经国务院证券监督管理机构批准：①有符合法律、行政法规规定的公司章程；②主要股东及公司的实际控制人具有良好的财务状况和诚信记录，最近 3 年无重大违法违规记录；③有符合本法规定的公司注册资本；④董事、监事、高级管理人员、从业人员符合本法规定的条件；⑤有完善的风险管理与内部控制制度；⑥有合格的经营场所、业务设施和信息技术系统；⑦法律、行政法规和经国务院批准的国务院证券监督管理机构规定的其他条件。未经国务院证券监督管理机构批准，任何单位和个人不得以证券公司名义开展证券业务活动①。

《证券法》（2019 修订）第一百二十条规定，经国务院证券监督管理机构核准，取得经营证券业务许可证，证券公司可以经营下列部分或者全部证券业务：①证券经纪；②证券投资咨询；③与证券交易、证券投资活动有关的财务顾问；④证券承销与保荐；⑤证券融资融券；⑥证券做市交易；⑦证券自营；⑧其他证券业务。

不同业务对最低注册资本存在不同的要求。《证券法》（2019 修订）第一百二十一条规定，证券公司经营本法第一百二十条第一款第①至第③项业务的，注册资本最低限额为人民币 5 000 万元；经营第④至第⑧项业务之一的，注册资本最低限额为人民币 1 亿元；经营第④至第⑧项业务中两项以上的，注册资本最低限额为人民币 5 亿元。证券公司的注册资本应当是实缴资本。未取得经营证券业务许可证，证券公司不得经营证券业务。

证券公司经营证券资产管理业务的，应当符合《中华人民共和国证券投资基金法》等法律、行政法规的规定。除证券公司外，任何单位和个人不得从事证券承销、证券保荐、证券经纪和证券融资融券业务。

《证券发行上市保荐业务管理办法》（2020）规定，证券公司从事证券发行上市保荐业务，应当依照本办法规定向中国证监会申请保荐业务资格。保荐机构履行保荐职责，应当指定品行良好、具备组织实施保荐项目专业能力的保荐代表人具体负责保荐工作。同次发行的证券，其发行保荐和上市保荐应当由同一保荐机构承担。证券发行规模达到一定数量的，可以采用联合保荐，但参与联合保荐的保荐机构不得超过 2 家。证券

---

① 《中华人民共和国证券法》（2019 修订）第一百一十八条。

发行的主承销商可以由该保荐机构担任，也可以由其他具有保荐业务资格的证券公司与该保荐机构共同担任。

对于上市推荐人（保荐人）业务资格，我国《上海证券交易所股票上市规则（2018年11月修订）》规定保荐人应当经中国证监会注册登记并列入保荐人名单，同时具有本所会员资格的证券经营机构。

四、投资银行业务范围与收入构成

各项业务构成了投资银行的收入来源和利润中心。

投资银行营业总收入 = ∑各项业务收入

投资银行总利润 = ∑各项业务收入 - ∑各项业务成本 - 管理成本

上式意味着，为了提高投资银行的收入水平，投资银行应尽可能地拓展业务范围，提高各项业务的市场占有率。为了提高投资银行的利润水平，投资银行除了提高收入外，还需合理地降低业务成本和管理成本。

小资料1-6：我国证券公司收入及结构

表1-10显示了2018—2020三年间我国证券公司的总收入及收入结构。从该表可以看出，我国证券公司主要收入来自证券投资收益（占比30%左右）、代理证券买卖收入（占比23%左右）、证券承销与保荐收入（占比12%左右）。

表1-10 2018—2020年我国证券公司营业收入及结构

项目	时间					
	2018年		2019年		2020年	
	收入/亿元	占收入比例/%	收入/亿元	占收入比例/%	收入/亿元	占收入比例/%
营业收入	2 662.87	100%	3 604.83	100%	4 484.79	100%
代理买卖证券业务净收入（含席位租赁）	623.42	23%	787.63	22%	1, 161.10	26%
证券承销与保荐业务净收入	258.46	10%	377.44	10%	672.11	15%
财务顾问业务净收入	111.5	4%	105.21	3%	125.72	3%
投资咨询业务净收入	31.52	1%	37.84	1%	46.77	1%
资产管理业务净收入	275	10%	275.16	8%	299.6	7%
证券投资收益（含公允价值变动）	800.27	30%	1 221.6	34%	1 405	31%

表1-10(续)

项目	时间					
	2018 年		2019 年		2020 年	
	收入/亿元	占收入比例/%	收入/亿元	占收入比例/%	收入/亿元	占收入比例/%
利息净收入	214.85	8%	463.66	13%	401.58	9%
净利润	666.2	25%	1 230.95	34%	1 575.34	35%

资料来源：根据中国证券业协会等的公开资料整理。

第三节　投资银行分类

一、根据行业地位划分

根据行业地位的不同，投资银行可分为：领军型投资银行、一线投资银行、区域投资银行以及专业型投资银行（表1-11）[①]。

表 1-11　投资银行分类

分类	特点	举例
领军型投资银行	规模 100 亿美元以上，为客户提供全方位服务；为行业标杆型企业，社会知名度非常高	摩根士丹利、高盛集团、花旗集团、瑞士信贷、中信、招商、中金、华泰、海通、国泰君安等
一线投资银行	提供多种金融服务；在行业居于头部地位，社会知名度较高	瑞银、广发、申万、银河、中信建投、国信、东方、光大、平安、安信、兴业、中泰等
区域投资银行	在区域具有行业优势和较高知名度，通常通过兼并进入投资银行业务	2006 年被富国收购的专业银行博灵顿投资银行，首创、川财、粤开、甬兴等
专业型投资银行	规模较小，专注于某一类投资银行业务	拉扎德（Lazard）、德邦、天风、华宝等

我国证券监管政策一直引导证券公司实现差异化、专业化发展。经过多年发展，我国证券业事实上已经形成了领军型投资银行、一线投资银行、区域投资银行以及专业型投资银行并存的格局。其中，领军型投资银行主要是国内大型证券公司，专业型投资银行主要是各类中小证券公司。

二、根据混业与否划分

根据混业与否，投资银行可划分为单纯型投资银行与全能型投资银行。单纯型投资

---

① 弗勒里耶. 一本书读懂投资银行［M］. 朱凯誉，译. 北京：中信出版社，2010：41-44.

银行是指仅从事投资银行业务的投资银行。全能型银行（universal bank）是指不仅从事投资银行业务还从事商业银行业务、进行混业经营的投资银行。

欧洲投资银行，如德意志银行、荷兰银行、瑞士银行、瑞士信贷等，几乎一直保持混业经营的状态。美国投资银行则经历了分业—混业—再分业—再混业的阶段。美国早期投资银行以独立形态存在。20 世纪 30 年代以前，西方国家经济的持续繁荣带来了证券业的高速增长，在商业银行向投资银行业大力扩张的同时，投资银行也在极力向商业银行领域拓展。在这一时期，商业银行与投资银行在业务上几乎不存在界限。受1929　1933 年经济危机影响，1933 年美国国会通过了《银行法》，要求投资银行与商业银行分业经营。然而，从 20 世纪 70 年代末开始，又出现了商业银行与投资银行融合的趋势。1999 年，美国通过了《金融服务现代化法案》，规定银行控股公司可以从事证券业。2008 年金融危机加速了混业趋势，高盛、摩根士丹利由原来独立型、单纯型投资银行转变为商业银行。

我国投资银行业起步较晚，受西方投资银行分业经营思路的影响，我国投资银行自20 世纪 90 年代诞生以来就基本上采取了分业经营的模式。

三、我国证券公司分类监管

我国自 2009 年开始对证券公司进行分类监管。证券公司分类是指以证券公司风险管理能力、持续合规状况为基础，结合公司业务发展状况，按照《证券公司分类监管规定》评价和确定证券公司的类别[①]。

根据分类监管规定，证券公司分类评价每年进行一次，评价期为上一年度 5 月 1 日至本年度 4 月 30 日。具体程序为：证券公司自评→派出机构初审→中国证监会复核。证券公司设置的分类级别包括：A（AAA、AA、A）、B（BBB、BB、B）、C（CCC、CC、C）、D、E 等 5 大类 11 个级别。中国证监会每年根据行业发展情况，结合以前年度分类结果，事先确定 A、B、C 三大类别公司的相对比例，并根据评价计分的分布情况，具体确定各类别、各级别公司的数量。

级别为 A 类的公司风险管理能力在行业内处于最高水平，能较好地控制新业务、新产品方面的风险；级别为 B 类的公司风险管理能力在行业内较高，在市场变化中能较好地控制业务扩张的风险；级别为 C 类的公司风险管理能力与其现有业务相匹配；级别为 D 类的公司风险管理能力较低，其潜在风险可能超过公司可承受范围；级别为 E 类的公司的潜在风险已经变为现实风险，已被采取风险处置措施。由此可见，A、B、C 三大类中的公司均为正常经营公司，D 类、E 类公司则属于不能正常经营的公司。

证监会通常根据证券公司分类结果对证券公司在监管资源分配、现场检查和非现场检查频率等方面实施差别对待的监管政策。具体而言，分类结果将作为证券公司申请业务种类增加、新设营业网点、发行上市等事项的审慎性条件，并作为新业务、新产品试点范围和推广顺序的依据，因此对券商未来发展非常重要。

---

① 2009 年 5 月 26 日，中国证监会首次公布《证券公司分类监管规定》，之后历经 2010 年 5 月 14 日、2017 年 7 月 6 日以及 2020 年 7 月 10 日三次修订。

2021年，证监会进一步明确分类监管思路，推出证券公司"白名单"制度。该制度旨在通过白名单分类管理证券公司，实现对"白名单"券商的业务鼓励，引导券商行业重视合规经营。

小资料1-7：我国证券公司分类评价标准

证券公司风险管理能力主要根据资本充足、公司治理与合规管理、全面风险管理、信息技术管理、客户权益保护、信息披露等6类评价指标进行评价，具体包括：①资本充足。主要反映证券公司净资本以及以净资本和流动性为核心的风险控制指标情况，体现其资本实力及流动性状况。②公司治理与合规管理。主要反映证券公司治理和规范运作情况，体现其合规风险管理能力。③全面风险管理。主要反映证券公司识别、计量、监测、预警、报告、防范及处理各类风险的情况，体现其流动性风险、市场风险、信用风险、声誉风险管理能力。④信息技术管理。主要反映证券公司信息技术治理、信息技术安全、数据治理情况，体现其技术风险管理能力。⑤客户权益保护。主要反映证券公司客户资产安全性、客户服务及客户管理水平，体现其操作风险管理能力。⑥信息披露。主要反映证券公司报送信息的真实性、准确性、完整性和及时性，体现其会计风险及诚信风险管理能力。

证券公司持续合规状况评价主要根据司法机关采取的刑事处罚措施、中国证监会及其派出机构采取的行政处罚措施、行政监管措施及证券期货行业自律组织纪律处分、自律管理措施的情况进行评价。证券公司业务发展状况主要根据证券公司经纪业务、投资银行业务、资产管理业务、综合实力、创新能力等方面的情况进行评价。

资料来源：《关于修改〈证券公司分类监管规定〉的决定》（2020）。

第四节　投资银行组织形式

一、企业基本组织形式

企业基本组织形式包括个体业主制、合伙制和公司制三种。很多公司比如苹果计算机公司在其早期采取个人业主制或合伙制，发展到一定阶段后，才选择公司制形式。公司制是现代企业的普遍组织形式。合伙制与公司制的区别如表1-12所示。

表1-12　企业合伙制与公司制组织形式比较

比较项目	公司制	合伙制
市场流动性	股票可以在交易所上市交易，股权流动性较好	一般无合伙制的产权交易市场，产权交易受到很大限制
投票权	每股有一投票权，用以表决重大事项和选举董事会，董事会决定高层经理	有限合伙人有一定投票权，一般合伙人完全控制和管理企业

表1-12(续)

比较项目	公司制	合伙制
税收	双重征税，公司缴纳所得税后，股东所获股利需再次交税	合伙制企业无需交纳企业所得税，合伙人从合伙制企业获得的收入需交纳个人所得税
再投资和分配	公司在股利支付政策上有很大的选择余地	一般来说，合伙制企业不允许将合伙企业利润用于再投资；所有利润都分配给合伙人
责任	股东个人对公司债务承担有限责任	有限合伙人对合伙制企业债务承担有限责任，一般合伙人可能要承担无限责任
存续期	公司具有永久存续期	公司只有有限存续期

资料来源：罗斯，威斯特菲尔德，杰富，乔丹. 公司理财［M］. 吴世农，等译. 11 版. 北京：机械工业出版社，2017：4-6.

合伙制企业是以信用为基础的企业，是以合伙契约为纽带的合伙人的联合体。合伙制企业对合伙人资格有严格的要求，合伙人一般具有较强的经济实力或者较高的社会地位。欧美国家的中介机构如会计师事务所、律师事务所、投资银行，在刚开始筹建时基本上采取了合伙制组织形式。因为合伙人可能对企业的债务承担无限连带责任，且每个合伙人都有责任承担企业全部债务，所以合伙人之间需要具备相互信任和相互了解的人身关系。

个体业主制和合伙制的主要优点是创办费用较低。其缺点在于：①一般合伙人承担无限责任；②企业生命有限；③产权转让困难。这三个缺陷导致了其筹集资金困难。相比之下，公司制企业组织形式有限责任、产权易于转让和永续经营的特点，有助于提高其筹集资金的能力。

二、投资银行组织形式及演变

投资银行组织形式的选择与其资本规模、业务定位和市场环境等因素有密切的关系。以美国投资银行为代表的西方投资银行在组织形式上大致上经历了一个由合伙制、公司制到金融控股公司的演变过程。

（一）合伙制投资银行

早期的投资银行基本采取合伙制形式。在 19 世纪末的美国，个人合伙制被认为是一种稳定的、理所当然的企业组织制度。在经济学理论上，合伙制存在的理由如下：

Garicano 和 Santos（2004）认为合伙制的利润分配规则能激励代理人将工作分配给最有能力完成的人。Levin 和 Tadelis（2005）认为合伙制的利润分配规则提高了新雇人员的质量门槛，因而在企业质量难以观察的情况下，起到了传递企业质量信息的作用。关于投资银行采取合伙制的理由，Morrison 和 Wilhelm（2004）从隐形（tacit）人力资本角度进行解释，认为投资银行很多业务和知识需要采取师徒关系的形式进行传递，但师徒关系难以签约，在这种情况下，合伙制成为激励师傅带徒弟的一种制度安排。根据合伙人的范围，西方合伙制投资银行又大致经历了家族合伙制和有外部人参与的合伙制两个阶段。

1. 家族合伙制投资银行

家族合伙制投资银行是早期投资银行典型的组织形态，它们由从事贸易的个体商人和金匠家族演变而来。该组织形式的主要特点是：合伙人几乎都是家族成员，经营决策的重大问题通常由家族中具有较高威望的合伙人主持召开家族会议来决定。

这种组织形式的优点是：①由于合伙人之间具有一定血缘关系，缓解了合伙人之间的利益冲突，减轻了委托代理问题；②为了维护家族的财富和地位，合伙制投资银行不会采取个人英雄主义式的赌博投机活动，从而驱使投资银行稳健经营；③这种稳健性有利于企业成员专注于自己的工作；④家族企业的合伙人彼此非常熟悉，信息沟通比较通畅，内部的沟通和交易成本较低；⑤由于采取无限责任制，债权人的债务能得到最大限度的保护，从而使投资银行具有较高的社会可信度。

家族合伙制投资银行缺点是明显的：①企业的发展维系于家族内部人员，从而使企业的未来发展受到人力资本限制；②由于合伙人范围狭窄，企业未来资本扩张受限。

2. 有外部人参与的合伙制投资银行

随着业务种类不断增多、公司资产规模不断扩大，家族合伙制已经无法适应新的发展趋势，于是部分投资银行开始将家族以外的一些杰出的人士吸纳到经营管理队伍中，并使其成为合伙人。

普通合伙制对家族合伙制的替代，在一定程度上满足了投资银行业务扩张和规模扩大的需求，有助于其改善经营管理和提高经营效率。但在投资银行竞争日益激烈的条件下，普通合伙制依然存在诸多缺陷：

（1）企业规模扩张受限。合伙制投资银行的资本金来源主要是合伙人投入的资本，但由于合伙人的数量有限，企业难以扩大经营规模。

（2）缺乏科学的决策机制和内部制衡机制。合伙制投资银行一般采取集权式的管理模式，缺乏合理的授权机制和内部制衡机制。由于缺乏组织上的监督约束机制和民主决策机制，合伙制投资银行难以保证决策的科学性和合理性。

（3）缺乏持续的补充管理精英的机制。为了保持合伙人的绝对控制地位，合伙制投资银行的关键岗位一般由合伙人担任，非合伙人即使有很强的管理能力，也很难参与投资银行的经营决策，因此缺乏持续的补充管理精英的机制，阻碍了投资银行的进一步发展。

（4）缺乏风险分担机制。在合伙制度下，普通合伙人承担无限责任，缺乏风险分担机制，不利于投资银行的业务创新。

由于以上原因，20 世纪 70 年代以来，许多大型的投资银行纷纷从合伙制转变为公司制，并先后成为上市公司。如摩根士丹利于 1970 年进行公司改制、1986 年上市；美林证券、贝尔斯登、高盛则分别于 1971 年、1985 年、1999 年完成上市①。

（二）公司制投资银行

与传统的合伙制投资银行相比，公司制投资银行具有如下优势：

---

① 美林证券、贝尔斯登在 2008 年美国次贷危机中分别被美国银行、摩根大通收购。

1. 具有独立的法人地位

公司法人制度赋予公司制投资银行独立的法人地位和独立的法人财产权。独立的法人地位一方面划清了投资银行创始人和管理人的财产界限，免去了创始人的无限责任；另一方面，又使其可以作为一个独立的主体对外进行签约和经营活动。独立法人财产权则有助于理清投资银行与股东、债权人之间的责权利关系，促进投资银行持续健康发展。

2. 对外筹资能力增强

公司制投资银行不仅可以通过提取公积金、转增资本金等内部方式筹集资金，还可以通过公募和私募方式向社会发行证券筹集资金，从而有利于满足投资银行业务扩张、规模扩大的资金需求，克服合伙制投资银行的资金瓶颈问题。

3. 推动和加速投资银行之间的并购

资本市场为投资银行之间的兼并收购提供了便利条件，公司制投资银行可以采用换股收购等手段来收购和兼并其他投资银行，或者以股权互持的方式与其他投资银行建立战略联盟，从而实现投资银行快速做大做强。比如，1995 年美林证券出资 8.4 亿美元收购了英国最大的独立经纪公司——兆福公司，从而一跃成为世界上最大的股票经纪公司。

虽然，公司制投资银行具有以上若干优势，但一些投资银行在相当长时间内仍保持了合伙制形式。比如 高盛 1999 年才上市，是最晚上市的投资银行。Morrison 和 Wilhelm（2008）对此提出解释认为，投资银行上市决策受到信息技术进步与金融创新两方面的影响。具体而言，20 世纪 70 年代，随着微型计算机技术的发展，实时计算成为可能，由此引发金融工程技术的发展和金融工程的大规模使用。这种变化对投资银行组织形式的影响有两方面：①计算机及金融工程技术知识虽然很重要，但这些知识可以在学校课堂上学习到，而不用依赖之前的师徒关系进行传授；②进入衍生品及其他市场成本减少，导致做市商竞争加剧，买卖价差缩小，增加了做市商业务的金融资本需求。这两方面的原因导致合伙制越来越不合时宜，最终导致投资银行放弃合伙制，走向公司制。

（三）金融控股公司

1999 年 11 月美国《金融服务现代化法案》取消了分业经营的限制，混业经营成为当时金融业的一大趋势，金融机构之间的兼并收购变得频繁。正是在混业经营和并购浪潮的推动下，公司制投资银行的组织形态得到进一步的创新，金融控股集团公司应运而生①。世界著名的国际金融控股公司包括：美国摩根大通、加拿大永明金融集团、日本瑞穗金融集团、苏黎世金融服务集团等。国内著名金融集团包括中信、招商局、平安、光大等。

金融控股公司具有范围经济和规模经济的好处。从范围经济角度看，金融控股公司下辖多种类型的金融机构，具有全牌照优势，有利于扩大投资银行营业收入，降低投资银行运营成本和经营风险。从规模经济角度看，金融控股公司增强了投资银行的市场品

---

① 2020 年 9 月 11 日，中国人民银行印发了《金融控股公司监督管理试行办法》（中国人民银行令〔2020〕第 4 号），该办法自 2020 年 11 月 1 日起施行。根据该办法，金融控股公司是指依法设立，控股或实际控制两个或两个以上不同类型的金融机构，自身仅开展股权投资管理、不直接从事商业性经营活动的有限责任公司或股份有限公司。

牌知名度，有利于公司扩大业务规模，降低经营成本。由此可见，投资银行对组织形式的选择基于该组织形式相关成本和效益的权衡。

小资料 1-8：高盛从合伙制走向公开上市的历程

高盛创始人马可斯·戈德门（Marcus Goldman）是德国巴伐利亚州到美国的移民，1869 年他在纽约曼哈顿南部松树街一间紧靠煤矿滑道的狭窄的底层建筑里挂出招牌"马可斯·戈德门"，主要从事票据买卖业务。在很长一段时间里，马可斯·戈德门独自经营公司。为了将公司做大，1882 年，马可斯邀请女婿萨姆·沙克斯（Sam Sachs）加入他的公司，并将公司更名为 M. 戈德门和沙克斯公司（M. Goldman and Sachs）。1885 年，马克斯让自己的儿子亨利·戈德门（Henry Goldman）和另一个女婿路德维各·杰非斯（Ludwig DreyFuss）加入自己的公司并成为合伙人。从这一年开始，该公司采取现在的名称（Goldman Sachs & Co.）。

进入 20 世纪后，随着高盛业务规模越来越大，高盛家族发现仅仅吸纳家族内部成员担任合伙人已经不能适应公司的发展了；与此同时，越来越多的非高盛家族成员为公司的发展做出了贡献，他们不断要求公司给予更高的待遇以及合伙人资格。在这种条件下，高盛开始吸收家族外成员成为合伙人，规定只要工作满 3 年的、为高盛做出了突出贡献的，且满足其他标准就可能成为高盛的合伙人。至此，高盛不再是高盛家族的高盛，而是高盛人的高盛了。

20 世纪 80 年代以后，华尔街的竞争日趋激烈，迫于资本压力，高盛开始吸纳住友银行等机构投资者。自 1986 年开始，围绕着保留合伙制还是公开上市，高盛内部高层进行了长达 12 年的争论，在美林、摩根士丹利等多家竞争对手已经上市的背景下，1999 年高盛终于决定放弃合伙制而选择公开上市。

资料来源：陈胜权，詹武. 解读高盛［M］. 北京：中国金融出版社，2009.

第五节 西方投资银行发展历程

一、欧洲投资银行发展历程

在华尔街崛起之前，欧洲佛罗伦萨、阿姆斯特丹、伦敦是全球金融中心，产生了许多具有浓厚家族背景的投资银行①。

1. 巴克莱银行

巴克莱银行（Barclays Bank）创立于 1690 年，总部位于伦敦。巴克莱银行在全球约 60 个国家经营业务，仅在英国就设有 2 100 多家分行，仅次于汇丰银行和劳埃德银行，是英国第三大银行。该银行不仅是全世界第一家拥有 ATM 机的银行，还是全英第一张

---

① 以下内容根据公开资料整理。

借记卡及信用卡的发行银行。

巴克莱银行的主要业务集中在六个方面：①银行业务，为超过 1 400 万名个人顾客和 76.2 万家公司提供银行产品和服务。②巴克莱信用卡，是全球最大的信用卡发行公司之一，在全世界拥有大约 1 500 万名客户。③巴克莱资本，是全球领先的投资银行，为大型公司、机构和政府客户提供融资和风险管理解决方案。④巴克莱全球投资者有限公司，是世界上最大的资产管理公司之一。⑤巴克莱财富管理公司，管理着超过 740 亿英镑的客户基金。⑥国际零售和商业银行业务，为加勒比海、法国、西班牙、葡萄牙、意大利、非洲和中东的公司客户提供一系列银行服务。

2. 罗斯柴尔德家族

罗斯柴尔德家族（Rothschild Family）是欧洲乃至世界久负盛名的金融家族。在德语中，"rot"是"红色"的意思，"schild"是盾的意思。其家族徽章被设计成一只大手抓住五支箭的形象，以告诫家族成员要保持团结。罗斯柴尔德家族曾经控制全球经济命脉近两个世纪，其鼎盛时期所掌控的财富占当时全球财富的一半。

家族创始人梅耶·罗斯柴尔德（Mayer Amschel Rothschild）原本是一位服务于德国法兰克福自由市黑森-卡塞尔伯国的犹太银行家，在18世纪60年代创建了自己的银行，最早从事货币买卖业务。由于18世纪后期德国公国调地（多达350个），且每个公国都有自己的货币体系，梅耶的职业几乎等同于货币兑换商。

19世纪，该家族的业务范围除了通过发行债券为世界各地政府筹集资金外，还包括为皇室、政治家理财，黄金和货币交易，工业和矿业投资。该家族遵循"和有影响力的人交往"的原则，其一大半收入来自各地政府。第二次世界大战之后，面对知识经济的到来，罗斯柴尔德由全球金融霸主化身为全球性顾问公司，并将商业视野扩展到欧洲之外，其家族利润的40%来自中国、印度、巴西等新兴市场[①]。

3. 荷兰银行

荷兰银行（ABN-AMRO Bank）总部位于荷兰首都阿姆斯特丹，主要经营商业借贷、贸易融资、投资银行和外汇服务等业务。1824年，威廉一世为振兴荷兰与东印度之间的贸易关系，成立了荷兰银行的前身——Nederlandsche Handel-Maatschappij。1964年，它与 Twentsche Bank 合并为 Algemene Bank Nederland（ABN），阿姆斯特丹银行和鹿特丹银行合并为 Amsterdam-Rotterdam Bank（AMRO Bank），形成双雄并立格局。1990年，Algemene Bank Nederland 再次与 Amsterdam-Rotterdam Bank 合并，成为荷兰银行（ABN AMRO Bank）。荷兰银行在全球70多个国家拥有3 500个服务据点，全球员工人数超过11万人。荷兰银行早在1903年就进入中国设立了分行。

4. 瑞银集团

瑞银集团总部位于瑞士苏黎世，拥有规模庞大、多元化的全球资产管理业务和投资银行业务。1998年，瑞士联合银行（UBS）和瑞士银行（SBC）合并成为瑞银集团。两家银行均拥有悠久的历史，瑞士联合银行可以追溯到1862年成立的温特图尔银行（the Bank in Winterhur），瑞士银行的起源可以追溯到1872年成立的巴斯勒银行协会（Basler

---

① 陈润. 罗斯柴尔德家族传［M］. 武汉：华中科技大学出版社，2019.

Bankverein）。多年来，瑞银集团为遍布全球的富裕人士、机构和公司客户以及瑞士的私人客户提供金融咨询服务和解决方案，其财富管理业务在全球处于领先地位，掌管着全球 26% 的跨境财富。截至 2021 年，它拥有超过 3.2 万亿瑞士法郎的管理资产（AUM），其中约 2.8 万亿瑞士法郎是投资资产。

5. 德意志银行

德意志银行的全称为德意志银行股份公司，总部位于法兰克福。该银行 1870 年成立于德国柏林，不久便在不莱梅和汉堡建立分行；在 1873 年成立了伦敦分行。早在 1872 年，德意志银行就在上海建立了分行，其业务主要是为德国和中国的进出口企业提供融资服务。

德意志银行在世界范围内从事商业银行和投资银行业务，其服务内容包括：吸收存款、个人贷款、公司金融、银团贷款、证券交易、外汇买卖和衍生金融工具。在项目融资方面，德意志银行对通信、交通、能源和基本设施项目的重视程度日益增加。其证券发行业务十分发达，参与了德国和世界市场上很多重要的债券和股票的发行。

二、美国投资银行发展历程

1. 早期阶段

美国投资银行业始于有价证券的承销。1783 年美国独立战争结束时，美国联邦政府因为战争欠下的各类债务高达 2 700 万美元，偿付币种五花八门，金融市场一片混乱。为了改善财政状况，时任财政部部长亚历山大·汉密尔顿（33 岁）设计了一个大胆的方案：以美国政府信用为担保，统一发行新的国债来偿还各种旧债。

新国债的发行，吸引了大量掮客涌入。这些掮客成了发行人（政府）与投资者之间的桥梁——他们寻找投资者，然后将债券以特定的价格卖给投资者，从而成为早期的投资银行家。在随后的几十年里，经济快速增长对交通运输的需求使得开凿运河和修建铁路成为最迫切的需要。而单独的企业和个人没有能力承担这些大型项目所需的巨额资本，不得不通过股份公司和发行股票的方式进行融资。正是这些融资活动为投资银行业提供了宽广的舞台，包括摩根大通等一大批投资银行顺势崛起。面对 19 世纪中后期美国铁路工业杂乱无章的局面，摩根大通展示了投资银行家在并购重组方面的作用，企业并购重组由此成为投资银行业务的重要业务之一。

2. 成长阶段

19 世纪末 20 世纪初，经济的持续增长和资本市场的持续繁荣使得华尔街成为名副其实的金矿。这一时期，金融巨头们既是最大的商业银行，吸收了大部分的居民存款；又是投资银行家，承揽了证券承销、企业兼并这些利润丰厚的项目。由于没有法律的监管，商业银行的存款资金常常以内部资金的方式流入投资银行部门。这样，一旦股市动荡或者债务违约，储户的资金安全就会受到很大的威胁。

1929 年 10 月开始的大规模股市崩盘和银行倒闭，使许多普通家庭的储蓄一夜之间化为乌有。为了防止证券交易中的欺诈和操纵行为，保障存款人的资产安全，增强储户对银行的信心，美国国会在 1933 年 6 月 1 日出台了《格拉斯-斯蒂格尔法案》（Glass-Steagall Act）。该法案对金融业实行严格的分业监管和分业经营，规定商业银行不得经营证券业务，不得为自身投资而购买股票，即使购买公司债券，也有严格限制。由此，投资银行业进入有监管的经营阶段。

3. 发展阶段

当投资银行开始主宰华尔街金融业时，商业银行却饱受着"金融脱媒"的煎熬。一方面，随着商业贷款客户涌入债券和股票市场进行直接融资，特别是垃圾债券和其他担保性融资产品的出现，商业银行资产业务出现大幅萎缩；另一方面，随着共同基金、对冲基金、养老基金、股权私募投资、贴身服务的高净值个人服务的出现，投资者可以根据自己的风险承受能力和偏好配置资产，造成商业银行负债业务的萎缩。

相比之下，欧洲的金融自由化催生了大批金融巨头，比如巴克莱银行、德意志银行、瑞银集团等。这些金融机构通过兼并收购，成了兼营商业银行业务和投资银行业务的全能银行。为了摆脱不利的竞争局面，美国商业银行要求混业经营的呼声日趋强烈。1999 年 11 月 12 日，在克林顿政府的主导下，《金融服务现代化法案》获得通过，美国持续 66 年的投资银行分业经营模式至此落下帷幕。

2008 年美国次贷危机加速了混业经营的步伐。在这场危机中，许多投资银行被银行收购，或者转型为商业银行。比如美林证券被美国银行收购，高盛和摩根士丹利则改组为银行控股公司。至此，美国投资银行业进入新的发展阶段。

小资料 1-9：美国《金融服务现代化法案》

1999 年美国《金融服务现代化法案》又称"Gramm-Leach-Bliley"（GLB）法案，是对金融业进行更新和现代化的一次尝试。其核心内容是：①允许美国银行、证券、保险业之间的合并和混业经营，实行全能银行模式；②强调银行业与工商业的分离，实现金融体制的现代化；③强调金融机构必须实施安全计划，保护私人金融信息；④要求加强对小企业和农业企业的金融服务；⑤授予美国联邦储备委员会更大的监管权力，以监管这些新型金融机构。

资料来源：根据公开资料整理。

小资料 1-10：美国次贷危机对投资银行业的冲击

2008 年美国次贷危机又称次级房贷危机，是指 2008 年一场发生在美国、由次级抵押贷款机构破产引发的全球性金融危机。在此次危机中，曾经叱咤风云的华尔街五大独立投资银行或倒闭，或被收购，或转型。此次危机导致华尔街独立投资银行模式的终结，投资银行开始加速走向全能银行模式（表 1-13）。

表 1-13　美国次贷危机中破产或转型的投资银行

投资银行	事件	直接原因
贝尔斯登 （Bear Stearns）	2008 年 3 月被摩根大通以每股 2 美元的低价收购，2010 年 1 月，摩根大通决定不再继续使用"贝尔斯登（Bear Stearns）"的名称	2008 年美国出现次贷危机，房地产泡沫破裂。由于该公司持有大量抵押债券，投资者对其信心下降并兑现大量现金，贝尔斯登现金储备基本为 0，最终倒闭

表1-13(续)

投资银行	事件	直接原因
雷曼兄弟 (Lehman Brothers)	2008年9月15日宣布破产	因为持有大量抵押债券,次贷危机爆发后损失惨重;关键时刻,美联储拒绝救助,美国银行和巴克莱银行放弃收购,美联储拒绝救助,导致倒闭
美林证券 (Merrill Lynch)	2008年9月14日与美国银行达成协议,被后者以每股29美元、总价值约440亿美元的换股方式收购	受次贷危机拖累,美林证券已经蒙受了超过500亿美元的损失以及资产减计,2008年9月,该公司决定接受美国银行提出的竞购请求,以避免破产的命运
摩根士丹利 (Morgan Stanley)	2008年12月改写公司章程,转型成为商业银行	流动资金在一周之内从1 300亿美元下降到550亿美元。管理层向美联储求助,申请成为控股银行,以获得美联储的资金庇护
高盛集团 (Goldman Sachs & Co.)	2008年12月改写公司章程,转型成为商业银行	受次贷危机影响,公司面临流动性不足,2008年9月21日转为银行控股公司

资料来源:汤世生.次贷危机严重冲击美国金融市场,金融机构陷困境〔N〕.中国证券报,2008-7-29(03).

第六节 我国证券市场及投资银行发展历程

一、我国证券市场发展历程

我国很早就存在证券市场。1891年上海股份公所成立,1918年北京证券交易所成立,1920年上海华商证券交易所成立。新中国成立后,1952年至20世纪80年代计划经济期间,证券市场被取缔。改革开放后,我国证券市场又重新建立起来,至今大致经历了萌芽期(1978—1989年)、创立期(1990—1997年)、发展期(1998—2017年)、变革期(2018年至今)四个阶段。

1. 萌芽期(1978—1989年)

在经过若干年计划经济后,1978年,我国开始市场经济体制改革。在这一背景下,国家对除银行贷款之外的民间自发的各类融资方式采取了先试先行的宽容态度。1978年,中国农村部分地区的农民自发采用"以资代劳、以劳带资"的方式进行集资,兴办了一批合股经营的股份制乡镇企业,这成为改革开放后股份制经济的雏形。同时,20世纪80年代初,城市中的一些集体企业和国有企业也开始进行股份制尝试。1980年1月,辽宁抚顺红砖一厂发行的"红砖股票",成为中国首次"股票"发行,但当时"股票"还具有债券的性质。1980年6月,成都市为了建设成都展销大楼成立了工业展销信托股份公司,通过定向募集的方式发行股票募集资金,该公司成为中国有记载的第一家股份制企业。1984年7月,北京天桥百货公司通过向社会公开发行的方式,发行了定期3年的股票。同年,飞乐音响股份有限公司经中国人民银行上海分行批准正式成立,并通过向社会公众募集方式发行股票1万股,募集资金50万元,没有期限限制,从而被视为我国真正意义上的第一只股票。

随着证券发行的增多和投资者队伍的不断扩大，证券的交易需求产生了，于是在全国各地陆续出现了股票交易柜台。1986年8月，沈阳市信托投资公司率先开办了代客买卖股票业务。1986年9月，中国工商银行上海市信托投资公司静安证券业务部开设了股票交易柜台，为当时飞乐音响公司和延中实业公司的股票开展柜台挂牌交易。在深圳，深圳经济特区证券公司红荔路营业部开设了柜台交易，为发行股票的公司提供柜台交易。正式的证券交易所呼之欲出。

2. 创立期（1990—1997年）

创立期的工作成就主要有：①成立了深沪证券交易所；②成立了证券监督管理机构；③建立了证券相关的基本法律框架。

1990年11月，上海证券交易所由中国人民银行正式批准设立，这是新中国成立以来第一家证券交易所。紧接着，1991年4月，深圳证券交易所成立。两家证券交易所的成立标志着资本市场在新中国正式成立。

1992年10月，国务院宣布正式成立国务院证券委员会和中国证券监督管理委员会。随着监管机构的设立，一系列关于资本市场的规范性法律法规不断推出，如1993年国家先后颁布了《股票发行与交易管理暂行条例》《公开发行股票公司信息披露实施细则（试行）》《禁止证券欺诈行为暂行办法》等。1994年7月，《中华人民共和国公司法》出台，对公司设立的条件、组织架构、股份发行和转让，公司债券，公司破产清算及其法律责任等做了具体的规定。至此，国内资本市场基本的法律法规体系得以建立。

3. 发展期（1998—2017年）

发展期的工作成就主要有：①推出了《中华人民共和国证券法》；②完成了股权分置改革；③奠定了多层次资本市场的基本格局；④稳步推出衍生类金融创新产品。1998年，国务院证券委员会和中国证券监督管理委员会合并为中国证券监督管理委员会（简称证监会），负责对证券市场进行统一的监督与管理。1998年年底，《中华人民共和国证券法》正式推出，标志着我国证券市场法制化建设进入了新阶段。2004年5月，深交所推出了中小企业板，目的是为那些成长性较高、盈利能力较强的中小企业提供上市机会。同年，在《国务院关于推进资本市场改革开放和稳定发展的若干意见》中，酝酿多年的股权分置改革被提上议事日程[①]。2005年4月29日，中国证监会发布《关于上市公司股权分置改革试点有关问题的通知》，股权分置改革试点工作正式启动。2005年9月4日，中国证监会发布了《上市公司股权分置改革管理办法》，股权分置改革全面铺开。至2006年年底，股权分置改革基本完成。

2009年10月，酝酿近10年的创业板正式成立，主要为身处新技术产业、成立时间短、规模较小但成长性好的企业提供上市融资机会。2012年，全国中小企业股权转让

---

① 20世纪八九十年代，国家担心在国有企业股份制改革过程中因为股权的稀释而丧失对国有企业的控制权，人为地将股票划分为法人股（非流通股）和个人股（流通股）。所谓股权分置，是指同一上市公司的股份被分为流通股和非流通股的现象。股权分置不利于资本市场健康发展。股权分置改革，使以前不能上市流通的国有股实现流通，以体现同股同权。

系统（简称"全国股转系统"，俗称"新三板"）建立，我国多层次资本市场体系基本成型。2014 年 11 月，上海与香港股票交易市场互联互通机制"沪港通"正式启动。2016 年 12 月，深港通正式启动。

在多层次资本市场建设的同时，金融创新稳步推进。2006 年 6 月，中国证监会发布《证券公司融资融券业务试点管理办法》。2010 年 4 月，沪深 300 股指期货上市交易；2015 年，上证 50ETF 期权、10 年期国债期货、上证 50 股指期货和中证 500 股指期货等金融产品相继推出，市场衍生工具日趋丰富。

4. 变革期（2018 年至今）

变革期的主要成就是：①推行注册制；②成立北京证券交易所。经过多年讨论，2018 年 11 月，上交所设立科创板并率先试点注册制。紧接着，在 2020 年、2021 年深圳证券交易所创业板、北京证券交易所也分别进行注册制试点。2023 年 2 月 17 日，中国证监会发布《首次公开发行股票注册管理办法》等相关制度规则，标志着我国证券市场全面实行注册制。北京证券交易所（简称"北交所"）于 2021 年 9 月 3 日注册成立，是我国第一家公司制证券交易所，主要为创新型中小企业提供上市融资机会。

二、我国投资银行发展历程

1. 起步阶段（1987—1990 年）

1987 年 9 月，新中国第一家证券公司——深圳经济特区证券公司成立。此后，为了配合国债交易和股票交易市场的发展，中国人民银行陆续牵头组建了 43 家证券公司，同时批准部分信托投资公司、综合性银行开展证券业务，初步形成了证券专营和兼营机构共存的局面。到 1990 年年底，全国共有证券公司 30 余家，其总资产 50 多亿元人民币。

2. 早期成长阶段（1991—1998 年）

1991 年年底，上海、深圳证券交易所相继成立。1992 年，经中国人民银行批准，成立了华夏、国泰、南方三个具有银行背景的全国性证券公司。此外商业银行参与国债承销和自营，信托机构也兼营证券业务。截止到 1998 年年底，全国有证券公司 90 家，证券营业部 2 412 家。

这个时期出现了我国证券公司发展史上的第一次增资扩股潮，一些证券公司如广发证券、深国投等，通过大规模增资扩股，注册资本分别达到原来的 2.5 倍至 50 倍。1996 年中国人民银行发布《关于人民银行各级分行与所办证券公司脱钩的通知》，推动了银行、证券和保险的分业经营。此外，国务院证券委和证监会先后发布了有关股票承销、自营、经纪、投资咨询业务的管理办法，使得证券行业步入良性发展阶段。

3. 规范整顿阶段（1999—2017 年）

为了整顿证券公司挪用客户资金等问题，2002 年 1 月，中国证监会颁布了《客户交易结算资金管理办法》。在整顿过程中，不少券商，如大连证券、鞍山证券、南方证券等被责令关闭清算。2004 年，《国务院关于推进资本市场改革开放和稳定发展的若干意见》提出把证券公司建设成为具有竞争力的现代金融企业，对证券公司财务信息虚假、账外经营、挪用客户资产等问题进一步综合治理。经过整治，2006 年证券公司基本扭转了四年连续整体亏损的局面。截至 2010 年 6 月，我国共有证券公司 106 家，基金管理公司 60 家，证券营业部 3 024 家，证券从业人员 10 万余人，证券公司总注册资本 1 242.92 亿元，平均每家 9.14 亿元人民币①。

4. 对外开放段（2018 年至今）

进入 2018 年后，我国证券业的主要变化有：①国家进一步加大对外开放力度；②提出了做大做强国内证券业的政策措施。2018 年中国证监会发布《外商投资证券公司管理办法》，规定境外股东与境内股东依法共同出资设立的证券公司。根据 2018 年 6 月 28 日《外商投资准入特别管理措施（负面清单）（2018 年版）》，证券公司、期货公司的外资股比不超过 51%，证券投资基金管理公司的外资股比不超过 51%。2021 年，外资股比限制取消。根据国务院金融稳定发展委员会办公室 2019 年 7 月 20 日发布的《关于进一步扩大金融业对外开放的有关举措》将原定于 2021 年取消证券公司、基金管理公司和期货公司外资股比限制的时点提前到 2020 年。2020 年 6 月，在《外商投资准入特别管理措施（负面清单）（2020 年版）》中，金融业准入的负面清单已经正式清零。截至 2022 年 11 月末，已有 9 家外资控股证券公司获批设立。

在对外开放的同时，我国 2019 年监管层明确提出要做强做优做大证券行业，打造航母级头部证券公司，具体提出五大措施：①多渠道充实证券公司资本，鼓励市场化并购重组；②进一步丰富证券公司服务功能；③支持证券公司优化激励约束机制；④鼓励证券公司加大信息技术和科技创新投入；⑤督促证券公司加强合规风控管理。

三、我国投资银行与西方投资银行的比较

1. 我国投资银行历史较短

国外投资银行经历了较长的历史沉淀，很多投资银行是一百年甚至是两百年老店。在其漫长的历史过程中，各个投资银行形成了自己独特的企业文化、专业优势，拥有了较好的市场口碑。相比之下，我国投资银行大部分成立于 20 世纪 90 年代，成立时间较短，历史积淀较少。

2. 我国投资银行多为国有企业

西方投资银行大多为私有企业，投资银行的名称显示了创建者个人及其家族的印记。而我国投资银行基本上为中央或地方国有企业，在上市之前为国有有限责任公司，上市后则为国有股份公司。私有投资银行的优点在于更注重效率和长期声誉的积累，缺点在于可能过分注重个体利益，而忽视社会利益。国有投资银行的优势在于社会责任感更强，缺点在于效率相对较低，委托代理问题可能导致经理的短期行为，不利于建立持久的企业文化。

3. 我国投资银行一开始就采取公司制

华尔街的大多数投资银行在其成立之初采取的都是合伙制，之后才转变为公众公司。1985 年贝尔斯登成为第一家上市投资银行；1986 年，摩根士丹利上市；1999 年，高盛上市；2005 年，拉扎德上市。而我国证券公司从一开始就采取了公司制的组织形式。

---

①　以上资料据公开资料整理，详见：https://www.guayunfan.com/lilun/351810.html。

4. 我国投资银行规模相对较小

就规模而言，我国投资银行规模仍然偏小。根据中国证券业协会数据，2022 年年末，我国证券行业总资产为 11.06 万亿元，净资产为 2.79 万亿元，净资本为 2.09 为万亿元。截至 2018 年，美国证券行业总资产为 43 227 亿美元（汇率按 7.28 计算，折合人民币约 31.47 万亿元），净资产为 2 631.8 亿美元（折合人民币约 1.92 万亿元）。

截止到 2022 年，我国资产规模最大的证券公司中信证券的资产规模为 1.31 万亿元，净资产为 0.253 1 万亿元，净资本为 0.14 万亿元。同期高盛总资产为 14 417.99 亿美元（折合人民币约 10.50 万亿元），净资产为 0.85 万亿元美元（折合人民币约 10.50 万亿元），净资本为 0.09 万亿元。从上述数据可以看出，2022 年仅美国高盛一家投资银行的总资产就接近我国证券行业的总资产，是中信证券总资产的 8 倍多。

5. 我国投资银行收入结构不均衡

目前国内大多数投资银行业务范围主要集中于一级市场承销和二级市场代理及自营业务。财务顾问业务发展落后，其收入占比仅 25% 左右。相比之下，西方投资银行财务顾问收入占比稳定在 40% 以上。以高盛为例，2017 年其投资银行业务中，财务咨询业务收入超过 40%。

6. 我国投资银行科技投入相对不足

近年来，高盛的技术投入占同期营收的比重一路上行，2019 年已增至 3.3%，其技术投入的绝对值达到 82 亿元的规模。高盛技术人员占比已达到总人数的四分之一。相比之下，国内龙头公司中信证券的技术人员占比仅为 9.34%，而 2019 年国内 IT 投入前十总和也仅为 89.5 亿元，基本相当于高盛一家的体量[①]。

7. 我国投资银行国际化程度尚待提高

2019 年高盛、贝莱德、摩根士丹利的海外业务收入占比分别达到 39.4%、33.26% 和 27.02%。相比之下，国内海外收入较高的海通证券、中金公司的海外业务占比分别为 26.12% 和 24.50%，而中信证券、华泰证券、国泰君安的海外业务收入占比分别为 11.57%、10.72% 和 9.28%。更多国内券商的海外收入占比仅为个位数甚至为 0[②]。

8. 我国投资银行行业集中度有待提高

相比美国证券业，我国证券业的行业集中度有待提高。1995 年，美国四大投资银行（高盛、摩根士丹利、花旗、美林）的总收入占行业总收入的比例约为 50%；截至 2015 年年底，这一比例接近 80%，排名前五的投资银行的总资产、净利润占行业的比例约为 70%、72%。而我国排名前五的投资银行的总资产、净利润占行业的比例约为 40% 和 37%。

四、近年来我国投资银行发展的动向与趋势

1. 注重资本扩充

资本是开展一切业务的基础，资本实力是市场竞争的根本依仗。扩充资本同时提

---

① 张晓春. 行业比较系列之二：从中美券商对比看行业发展空间和趋势［R］. 国联证券，2021.

② 数据来源同上。

升市场知名度最快捷的方式是上市。当前国内绝大部分证券公司通过 IPO 或借壳的方式实现了上市，有的证券公司还实现了多地上市。

中信证券股份有限公司 2003 年在上海证券交易所 A 股上市，是我国第一家在 A 股上市的证券公司，2011 年又在中国香港联合交易所 H 股上市，成为首家 "A+H" 股上市的证券公司。其他如中信建投、华泰证券、国泰君安、广发证券等 12 家头部券商均已实现 "A+H" 股上市。2019 年华泰证券发行的沪伦通首只全球存托凭证（GDR）产品在伦敦证券交易所挂牌交易，标志着华泰证券成为国内首家 "A+H+G" 上市公司。

小资料 1-11：近年来我国通过借壳或者 IPO 上市的部分证券公司名单

包括大中型证券公司和部分小型证券公司，我国大部分证券公司都实现了上市。2021 年财达证券上市，2022 年首创证券上市，是近期上市的证券公司（见表 1-14）。

表 1-14　近年来我国通过借壳或者 IPO 上市的部分证券公司

序号	券商简称	代码	上市时间和形式	股本/亿元
1	中信证券	600030	2002，IPO	99.46
2	海通证券	600837	2007，借壳都市股份	82.28
3	招商证券	600999	2009，IPO	35.85
4	光大证券	601788	2009，IPO	34.18
5	广发证券	000776	2010，借壳延边公路	25.27
6	山西证券	002500	2010，IPO	24
7	长江证券	000783	2007，借壳石炼化	23.71
8	西南证券	600369	2009，借壳长运股份	23.23
9	兴业证券	601377	2010，IPO	22
10	国元证券	000728	2007，借壳北京化二	19.64
11	太平洋证券	601099	2007，IPO	15.03
12	华泰证券	601688	2010，IPO	14.82
13	宏源证券	000562	2010，宏源信托改组	14.61
14	国金证券	600109	2008，借壳成都建投	10
15	东北证券	000686	2007，借壳锦州六陆	6.39
16	东吴证券	601555	2011，IPO	30
17	方正证券	601901	2011，IPO	82.32
18	西部证券	002673	2012，IPO	35.02
19	国信证券	002736	2014，IPO	82
20	申万宏源	000166	2015，IPO	200.6
21	东兴证券	601198	2015，IPO	27.58
22	东方证券	600958	2015，IPO	62.15

表1-14(续)

序号	券商简称	代码	上市时间和形式	股本/亿元
23	国泰君安	601211	2015，IPO	87.14
24	第一创业	002797	2016，IPO	35.02
25	华安证券	600909	2016，IPO	36.21
26	中原证券	601375	2017，IPO	39.24
27	中国银河	601881	2017，IPO	101.4
28	浙商证券	601878	2017，IPO	33.33
29	华西证券	002926	2018，IPO	26.25
30	南京证券	601990	2018，IPO	32.99
31	天风证券	601162	2018，IPO	51.80
32	长城证券	002939	2018，IPO	31.03
33	华林证券	002945	2019，IPO	27.00

资料来源：根据公开资料整理。

2. 注重扩大企业规模

近年来，我国证券行业并购活动频繁，出现了多家总资产超过千亿的券商[①]。比如，2003年10月，中信证券收购青岛市财政局所持的万通证券的全部股权，成立中信证券（山东）；2019年10月，中信证券以134亿元收购广州证券100%的股权，更名为中信证券（华南）公司。

在国际并购方面，2011年6月，中信证券宣布以3.74亿美元收购里昂证券亚太区市场（CLSA Asia-Pacific Markets）和盛富证券19.9%的股份。2013年8月，中信证券全资子公司中信证券国际收购里昂证券80.1%的股权，中信里昂证券成为中信证券国际全资子公司。为满足中国台湾地区监管规定，里昂证券目前在中国台湾地区的业务不包括在此次收购范围内。2015年5月4日，中信证券国际与中信里昂证券宣布，共同成立中信证券国际资本市场（CITIC CLSA Securities），主要从事亚洲的全球企业融资及资本市场业务，该合资公司将两家公司的投资银行业务一体化。

规模扩大的结果是不同证券公司间的差距拉大，行业集中度提升。2019年中国券商股票和债券承销数量前十名的集中度为41%，前二十名为60%；金额前十名集中度为63%，前二十名为78%，已体现了较高的行业集中度。

3. 注重开拓国际市场

随着国外投资银行进入我国市场，我国证券公司也在积极走向国际市场。截至2022年，我国有35家证券经营机构在境外设立子公司，其中有34家机构在中国香港设立子公司，均持有香港证监会的证券经纪、承销保荐等牌照，具备担任内资企业境外上

[①] 根据东方证券研究报告（2020），我国证券行业正在或已经历5次并购浪潮。1995—2001年："分业经营"并购潮；2004—2006年："综合治理"并购潮；2008—2010年："一参一控"并购潮；2012年至今："市场化"并购潮。

市主办行、机构投资者境外主经纪和托管商的相关资质。

国家支持国内证券公司开拓展国际业务。根据新《证券法》（2019 修订），自 2020 年 3 月 1 日起，证券公司部分行政审批项目取消或调整，证券公司在境外设立、收购、参股证券经营机构由审批改为备案管理。证监会支持证券经营机构在风险可控的前提下依法有序开拓香港等境外市场，为投资者提供承销保荐、经纪、托管等综合金融服务[1]。

4. 注重金融科技投入与数字化转型

近年来，随着金融科技与证券业加速融合，我国证券公司高度重视数字化转型，对信息技术的资金投入不断增加。2019 年全行业信息技术投入额达 205.01 亿元，同比增长 10%；占 2018 年营业收入的 8.07%，同比提高 2.03 个百分点。2019 年，有 3 家券商的信息技术投入额超过 10 亿元。其中，国泰君安以 12.39 亿元的投入金额行业排名第一；华泰证券排名第二，投入额为 12.02 亿元；中信证券位列第三，投入额为 11.39 亿元。此外，海通证券、广发证券、中金公司、平安证券、国信证券、招商证券、中信建投、东方证券、中泰证券、申万宏源、安信证券共 11 家券商 2019 年信息技术投入额均超 5 亿元。

2020 年，多家头部券商 90% 以上的股票及基金经纪交易额通过移动端完成，互联网新开账户数约占总开户数的 90%，通过互联网平台获得的理财产品销售额也大幅增长。2021 年各大券商移动端开户数比例已达 99%，移动端交易客户数比例达 89.5%[2]。

案例 1-1　高盛集团

高盛集团创立于 1869 年，至今已运营超过 150 年。其发展过程大致分为四个阶段：①起步期（1896—1932 年）。以商业票据贴现业务起家，和雷曼兄弟合作开展证券承销业务。②追赶期（1933—1974 年）。高盛领导人从政，获得关键人脉和大额交易订单，将高盛推向顶尖投资银行。③成熟期（1975—2007 年）。机构投资者崛起，高盛业务重心从轻资产的投资银行模式转向资本中介及资本交易等重资产业务，并于 1999 年在纽约证券交易所上市。④转型期（2008 年至今）。金融危机后，高盛转型为银行控股公司，开始去杠杆并削减自营投资，布局金融科技。高盛各发展阶段盈利模式见表 1-15。

表 1-15　高盛各发展阶段盈利模式总结

时期	起步期（1869—1932 年）	追赶期（1933—1974 年）	成熟期（1975—2007 年）	转型期（2008 年至今）
发展背景	金融监管框架尚未成型、工业大发展	分业经营、并购潮	佣金自由化、储架发行制、布雷顿森林体系瓦解、利率市场化、机构投资者崛起	混业经营

① 资料来源：https://new.qq.com/rain/a/20220221A037SL00。
② 资料来源：https://www.analysis.cn/detail/2002113。

表1-15（续）

时期	起步期 （1869—1932 年）	追赶期 （1933—1974 年）	成熟期 （1975—2007 年）	转型期 （2008 年至今）
代表业务	商业票据、债券承销、信托投资	投资银行业务、并购重组咨询	机构业务（FICC①、融资融券等）、自营业务、资管	资本中介、股权投资
杠杆程度	低	较低	高	逐步降低
融资来源	合伙人资本金留存	资本金留存、引入战略投资	担保融资、客户保证金等负债融资，股权融资	存款、长期借款等负债融资
盈利模式	轻资产：佣金 票据：息差	轻资产：佣金、咨询服务费	重资产：价差（资本利得）、息差	重资产：股利、价差、息差
行业地位	全美最大的票据交易商、二流投资银行	跻身顶级投资银行	最大的大宗交易商	综合排名前三

资料来源：任泽平. 高盛"帝国"成长史：天使还是魔鬼？［EB/OL］.（2019-10-10）［2023-10-12］. https://finance. sina. com. cn/zl/china/2019-10-10/zl-iicezrr1164128. shtml.

高盛集团的十四条业务准则如下：

（1）客户利益至上。我们的经验表明，只要对客户尽心服务，成功就会随之而来。

（2）我们最重要的三大财富是员工、资本和声誉。三者之一如有受损，最难重建的是声誉。我们不仅致力于从字面上，更从实质上完全遵循监管我们的法律、规章和职业道德准则。持续的成功有赖于坚定地遵守这一原则。

（3）我们的目标是为股东带来优越的回报，而盈利就是我们实现优越回报、充实资本、延揽和保留最优秀人才的关键。我们慷慨地与员工分享股权，使员工与股东的利益协调一致。

（4）我们为自己的专业素质感到自豪。对于所承担的一切工作，我们都凭着最坚定的决心去追求卓越。尽管我们的业务活动量大而且覆盖面广，但如果我们必须在质与量之间作取舍的话，我们宁愿选择做最优秀的公司，而非最庞大的机构。

（5）我们的一切工作都强调创意和想象力。虽然我们承认传统的办法经常还是最恰当的选择，但我们总是锲而不舍地为客户构思更有效的方案。许多由我们开创的操作方案和技术，后来成了业界标准，我们为此感到骄傲。

（6）我们尽最大的努力去为每个工作岗位物色和招聘最优秀的人才。虽然我们的业务额以亿万美元为单位，但我们对人才的选拔却是以个人为基础，精心地逐一挑选。我们明白在服务行业里，缺乏最拔尖的人才就难以成为最拔尖的公司。

（7）我们给员工提供的事业发展机会比大多数其他公司都要多，进程亦较快。晋升的条件取决于能力与业绩，而我们最优秀的员工潜力无限，能承担最艰巨的职责。我们的员工能够反映我们经营地区内社会及文化的多元性，这是公司成功的其中一项要诀。这意味着公司必须吸引、保留和激励有着不同背景和观点的员工。我们认为多元化是一条必行之路。

---

① FICC，全称为"Fixed Income, Currencies and Commodities"，是"固定收益、外汇和大宗商品"的简称。

（8）我们一贯强调团队精神。在不断鼓励个人创意的同时，我们认为团队合作往往能带来最理想的效果。我们不会接受那些置个人利益于公司与客户利益之上的人。

（9）我们的人员对公司的奉献、对工作付出的努力和热忱都超越大多数其他机构的雇员。我们认为这是成功的一个重要因素。

（10）我们视公司的规模为一种资产，并对其加以维护。我们希望公司的规模大到足以承办客户构思的任何大型项目，同时又能保持适度的灵活性，以更有效地保持服务热情、关系紧密与团结精神，这些都是我们极为珍视，又对公司成功至关重要的因素。

（11）我们尽力预测不断变化的客户需求，并致力于发展新的服务去满足这些需求。我们深知金融业环境的瞬息万变，也谙熟满招损、谦受益的道理。

（12）我们经常接触机密信息，这是我们正常客户关系的一部分。违反保密原则或是不正当或轻率地使用机密信息都是不可原谅的。

（13）我们的行业竞争激烈，故此我们积极进取地寻求扩展与客户的关系。但我们坚决秉承公平竞争的原则，绝不会诋毁竞争对手。

（14）公正及诚信是我们业务原则的中心思想。我们期望我们的人员无论在工作上还是在私人生活上同样保持高度的道德水准。

总而言之，高盛集团成功之道可归纳为：一是打造了密切的客户和业务关系网络；二是合伙人机制塑造了团队至上的企业文化；三是注重保持与政府密切的关系；四是集中协作、全员参与的风险管理模式。

资料来源：根据高盛集团网页等公开资料整理。

▶案例1-2　中金公司

中国国际金融股份有限公司（简称"中金公司"）是我国首家中外合资投资银行。1995年7月31日，建设银行与摩根士丹利、中投保、新政保及名力集团等机构共同出资1亿美元设立中金公司。建设银行持股42.5%，摩根士丹利持股35%。

历经多次股权变更后，汇金成为中金第一大股东。①2004年，建设银行实行重组改制，将其持有的中金公司股份转让给中国建投。2010年，中国建投将所持中金公司股权无偿划转至汇金。②2010年，摩根士丹利因自身发展战略调整（与华鑫证券成立摩根士丹利华鑫证券），将其持有的中金有限的34.30%股权全部转让给TPG、KKR、新政投和大东方人寿。

2015年，中金公司在中国香港联合交易所主板成功上市。2017年，中金公司与中国中金财富证券有限公司完成战略重组，中金财富证券成为中金公司的全资子公司。2018年，中金公司向腾讯控股子公司Tencent Mobility增发H股。2019年，海尔控股通过受让汇金股份的方式跻身中金公司第二大股东。同年，阿里巴巴通过其子公司Des Voeux于H股增持中金公司股份，并跻身公司前十大股东之列。2020年11月2日，中金公司正式在上交所上市交易。中金公司1995—2020年的发展历程见图1-3。

中金公司的业务范围包括：证券承销、财富管理、资产管理、私募股权投资、财务顾问业务、投资研究等。突出的跨境业务能力使公司境外子公司业务收入处于中国证券公司领先水平。

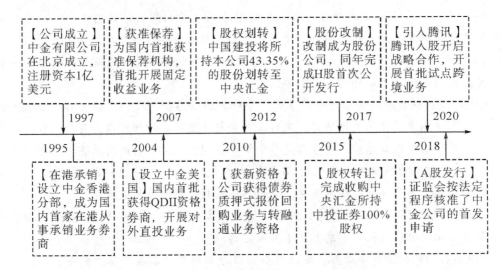

图 1-3　中金公司发展历程（1995—2020 年）

2022 年，中金公司作为主承销商完成 A 股 IPO 项目 32 单，主承销金额 528.63 亿元，排名市场第三。作为主承销商完成 A 股再融资项目 46 单，主承销金额 1 256.61 亿元。作为保荐人主承销港股 IPO 项目 31 单，主承销规模 35.88 亿美元，排名市场第一；作为全球协调人主承销港股 IPO 项目 34 单，主承销规模 22.80 亿美元，排名市场第一；作为账簿管理人主承销港股 IPO 项目 34 单，主承销规模 10.12 亿美元，排名市场第一。公司持续巩固大项目优势，在港股十大 IPO 中承销七单。作为账簿管理人主承销港股再融资及减持项目 10 单，主承销规模 4.76 亿美元。

2022 年，在境内方面，中金公司债券承销规模排名券商第四、利率债承销规模排名券商第三、资产支持证券承销规模排名券商第三、境内承销绿色债券发行规模排名券商第一。在境外方面，中金公司中资企业境外债承销规模排名中资券商第一；细分领域中，承销中资企业境外 ESG 债券市场份额显著提升，承销规模排名市场第一，并超过 6 年连续保持中资企业投资级美元债承销规模中资券商第一。

2022 年，根据 Dealogic 数据，中金公司并购业务排名中国并购市场第一，过去 10 年中 8 年位列第一，保持领先地位。2022 年，根据 Dealogic 数据，公司已公告并购交易 94 宗，涉及交易总额约 995.95 亿美元，其中境内并购交易 83 宗，涉及交易总额约 912.77 亿美元，跨境及境外并购交易 11 宗，涉及交易总额约 83.18 亿美元。

中金公司盈利能力长期保持优于同业。2017—2019 年中金公司 ROE（净资产收益率）为 7.5%、8.3% 和 8.8%，而同期证券行业 ROE 为 6.5%、3.6% 和 6.3%。

资料来源：中金公司年报（2022）、天风证券研究报告。

本章小结

1. 投资银行是立足于资本市场为客户提供证券承销、并购、证券交易、资产管理、套利交易、私募股权、金融工程、风险管理、证券咨询等全部或其中部分业务以获取利润并追求利益最大化的金融机构。

2. 投资银行在经济功能、本源业务与利润来源、服务金融领域、经营风格、监管机构等方面不同于商业银行。

3. 投资银行业务范围很广泛，大致分为一级市场业务、二级市场业务、并购业务、资产管理业务、自营业务和直接投资业务、金融工程与金融创新业务、资产证券化业务和投资研究业务。

4. 各项业务构成了投资银行的收入来源和利润中心。为了提高投资银行的收入和利润水平，投资银行必须尽可能拓展业务范围，同时要提高各项业务的市场占有率。

5. 根据规模和投资银行业务范围，投资银行可分为以下几类：领军型投资银行、一线投资银行、区域投资银行以及专业型投资银行。

6. 与西方投资银行相比，我国投资银行历史较短、多为国有企业、从一开始采取公司制、投资银行规模较小、收入结构不均衡、科技投入相对不足、国际化程度尚待提高、行业集中度有待提高。

拓展阅读

1. 为获取更多的关于投资银行的历史知识，参阅：

R ROBERTS. What's in a name? Industrial bankers and investment bankers [J]. Business History, 1993, 35: 22-38.

2. 希望以轻松语言获取关于投资银行的普及性知识，参阅：

弗勒里耶. 一本书读懂投资银行 [M]. 朱凯誉，译. 北京：中信出版社，2010.

3. 为获取更多的关于投资银行的故事性知识，参阅：

戈登. 伟大的博弈：华尔街金融帝国的崛起 [M]. 祈斌，译. 北京：中信出版社，2005.

盖斯特. 最后的合伙人：华尔街投资银行的秘密 [M]. 北京：中国财政经济出版社，2003.

一个中国人在华尔街做投资银行交易员的故事，http://www.douban.com/group/topic/21060382/。

中国投资银行：历史舞台上的大角色，http://finance.people.com.cn/stock/n/2013/0301/c67815-20647743.html。

思考与计算题

1. 什么是投资银行？
2. 投资银行跟商业银行有什么区别？
3. 投资银行有哪些业务种类？
4. 投资银行有哪些分类？
5. 我国投资银行与西方投资银行存在哪些差距？

第二章
投资银行经营环境

➤学习目标

通过本章的学习，了解金融系统类型、金融市场类型、证券市场层次与投资银行业务机会之间的关系，以及投资银行经营过程中所面临的法律环境和技术环境。

➤学习内容

■金融系统类型与投资银行业务机会
■金融市场类型与投资银行业务机会
■证券市场层次与投资银行业务机会
■投资银行面临的法律环境
■投资银行面临的技术环境

➤导入案例

冰河世纪时期，剑齿虎和猛犸象因食物匮乏而灭绝，相比之下，体型远小于它们的老虎所需的食物量较少，因此能够幸存下来。在干旱的沙漠，仙人掌为了减少水分的流失，叶片退化成针刺状。达尔文将生物在生存竞争中适者生存、不适者被淘汰的过程称作自然选择。

作为一类金融机构，投资银行必须快速适应不断变化的市场环境。张女士任职某证券公司营业部经理多年，她最大的感触是市场变化太快了，需要学习的东西从来没有减少过。为及时掌握市场动态，她每天坚持阅读多份报纸、杂志、研究报告，并频繁参加公司总部的各种线上培训，确保能够把握市场脉博。

资料来源：根据实地访谈资料整理。

启发问题:

1. 金融系统如何影响投资银行的业务机会?

2. 金融科技会对投资银行业务产生怎样的影响?

第一节　金融体系结构与投资银行业务机会

金融对一个国家的经济发展至关重要,但各个国家的金融结构体系存在较大差异。美国著名金融学者 Allen 和 Gale(1999)将全球金融体系划分为两种类型,即以金融市场为主导的金融体系和以银行为主导的金融体系。前者以美国为代表,后者以德国为代表。其他国家如英国、日本、法国则处于这两种极端情形之间(图 2-1)。

图 2-1　西方主要国家金融体系概览①

现代投资银行的兴起基于股票、债券市场的发展。很明显,如果一个国家的金融体系以金融市场为主导,则意味着投资银行在证券承销、证券交易、并购等方面将获得更多的业务机会。

20 世纪 80 年代以来,全球掀起了去中介化、向市场转型的热潮。比如法国一直在出台增加金融市场重要性的政策。日本则开始实施金融系统的"大爆炸"改革,以使日本的金融系统更具效率,并能够与纽约和伦敦的金融市场相竞争。巴西及其他拉丁美洲国家也在建立类似美国的金融系统。我国一直重视证券市场在企业融资、经济发展和创新中的作用。改革开放后,我国证券市场取得了巨大建设成就。截至 2021 年年末,沪深股市市值达 91.6 万亿元,交易所债券市场托管面值达 18.7 万亿元,商品期货交易规模连续多年位居全球前列,资本市场总体规模位居全球第二。

影响金融体系结构的因素包括交易成本、信息不对称等。纵观全球,不容忽视的事实是:①股票不是企业外部的最重要资金来源;②发行有价证券和权益证券不是企业筹资的主要渠道;③间接融资的重要性大于直接融资;④金融中介(银行)是企业外部融资的最重要渠道(米什金和埃金斯,2020)。

这说明,建立良性发展的证券市场并非易事。由于证券市场的发展与投资银行业务的发展紧密相连,投资银行不能仅仅是证券市场的被动受益者,而应成为建立良好证券市场的参与者和贡献者。

---

① 艾伦,盖尔. 比较金融系统 [M]. 王晋斌,等译. 北京:中国人民大学出版社,2002.

第二节　金融市场类型与投资银行业务机会

金融市场按照大类可分为货币市场、资本市场、金融衍生市场和外汇市场。每个市场又可做进一步细分，每种金融市场都为投资银行提供了相应的业务机会（表2-1）。

金融市场上的各类金融工具是投资银行一级市场业务的承销对象，是投资银行二级市场业务的交易对象，是投资银行资产管理业务的管理对象，是投资银行金融工程、金融创新业务的创新对象，是投资银行研究业务的研究对象。

表 2-1　金融市场分类及投资银行业务机会

市场种类	市场细分		投资银行业务机会
货币市场	国库券		证券承销 做市商 自营投资等
	大额存单		
	商业票据		
	商业汇票		
	回购与逆回购		
资本市场	债券	政府债券	证券承销 金融工程（如住宅抵押债券的设计） 做市商 自营投资 证券研究等
		公司债券	
		金融债券	
		住宅抵押债券	
	股票	普通股	
		优先股	
金融衍生市场	金融远期市场		风险管理 套利交易 结构性产品设计等
	金融期货市场		
	金融期权市场		
	金融互换市场		
外汇市场			做市商 投机等

一、货币市场

货币市场（money market）是指期限在1年或1年以内的短期金融工具发行和交易的市场。货币市场为工商企业、金融机构、政府提供了短期融资渠道，同时也为投资者提供了短期投资工具。货币市场具体金融工具包括国库券、大额存单、商业票据、商业汇票、回购协议等。

国库券（T-bills 或 bills）是指国家财政当局为弥补国库收支不平衡而发行的一种

政府债券，期限通常在 1 年以内。国库券最早由英国经济学家和作家沃尔特·巴佐特于 1877 年发明，并首次在英国发行。由于国库券的债务人是国家，其还款保证是国家财政收入，故而国库券几乎不存在违约风险，是金融市场风险最小的信用工具。在美国，短期国库券大多通过拍卖方式发行。证券交易商在进行国库券交易时，通常采用双向式挂牌报价，两者的差额即为交易商的收益。投资银行可参与短期国库券的招标发行、做市交易或自营投资。

大额存单（certificates of deposit，CD）是一种银行定期存款，不能随时提取，到期时向储户支付利息和本金。我国于 2015 年 6 月 15 日正式推出大额存单。根据中国人民银行《大额存单管理暂行办法》（2015）：大额存单是指由银行业存款类金融机构面向非金融机构投资人发行的、以人民币计价的记账式大额存款凭证，是银行存款类金融产品，属一般性存款。大额存单发行采用电子化的方式。大额存单采用标准期限，包括 1 个月、3 个月、6 个月、9 个月、12 个月、18 个月、2 年、3 年和 5 年共 9 个品种。个人投资者的起点认购金额为 30 万元，机构投资者起点认购金额为 1 000 万元。固定利率存单采用票面年化收益率的形式计息，浮动利率存单以上海银行间同业拆借利率（shibor）为浮动利率基准计息。大额存单的转让通过第三方平台开展，转让范围限于非金融机构投资人。

商业票据（commercial paper，CP）是指企业或金融机构以融资为目的发行的短期融资工具。在我国，商业票据又被称作短期融资券，根据《短期融资券管理办法》（2005），短期融资券（以下简称融资券），是指企业依照规定的条件和程序在银行间债券市场发行和交易并约定在一定期限内还本付息的有价证券。融资券的期限最长不超过 365 天。发行融资券的企业可在上述最长期限内自主确定融资券的期限。融资券发行利率或发行价格由企业和承销机构协商确定。企业申请发行融资券需通过主承销商向中国人民银行提交备案材料。在短期融资券的基础上，2010 年我国又推出了超短期融资券。

商业汇票，根据《商业汇票承兑、贴现与再贴现管理办法》（2022），是指由出票人签发的、委托付款人在见票时或者在指定日期无条件支付确定的金额给收款人或者持票人的票据，包括但不限于纸质或电子形式的银行承兑汇票、财务公司承兑汇票、商业承兑汇票等。商业承兑汇票（commercial acceptance bill）是指出票人签发的、委托银行以外承兑的付款人在指定日期无条件支付确定金额给收款人或持票人的票据。具体而言，商业承兑汇票是由银行、农村信用合作社、财务公司以外的法人或非法人组织承兑的商业汇票。商业承兑汇票承兑人应为在中华人民共和国境内依法设立的法人及其分支机构和非法人组织。银行承兑汇票（bankers' acceptance bill）是指银行和农村信用合作社承兑的商业汇票。财务公司承兑汇票是指企业集团财务公司承兑的商业汇票。由于商业汇票在未来某一日期支付，期限在 6 个月以内，因此对签发方来说属于一种短期融资工具。

回购协议是一种短期借款手段，分为正回购（repurchase agreement，简称 repo 或 RP）或逆回购（reverse repurchase agreement，简称 reverse repo 或 RRP）。在回购过程中，证券充当抵押品。在正回购中，当事人把证券卖给投资者（假设 1 元），并签订协议在未来某一日以稍高的价格购回（假设 1.2 元），实现短期资金的融入。在逆回购中，当事人从证券持有者手中买入证券（假设 1 元），并约定在未来某一日以较高的价格回售给证券持有者（1.2 元），实现短期资金的融出。

货币市场为商业银行和投资银行提供了承销的业务机会。2022 年短期融资券、公司债和中期票据的发行规模分别为 4.96 万亿元、3.09 万亿元和 2.80 万亿元，占比分别为 42%、26% 和 24%，偿还规模分别为 5.17 万亿元、2.58 万亿元和 1.95 万亿元，占比分别为 47%、24% 和 18%[①]。

小案例 2-1：短期融资券的发行与承销

2023 年 2 月 16 日，保利发展控股集团股份有限公司成功发行 2023 年度第一期短期融资券（23 保利发展 CP001）。计划发行总额为 25 亿元，实际发行总额为 25 亿元，期限 270 天，主体评级 AAA。采用固定利率计息，票面利率通过簿记建档、集中配售方式确定为 2.26%，发行价格 100 元。主承销商/簿记管理人为上海浦东发展银行股份有限公司。

资料来源：上海证券交易所公告，2023-02-21。

小知识 2-1：商业承兑汇票与短期融资券的区别

我国在 20 世纪 80 年代就已推出了商业承兑汇票，但短期融资券直到 2005 年才正式推出。后来为满足企业对低成本、及时高效的超短期资金融资需求，2010 年在短期融资券的基础上，又推出了超短期融资券。从表 2-2 可以看出，商业承兑汇票与商业票据（短期融资券和超短期融资券）是两种完全不同的金融工具。商业承兑汇票的签发主要是用于企业贸易中的货款支付，而商业票据应用于企业在金融市场上的融资。与短期融资券相比，超短期融资券发行限制更少且发行效率更高。

表 2-2　商业承兑汇票、短期融资券与超短期融资券的区别

项目	商业承兑汇票	短期融资券	超短期融资券
签发/发行主体	具有法人资格的非金融企业	具有法人资格的非金融企业	
签发/发行规模	无限制	注册额度不得超过企业净资产 40%	无限制
期限	不超过 6 个月	不超过 1 年	不超过 270 天
签发/发行效率	随时可签发	注册期一般为 2~3 个月，发行时提前 5 个工作日公告	注册期一般为 1 个月内，发行时提前 1 个工作日公告
是否需要评级	否	是	是
签发/发行对象	与之有真实贸易背景的企业	银行间债券市场投资者	

---

① 资料来源：中泰证券研究所（2023）。

表2-2(续)

项目	商业承兑汇票	短期融资券	超短期融资券
流通场所	企业间背书、银企间贴现、金融机构间转贴现	银行间债券市场	
管理部门	中国人民银行、银保监会	中国人民银行、中国银行间市场交易商协会	
登记托管机构	上海票据交易所	上海清算所	
管理法规	《中华人民共和国票据法》、《商业汇票承兑、贴现与再贴现管理办法》等	《银行间债券市场非金融企业债务融资工具管理办法》	《银行间债券市场非金融企业超短期融资券业务规程（试行）》

资料来源：根据知乎等公开资料整理。

小资料2-1：商业承兑汇票签发量与商业票据发行量（2017—2020年）

在时间顺序上，我国商业承兑汇票的推出时间最早，其次是短期融资券，最晚的是超短期融资券。图2-2显示，2020年，商业承兑汇票签发量为3.62万亿元，短期融资券发行量为0.49万亿元，超短期融资券发行量为4.50万亿元。从趋势上看，自2017年以来，商业承兑汇票、超短期融资券呈逐年增长的态势。相对而言，短期融资券发行量处于停滞的状态。

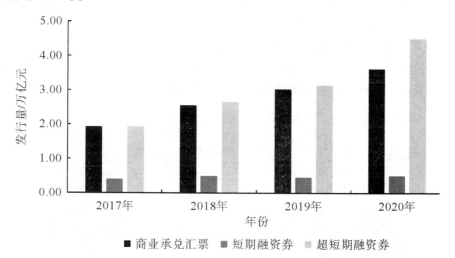

图2-2 2017—2020年商业承兑汇票签发量与商业票据发行量

资料来源：根据知乎等公开资料整理。

二、资本市场

资本市场是企业、政府或金融机构筹集长期资金的场所，包括股票市场和中长期债券市场。股票细分为普通股和优先股。在我国，根据发行地点和计价货币的不同，股票还可分为A股、B股、H股、S股（表2-3）。

表 2-3　我国股票种类

种类	特点
A 股	人民币普通股票，公司注册地和上市地均在境内，以人民币标明面值，以人民币认购和交易，供境内机构、组织或个人（不含澳港台投资者）认购和交易的股票
B 股	人民币特种股票，公司注册地和上市地均在境内，以人民币标明面值，以外币认购和交易（沪市 B 股美元、深市 B 股港币），在境内（上海、深圳）证券交易所上市交易的股票
H 股	公司注册地在内地、在中国香港证券市场认购和交易的股票，面值为港元
N 股	公司注册地在内地、上市地在纽约的外资股，面值为美元
S 股	公司注册地在内地、上市地在新加坡的外资股，面值为新加坡元

小知识 2-2：世界上最早的股票

15 世纪，海上贸易和殖民掠夺兴起，在西方国家出现了远洋航海家。然而，要组织远航贸易，就必须组建船队，这需要巨额的资金；同时，远航经常遭遇海洋飓风和土著居民的袭击。当时，极少人拥有这样巨额的投资资金和这样强的风险承受能力。

为了筹集远航资本和分摊风险，民间出现了股份筹资的筹资形式，即在每次出航之前，寻找资金，并形成公司股份。航行结束后，再返还股东的投资并按出资比例分配所获利润。据考证，世界上最早的股票是荷兰东印度公司印制的，印制于 1606 年，它属于一位阿姆斯特丹市民（图 2-3）。

股份公司的出现，促进了资本的集中，推动了生产的发展。马克思说："假如必须等待积累去使某些单个资本增长到能够修建铁路的程度，那么恐怕直到今天世界上还没有铁路。但是，集中通过股份公司转瞬之间就把这件事完成了。"

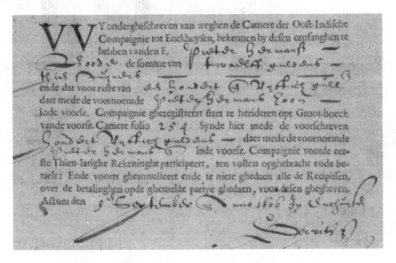

图 2-3　荷兰东印度公司的股票样本（1606 年）

资料来源：根据公开资料整理。

小知识2-3：新中国第一只公开发行的股票

1984年11月18日，经中国人民银行上海市分行批准，上海飞乐电声总厂发起设立上海飞乐股份有限公司，总股本10 000股，每股面值50元，其中35%由法人认购，65%向社会公众公开发行。这只股票没有期限限制，不能退股，可以转让流通，被视为真正意义上的股票，也成为新中国第一只公开发行的股票（图2-4）。再往上追溯，1872年，同治皇帝批准李鸿章的奏折，正式同意成立招商局。轮船招商局成为近代中国第一家发行股票、面向社会筹集资本兴办的新型股份制企业，号称"中华第一股"（图2-5）。

图2-4 飞乐音响股票样本

资料来源：根据公开资料整理。

图2-5 招商局股票样本

资料来源：根据公开资料整理。

债券具体有政府债券、公司债券、金融债券、住宅抵押债券等，我国债券市场结构见表2-4。发行人选择长期债务的主要原因是降低利率风险。资本市场为投资银行提供了证券承销（包括参与政府债券拍卖）、证券交易、做市和自营投资的业务机会。

表2-4 我国债券市场细分

债券大类	债券市场细分
政府债	国债（记账式、凭证式）
	地方政府债券
	政府机构债券（中央汇金公司）

表2-4(续)

债券大类	债券市场细分
中央银行	央行票据
金融债	政策性金融债（农发行、进出口银行、国发行）
	普通金融债（商业银行、财务公司、租赁公司发行）
	次级债券（商业银行）
	混合资本债券（商业银行）
公司债	企业债（包括中期票据企业债）
	可转换债券
	集合票据（中小企业）
国际开发机构债券	亚洲开发行等发行的债券
资产支持证券	资产支持证券

资料来源：中国债券网，www.chinabond.com.cn。

小知识2-4：美国政府债券种类

T-bills 是 "treasury bills" 的简写，是美国财政部发行的短期债券，期限不超过一年。

T-notes 是 "treasury notes" 的简写，是美国财政部发行的中期债券，期限不超过十年。

T-bonds 是 "treasury bonds" 的简写，是美国财政部发行的长期债券，期限十年以上。

TIPS 是 "treasury inflation protected securities" 的简写，又称通胀保值债券，1997年1月15日由美国财政部首次发行，规模为70亿美元。除了拥有一般国债的固定利率息票外，TIPS 的面值会定期按照 CPI 指数加以调整，以确保投资者本金与利息的真实。

资料来源：根据公开资料整理。

小知识2-5：熊猫债与明珠债

熊猫债券是指境外机构（包括境外主权类机构、国际开发机构、金融机构和非金融企业等）在中国境内发行的以人民币计价的债券。与日本的"武士债券"、美国的"扬基债券"一样同属外国债券。截至2023年11月30日，"熊猫债"已发行91只，发行额达1495.5亿元。

明珠债，也称自贸区离岸债券，是指面向自由贸易试验区内已开立自由贸易账户的区内及境外机构投资者发行的债券品种，它与一般的境外发债在外债审核登记、信息披露规则、发行流程、资金回流等方面都基本一致，由中央结算公司负责发行、登记及代理兑付。发行人可以为境内、自由贸易试验区内及境外的金融机构或企业，发行币种包括人民币和外币。明珠债可视为"在岸的离岸债券"。截止到2023年一季度末，明珠债共发行 125 只，发行规模达 120.47 亿美元，其中人民币债券 121 只，规模为 115.21 亿美元；美元债券 3 只，规模为 4.76 亿美元；欧元债券 1 只，规模为 0.5 亿美元。

资料来源：根据公开资料整理。

三、金融衍生品市场

历史上最早的金融衍生品发源于农产品，最早的历史记录来自亚里士多德，他记录了古希腊哲学家泰利斯签订的橄榄契约交易。金融衍生品市场主要包括金融远期市场、金融期货市场、金融期权市场和金融互换市场。

1. 金融远期市场

远期合约（forward contract），是指双方约定在未来的某一确定时间，按确定的价格买卖一定数量的某种资产的合约。金融远期合约是指合约标的物为金融资产的远期合约。远期利率合约则是跟债务工具相关的远期合约，比如 A 银行承诺在 1 年后向 B 保险公司以面值出售 500 万元、票面利率 6%、2023 年到期的长期国债。

2. 金融期货市场

期货是标准化的远期合约。根据标的物不同，金融期货可分为利率期货、股价指数期货和外汇期货。利率期货是指标的资产价格依赖于利率水平的期货合约。股指期货的标的物是股价指数。外汇期货的标的物是外汇。

3. 金融期权市场

期权（option），又称选择权，是指赋予其购买者在规定期限内按双方约定的价格（简称协议价格）或执行价格购买或出售一定数量某种资产的权利的合约。金融期权是指合约标的物为金融资产的期权合约。

4. 金融互换市场

金融互换，是指两个或两个以上当事人按照约定条件，在约定的时间内，交换一系列现金流的合约，具体包括利率互换、货币互换、股票互换。

根据交易场所不同，衍生品市场分为场内交易市场和场外交易市场。场内交易市场也称证券交易所市场，是指买卖双方集中在交易所进行竞价交易的市场。场外交易市场也称柜台交易市场（over the counter，OTC），是指交易双方在场外，非集中交易的市场。两者的比较见表 2-5。

表 2-5　场内、场外衍生品市场运作模式比较

	交易所市场	场外交易市场
交易场所	固定	不固定
交易方式	公开竞价	议价方式
组织方式	经纪人制度	做市商制度
合约形式	标准化合约	非标准化合约
监管方式	政府监管为主	行业自律为主

投资银行在金融衍生品市场中的业务场景是：利用金融衍生产品进行风险管理、利用金融衍生产品进行套利交易、利用基本衍生工具进行结构化金融产品设计并与客户进行交易。这类业务通常被投资银行称作 FICC 业务。

小知识 2-6：天气衍生品

天气衍生品是指为了对冲天气事件造成的交易量风险而开发出来的以温度、降雨、降雪、风等天气指标作为基础标的的期权、期货。1996 年 8 月，美国安然公司与佛罗里达西南电力公司交易了世界上第一笔天气衍生品。自此，天气衍生品的交易量迅速攀升。

资料来源：根据公开资料整理。

小知识 2-7：投资银行 FICC 业务

FICC 是英文单词 fixed income（固定收益）、currencies（外汇）、commodities（大宗商品）首字母的缩写。FICC 的业务范围不仅包括固定收益证券、外汇和大宗商品这些基础资产，还包括以此为标的资产的衍生品。20 世纪 70 年代，佣金自由化以及投资银行业竞争形势加剧，传统的证券发行和企业并购（M&A）的利润被压缩；而投资者对规避利率风险、汇率风险、商品价格波动风险的需求大幅增加，美国投资银行开始大量投入自有资金，直接充当客户的交易对手。通过投入自有资金承担风险的资本中介业务模式，充分运用自身资产负债表向客户提供服务，拓展了机构客户基础，大幅提升了自身盈利水平。经过不断的业务拓展和调整，20 世纪 80 年代中期，美国投资银行形成了完整的 FICC 业务链。

FICC 业务模式主要包括承销、代理交易、产品设计、做市交易、投资交易等。代理交易：代理客户执行固收类产品、外汇产品和大宗商品交易；做市：作为交易对手与客户直接交易，或通过做市服务为客户提供市场流动性；创设产品：创设相关产品，为客户定制相关的结构化产品并执行交易，满足客户的投资目标和风险管理；管理风险敞口：管理上述业务所形成的风险敞口，进行利率、信用、资产证券化等固收产品的交易。

资料来源：根据公共资料整理

四、外汇市场

不同国家具有不同的货币单位，外汇市场指不同货币现金及存款之间兑换和交易的市场。外汇交易的需要来自一个国家企业或居民购买国外产品、服务、金融资产，或者卖出本国产品、服务、金融资产进行结算的需要。外汇市场为投资银行提供了做市业务和投机交易的机会。

第三节 证券市场层次与投资银行业务机会

一、根据证券阶段划分的证券市场层次

根据证券所处阶段，证券市场分为一级市场与二级市场。一级市场又称发行市场，或初级市场（primary market），是企业发行证券、筹集资金的场所。二级市场（secondary market）又称交易市场，是指投资者就所持证券进行交易转让的市场。一级市场是二级市场的基础，二级市场为一级市场提供了流动性，因此二者存在相互支撑的关系（表2-6）。

1. 一级市场

在一级市场，根据证券发行对象和范围的不同，证券发行分为公募（public offering）发行和私募（private placement）发行。公募发行面向不特定投资者，筹资金额较大；私募发行主要面向机构投资者或富有的个人投资者，融资数额相对较少。根据发行阶段，公募进一步可细分为首次公开发行（initial public offering，IPO）和新股增发（seasoned offering，SEO）。IPO是指准上市公司首次将股票销售给公众的过程，新股增发则是指已上市公司再次发行新股的过程。

在一级市场中，投资银行向拟发行证券的公司提供融资方案和建议，利用客户网络帮助企业销售证券，利用自己的声誉为所发行证券的质量进行担保。投资银行由此获得保荐业务和承销业务。

2. 二级市场

二级市场又分为场内交易市场和场外交易市场。场内交易市场是指由证券交易所组织的集中交易市场，有固定的交易场所和交易时间。证券交易所接受和办理符合有关法令规定的证券上市买卖，投资者则通过证券商在证券交易所进行证券买卖。二级市场为投资银行提供了做市商业务或经纪业务的机会。

（1）场内交易市场

从组织形式上看，国际上的证券交易所分主要分为会员制证券交易所和公司制证券交易所两种组织形式。会员制证券交易所是以会员协会形式成立的不以营利为目的的组织，会员主要由证券商组成。只有会员及享有特许权的经纪人，才有资格在交易所中进行交易。公司制证券交易是由各类出资人共同投资入股建立起来的公司法人，以营利为目的。传统的证券交易所多采用会员所有制形式。在技术发展和全球化竞争的推动下，为降低会员与交易所的利益冲突、优化资源配置、强化决策效率，1933年瑞典斯德哥尔摩交易所率先实行公司化改制。美国纽约证券交易所也采取公司制，由26人组成的董事会负责交易所的经营和管理。根据我国《证券交易所管理办法》（2021），我国证券交易所既可以采取会员制也可以采取公司制。目前我国上海、深圳证券交易所采取会员制，但北京证券交易所采取公司制。

在场内交易市场中，投资银行为客户提供做市商服务或经纪服务（在美国具体为特许经纪商，即 specialist）。为了获得在交易所内进行证券交易的资格，投资银行必须拥有交易所交易席位。交易席位原指交易所交易大厅中的座位，座位上有电话等通信设备，经纪人可以通过它传递交易与成交信息。在电子交易的情况下，交易席位仍然存在，但不具有实际意义，更多体现为交易资格牌照。为获得交易席位，投资银行必须缴纳席位费。

（2）场外交易市场

场外交易市场又称柜台交易或店头交易市场，是指在交易所之外由证券买卖双方当面议价成交的市场，它没有固定的场所，其交易主要通过电话进行，交易的证券以不在交易所上市的证券为主，在某些情况下也对在证券交易所上市的证券进行场外交易。美国全国证券交易商协会自动报价表（national association of securities dealers automated quotations, NASDAQ），也称纳斯达克，是全球最著名的柜台交易市场。在场外交易市场，投资银行可以为上市公司提供做市商服务或者经纪服务。作为做市商，投资银行既买又卖，以买卖价差作为服务收入；作为经纪商，主要代理客户买卖证券，获得佣金收入。

表 2-6 根据证券阶段的证券市场层次划分

资本市场划分	市场细分	投资银行业务机会
一级市场	公募：IPO、SEO	融资方案建议 证券发行保荐 证券发行承销 证券发行分销
	私募	
二级市场	场内市场	做市商、代理商（经纪人）
	场外市场	

小知识 2-8：早期的股票交易所

1602 年，在荷兰的阿姆斯特丹成立了世界上第一家股票交易所（图 2-6）。1773 年，英国的第一家证券交易所在乔纳森咖啡馆成立，1802 年获得英国政府的正式批准。1790 年，美国第一家证券交易所——费城证券交易所宣布成立，从事政府债券等有价证券的交易活动。1792 年 5 月 17 日，美国 24 名经纪人在华尔街的一棵梧桐树下聚会，商定了一项名为《梧桐树协议》（Buttonwood Agreement）的文件，约定每日在梧桐树下聚会，从事证券交易，并订出了交易佣金的最低标准及其他交易条款[①]。1817 年，这些经纪人共同组成

---

① 《梧桐树协议》原文："We the subscribers, brokers for the purchase and sale of public stock do hereby solemnly promise and pledge ourselves to each other, that we will not buy or sell from this day on for any persons whatsoever any kind of public stock at a less rate than one-quarter percent commission on the specie value of, and that we will give preference to each other in our negotiations." In Testimony where of we have set our hands this 17th day of May at NewYork, 1792. 其大致内容为：①只与在梧桐树协议上签字的经纪人进行有价证券的交易；②收取不少于交易额 0.25% 的手续费；③在交易中互惠互利。

了纽约证券交易会，1863 年它被更名为"纽约证券交易所"，这便是纽约证券交易所的前身。

图 2-6　阿姆斯特丹交易所

资料来源：根据公开资料整理。

小资料 2-2：境外证券交易所发展趋势

突发公共卫生事件的迅速蔓延对金融市场环境产生了重要影响，证券交易所的战略发展重心也随之调整。其战略调整主要体现在三个方面：一是聚焦增长潜力，维护核心业务竞争优势；二是关注 ESG 领域，倡导业务可持续发展；三是加大技术投入，促进业务数字化转型。

在上述发展战略的驱动下，境外交易所呈现以下变化：①上市方式不断多元化。纽约证券交易所、纳斯达克近两年通过直接上市（DPO）、大力发展特殊目的并购公司（SPAC）① 等举措，积极抢夺新经济企业。2020 年，纽约证券交易所、纳斯达克的SPAC 筹资额远超传统 IPO，香港交易所、日本交易所则持续优化上市规则、调整市场板块，进一步巩固在发行上市领域的竞争力。②ESG 服务日臻完善。近年来，各大交易所全方位、多层次推进 ESG 相关业务。纳斯达克收购 ESG 数据整合平台并重构业务，开展投资者关系（IR）及 ESG 服务业务，纳斯达克、泛欧交易所、日本交易所等发布上市公司 ESG 信息披露指南，多家交易所更加积极地向上市公司提供 ESG 产品服务，卢森堡交易所、香港交易所推出绿色产品平台。③继续深耕交易清算一体化布局。境外交易所无不实现了交易清算无缝对接，在交易规模逐年上升的同时，加快布局清算业务。伦交所、洲际交易所持续增加伦敦清算所（LCII）及欧洲清算系统（Euroclear）的股权，泛欧交易所完成了对丹麦中央证券托管机构 VP Securities 的收购，日本交易所、香港交易所等继续优化清算业务。④持续加码信息与技术领域。洲际所近年来陆续收购了 Interactive Data、SPSE 等数据运营商；伦交所先后收购商业金融信息提供商 Mergent、固定收益分析平台 Yield Book、指数服务 Citi Fixed Income，并于 2021 年 1 月完成对路

---

① 特殊目的并购公司（special purpose acquisition company，SPAC），是美国资本市场特有的一种上市形式。其目标是并购一家优质的企业（目标公司），使其快速成为美国主板上市公司。作为一个上市平台（壳公司），SPAC 只有现金，而没有实际业务。目标公司与 SPAC 合并即可实现上市，并同时获得 SPAC 的资金。

孚特的收购；纳斯达克、德交所也持续加大对数据与技术公司的投资。境外各交易所积极探索前沿技术，加快推动数字化转型。⑤经营业绩大幅增长。全球市值前8家已上市交易所的营业收入、净利润均实现正增长。其中，洲际交易所集团的营收、净利润分别达到82.4亿美元、21.1亿美元，问鼎全球交易所行业冠军；多家交易所营业收入中信息业务收入占比呈上升趋势。

资料来源：上海证券交易所全球证券交易所发展报告（2021）。

二、美国证券市场体系

1. 根据交易机制分类

根据交易机制不同，美国证券市场体系分为场内交易市场、场外交易市场、电子交易市场（表2-7）。场内交易市场具体包括国家级证券交易所、地区级交易所。国家级交易所又具体包括纽约证券交易所（NYSE）、美国证券交易所（AMEX）。对场内市场（交易所市场）来说，只有取得交易席位的会员才有资格在交易所进行股票交易。

场内交易市场采用特许经纪商（specialist）制度①。这意味着与其他国家不同，在美国证券交易所，投资银行除了担任经纪人之外，还可担任特许经纪商。交易席位的价格随着证券行情的波动而变动，纽约证交所席位价格在1876年和1878年降到历史最低点4 000美元，1942年为1.7万美元，1999年8月达到265万美元，2008年5月4日该交易所席位价格达到300万美元②。除了特许经纪商、证券经纪业务之外，投资银行在场内交易市场的业务机会还包括资产管理、自营投资等。

场外市场又具体分为纳斯达克全国市场（NASDAQ-NM）、纳斯达克小型资本市场（NASDAQ-SM）、招示板市场（OTCBB）、粉单市场（pink sheets）、地方柜台交易市场。场外市场一般采取多元做市商制度。投资银行在场外交易市场的业务机会包括做市商业务、证券经纪业务、资产管理业务及自营业务等。

其他市场如第三、第四市场、私募证券的自动报价系统PORTAL为投资银行提供了证券经纪业务的机会或自营业务机会。电子交易市场如Archipelago等采取电子连接网络交易方式（ECN），无需经纪人或交易商，将对投资银行现有做市商业务或者经纪业务造成一定冲击。

表2-7 根据交易机制分类的美国证券市场体系

交易场所	具体市场	交易机制	投资银行业务机会
场内交易市场（交易所市场）	纽约证券交易所（NYSE）	特许经纪商市场	特许经纪商 证券经纪商 资产管理 自营业务等
	美国证券交易所（AMEX）		
	地区交易所如芝加哥、波士顿、辛辛那提、太平洋、费城交易所		

---

① 特许经纪商（specialist）组织证券的交易，被称作经纪人的经纪人。
② 1942年的席位价格是20世纪纽约证券交易所的最低价格。

表2-7(续)

交易场所	具体市场	交易机制	投资银行业务机会
场外交易市场（柜台市场）	纳斯达克全国市场（NASDAQ-NM）	多元做市商市场	做市商 证券经纪商 资产管理 自营业务等
	纳斯达克小型资本市场（NASDAQ-SM）		
	招示板市场（OTCBB）		
	粉单市场（pink sheets）		
	地方柜台交易市场	—	证券经纪商 自营业务等
	其他如第三、第四市场、私募证券的自动报价系统POR-TAL		
电子交易市场	Archipelago等	电子撮合ECN	—

2. 根据上市条件和服务对象分类

根据上市条件和服务对象，美国证券市场可分为五个层次[1]（表2-8）：

第一层次：由纽约证券交易所（NYSE）和纳斯达克全国市场（NASDAQ National Market，NASDAQ-NM）构成，上市标准较高，主要是面向大企业，为其提供股权融资服务。

纽约证券交易所是全球规模最大和流通性最强的交易所，俗称"大交易所"（big board）。如今在NASDAQ市场发行的外国公司股票数量已超过纽约证券交易所和美国证券交易所的总和，成为外国公司在美国上市的主要场所。自2006年起，NASDAQ市场内部进一步调整为三个层次：全球精选市场（global select market）、全球市场（global market，即原national market）和资本市场（capital market），主要目的是与纽约证券交易所进行市场竞争。

第二层次：由美国证券交易所（AMEX）和纳斯达克小型股市场（NASDAQ Small-Cap Market，NASDAQ-SC）构成，主要面向中小企业，为其提供股权融资服务。

美国证券交易所成立于1849年，于1953年正式命名为该名。相对于纽约证券交易所，该交易所上市公司标准较低，俗称"小交易所"（little board 或 curb board）。虽然上市公司市值和股票交易量小于纽约和纳斯达克证券交易所，但它是全球最大的ETF交易所和美国第二大股票期权交易所。美国证券交易所于1998年与美国全国交易商协会（NASD）合并，作为美国全国交易商协会下属的交易所独立运营。

纳斯达克小型股市场是专门为中小型高成长企业提供融资服务的市场，上市标准较低，可以满足以高风险、高成长为特征的高科技企业和其他符合条件的企业要求。

第三层次：由太平洋交易所、中西交易所、波士顿交易所、费城交易所、芝加哥证券交易所、辛辛那提证券交易所等区域性交易所构成，是交易地方性企业证券的市场，还有一些未经注册的交易所，主要交易地方性中小企业证券。

---

[1]　史永东，赵永刚. 我国多层次资本市场建设研究［R］. 深圳证券交易所综合研究所研究报告，2006.

第四层次：由 OTCBB 市场、粉单市场构成，是主要面向广大中小企业，为其提供股权融资的场外市场。OTCBB 是全国性管理报价公告栏系统，任何未在 NASDAQ 或其他全国性市场上市或登记的证券，包括在全国、地方、国外发行的股票、认股权证、组合证券、美国存托凭证、直接参股计划等，都可以在 OTCBB 市场上找到交易价格、交易量等信息。与 NASDAQ 相比，OTCBB 门槛较低，对企业基本没有规模或盈利上的要求，只要有三名以上的做市商愿为其做市，企业股票就可以在 OTCBB 上流通。许多公司的股票先在 OTCBB 上市，获得最初的发展资金，通过一段时间积累扩张、达到 NAS-DAQ 或纽约证券交易所的挂牌要求后再升级到这些市场，因而 OTCBB 又被称为 NASDAQ 的预备市场或是 NASDAQ 摘牌公司的后备市场。

粉单市场（pink sheet）为未上市公司证券提供交易报价服务。该市场上的证券比 OTCBB 上的证券信誉等级更低，挂牌公司不必向 SEC 和 NASD 披露财务信息和任何报告，比在 OTCBB 市场受到的监管更少。目前在粉单市场上报价的证券有 6 600 多只（其中有一部分股票是在 pink sheet 和 OTCBB 上双重挂牌），主要包括全国和地方股票、外国股票、认股权证、组合证券和美国存托凭证等。

第五层次：由地方性柜台交易市场构成，是面向在各州发行股票的小型公司的柜台市场，通过当地的经纪人进行柜台交易。

各类层次的资本市场皆为投资银行提供了业务机会，包括证券承销、证券经纪、做市商、自营业务等，大型投资银行的主要业务集中在第一层次和第二层次。

表 2-8 根据上市条件和服务对象分类的美国证券市场体系

美国证券市场层次	具体市场
第一层次	纽约证券交易所 NYSE、纳斯达克全国市场 NASDAQ-NM
第二层次	美国证券交易所 AMEX、纳斯达克小型股市场 NASDAQ-SC
第三层次	太平洋交易所、中西交易所、波士顿交易所、费城交易所、芝加哥证券交易所、辛辛那提证券交易所
第四层次	OTCBB 市场、粉单市场
第五层次	地方性柜台交易市场

三、我国证券市场体系

1. 根据交易机制分类

根据交易机制不同，目前我国证券市场分为场内交易市场和场外交易市场（表 2-9）。场内交易市场包括上海证券交易所、深圳证券交易所和北京证券交易所。场外交易市场主要指全国中小企业股份转让系统（简称"全国股转系统"，俗称"新三板"）。上海证券交易所、深圳证券交易所采取电子撮合竞价交易制度，北京证券交易所和全国股转系统采取竞价与做市的混合交易制度。

做市商作为一类负有持续双向报价义务的特殊投资者参与交易，和普通投资者在竞价交易中享有同等的交易权，所有订单遵循"价格优先、时间优先"的原则。在北交所混合交易制度下，做市商和普通投资者订单类型相同，系统在撮合成交时不区分做市商订单和普通投资者订单，做市商和做市商、做市商和投资者、投资者和投资者之间均可成交。

表 2-9 根据交易机制分类的我国证券市场体系

交易场所	具体市场	交易机制	投资银行作用与业务机会
场内交易市场（交易所市场）	上海证券交易所	电子撮合竞价交易	经纪业务自营业务证券研究等
	深圳证券交易所		
	北京证券交易所	竞价与做市混合交易	
场外交易市场（柜台市场）	全国股转系统（新三板）	竞价与做市混合交易	做市业务经纪业务自营业务证券研究等

我国债券市场结构比较复杂，具体包括银行间债券市场、交易所债券市场和商业银行债券柜台市场三个层次。银行间债券市场成立于 1997 年 6 月 6 日，采取询价谈判机制，主要面向机构投资者，是我国债券市场的主体部分。交易所市场面向非银行机构和个人，采取竞价撮合机制。银行柜台面向非金融机构和个人，采取双边报价机制。

小资料 2-3：全国中小企业股份转让系统简介

全国中小企业股份转让系统（简称"全国股转系统"，俗称"新三板"）是经国务院批准，依据《中华人民共和国证券法》设立的，继上海证券交易所、深圳证券交易所之后的第三家全国性证券交易场所，也是我国第一家公司制运营的证券交易场所。全国中小企业股份转让系统有限责任公司（简称"全国股转公司"）为其运营机构，为新三板市场提供必要的场所和设施，组织新三板市场的具体运营，监督和管理新三板市场。全国股转公司于 2012 年 9 月 20 日在国家工商行政管理总局注册，于 2013 年 1 月 16 日正式揭牌运营，隶属于中国证券监督管理委员会，由中国证监会直接管理。

2013 年 12 月 14 日，国务院发布《国务院关于全国中小企业股份转让系统有关问题的决定》（国发〔2013〕49 号），明确了全国股转系统全国性公开证券市场的市场性质，主要为创新型、创业型、成长型中小微企业发展服务。境内符合条件的股份公司均可通过主办券商申请在全国股份转让系统挂牌，公开转让股份，进行股权融资、债权融资、资产重组等。2020 年 3 月 1 日正式施行的新《证券法》进一步明确了新三板作为"国务院批准的其他全国性证券交易场所"的法律地位。截至 2020 年年末，新三板存量挂牌公司有 8 187 家，其中中小企业占比 94%，总市值 2.65 万亿元。

资料来源：全国中小企业股份转让系统官网，https://www.neeq.com.cn。

小资料 2-4：北京证券交易所简介

北京证券交易所（简称"北交所"）于 2021 年 9 月 3 日注册成立，是经国务院批准设立的我国第一家公司制证券交易所，受中国证监会监督管理，经营范围为依法为证券集中交易提供场所和设施、组织和监督证券交易以及证券市场管理服务等业务。

北京证券交易所以新三板精选层为基础组建，总体平移精选层各项基础制度。北京证券交易所有限责任公司是全国中小企业股份转让系统有限责任公司的全资子公司。北京证券交易所可视为新三板的一部分，与创新层、基础层一起组成"升级版"的新三板。

资料来源：根据公开资料整理。

2. 交易所市场层次划分

根据股票成长性和风险的不同，我国股票交易市场被分层为主板、创业板、科创板、新三板，四板多个层次（表2-10）。主板具体包括上交所主板、深交所主板、原深交所中小板[①]、北交所主板。

主板以大盘蓝筹股为特色，主要为那些业务模式成熟、经营业绩稳定、规模较大、具有行业代表性的优质企业提供融资服务。创业板服务国家创新驱动发展战略，主要服务于成长型创新创业企业，促进传统产业与新技术、新产业、新业态、新模式深度融合。科创板定位于面向世界科技前沿、面向经济主战场、面向国家重大需求，优先支持符合国家战略、科技创新能力突出，具有稳定的商业模式、市场认可度高、社会形象良好、具有较强成长性的企业。

新三板主要为创新型、创业型、成长型中小企业发展提供服务，符合条件的股份公司均可通过主办券商申请挂牌，公开转让股份，进行股权融资、债权融资、资产重组等。北京证券交易所主要为创新型中小企业提供服务。其未来目标一是构建一套契合创新型中小企业特点的，涵盖发行上市、交易、退市、持续监管、投资者适当性管理等的基础制度安排，提升多层次资本市场发展普惠金融的能力；二是强化北京证券交易所在多层次资本市场的纽带作用，形成相互补充、相互促进的中小企业直接融资成长路径；三是培育一批优秀的创新型中小企业，形成创新创业热情高涨、合格投资者踊跃参与、中介机构归位尽责的良性市场生态[②]。

区域性股权市场是由地方政府管理的、非公开发行证券的场所，主要服务于区域内的中小微企业，是多层次资本市场体系的组成部分。根据《区域性股权市场监督管理试行办法》（2017），区域性股权市场是指为其所在省级行政区域内中小微企业证券非公开发行、转让及相关活动提供设施与服务的场所[③]。

对投资银行来说，在上海证券交易所、深圳证券交易所的主要业务为证券承销保荐、承销和经纪业务；在新三板、北京证券交易所的主要业务为证券承销保荐、承销、做市商和经纪业务；在区域股权市场的主要业务为证券代理买卖业务。

---

① 2021年2月5日，深交所主板与中小板合并。
② 援引北京证券交易所主页介绍内容。
③ 公开数据显示，截至2023年6月底，全国35家区域性股权市场共服务企业19万家，培育专精特新"小巨人"1 200家、专精特新中小企业7 900多家。服务企业中，累计转沪深北交易所上市121家，转新三板挂牌871家。综合来看，区域性股权市场为新三板和A股共输送992家企业。

表 2-10 我国股票市场的层次划分

板块	交易所	创立时间	定位	公司举例
主板	上交所主板	1990	大型成熟企业	贵州茅台、工商银行
	深交所主板	1991	大型成熟企业	美的、万科
	原深交所中小板（2021.2 并入主板）	2004	中小型高成长企业	海康威视、分众传媒
	北交所	2021	服务创新型中小企业	鼎智科技、曙光数创
创业板	深交所	2009	创业型、高成长企业	宁德时代、迈瑞医疗
科创板	上交所	2019	中小科技创新企业	航天宏图、中芯国际
新三板	全国股转系统（基础层/创新层）	2012	中小微企业股份转让	北京时代、现代农装
新四板	区域性股权市场	2017	地方中小微企业	迈童科技、国富光启

资料来源：根据公开资料整理。

小资料 2-5：上海股权托管交易中心

上海股权托管交易中心（Shanghai Equity Exchange, SEE）成立于 2010 年 7 月，2012 年 2 月 15 日正式开业，是经上海市人民政府批准设立的上海市唯一合法的区域性股权市场运营机构。上海股交中心遵循中国证监会对中国多层次资本市场体系建设的统一要求，是上海国际金融中心建设以及具有全球影响力的科技创新中心建设的重要组成部分。

上海股交中心致力于服务初创期和成长期的中小微企业，缓解这类企业的融资难题，其主要职能包括：为非上市的中小企业提供改制挂牌、非公开发行、股票登记托管、股票转让、价值挖掘、宣传营销等一站式金融服务，为投资者提供股票买卖、报价、清算交割等综合性服务，对挂牌、展示企业的规范运作、信息披露及股票转让各方行为进行自律性监管。

经过 12 年发展，上海股交中心形成"一市五板、五大平台"的市场格局。"一市五板"分别为：股份转让系统（E 板）为股份有限公司提供股票转让、非公开发行、重组并购等各类服务；科技创新板（N 板）专为科技型、创新型中小型股份有限公司量身定制，帮助企业与资本市场进行有效对接，全方位孵化培育科创企业；展示板（Q板）为中小微企业提供股份报价、产业整合、重组并购、能级提升、展示宣传等服务，包括完整信披层和基础信披层两个层次；科创 Q 板专注于为科创企业到上交所科创板上市提供专业化培育孵化服务；绿色 Q 板主要服务于国家《绿色产业指导名录》中所列产业的企业，帮助企业对接金融资源，推动相关产业低碳发展。"五大平台"分别为：可转债平台、债转股转股资产交易平台、股份有限公司股权托管系统、银行业机构股权托管系统以及私募股权和创业投资份额转让系统。

上海股权托管交易中心存量挂牌企业数量如表 2-11 所示。

表 2-11　上海股权托管交易中心存量挂牌企业数量（截止到 2023.8.24）

N 板挂牌企业	385 家
E 板挂牌企业	397 家
Q 板展示企业	8 129 家
纯托管企业	290 家
科创 Q 板企业	48 家
绿色 Q 板企业	1 875 家
其他服务企业	3 064 家
股权融资	1 876.99 亿元
债权融资	1 048.98 亿元

资料来源：上海股权托管交易中心主页内容。

第四节　绿色金融与投资银行业务机会

一、绿色金融与可持续金融的概念

根据中国人民银行等七部委发布的《关于构建绿色金融体系的指导意见》（2016），绿色金融是指为支持环境改善、应对气候变化和资源节约高效利用的经济活动，即针对环保、节能、清洁能源、绿色交通、绿色建筑等领域的金融活动，具体包括项目投融资、项目运营、风险管理等。绿色金融体系是指包括绿色信贷、绿色债券、绿色股票指数和相关产品、绿色发展基金、绿色保险、碳金融等在内的支持经济向绿色化转型的金融制度体系[①]。

根据生态环境部等五部委联合发布的《关于促进应对气候变化投融资的指导意见》（2020），气候投融资是指为实现国家自主贡献目标和低碳发展目标，引导和促进更多资金投向应对气候变化领域的投资和融资活动，是绿色金融的重要组成部分。国家支持和激励各类金融机构开发气候友好型的绿色金融产品。鼓励金融机构结合自身职能定位、发展战略、风险偏好等因素，在风险可控、商业可持续的前提下，对重大气候项目提供有效的金融支持。支持符合条件的气候友好型企业通过资本市场进行融资和再融资。

气候金融（climate finance）是国际社会为应对全球气候变化而实施的一系列资金融通工具和市场体系、交易行为及相关制度安排的总称。从广义上讲，气候金融是指企业利用金融机构或技术推动环境可持续性事业，例如开发或部署新的太阳能电池板或其

[①] 联合国环境项目认为绿色金融的目的是提高公共、私营和非营利部门对可持续发展事业的资金流水平（来自银行、小额信贷、保险和投资）。其中关键是管理环境和社会风险，抓住既能带来可观经济回报又能带来环境效益的机会。

他可再生能源。从狭义上讲，气候金融是指根据 2016 年《巴黎协定》等气候变化国际协议，将资本从发达国家转移到发展中国家。

跟绿色金融、气候金融密切相关的是可持续金融（sustainable finance）的概念。可持续金融是传统金融和投资的一个分支，旨在将资金投入加强可持续发展的项目，加强缓解和适应气候变化的努力。可持续金融的具体形式包括绿色贷款或债券、可再生能源股权融资、碳信用、公共机构股权投资等。

二、绿色金融产品和服务

中国人民银行等七部委发布的《关于构建绿色金融体系的指导意见》（2016）所提到的绿色金融的具体内容包括：①绿色信贷。②银行绿色评价机制。③绿色信贷资产证券化。④符合条件的机构发行绿色债券和相关产品。⑤采取措施降低绿色债券的融资成本。⑥绿色企业上市融资和再融资。⑦开发绿色债券指数、绿色股票指数以及相关产品；鼓励相关金融机构以绿色指数为基础开发公募、私募基金等绿色金融产品，满足投资者需要。⑧各类机构投资者投资绿色金融产品。⑨设立各类绿色发展基金，实行市场化运作。⑩在绿色产业中引入政府和社会资本合作（PPP）模式，鼓励将节能减排降碳、环保和其他绿色项目与各种相关高收益项目打捆，建立公共物品性质的绿色服务收费机制。⑪在环境高风险领域建立环境污染强制责任保险制度。⑫保险机构创新绿色保险产品和服务。⑬发展各类碳金融产品。促进建立全国统一的碳排放权交易市场和有国际影响力的碳定价中心。有序发展碳远期、碳掉期、碳期权、碳租赁、碳债券、碳资产证券化和碳基金等碳金融产品和衍生工具，探索研究碳排放权期货交易。⑭建立排污权、节能量（用能权）、水权等环境权益交易市场。⑮发展基于碳排放权、排污权、节能量（用能权）等各类环境权益的融资工具，拓宽企业绿色融资渠道。⑯支持国际金融机构和外资机构与地方合作，开展绿色投资等。

三、碳金融产品行业标准

2022 年 4 月 12 日，中国证监会发布《碳金融产品》（JR/T 0244—2022）金融行业标准。根据该标准，碳排放权，是指分配给重点排放单位的规定时期内的碳排放额度。碳配额，是指主管部门基于国家控制温室气体排放目标的要求，向被纳入温室气体减排管控范围的重点排放单位分配的规定时期内的碳排放额度。碳排放权交易，是指主管部门以碳排放权的形式分配给重点排放单位或温室气体减排项目开发单位，允许碳排放权在市场参与者之间进行交易，以社会成本效益最优的方式实现减排目标的市场化机制。碳资产，是指由碳排放权交易机制产生的新型资产。碳金融产品，是指建立在碳排放权交易的基础上，服务于减少温室气体排放或者增加碳汇能力的商业活动，以碳配额和碳信用等碳排放权益为媒介或标的的资金融通活动载体。碳金融工具，是指服务于碳资产管理的各种金融产品，具体包括碳市场融资工具、碳市场交易工具和碳市场支持工具。

碳市场融资工具，是指以碳资产为标的进行各类资金融通的碳金融产品，主要包括碳债券、碳资产抵质押融资、碳资产回购、碳资产托管等。碳金融衍生品，是指在碳排放权交易基础上，以碳配额和碳信用为标的的金融合约，具体包括碳远期、碳期货、碳期权、碳掉期、碳借贷等。碳市场支持工具，是指为碳资产的开发管理和市场交易等活动提供量化服务、风险管理及产品开发的金融产品，主要包括碳指数、碳保险、碳基金等。

四、ESG 投资

ESG 投资的理念最早可以追溯到 20 世纪 20 年代教会的伦理道德投资。ESG 具体包括环境（environmental）、社会责任（social）与公司治理（governance）三个维度。自 2004 年联合国全球契约组织（UN GlobalCompact）首次提出 ESG 概念以来，ESG 原则受到各国政府和监管部门的重视，ESG 投资得到了主流资产管理机构的青睐。

作为一种投资理念，ESG 倡导企业在发展、运营过程中注重环境友善、社会责任及公司治理，注重可持续发展。所谓 ESG 投资，是指在投资研究实践中融入 ESG 理念，在基于传统财务分析的基础上，通过 E（environmental）、S（social）、G（governance）三个维度考察企业中长期发展潜力，希望找到既创造股东价值又创造社会价值、具有可持续成长能力的投资标的。2014 年以来，ESG 资产管理规模以每年 25% 的速度增长。目前，越来越多的公司、投资者甚至是监管机构都开始关注 ESG，全球范围内各大证券交易所均在 ESG 方面布局。

ESG 之所以被投资者关注，是因为大量统计表明，ESG 投资可以获得超额收益。海通证券研究报告显示，MSCI 中国 ESG 指数的长期表现显著好于 MSCI 中国综合指数。另外，将中证 800 成分股按照 ESG 评分进行分级，发现评分越高的公司，其相对指数的超额收益越明显。投资者的 ESG 投资价值导向，将引导企业越来越重视 ESG 的管理，从而促进双碳目标的实现。

投资银行在绿色金融中的业务机会包括绿色债券承销、绿色金融产品设计、绿色金融产品交易及投资管理。

小资料 2-6：我国碳金融交易现状

我国地方试点碳市场已在碳金融交易方面先行先试，各地碳金融产品得到了有效的创新和应用。例如，上海碳市场推出了碳配额质押、CCER 质押、借碳交易、卖出回购等碳金融产品。广东碳市场推出了配额抵押融资、配额回购融资、配额远期交易、CCER 远期、配额托管等碳金融产品。深圳碳市场推出了碳债券、碳配额托管、碳基金、碳资产质押融资等碳金融产品。湖北碳市场推出了碳远期、碳基金、碳资产质押、碳债券、碳资产托管、碳排放配额回购融资等碳金融产品。

资料来源：根据公开资料整理。

小资料 2-7：CFA-ESG 证书

ESG 证书是指专门为 ESG（环境、社会、治理）领域设计的认证或资格证书。该证书是第一个 ESG 领域内的全球性证书，由 CFA Institute 在全球范围内拥有、管理和颁发。考试内容包括：Introduction to ESG；The ESG market；Environmental factors；Social factors；Governance factors；Engagement and stewardship；ESG analysis, valuation and integration；ESG integrated portfolio construction and management；Investment mandates，portfolio analytics and client reporting。

资料来源：根据公开资料整理。

第五节　投资银行面临的法制环境

证券市场的法律和行政规章是投资银行运行的重要环境。投资银行经营必须遵守所在国的法律法规，否则将面临法律惩罚，甚至失去从业资格。

一、美国证券市场的主要法律架构

表 2-12 按时间顺序列出了美国证券市场的主要法律框架，分别涉及证券发行信息披露问题、管理资产问题、投资者保护问题、金融机构（银行）的组织管理问题，这些法规构成了投资银行在美国开展业务的法规环境。

表 2-12　美国证券市场主要法律架构

主要法律	法律主要内容
《1933 年证券法》 （Securities Act of 1933）	●要求全面披露与新证券有关的信息 ●对于证券价值，投资者自行判断
《1933 年银行法》 （Glass-Steagall Act of 1933）	●要求商业银行与投资银行分离 ●禁止商业银行从事投资银行业务
《1934 年证券交易法》 （Securities Exchange Act of 1934）	●要求交易所发行证券的公司必须定期公布财务信息
1956 年各州的"蓝天法" （Uniform Securities Act of 1956）	●要求发行人和投资银行必须披露该州所要求的任何信息
《1956 年银行控股公司法》 （Banking Holding Company Act of 1956）	●禁止同一家金融机构的分支机构同时从事银行业务与保险业务
《1970 年证券投资者保护法》 （Securities Investor Protection Act of 1970）	●在经纪公司出现问题时保护投资者免受限额 500 000 美元赔偿
1974 年《雇员退休收入保障法》 （Employee Retirement Incomes Securities Act，ERISA）	●要求委托人必须将客户的资金谨慎、合理地投向顾客期待的目标，否则面临法律诉讼和赔偿损失
1999 年《金融服务现代化法案》 （Gramm-Leach-Bliley Act）	●修改了 Glass-Steagall 法关于禁止同一家金融机构的分支机构同时从事银行业务和证券业务的规定 ●修改了银行控股公司法关于禁止同一家金融机构的分支机构同时从事银行业务与保险业务的规定 ●取消了现有对银行从事证券业务和保险业务的限制
2010 年《金融监管改革法案》 （2010 年 7 月 21 日）	●篇幅达 2 300 多页 ●彻底扭转了 1980 年以来金融业放松管制的潮流，对金融业施加了众多约束，从业务范畴、资本充足、银行对基金的直接投资、业务防火墙直至赋予监管机构必要时分拆大银行和金融机构的权力

二、我国证券市场的主要法律架构及部门行政法规

表 2-13 列出了我国证券市场主要的法律及部门行政法规。其中《中华人民共和国公司法》[1]《中华人民共和国证券法》《中华人民共和国证券投资基金法》是我国证券市场的基础性法律。相对于美国，我国法律较少，行政规定较多。在诸多法律中，影响较大的是《中华人民共和国证券法》的第二次修订[2]。其主要内容包括：全面推行证券发行注册制度；显著提高证券违法违规成本；完善投资者保护制度；进一步强化信息披露要求；完善证券交易制度；落实"放管服"改革要求，取消不必要的行政许可；压实中介机构市场作为"看门人"的法律职责；建立健全多层次资本市场体系；强化监管执法和风险防控；扩大证券法的适用范围。

表 2-13　我国证券市场主要的法律及部门行政法规

主要法律法规	法律主要内容
《中华人民共和国公司法》（1993 年发布，2021 年第六次修订）	●规定了有限公司的成立、组织机构、股权转让问题 ●规定了股份有限公司的设立、组织机构、股份发行和转让 ●规定了公司财务制度等
《中华人民共和国证券法》（1998 年通过，2019 年第二次修订）	●规定了证券发行、证券交易、证券上市、信息披露、禁止的交易行为、上市公司的收购等事宜 ●规定了金融机构和服务机构，如证券交易所、证券公司、证券登记结算机构、证券服务机构 ●规定了内部管理机构和监管机构，如证券业协会、证券监督管理机构 ●修订版增设了新的证券产品流通方式，强化了证券市场主体的责任和义务，完善了信息披露灰度，明确了信息披露的标准和时限，规范了信用评级机构行为，加大了监管执法和处罚力度
《中华人民共和国证券投资基金法》（2003 年通过，2015 年第二次修订）	●就证券投资基金管理人、基金托管人、基金的募集、基金份额的交易、基金份额的申购与赎回、基金的运作与信息披露、基金份额持有人权利及其行使等进行规定 ●修订版扩大了法律适用范围，以非公开募集资金方式设立的证券投资基金首次纳入法律监管的范围 ●修订版放开关联交易，确认公开募集基金的从业人员，其本人、配偶、利害关系人可以进行证券投资 ●修订版增加了员工持股计划，规定公开募集基金的基金管理人可以实行专业持股计划

---

[1]《中华人民共和国公司法》最初于 1993 年制定，随后于 1999 年、2004 年分别针对个别条款进行了修订。2005 年，该法进行了全面修订，2013 年、2018 年又分别对公司资本制度相关问题做了两次专项修改。2023 年 12 月 29 日，第十四届全国人大常委会第七次会议审议并表决通过了最新修订的《中华人民共和国公司法》，该法于 2024 年 7 月 1 日正式施行。

[2] 2019 年 12 月 28 日，第十三届全国人民代表大会常务委员会第十五次会议对《中华人民共和国证券法》进行了第二次修订。新修订的证券法自 2020 年 3 月 1 日起正式施行。

表2-13(续)

主要法律法规	法律主要内容
《证券发行与承销管理办法》(2006年通过,2023年第三次修订)	●规定了公司证券发行中证券询价与定价、证券发售、证券承销、信息披露等问题 ●修订版扩大自主推荐询价对象范围,引入个人投资者参与询价,引入个人投资者参与询价;提高网下配售比例,原则上网下发行比例不低于50%,取消网下配售股票的限售期;建立网下向网上回拨机制;提高定价方式的灵活性,鼓励发行人和承销商创新定价方式;明确了发行承销过程中信息披露的规范性要求;加强了询价、定价过程的监管
《首次公开发行股票并上市管理办法》(2006年通过,2022年第四次修订)	●规定了首次公开发行条件、发行程序、信息披露等 ●修订版要求股份有限公司成立后,持续经营时间应当在3年以上
《上市公司证券发行管理办法》(2006年通过,2020年第二次修订)	●规定了公开发行证券的条件 ●规定了非公开发行股票的条件、信息披露等
《上市公司非公开发行股票实施细则》(2007年通过,2020年第二次修订)	●在《上市公司证券发行管理办法》基础上,对公司非公开发行证券发行对象、公司决议、核准与发行方面做了细化规定
《首次公开发行股票注册管理办法》(2023年通过)《科创板上市公司证券发行注册管理办法》(试行)(2020)《创业板首次公开发行股票注册管理方法》(试行)(2020)《上市公司证券发行注册管理办法》(2023年通过)	●修订版适当放宽财务准入指标,取消持续增长要求;简化其他发行条件,强化信息披露约束,贯彻落实保护中小投资者合法权益和新股发行改革意见的要求(审核制) ●规定首次公开发行股票并在创业板上市,应当符合发行条件、上市条件以及相关信息披露要求,依法经交易所发行上市审核,并报中国证监会注册(注册制) ●借鉴了科创板、创业板试点注册制的制度安排,充分吸收了试点注册制以信息披露为核心,增加制度包容性、明确并压实市场主体责任等成功经验;总结了主板、科创板和创业板关于募集资金的要求 ●管理办法中募集资金的使用方向将成为监管部门的审核重点;在保留募集资金信息披露强度的同时,增加了对科创板"募集资金重点投向科技创新领域的具体安排"和创业板"对发行人业务创新的支持作用"不同板块实施差异化安排;招股说明书精简篇幅,主要体现注册制下发行人IPO募集资金使用和信息披露的重要性
《证券发行上市保荐业务管理办法》(2008年通过,2023年第三次修订)	●规定了保荐机构和保荐代表人的注册登记 ●规定了保荐机构的职责、保荐工作规程、保荐工作的协调等 ●修订版与新《证券法》衔接,调整保荐业务程序相关条款,调整保荐代表人资格管理条款,取消保荐代表人事前资格准入,强化事中事后监管 ●修订版删除核准制相关内容,统一适用注册制;强化发行人责任,压实中介机构责任,强化保荐机构内部控制,加大对中介机构的问责力度
《上市公司收购管理办法》(2002年通过,2020年第五次修订)	●对上市公司收购中权益披露、要约收购、协议收购、间接收购、豁免申请、财务顾问等进行规定
《国债承销团成员资格审批办法》(2006)	●对国债承销团成员资格条件、申请与审批、增补与退出、成员权利与义务进行规定

资料来源:根据我国证券市场相关法律和规定整理。

小资料2-8:国家金融监管机构改革

2023年3月,中共中央、国务院印发了《党和国家机构改革方案》,其中多项涉及金融监管领域：①组建国家金融监督管理总局（简称"金管局"），将银保监会、央行和证监会的部分职能合并，不再保留银保监会；②证监会由国务院直属事业单位调整为国务院直属机构，划入发改委的企业债券发行审核职责，原投资者保护职责被划入金管局；③将中央金融管理部门管理的市场经营类机构划入国有金融资本受托管理机构，由其根据国务院授权统一履行出资人职责；④统筹优化地方派出机构设置和力量配备，地方政府设立的金融监管机构专司监管职责；⑤央行、金管局、证监会、外汇管理局及其分支、派出机构采用行政编制，纳入公务员统一管理。

资料来源：新华社，https://www.gov.cn/lianbo/bumen/202305/content_6874797.htm。

第六节　投资银行面临的技术环境

以互联网、移动互联网、大数据、云计算、人工智能、区块链等为代表的金融科技正在从业务、销售、风险、内部管理等多个方面重塑金融业。在此背景下，国际领先的投资银行纷纷谋求数字化转型。高盛集团 CEO 劳尔德·贝兰克梵声称高盛是一家科技公司。在高盛 36 800 名雇员中，25% 为工程师和编程人员，技术人员比例超过脸书（facebook）、推特（Twitter）、领英（Linkedin）等互联网巨头。摩根大通 CFO 玛丽安·莱克（Marianne Lake）在 2016 投资者年会上声称，摩根大通不仅是一家投资银行，也是一家科技公司。

1. 互联网和移动互联网

互联网使得线上开户、线上交易、线上咨询、线上产品销售、非接触交易等成为现实，移动互联网则使得投资银行可以实现 3A（anytime，anywhere，anything）办公。由此可见，互联网和移动互联网改变了传统投资银行的经营模式、信息传递方式以及与客户的交流方式。它们对投资银行的好处在于：①大大降低了投资银行的经营成本；②提高了投资银行的服务水平和客户的满意度。

2. 大数据

麦肯锡全球研究所对大数据的定义是：一种规模大到在获取、存储、管理、分析方面超出了传统数据软件处理能力的数据。它具有规模大、流转快、类型多和价值密度低的特征[①]。大数据在投资银行中的应用包括大数据营销、客户信用评估、资产管理、量化投资、风险管理等方面。对投资银行来说，关键的问题一是怎样获得大数据，二是怎样有效地利用和处理大数据。

3. 云计算

根据美国国家标准与技术研究院（national institute of standards and technology，NIST）的定义，云计算是一种按使用量付费的计算模式。通过云计算，用户可以随时随

---

① 详见麦肯锡 2011 年 5 月发布的关于大数据的报告：《Big data：The next frontier for innovation，competition，and productivity》。

地从可配置的计算资源中获取网络、服务器、存储器、应用程序等资源。云计算是分布式计算的主要应用场景，从处理方式上来看，云计算通过网络"云"将巨大的数据计算处理工作分解成无数个小程序，小程序的运算结果通过云系统的处理和分析，把最终结果返回给用户。

云计算具有每秒千亿次甚至十万亿次以上的运算能力，这种强大的计算能力可以模拟核爆炸、预测气候变化和市场发展趋势。在证券投资领域，云计算主要应用于客户端行情查询和交易量峰值分配等方面。在数据库分布式部署模式下，云计算可实现相当于上千套清算系统和实时交易系统的并行运算。

4. 量子计算

从 1965 年摩尔定律首次被提出以来，计算机科学一直遵循集成电路芯片上可容纳的电路数每隔约 18 个月翻一番的规律，相应地计算机性能也会翻倍。然而，摩尔定律逐渐失效使得传统计算机发展遇到根本性困难。量子计算是以量子力学为基础的计算（Feynman，1982），由于它利用了量子态的叠加性和纠缠性，因而可以获得远超经典计算机的能力优势。有人比喻，从传统计算到量子计算，相当于从算盘到电子计算机。目前的超级计算机需要数十亿年才能解决的一些数学问题，量子计算可能在几周、几天或几个小时内就能得到结果。

麦肯锡和摩根大通等机构的研究报告认为，金融行业是最有可能率先从量子计算中获益的行业之一。量子金融（financial-quantum，简称 Fin-Q）是指量子信息技术在金融行业中的应用，其应用方向包括信息安全、风险识别与计量、最优化问题求解、机器学习等。量子计算在证券行业中的应用包括衍生产品定价、信用评级、外汇算法交易、投资组合优化等。

5. 人工智能

人工智能是智能学科重要的组成部分，它企图了解智能的实质，并生产出一种新的能以与人类智能相似的方式做出反应的智能机器，具体研究包括机器人、语言识别、图像识别、自然语言处理和专家系统等。

2017 年 7 月，国务院印发的《新一代人工智能发展规划》提出"智能金融"概念。所谓智能金融，是指人工智能技术驱动的金融创新，具体内容包括智能客服、智能风控、智能营销、智能投研、智能投顾等。人工智能在证券行业的应用包括风险评级、预测市场走势、量化投资、高频交易、智能客服、数字员工等。

小资料 2-9：ChatGPT 在金融领域中的应用

ChatGPT 是一个由 OpenAI 训练的大型语言模型，旨在回答各种问题并提供帮助和信息。ChatGPT 采用了深度学习技术和大规模语言数据集进行训练，其主要功能是生成文本，例如回答用户提出的问题、完成自然语言生成任务等。ChatGPT 可以理解和生成人类语言，因此可以用于多种任务，例如聊天机器人、语言翻译、摘要生成等。它还可以根据用户输入生成文本建议，并不断学习和改进其自然语言处理技能。

在金融行业的客户服务方面，ChatGPT 有助于实现更高程度的自动化。在金融投资方面，ChatGPT 有潜力帮助金融机构进行数据分析和预测。在金融风险管理方面，作为

AI 语言模型，ChatGPT 没有直接投资或管理金融风险的能力，但它可以通过提供信息和见解来帮助金融从业者进行金融风险分析。

资料来源：根据公开资料整理。

6. 区块链

区块链是一种按照时间顺序将数据区块以顺序相连的方式组合成的一种链式数据结构，以及以密码学方式保证的不可篡改和不可伪造的分布式账本。区块链技术可以解决交易中的信任和安全问题，通过区块链，金融交易双方可在无须借助第三方信用中介的条件下开展经济活动，从而降低资产能够在全球范围内转移的成本。区块链在证券行业中的应用包括股权登记、交易所结算、新型金融资产（加密货币、NFT）、新型融资方式（ICO）、资产证券化等。

小知识 2-9：Web 1.0、Web 2.0 和 Web 3.0 简介

Web 1.0 指第一代互联网，也称静态互联网。Web 1.0 的核心为：平台创造、平台所有、平台控制、平台受益。其商业代表是静态网页。从用户角度来看，Web 1.0 就是由平台单方面向用户输送信息，而用户仅具备读取权利，平台输送什么信息，用户就看什么信息。

Web 2.0 指第二代互联网，也称交互式互联网。Web 2.0 的核心为：用户创造、平台所有、平台控制、平台受益。其商业代表是：谷歌、亚马逊、Facebook 等。在 Web 2.0 时代，用户可以交互产生内容，但内容为平台所拥有和控制。

Web 3.0 指第三代互联网，也称协议互联网。Web 3.0 的核心为：用户创造、用户所有、用户控制、协议分配利益。其商业代表是：区块链、元宇宙、DAO、NFT。在 Web 3.0 时代，用户所创造的数字内容明确为用户所有，控制管理权明确为用户所有，其所创造的价值根据用户与他人签订的协议进行分配。

Web 3.0 在金融领域的应用包括加密货币、去中心化交易所、DID 身份验证、去中心化金融服务（DeFi）以及 NFT 等。DeFi 旨在利用区块链和预言机技术重塑传统金融产品，包括市场和交易平台、借贷以及存款利率等。DeFi 产品与传统金融产品最大的区别在于 DeFi 可以访问加密货币（cryptocurrency）。

Web 1.0、Web 2.0 和 Web 3.0 的对比如表 2-14 所示。

表 2-14 Web 1.0、Web 2.0 和 Web 3.0 的对比

项目	特点	内容创造	内容控制	身份掌握	收益分配
Web 1.0：中心化阅读式互联网	中心化，用户仅仅是接收方，不参与内容的创作与分享	平台	平台	平台	平台
Web 2.0：中心化可写可读互联网	中心化，用户既接受内容，也参与内容创作	用户	平台	平台	平台

表2-14(续)

项目	特点	内容创造	内容控制	身份掌握	收益分配
Web 3.0：去中心化可获得价值互联网	去中心化，无需中心平台；用户既接受内容，又创作内容，还能获得创作带来的收益	用户	用户	用户	用户

资料来源：根据公开资料整理，https://zhuanlan.zhihu.com/p/451172211。

从以上资料可以看出，以互联网、移动互联网、大数据、云计算、人工智能、区块链等为代表的现代信息技术对投资银行经纪、资产管理、证券交易、融资、咨询等业务产生了重大影响。投资银行必须重视金融科技为自身业务模式带来的变革，积极进行数字化转型。

小资料2-10：电报技术与近代中国金融业发展

2021年8月，林晨、马驰骋、孙宇辰和徐宇晨[1]在金融学顶级期刊 *Journal of Financial Economics* 发表论文"The telegraph and modern banking development，1881—1936"。文章基于1881—1936年287个地级行政区的电报站及银行分布情况，证明了信息技术在银行业发展中的重要作用。

清政府铺设电报线路的主要目的在于军事防御，而非促进地方经济。故电报技术对于晚清时期中国的金融业是一个相对外生的因素。电报对金融业的影响主要是通过降低信息摩擦实现的，它有三个具体的实现渠道：一是电汇的出现与广泛应用，相比票汇和信汇的缓慢，大大加速了资金的流动速度；二是信息的跨区域流动，电报使金融机构能够及时掌握资讯，不仅能通告紧急行情，还能迅速调配资金，防止挤兑风险；三是总行对分行控制能力的增强，极大地缓解了信息交流不畅带来的严重的委托代理问题，总行可以实现对分行大额业务的授权监管，也能及时统计风险敞口，做好风控工作。

资料来源：CHEN LIN, CHICHENG MA, YUCHEN SUN, YUCHEN XU. The telegraph and modern banking development, 1881—1936 [J]. Journal of Financial Economics, 2021, 141 (2)：730-749.

▷案例2-1　东方证券承销绿色定向资产支持商业票据案例

根据清华大学气候变化研究院的测算，对于实现《巴黎协定》规定的2℃目标和1.5℃目标为导向的深度脱碳路径，中国能源系统转型所需要的投资成本约在100万亿元到138万亿元之间。业内人士认为，在发展中国家，政府财政的能力是有限的，百万亿量级规模的绿色投资，主要通过社会资金投入实现。

《金融科技推动中国绿色金融发展：案例与展望（2023）》报告显示，从绿色金融产品规模看，中国已成为全球最大绿色信贷市场、第二大绿色债券市场。从绿色债券类型来看，2022年，绿色金融债仍在中国绿色债券市场中占主导地位，发行总额为

---

[1]　林晨、马驰骋来自香港大学，孙宇辰来自对外经济贸易大学，徐宇晨来自北京大学。

3 566.3亿元，约占三分之一。近两年，蓝色债券、碳中和债券、转型债券成为绿色债券下热度最高的创新型债券。

2020年6月，中国银行间市场交易商协会推出了新品种——资产支持商业票据（ABCP）。ABCP作为新型融资工具，特点是期限灵活、融资成本低、市场接受度高。2021年3月12日，由东方证券、中国工商银行和中国银行作为主承销商的"上海申能融资租赁有限公司2021年度第一期申金-安瑞绿色定向资产支持商业票据"在银行间市场成功发行。这是全国首批上海地区首单绿色"碳中和"ABCP产品。

该债券发行规模23.64亿元，其中优先级22.90亿元，占比96.87%，AAA评级，期限178天，票面利率2.74%；次级档0.74亿元，无评级。项目入池资产及资金用途主要为光伏、风电等具有碳减排效益的清洁能源产业领域。本次发行受托机构为建信信托，法律顾问为锦天城，绿色评估认定机构为联合赤道，碳减排核算机构为申能碳科技有限公司和上海同际碳资产咨询服务公司。

据统计，ABCP项目自2020年开始发行，至2024年已累计发行6个系列共计18期，累计发行规模达228.64亿元人民币。基础资产涉及风力发电和光伏发电项目，与同等火力发电上网电量相比，每年可减少包括二氧化碳、二氧化硫、氮化物、烟尘在内的多种大气污染物的排放，其中以债券加权期限计算底层资产累计实现二氧化碳减排526.11万吨，具有显著的碳减排效益。

资料来源：澎湃新闻，2024-08-19。

▶案例2-2 华泰证券的金融科技之路

自2019年以来，央行连续印发《金融科技发展规划（2019—2021年）》《金融科技发展规划（2022—2025年）》。2021年起，证监会启动资本市场金融科技监管试点。

在国家政策支持和推动下，目前我国券商正在深化金融科技布局，加快数字化转型，积极建设"数字券商"。华泰证券定位于国内领先的科技驱动型证券公司。早在2005年，当通道成为证券公司集中竞争力时，华泰证券建设了集中交易系统以提升通道报盘速度；2008年，当互联网兴起时，华泰证券提出以"客户体验为中心"，引入企业级的CRM做客户底层数据的梳理和管理，建立起客户全资产的视图；2013年，移动互联网爆发，华泰证券在渠道建设中适时引入移动互联技术，研发出涨乐财富通App，大数据营销"瞄准镜"平台等；2016年至今，交易能力已经成为证券公司不可或缺的资本，华泰确立了"渠道为核心，以客户为中心"的发展思路，自研交易平台。在人工智能技术方面，华泰从2008年开始积累数据资源，从资讯中心、大数据量化平台、行情中心、信评中心到尝试AI投资。

目前华泰证券提供了多种技术和服务平台：具体包括涨乐财富通平台、涨乐全球通平台、融券通平台、智慧营业网点、投顾平台、行知平台、低代码平台、容智平台、资管数字化投研平台等。其中涨乐财富通、AORTA、涨乐全球通主要服务于零售端：涨乐财富通为客户提供境内证券交易、基金理财、融资融券等业务服务；投资顾问通过AORTA对接涨乐财富通用户数据，为客户提供财富管理服务；涨乐全球通作为涨乐财富通的境外延伸，为客户提供全球投资管理服务。行知平台主要服务于机构端，该平台整合提供投资银行、研究所、融券通、数据服务等机构服务。同时如 INCOS 投资者服务平台等亦在持续开发探索。

2022 年，华泰证券金融科技投入 27.24 亿元，是唯一一家金融科技投入达到 20 亿元级别的券商；紧随其后的中金公司金融科技投入 19.06 亿元；排名第三位的国泰君安金融科技投入 17.99 亿元。此外，海通证券、招商证券、中信建投、广发证券、中国银河、国信证券的信息技术投入金额均超 10 亿元。除去以上大型券商，部分中小券商也积极布局金融科技，加大数字化技术投入，华林证券、方正证券 2022 年信息技术投入分别为 1.6 亿元、4.55 亿元。

资料来源：零壹智库（2023）、未来智库（2021）等。

本章小结

1. 世界上主要存在两种类型的金融体系，即以金融市场为主导的金融体系和以银行为主导的金融体系。在金融市场为主导的金融体系中，投资银行将更多获得证券承销、证券经纪及并购业务机会。

2. 金融市场按照大类可分为货币市场、资本市场、金融衍生市场和外汇市场，每种金融市场都为投资银行提供了相应的业务机会。

3. 货币市场为投资银行提供了证券承销、做市与自营投资等业务机会。

4. 资本市场为投资银行提供了证券承销、金融工程、做市和自营投资的业务机会。

5. 投资银行在金融衍生品市场中的作用是利用金融衍生产品进行风险管理、利用金融衍生产品进行套利交易、利用基本衍生工具进行结构化金融产品设计并与客户进行交易。

6. 外汇市场为投资银行提供了做市业务和套利交易的机会。

7. 一级市场为投资银行提供了融资方案建议、证券承销、证券分销等业务机会。

8. 二级市场为投资银行提供了做市或经纪业务的机会。

9. 证券市场的法律和行政规定是投资银行运行的重要环境。

10. 互联网、移动互联网、大数据、云计算、人工智能、区块链等现代信息技术对投资银行业务产生了重大影响。

拓展阅读

1. 为更好地了解金融系统的知识，参阅：

艾伦，盖尔. 比较金融系统 [M]. 王晋斌，等译. 北京：中国人民大学出版社，2002.

BOOT A，A THAKOR. Financial system architecture [J]. Review of Financial Studies，1997，10（3）：693-733.

2. 为更好地认识投资银行在金融系统中的作用，参阅：

BOOT A，A THAKOR. Banking scope and financial innovation [J]. Review of Financial

Studies，1997，10（4）：1099-1131.

3. 为更好地了解气候金融，参阅：

STEFANO GIGLIO，BRYAN KELLY and JOHANNES STROEBEL. Climate Finance［J］. Annual Review of Financial Economics，2021. 13（1）：15-36.

4. 为更好地认识金融科技在金融业中的应用，参阅：

DANIEL BROBY. Financial technology and the future of banking［J］. Financial Innovation，2021，7（1）：47.

CHEN LIN，CHICHENG MA，YUCHEN SUN，YUCHEN XU. The telegraph and modern banking development，1881-1936［J］. Journal of Financial Economics，2021，141（2）：730-749.

思考与计算题

1. 各个国家的金融体系主要有哪些类型？不同的金融体系对投资银行业务具有怎样的影响？

2. 金融市场有哪些类型？在每种市场类型中，投资银行的业务机会是什么？

3. 什么是绿色金融？绿色金融对投资银行业务产生了怎样的影响？

4. 技术环境对投资银行业务产生了怎样的影响？

第三章
投资银行二级市场业务

▶学习目标

通过本章的学习，掌握投资银行二级市场业务的概念、投资银行二级市场业务的具体内容及特点。

▶学习内容

- ■证券交易基本原理
- ■证券经纪业务
- ■做市商业务
- ■融资融券业务

▶导入案例

熙熙攘攘的交易大厅，电话铃声此起彼伏，股票经纪人在柜台之间快速奔走、比着手势竞价交易，是广大股民对交易所最深刻的印象。现代交易系统取代了场内报盘，交易大厅成为一种形式和象征。然而《梧桐树协议》的本质含义没有变，即：不是任何人或机构都可以在证券交易所参与交易，只有证券公司才能有资格向交易所报单，投资者只有通过证券公司的经纪才能参与证券买卖。

预期未来行情不好，张先生在手机上卖出了自己的股票，整个过程仅耗时几秒。然而就在这很短的时间里，张先生的卖出指令通过证券公司的计算机系统，跨越"千山万水"传到交易所，交易所主机再把成交情况通过证券公司反馈到张先生的手机终端上。因为证券公司提供了经纪服务，他的结算资金被扣掉了一笔佣金费。

资料来源：根据实地访谈资料整理。

启发问题：

1. 什么是投资银行经纪业务？
2. 投资者证券交易为什么需要投资银行的经纪服务？

第一节　证券交易基本原理

一、证券和证券交易的概念

证券，又称有价证券（securities），是指明确投资者在未来一定条件下获取收益的法律证书或契约[1]。比如股票证明了投资者的股东身份，赋予投资者未来从公司获得股利以及股票价值增值的权利[2]。

证券交易一般是指人们在二级市场买卖证券的行为。由于证券是一种财产要求权，故而证券交易本质上是财产权的交易和转让。证券买卖成交的难易程度被称作证券的流动性。高效运作的证券交易市场为初始创业者提供了退出通道。美国学者 Black 和 Gilson（1998）认为，正是美国发达的股票市场为风险投资提供了快速退出机制，才促进了美国风险投资业的高度发达。政府的职责在于维护一个低成本的具有高度流动性的市场。

小知识 3-1：证券的特点

证券的物理形式经历了从实物证券到电子证券的过程。最早的金融契约出现在3000 年前美索不达米亚平原和两河（底格里斯河和幼发拉底河）流域，其物理形式有的黏土球、木板、羊皮纸等。现代证券的特征包括：

（1）收益性。证券是证明未来特定情形财产权利的契约，表现出投资性和收益性。

（2）风险性。有的证券未来收益具有不确定性，因此表现出风险性。

（3）标准性。证券属于要式契约，具有标准格式。《中华人民共和国公司法》（2023）第一百四十九条规定，股票采用纸面形式或者国务院证券监督管理机构规定的其他形式。股票采用纸面形式的，应当载明下列主要事项：①公司名称；②公司成立日期或者股票发行的时间；③股票种类、票面金额及代表的股份数，发行无面额股的，股票代表的股份数。股票采用纸面形式的，还应当载明股票的编号，由法定代表人签名，公司盖章。发起人股票采用纸面形式的，应当标明发起人股票字样。可见，格式的标准化为其流通提供了便利条件。

（4）流动性。标准性便于其流通转让。证券一般在交易所进行上市交易，因此具有较好的流动性。

---

[1] 英文原文：Security, a legal representation of the right to receive prospective future benefits under stated conditions（Sharpe 等，《投资学》，1999 年）。

[2]《中华人民共和国公司法》（2023 修订）第一百四十七条规定：公司的股份采取股票的形式。股票是公司签发的证明股东所持股份的凭证。公司发行的股票，应当为记名股票。

二、投资银行在证券交易中的作用

1. 交易市场的类型

交易市场可分为四种类型：直接交易市场、经纪人市场、交易商市场和拍卖市场（表3-1）。

表3-1 交易市场类型

交易市场类型	特点
直接交易市场	交易双方自发寻找交易对象，交易效率较低
经纪人市场	通过经纪人完成交易，交易效率较高
交易商市场	交易商专注于对某类资产进行买卖，买方或卖方分别与其交易
拍卖市场	多个买方和卖方聚集在同一地点进行双方拍卖，无需在交易商中寻找某种商品的最优价格

资料来源：博迪，等. 投资学［M］. 7版. 北京：机械工业出版社，2009.

在直接交易市场中，买卖双方直接进行谈判、议价，由于存在搜寻成本，又无信用保障机制，因此交易效率较低。直接交易是交易的早期形式，适合非标准化、小范围内商品的交易。在经纪人市场，经纪人介入交易的主要目的在于减小买卖双方的搜寻成本，提高交易效率。一级市场和大宗交易市场是经纪人市场的典型例子。在交易商市场，交易商专注于某类资产的买卖，市场参与者无需搜寻交易对象，直接与交易商进行交易，交易商从交易价差中获取利润。柜台市场是交易商市场的典型例子。在拍卖市场，若干买方和卖方聚集在同一地点进行双向拍卖交易。相比交易商市场，拍卖市场的优势在于交易者无需在交易商中寻找某种商品的最优价格。现代证券交易市场组织形式包括经纪人市场、交易商市场、拍卖市场等单一或多种形式。

2. 投资银行在证券交易中的经济作用

证券交易面临着寻找交易对手的问题。此外，在纸质证券形式下，还面临着证券的真伪识别问题。在证券交易过程中，投资银行分别起到了经纪人、交易商或拍卖组织者的作用，发挥了降低搜寻成本和交易成本的经济功能，极大地增加了证券市场的流动性。

3. 投资银行在证券交易中的具体角色

（1）经纪人（broker 或 middleman）。根据《辞海》的说法，经纪人是指介绍买卖双方交易以获取佣金的中间商人。根据原国家工商行政管理总局发布的《经纪人管理办法》（2004）的定义，经纪人是指在经济活动中，以收取佣金为目的，为促成他人交易而从事居间、行纪或者代理等经纪业务的自然人、法人和其他经济组织。在证券经纪业务中，投资银行接受客户的买卖指令，代理客户在证券交易所进行买卖，进而获取佣金形式的报酬。

（2）做市商（market maker）或交易商（dealer）。做市商是指提供双向报价、既买又卖某种资产的金融机构。投资者通过做市商进行证券买卖交易，做市商以其自有资金和证券与投资者进行交易。做市商通过不断买卖来维持市场的流动性，二者的价差

（spread）成为其收入来源。作为一种证券交易制度，做市商最早出现在 20 世纪 60 年代美国证券柜台交易市场。

通常一只股票存在多家做市商，它们之间的报价竞争促进了价格的公平性。在 NASDAQ 市场上市的公司股票，最少需要两家做市商为其股票报价，而一些规模较大、交易较为活跃的股票的做市商往往达到 40 多家。平均来看，NASDAQ 市场每一种证券有 12 家做市商。

（3）特许经纪商（specialist）。特许经纪商市场（specialist market）制度是纽约证券交易所（NYSE）独有的制度。在该交易机制中，每家上市公司必须聘请一名特许经纪商为其股票提供流动性，每名特许经纪商可以为多家上市公司服务。在证券交易过程中，投资人给经纪人（commission broker）下订单，然后经纪人将订单转移给特许经纪商。特许经纪商掌握着限价买入指令和限价卖出指令的订单，并按双方可以接受的价格撮合成交。同时，特许经纪商也用自己的股票账户按市价指令买入或卖出股票。由此可见，特许经纪商在交易所充当了经纪人的经纪人或做市商的双重角色，因而是证券交易的中心。

我国深沪证券交易所主板采取电子撮合竞价机制，因此不需要特许经纪商和做市商，投资银行仅仅担当经纪商的角色。上海证券交易所科创板则采取做市商制度。全国股转系统、北京证券交易所在竞价交易的基础上引入做市商，实行混合交易制度。

第二节　证券经纪业务

一、证券经纪业务概念

根据证监会《证券经纪业务管理办法》（2023），证券经纪业务是指证券公司开展证券交易营销，接受投资者委托开立账户、处理交易指令、办理清算交收等经营性活动。一般而言，证券经纪业务是指投资银行作为证券买卖双方的经纪人，按照客户的委托指令帮助客户买入或卖出证券，进而按交易金额的一定比率收取佣金的业务。几乎所有的金融产品的交易，都需要经纪服务。目前我国证券公司经纪业务的对象包括 A 股、B 股、国债、公司债、企业债、期货、权证等。证券经纪业务是证券公司的基本业务和传统业务。

对投资银行来说，从事经纪业务主要有两个方面的原因：①经济原因。投资者需要通过投资银行的经纪作用来减少证券交易的搜寻成本和交易成本。②法律原因。目前我国法律强制要求投资者需通过证券公司进行证券买卖。《证券法》（2019 修订）第一百零五条规定，进入实行会员制的证券交易所参与集中交易的，必须是证券交易所的会员。证券交易所不得允许非会员直接参与股票的集中交易。第一百零六条规定，投资者应当与证券公司签订证券交易委托协议，并在证券公司实名开立账户，以书面、电话、自助终端、网络等方式，委托该证券公司代其买卖证券。证监会《证券经纪业务管理办法》（2023）规定，投资者开展证券交易，应当依法与证券公司签订证券交易委托代理协议，委托证券公司为其买卖证券并承担相应的清算交收责任。除证券公司外，任何单位和个人不得从事证券经纪业务。

二、经纪业务的特点

（1）无风险性。在该业务中，投资银行为客户提供代理买卖服务，并根据买卖金融的大小按比例向客户收取佣金，投资银行与投资者之间是一种委托代理关系。由于投资银行自身不垫付资金，买卖盈亏风险由客户（投资者）自己承担，因而没有资金风险。

（2）业务被动性。经纪业务量的大小依赖于市场行情。当市场行情向好，投资者交易活跃，投资银行获得大量佣金收入；反之则佣金收入减少。

（3）竞争激烈。由于经纪业务相对技术含量不高，进入门槛较低，能提供经纪业务的证券公司很多，因此该业务竞争异常激烈，甚至会爆发"佣金价格战"。

三、佣金制度

1. 世界证券交易佣金制度的演变

证券佣金制度大体分为固定佣金制和浮动佣金制。所谓固定佣金制，是指证券交易所要求所有证券公司采取相同的佣金费率。浮动佣金制，又称自由协商制，是指证券公司在一定范围内可以根据自己的竞争策略采取变动的佣金费率。1975 年以前，世界各国证券市场基本上都采用固定佣金制度。但随着 1975 年 5 月 1 日美国国会通过"有价证券修正法案"并率先在全球范围内废除了固定佣金制度而实行佣金协商制，证券交易佣金自由化成为全球证券交易市场的基本发展方向。在当前全球主要的 27 个证券交易所中，绝大部分对佣金的收取采用自由协商制，而且大部分实行完全的自由协商制①。

2. 我国佣金制度的演变

《证券法》（2019 修订）第四十三条规定，证券交易的收费必须合理，并公开收费项目、收费标准和管理办法。《证券公司监督管理条例》（2014）要求，证券公司向客户收取证券交易费用应当符合国家有关规定，并将收费项目、收费标准在营业场所的显著位置予以公示。

我国证券市场早期实行费率为 3.5‰的固定佣金制。但固定佣金制度不利于证券市场竞争机制的培育，且较高的费率标准提高了证券交易成本，影响了投资者参与证券市场的积极性。2000 年，部分证券公司出于抢占市场份额的目的推出了佣金打折。2002 年 4 月 4 日，证监会会同国家计委和国家税务总局发布了《关于调整证券交易佣金收取标准的通知》，规定从 2002 年 5 月 1 日开始，A 股交易佣金上限不能超过 3‰，并在此上限范围内向下浮动。自此我国正式进入浮动佣金制。

针对后来愈演愈烈的佣金价格战，《证券经纪业务管理办法》（2023）要求证券公司向投资者收取证券交易佣金时不得有下列行为：①收取的佣金明显低于证券经纪业务

---

① 具体包括纽约证券交易所、NASDAQ、东京证券交易所、伦敦证券交易所、大阪证券交易所、巴黎证券交易所、多伦多证券交易所、意大利证券交易所、阿姆斯特丹证券交易所、瑞士证券交易所、蒙特利尔证券交易所、马德里证券交易所、毕尔巴鄂证券交易所、新加坡证券交易所等。资料来源：百度百科。

服务成本；②使用"零佣""免费"等用语进行宣传；③反不正当竞争法和反垄断法规定的其他禁止行为。

小资料 3-1：我国证券公司及证券行业佣金费率变化趋势

海通证券研究显示，2012 年以前，券商业务模式单一，以赚取高额通道费为主要业务模式，佣金收入占比极高，2008—2011 年平均收入占比达 62%，平均佣金率约为千分之一。自 2013 年"佣金战"打响，境内券商佣金率持续下滑。从证券业协会数据来看，2008 年行业平均佣金率为 0.126%，2013 年下降到 0.081%，2019 年中期，又迅速下降至 0.031%。经纪收入占比也随之大幅下滑，由 2008 年的 71% 下降至 2019 年上半年的 25%（图 3-1、图 3-2）。

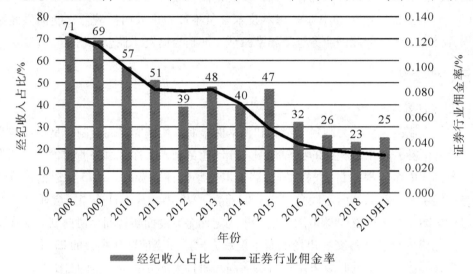

图 3-1　我国证券公司佣金费率变化趋势

资料来源：海通证券研究所。

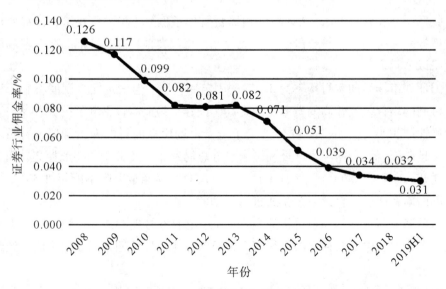

图 3-2　我国证券行业佣金率变化趋势

资料来源：海通证券研究所公开报告。

四、经纪业务利润公式

假设投资者在一定时期通过某投资银行买入或卖出证券 j 的总金额为 S_j，佣金费率为 I_j，交易所席位费为 C_1，经纪业务对应的运营成本（包括房租、水电、工资）为 C_2，管理费用为 C_3，则在该时期，投资银行的经纪业务收入和利润的公式为：

$$经纪业务收入 = \sum S_j \times I_j$$

$$经纪业务的利润 = \sum S_j \times I_j - C_1 - C_2 - C_3$$

通过以上两式可以看出，客户交易通过该投资银行的交易越活跃，佣金费率越高，交易所席位费、经纪业务运营成本、管理费用越低，则经纪业务利润越高。在佣金费率下降的条件下，降低成本和提供增值服务成为证券公司必然的选择。

例 3-1：经纪业务利润的计算

假设某证券公司一年内代理股票买卖金额为 1 000 亿元，佣金费率为 0.115%，该业务对应的一年总成本为 8 000 万元，交易所席位费为 60 万元，则该公司一年中经纪业务所带来的利润=1 000 亿元×0.115%-8 000 万元-60 万元=3 440 万元。

五、佣金下降背景下投资银行的应对策略

1. 提供增值服务

增值服务是指券商根据客户需要，为客户提供的超出常规服务范围的服务。根据服务范围，证券经纪服务商分为综合服务经纪商（full-service broker）和折扣经纪商（discount broker）。折扣经纪商除了执行买卖指令、提供保证金贷款等基本服务外，不提供投资决策建议。而综合服务经纪商除了执行买卖指令、提供保证金贷款等基本服务外，还提供投资决策建议。有些客户对综合服务经纪商给予充分的信任，甚至将证券账户全权委托给他们。很明显，通过提供增值服务，综合服务经纪商可以减少同质竞争，避开佣金价格战。

目前美国证券交易模式随着各证券经纪公司差异化服务的不断发展，逐渐形成了以 E-trade、TD Ameritrade 为代表的纯粹网络证券经纪公司，以嘉信理财（Charles Schwab）、富达投资（Fidelity）为代表的综合型证券经纪公司，以及以美银美林证券、A. G. Edwards 为代表的传统证券经纪公司。

小案例 3-1　券商增值服务

2016 年，国金证券发布了经纪业务增值服务品牌——"投顾宝"。其主要特点为集研究、咨询、服务为一体，为不同风险倾向的客户定制个性化的理财服务。其服务内容主要包括专家投资建议、投资掘金组合、深度资讯报告、高端投资主题会议等。

2019 年，湘财证券携手邦盛科技，搭建了证券行情量化分析平台，为投资者提供智能化增值服务。这一成熟的商业应用开发平台在湘财证券的智能金融战略中起到至关重要的推动与加速作用。通过邦盛科技证券行情量化分析平台，湘财证券为客户量身定制了多项创新的指标和策略，提高了客户在实盘操作中的高效性、便捷性和准确性。

在财富管理的大背景下，付费投顾已成为多家券商的服务模式。中信证券付费投顾直接由总部研究所提供服务，签约后可享受总部研究资讯、路演、每年不低于12次的行业公司调研、中信策略会、热点沙龙专题、200场以上白名单电话会、定制课题、专职客户经理等八大服务。

资料来源：根据和讯网等公开资料整理。

2. 经纪业务线上化

在佣金费率下降的大背景下，经纪业务线上化成为券商降低经纪业务成本的重要举措。美国是最早开展线上交易的国家。1985年嘉信理财开发出了全球范围内第一款自动化股市行情报价体系——"嘉信报价"，通过互联网技术降低了经纪业务的运营成本。在我国，随着券商对金融科技投入力度的加大，线上交易已相对普及，券商传统的实体营业部职能正逐步转型为财富管理，运营职能不断弱化。经济业务线上化极大降低了证券公司的业务成本。

小资料 3-2：美国网络证券交易

美国是最早开展网上交易的国家。以E-trade为代表的纯粹网络证券经纪公司的优势主要在于较强的技术开发能力、便捷的网上交易通道，由于未设立实体营业网点，因而成本较低。它主要面向对价格敏感但对服务要求不高的客户。以嘉信理财为代表的综合型证券经纪公司主要面向中产阶级个人投资者和部分机构投资者。美林证券等传统证券经纪公司则主要定位于高端客户，为客户提供面对面、全方位资产投资咨询服务，拥有强大的投资研究能力和资产组合咨询能力。

资料来源：根据公开资料整理。

3. 向财富管理转型

2015年3月，美国互联网券商新晋者Robinhood推出"零佣金"交易服务，客户规模快速增长。2019年10月1日，嘉信理财（Charles Schwab）宣布自2019年10月7日起将美国股票、ETF和期权的在线交易佣金从4.95美元降至零。随即，TD Ameritrade、E-trade以及富达投资等券商也不甘落后，纷纷将股票和ETF的交易佣金降至零。以嘉信理财为首的多家知名券商的降佣金，预示着线上交易正式进入"零佣金"时代。嘉信理财虽然佣金收入占比持续下降，但仍然维持了较高的利润率，其原因在执行差异化竞争策略，将业务重点转向了资产管理等业务。

小资料 3-3：嘉信理财经营模式

嘉信理财成立于1971年，是一家总部设在旧金山的综合金融服务商。公司成立之初，主打低廉折扣佣金券商业务，随后，开始加大对技术平台的投入。随着线上服务平台成本的降低，其高效率优势开始显现。进入20世纪80年代，嘉信理财转型为资产集合商，成立了第一个不收交易费、仅向基金公司收取销售费用的"一账通"业务。进入21世纪，嘉信理财开始将业务重心转至财富管理业务，通过把传统的经纪和基金等业务与互联网结合，公司迅速成为美国最大的在线证券交易商。2015年，它首次在业内推出智能投顾平台Schwab Intelligent Portfolios。

为了加速财富管理业务的转型，一方面，嘉信理财不断降低对交易佣金的依赖，引入财富管理和信贷业务，将盈利模式转化成以财富管理和息差型业务为主。从目前的收入结构来看，来自财富管理和利息的收入占比达到了90%。另一方面，嘉信理财为投资者提供分层次的财富管理服务，公司将客户分为自我指导型、独立验证型、授权管理型和积极交易型这四类，以客户需求为中心提供适合他的服务。

嘉信理财的可借鉴之处在于它凭借着互联网的优势，加强了线下与线上联动；随着零佣金的落地，赢得了广泛的客户基础；线下网点和第三方投顾体系使其拥有较为丰富的中高端客户资源。除此之外，它还能根据客户的不同需求提供差异化的服务，提升服务质量和客户满意度，形成自身特有的财富管理商业模式。

资料来源：根据公开资料整理，https://finance.sina.com.cn/roll/2020-06-16/doc-iirczymk7283292.shtml。

小资料3-4：我国券商经纪业务向财富管理转型

近年来，我国越来越多的券商将经纪业务更名为财富管理。2015年5月，东方证券将经纪业务部门更名为财富管理业务总部，并采用事业部管理模式。2018年12月，中信证券发公告称，将公司经纪业务发展与管理委员会更名为财富管理委员会。银河证券、兴业证券等也紧随其后加入更名大军。

兴业证券依据资产对客户进行分层，同时依据需求对客户进行分类。在这样的服务体系中，客群被分成了长尾客户、零售客户、高净值客户以及私行客户。其中，资产规模在10万元以下的，属于长尾客户；10万至50万元的，为零售客户；51万至600万元的，为高净值客户；600万元以上的，是私行客户。国信证券建立了证券投顾服务品牌"鑫投顾"、基金代销服务品牌"国信优选"、公募基金投顾品牌"国信智投"、私人财富定制品牌"国信私享"，其全方位买方投顾体系逐步成型。

资料来源：根据公开资料整理。

六、金融科技对经纪业务的影响

金融科技对金融业的影响巨大。19世纪30年代，纽约成为美国最大的证券交易市场，受限于即时通信范围，费城、波士顿等地方市场仍保持着相当大的独立性。但1850年电报的发明，强化了纽约证券交易所对其他地域证券交易所的影响，导致其他交易所被迅速边缘化，华尔街由此成为美国股票和证券交易的中心。以大数据、人工智能、云计算等为代表的金融科技对经纪业务的影响主要表现在以下方面：

1. 开户流程简化

开户流程的简化主要体现在两方面：一是开户手续简便，二是开户时间缩短。智能手机的出现，辅以大数据、人工智能和生物识别等技术，使得投资者可以在任何时间、任何地点完成开户，且开户时间较短。目前很多券商可实现7×24小时响应，线上3分钟完成开户。

2. 便捷交易

在智能手机和5G信号支持下，投资者可随时（anytime）、随地（anywhere）查看市场资讯和证券行情，并能即时进行证券交易。

3. 智能客服

数字人客服是指通过人工智能技术开发的、能够与用户进行智能化对话和交流的虚拟客服系统。它拥有自然语言处理、机器学习和语音识别等先进技术，能够模拟人类的对话能力和分析能力。

引入大数据和人工智能技术，证券公司客户服务模式正由传统的电话咨询向 APP、官微等智能服务模式的转变，比如国泰君安的"灵犀客服"、方正证券的"小方必应"等。智能客服可以提供千人千面的客户服务，精准快速地解决客户问题，响应速度达到毫秒级。一方面，大大降低了证券公司的服务成本；另一方面，改善了客户的服务体验。

4. 投资辅助服务

引入大数据和人工智能技术，很多证券公司推出投资辅助决策服务。比如华泰证券、国泰君安等机构基于大数据模型和智能算法，对数千只股票进行历史 K 线与成交量的形态识别，找出具有量价相似特征的个股，从而回测出上涨概率、平均涨幅、最佳持有周期，为投资者提供买卖决策参考。

5. 智能投顾服务

基于人工智能和大数据，很多证券公司推出了智能投顾服务。比如 2016 年 6 月，广发证券推出机器人投顾"贝塔牛"，率先以大数据、人工智能等先进技术对金融传统业务进行拓展和创新。通过算法模型，贝塔牛为大众客户提供 7×24 小时的智能投顾服务。由于用户门槛低、策略多样化、操作简单清晰，贝塔牛自上线以来用户增长迅速，累计客户数超过 80 万。

6. 精准营销

基于大数据技术，证券公司分析用户的行为习惯，在不泄露客户隐私的前提下形成了清晰直观的客户画像和标签，服务人员可根据客户画像和标签向客户提供满足其需求的产品或服务，从而实现精准营销。以国泰君安为例，公司利用人工智能进行模型匹配，使营销方式从以人为核心转变为以数据为核心；依托标签体系建立用户画像和客户画像，完成了千人千面的精益化零售客户服务体系的构建；基于 3A3R（感知 awareness、获取 acquisition、活跃 activation、留存 retain、营收 revenue、传播 refer）指标体系实现了互联网业务全数字化运营，有效指导短名单精准营销，提升交易客户转化率，大幅减少了营销资源的浪费。

第三节 做市商业务

一、做市商的经济功能

现代证券市场存在两种基本的交易机制：指令驱动机制（order-driven system）和报价驱动机制（quote-driven system）。

指令驱动机制是指买卖双方将委托指令下达给各自的代理经纪人（交易所的会

员），再由经纪人将指令下达到交易所，由交易所交易系统按照价格优先和时间优先的原则进行撮合成交，完成交易。其特点是交易价格由交易双方同时自主报价，以竞价方式确定，由此该交易机制又称竞价制或双向拍卖制度。目前我国证券交易所和期货交易所基本采取这一交易制度。

指令驱动机制下存在订单执行风险，即交易者缺少交易对手而不能执行的风险。此外，投资者由于信息分布不均匀或者掌握的信息不充分而无法报出真正反映投资价值和供求关系的价格，使得价格频繁波动。

报价驱动机制又称作市商机制，指在证券市场上由具备一定实力和信誉的证券经营机构，在其愿意的水平上不断向交易者报出特定证券的买入和卖出价，并在所报价位上接受机构投资者或其他交易商的买卖要求、保证及时成交的证券交易方式，是世界上最古老的证券交易机制。

做市商机制的特点是：①所有客户订单都必须由做市商用自己的账户买进或卖出，客户与客户之间不进行直接交易；②做市商必须事先报出买卖价格，投资人在看到报价后下达订单。

做市商的功能如下：

（1）为市场提供流动性。做市商有义务不断报出买进价格和卖出价格（包括数量），使投资者可以按照做市商报价和数量随时买进和卖出证券，交易不会因为买卖双方的供求不平衡而中断，从而为市场提供了流动性。

（2）保持股价稳定。做市商的报价受交易所规则约束，同时做市商对大额指令可以及时处理，在买卖盘不均衡时可以进行干预，因而可以平抑价格过大的波动。NAS-DAQ、NYSE 要求拟上市的企业必须事先确定做市商。

二、做市商业务的概念

做市商业务，是指投资银行与拟上市公司签订协议，运用自己的账户提供双边报价，从事该公司证券买卖的业务。报出的卖价高于报出的买价时，两者的差距构成价差（spread），投资银行从买卖差价中获得做市收入。该收入可视为投资银行因为提供做市服务而获得的报酬。做市商业务反映了投资银行的实力，是投资银行非常重要的业务。以美国资本市场为例，做市商业务的利润一般占据券商全部业务利润的40%以上。

经过多年发展，美国等海外市场涌现了众多业务规模庞大、竞争优势突出的做市商，这些成功的做市商既包括高盛、摩根大通、摩根士丹利等大型投资银行，还包括城堡证券、沃途金融等新兴的高频交易做市商。

高盛、摩根大通、摩根士丹利、花旗集团和美国银行 2021 年的做市收入分别为153.5 亿元、163.0 亿元、128.1 亿元、101.5 亿元、86.9 亿元，它们在非利息收入中的占比分别为 29.0%、23.5%、24.8%、34.6%、18.8%。除了高盛、摩根士丹利等传统金融机构，近年来以城堡证券、沃途金融为代表的高频做市商的做市收入也快速增长，

2021年，这两家领先的高频做市商的合计做市收入超过 90 亿美元①。

小资料 3-5：我国对做市交易的规定

根据《全国中小企业股份转让系统股票交易规则》（2021），股票交易可以采取做市交易方式、竞价交易方式以及中国证监会批准的其他交易方式。采取做市交易方式的股票，应当有 2 家以上做市商为其提供做市报价服务。采取竞价交易方式的股票，竞价方式为集合竞价，全国股转系统根据挂牌公司所属市场层级为其提供相应的撮合频次。

《全国中小企业股份转让系统有限责任公司管理暂行办法》（2013）规定，股票在全国股份转让系统挂牌的公司（以下简称挂牌公司）为非上市公众公司，股东人数可以超过 200 人。全国股份转让系统实行主办券商制度。在全国股份转让系统从事主办券商业务的证券公司称为主办券商。主办券商业务包括推荐股份公司股票挂牌，对挂牌公司进行持续督导，代理投资者买卖挂牌公司股票，为股票转让提供做市服务及其他全国股份转让系统公司规定的业务。挂牌股票转让可以采取做市方式、协议方式、竞价方式或证监会批准的其他转让方式。

根据《证券公司科创板股票做市交易业务试点规定》（2022），科创板股票做市交易业务是指证券公司依据《证券法》、本试点规定及上海证券交易所业务规则，为科创板股票或存托凭证提供双边报价等行为。根据北京证券交易所发布的《北京证券交易所股票做市交易业务细则》（2023），股票做市交易业务是指符合条件的证券公司（做市商），按照做市协议约定在上市公司股票竞价交易中提供持续双向报价等流动性服务（做市服务）的业务。

资料来源：根据公开资料整理。

三、做市商业务类型

1. 特许经纪商业务

实行特许经纪商制度是纽约股票交易所区别于其他证券交易所的重要特征之一。在该交易所，有将近 400 个特许交易商，而一个特许交易商一般负责几只或十几只股票。每只股票均由一个特许经纪商负责做市，因此属于单一做市商制。特许经纪商藉此获得佣金收入和买卖价差收入。

2. 多元做市商业务

美国纳斯达克、伦敦股票交易所等多个交易所采取多元做市商制度。在该制度下，每一种股票同时由多个做市商来做市。在纳斯达克，活跃的股票通常有 30 多个做市商，最活跃的股票有时会有 60 个做市商。做市商之间通过价格竞争吸引客户订单。因此多元做市商是一种竞争性的做市商制度。做市商通过证券买卖价差获得收入。

---

① 刘锋. 完善做市商制度，推动资本市场高质量发展［EB/OL］.（2023-05-29）［2023-10-12］.https://new.qq.com/rain/a/20230529A08VMY00.

四、做市商的业务利润公式

1. 特许经纪商的业务利润公式

特许经纪商的收入来自佣金收入和利用自己账户获得的买卖价差收入两部分。假设在一定时期投资银行代理买卖金额为 V，佣金率为 I，买卖价差收入为 D，成本为 C，则投资银行在一定时期该业务的利润为：

$$P = V \times I + D - C$$

2. 多元做市商的业务利润公式

假设在一定时期投资银行对某种证券进行双向报价，叫买价格为 P_1，买入数量为 n_1，叫卖价格为 P_2（$P_2 > P_1$），卖出数量为 n_2（$n_2 < n_1$），成本为 C，则在该时期，投资银行获取的利润为：

$$L = (P_2 - P_1) \times n_2 - C$$

例3-1：多元做市商业务利润的计算

假设在一定时期投资银行对某种证券进行双向报价，叫买价格为 32.4 元，买入数量为 10 万股，叫卖价格为 33.7 元，卖出数量为 8 万股，成本为 4 万元，则在该时期投资银行利润为 = （33.7－32.4）元×8 万－4 万元＝6.4 万元。

五、证券交易成本

证券交易显性成本包括印花税、佣金、过户费、证券交易经手费。根据《中华人民共和国印花税法》（2021），在中华人民共和国境内书立应税凭证、进行证券交易的单位和个人，为印花税的纳税人，应当依照本法规定缴纳印花税。证券交易印花税对证券交易的出让方征收，不对受让方征收。证券交易的计税依据为成交金额。税率为成交金额的 1‰。

佣金是投资者因为投资银行的经纪服务而支付的费用，对买卖均有收取，不同投资银行收取的费率不一样。证券过户费是指委托买卖的股票、基金成交后买卖双为变更登记所支付的费用。由中国证券登记结算有限公司收取，在证券经营机构与投资者清算交割时代扣代收。收取标准为成交金额的 0.01‰，买卖双方均需缴纳。

证券交易经手费由交易所收取。2023 年 8 月 18 日，证监会指导上海证券交易所、深圳证券交易所、北京证券交易所进一步降低证券交易经手费。调降后沪深交易所按 0.034 1‰双向收取，北交所按 0.125 0‰双向收取。

隐性成本包括买卖价差、价格影响等。做市商通过买卖价差获利，体现了做市商为投资者提供信息所做的补偿。对投资者来说，价差则构成交易成本。通常价差与交易中股票交易活动的数量成反比，即交易数量越少、越不活跃，交易商需要的价差就越大。对大多数交易活跃的股票来说，价差通常低于每股价格的 1%。价格影响指投资者在与交易商的交易过程中订单的数量对交易价格的影响所导致的交易成本。通常投资者订单的数量越大，其购买价格就越高。

例3-2：证券交易成本的计算

假设投资者张三在年初买入 100 000 股某公司股票，成交价为 3.05 元，佣金率为

0.03%，印花税为1‰，过户费为0.01‰。

问题：

（1）其显性交易成本是多少？

（2）在一年后以4.0元卖出，投资收益和投资收益率是多少？

（3）一般情况下，投资收益与交易成本存在怎样的关系？

解：

（1）股票成交金额 = 100 000×3.05 = 305 000元，佣金 = 100 000×3.05×0.03% = 91.5元，印花税 = 0元，过户费 = 100 000×3.05×0.01‰ = 3.05元，显性成本 = 91.5 + 3.05 = 94.55元，总购买成本 = 305 000 + 94.55 = 305 094.55元。

（2）一年后以4.0元卖出，交易成本 = 100 000×4.0×（0.03% + 1‰ + 0.01‰）= 524元。

投资收益 = 100 000×4.0 − 524 − 305 094.55 = 94 381.45元，投资收益率 = 94 381.45÷305 094.55×100% = 30.94%。

（3）假设在期初购买1股股票，其价格为 p_0，期末涨幅为 r。印花税率为 t，佣金为 f，过户费率为 g，则实际投资收益率 $R = (1 + r)\dfrac{1 - t - f - g}{1 + f + g} - 1$。可见，印花税率、佣金费率、过户费率的降低均可以提高投资者的实际收益。

第四节　融资融券业务

一、融资融券概念

根据《上海证券交易所融资融券交易实施细则》（2023），融资融券交易是指投资者向具有上海证券交易所会员资格的证券公司提供担保物，借入资金买入证券或借入证券并卖出的行为，俗称买空交易或卖空交易。融资买入或融券卖出的标的证券包括：股票、证券投资基金、债券、其他证券。

融资融券本质上是投资者借钱或借券的杠杆交易行为，其目的是追求更大的收益。假设某股票目前价格为100元，拟购买100股，但其自有资金只有6 000元，为此向证券公司借入资金4 000元，利率为6%。当股票上涨20%，其投资收益 $R = \dfrac{100 \times 100 \times 20\% - 4\,000 \times 6\%}{6\,000} = 29.33\%$；当股票下跌5%时，其投资收益 $R = \dfrac{100 \times 100 \times (-5\%)\,4\,000 \times 6\%}{6\,000} = -12.33\%$。可见融资行为既放大了收益，也放大了风险。

二、融资融券业务概念

根据《证券公司监督管理条例》（2014），融资融券业务是指在证券交易所或者国务院批准的其他证券交易场所进行的证券交易中，证券公司向客户出借资金供其买入证券或者出借证券供其卖出，并由客户交存相应担保物的经营活动。根据《证券公司融资融券业务管理办法》（2015），融资融券业务是指向客户出借资金供其买入证券或者出借证券供其卖出，并收取担保物的经营活动。

融资融券业务又称信用业务，是发达市场证券公司收入的重要来源之一。国外有关数据显示，融资融券利息收入可占到证券公司总收入的5%至10%。更重要的是，融资融券可以活跃市场，放大存量资金的运用，从而为证券公司带来更多的经纪业务收入。根据国际经验，融资融券一般能给证券公司经纪业务带来30%~40%的收入增长。

三、融资融券业务中的保证金和担保物

1. 保证金的范围

为了控制融资融券中的风险，证券公司需要收取保证金。根据《证券公司融资融券业务管理办法》（2015），证券公司向客户融资、融券，应当向客户收取一定比例的保证金。保证金可以以证券充抵。根据《上海证券交易所融资融券交易实施细则》（2023），证券公司向客户融资、融券，应当向客户收取一定比例的保证金。保证金范围包括：上海证券交易所上市交易的股票、证券投资基金、债券、货币市场基金、证券公司现金管理产品及认可的其他证券充抵。

可充抵保证金的证券，在计算保证金金额时应当以证券市值或净值按下列折算率进行折算：①上证180指数成分股股票的折算率最高不超过70%，其他A股股票折算率最高不超过65%；②交易型开放式指数基金折算率最高不超过90%；③证券公司现金管理产品、货币市场基金、国债折算率最高不超过95%；④被实施风险警示、进入退市整理期的证券，静态市盈率在300倍以上或者为负数的A股股票，以及权证的折算率为0%；⑤其他上市证券投资基金和债券折算率最高不超过80%。

证券交易所将根据市场情况调整可充抵保证金证券的名单和折算率。证券公司公布的可充抵保证金证券的名单，不得超出交易所公布的可充抵保证金证券范围。证券公司应当根据流动性、波动性等指标对可充抵保证金证券的折算率实行动态化管理与差异化控制。证券公司公布的可充抵保证金证券的折算率不得高于交易所规定的标准。

2. 融资和融券初始保证金比例

融资保证金比例是指投资者融资买入时交付的保证金与融资交易金额的比例，计算公式为：融资保证金比例=保证金/（融资买入证券数量×买入价格）×100%。融券保证金比例是指投资者融券卖出时交付的保证金与融券交易金额的比例，计算公式为：融券保证金比例=保证金/（融券卖出证券数量×卖出价格）×100%。根据《上海证券交易所融资融券交易实施细则》（2013），投资者融资买入证券时，融资保证金比例不得低于100%。投资者融券卖出时，融券保证金比例不得低于50%。

投资者融资买入或融券卖出时所使用的保证金不得超过其保证金可用余额。保证金可用余额是指投资者用于充抵保证金的现金、证券市值及融资融券交易产生的浮盈经折算后形成的保证金总额，减去投资者未了结融资融券交易已占用保证金和相关利息、费用的余额。其计算公式为：

$$保证金可用余额=现金+\sum（可充抵保证金的证券市值×折算率）+$$
$$\sum[（融资买入证券市值-融资买入金额）×折算率]+$$
$$\sum[（融券卖出金额-融券卖出证券市值）×折算率]-$$
$$\sum 融券卖出金额-\sum 融资买入证券金额×融资保证金比例-$$
$$\sum 融券卖出证券市值×融券保证金比例-利息及费用$$

上式中，融券卖出金额=融券卖出证券的数量×卖出价格，融券卖出证券市值=融券卖出证券数量×市价，融券卖出证券数量指融券卖出后尚未偿还的证券数量；$\sum[（融资买入证券市值-融资买入金额）×折算率]$、$\sum[（融券卖出金额-融券卖出证券市值）×折算率]$中的折算率是指融资买入、融券卖出证券对应的折算率，当融资买入证券市值低于融资买入金额或融券卖出证券市值高于融券卖出金额时，折算率按100%计算。证券公司向客户收取的保证金以及客户融资买入的全部证券和融券卖出所得全部资金，整体作为客户对证券公司融资融券所生债务的担保物。

3. 维持担保比例

证券公司对客户提交的担保物进行整体监控，并计算其维持担保比例。维持担保比例是指客户担保物价值与其融资融券债务之间的比值，计算公式如下：

$$维持担保比例=\frac{现金+信用证券账户内证券市值总和+其他担保物价值}{融资买入金额+融券卖出证券数量×当前市价+利息及费用总和}。$$

上式中，其他担保物是指客户维持担保比例低于最低维持担保比例时，客户经证券公司认可后提交的除现金及信用证券账户内证券以外的其他担保物，其价值根据证券公司与客户约定的估值方式计算或双方认可的估值结果确定。客户信用证券账户内的证券，出现被调出可充抵保证金证券范围、被暂停交易、被实施风险警示等特殊情形或者因权益处理等产生尚未到账的在途证券，会员在计算客户维持担保比例时，可以根据与客户的约定按照公允价格或其他定价方式计算其市值。

证券公司根据市场情况、客户资信和公司风险管理能力等因素，审慎评估并与客户约定最低维持担保比例要求。当客户维持担保比例低于最低维持担保比例时，会员应当通知客户在约定的期限内追加担保物，客户经会员认可后，可以提交除可充抵保证金证券外的其他证券、不动产、股权等依法可以担保的财产或财产权利作为其他担保物。证券公司可以与客户自行约定追加担保物后的维持担保比例要求。

仅计算现金及信用证券账户内证券市值总和的维持担保比例超过300%时，客户可以提取保证金可用余额中的现金、充抵保证金的证券，但提取后仅计算现金及信用证券账户内证券市值总和的维持担保比例不得低于300%。维持担保比例超过证券公司与客户约定的数值时，客户可以解除其他担保物的担保，但解除担保后的维持担保比例不得低于证券公司与客户约定的数值。

例3-3：融资时保证金的计算

李先生拟以每股100元价格融资方式买入某标的股票1 000股。假设初始保证金比例为50%，证券公司与其约定的最低维持担保比例为130%。

问题：

（1）李先生拟以现金作为保证金。他需要准备的初始保证金是多少？

（2）当股票价格下跌到每股 80 元，保证金可用余额是多少？维持保证金比例是多少？假设标的股票折算率为 65%，忽略利息等费用。

（3）当股票价格跌至多少时，他将收到证券公司补充保证金的通知？

解：

（1）初始保证金＝融资买入证券数量×买入价格×初始保证金比例＝1 000×100×100%＝100 000 元

（2）保证金可用余额＝现金+∑（可充抵保证金的证券市值×折算率）+∑〔（融资买入证券市值-融资买入金额）×折算率〕＝100 000+0+（1 000×80-100 000）×65%＝87 000 元

维持担保比例＝（现金+信用证券账户内证券市值总和）/融资买入金额＝（100 000+1 000×80）/100 000＝180%

（3）令 P 为收到补充保证金通知的价格（100 000+1 000×P）/100 000＝130%，解得 P＝30 元。

因此，标的股票下降到 30 元时，他将收到补充保证金的通知。

例 3-4：融券时保证金的计算

王先生拟以每股 100 元价格融资方式卖出某标的股票 1 000 股。假设初始保证金比例为 50%，证券公司与其约定的最低维持担保比例为 130%。

问题：

（1）王先生拟以现金作为保证金。他需要准备的初始保证金是多少？

（2）当股票价格上涨到每股 120 元，保证金可用余额是多少？维持保证金比例是多少？假设标的股票折算率为 65%，忽略利息等费用。

（3）当股票价格跌至多少时，他将收到证券公司补充保证金的通知？

解：

（1）初始保证金＝融券卖出证券数量×卖出价格×初始保证金比例＝1 000×100×50%＝50 000 元

（2）保证金可用余额＝现金+∑〔（融券卖出金额-融券卖出证券市值）×折算率〕-∑融券卖出金额-∑融券卖出证券市值×融券保证金比例＝100 000+50 000+（100 000-1 000×120）×65%-100 000-1 000×120×50%＝-23 000 元

维持担保比例＝现金/（融券卖出证券数量×当前市价）＝（100 000+50 000）/（1 000×120）＝125%

（3）令 P 为收到补充保证金通知的价格，（100 000+50 000）/（1 000×P）＝130%，解得 P＝115.38 元。

因此，标的股票上涨到 115.38 元时，他将收到补充保证金的通知。

四、融资融券业务的利润公式

融资融券业务为证券公司带来利息收入。根据国际惯例，券商融资利率一般在同期贷款基准利率基础上上浮 3 个百分点左右。在美国 1980 年所有券商的收入中，有 13% 来自对投资者融资的利息收入。而在中国香港和中国台湾则更高，可以达到经纪业务总收入的1/3以上。融资融券业务的盈利计算公式如下：

$$融资融券业务利润=券商融出资金数量×利率-资金借款成本-其他成本$$

例3-5：融资融券业务盈利的计算

假设初始保证金比率为100%，某投资者拟买入价值为10万元的某证券，券商贷款利率为8.6%，资金借款成本为5.6%，发生该业务发生的人力等成本为贷款数额的0.1%，则该笔业务为券商带来的利润 = 100 000×100%×（8.6% - 5.6% - 0.1%）= 2 900元。

➤案例3-1 国金证券经纪业务案例

国金证券股份有限公司（简称"国金证券"）是一家历史悠久的证券公司，成立于1990年，总部位于中国四川省成都市。国金证券的证券经纪业务是其传统强项，公司在全国范围内拥有大量的经纪业务客户。该公司将证券经纪业务归入为财富管理业务，财富管理业务包括金融产品销售、信用业务、证券投资咨询等各项业务。

该公司财富管理业务以线上化金融服务平台"佣金宝App"为依托，坚持"数字科技"和"客户体验"双轮驱动，以高品质咨询/顾问服务打造差异化优势，深入推进买方顾问模式落地。聚焦客户价值创造，将全产品矩阵融入客户需求场景化建设，持续围绕"智能服务、精准服务、品质服务"的方向做深做细。深化客户分层分类服务体系，采用"平台+人工"一体化联动模式，构建贯穿客户全生命周期，兼顾专业与温度的数字化运营服务能力，着力提升客户服务的温度、深度、广度和精准度。持续深入推动财富管理队伍能力建设，通过多层级立体式培训实战赋能，全面提升财富管理队伍的服务效能，满足客户多元化财富管理需求。

2023年，公司财富管理业务累计客户数较2022年末增长17%，佣金宝品牌在"90后""00后"年轻客群中备受青睐，高净值客户数量持续增长，客户结构进一步优化，客户资产总额较2022年末增长13%。公司代理买卖证券业务交易市占达1.18%，同比增加4bp。

金融产品代销方面，该公司坚持从全市场甄选优秀产品和管理人，聚焦产品ROI，提升客户NPS，通过平台+人工的方式，为不同场景下不同细分客群打造产品匹配及精细化管理，持续建设特色财富管理产品矩阵。单产品方面，持续打造国金特色券结系列产品、私募"金享"系列及"鑫享"定制系列，报告期内完成"国金1000指增、海富通产业优选、宽德量化系列产品"等多只券结、私募产品的募集发行工作，通过打造国金特色基金投顾业务等，实现向买方投顾模式进行转变。

资料来源：国金证券2023年年度报告。

➤案例3-2 银河证券信用业务案例

银河证券是中国证券行业领先的综合金融服务提供商，由中国华融信托投资公司、中国长城信托投资公司、中国东方信托投资公司、中国信达信托投资公司、中国人保信托投资公司等金融机构所属的证券业务部门和证券营业部于2000年共同组建而成。其信用业务主要包括两个部分：一是针对普通投资者、机构的融资融券业务；二是针对上市公司的大股东的股票质押回购业务。

2023 年，银河证券信用业务净收入为 41.63 亿元、其他前十名券商为海通证券（40.89 亿元）、中信证券（40.29 亿元）、广发证券（31.36 亿元）、国泰君安（28.03 亿元）、长江证券（21.40 亿元）、东方财富证券（21.00 亿元）、平安证券（19.49 亿元）、国投证券（19.28 亿元）、国元证券（18.62 亿元）。2023 年，中国银河的融资融券余额为 841 亿元，平均维持担保比例 247%；股票质押业务待购回余额为 206 亿元，平均履约保障比例 252%，整体风险可控。

值得注意的是，上述经营成果是在融资融券利率下降情况下完成的。根据 Choice 金融终端的数据显示，截至 2023 年 7 月末，沪深两市合计有 663 万个信用账户，其中个人投资者约 658 万个，机构则为 5 万多个。2015 年证监会《证券公司融资融券业务管理办法》第十四条规定：证券公司与客户约定的融资、融券期限不得超过证券交易所规定的期限，融资利率、融券费率由证券公司与客户自主商定。Wind 资讯对 2021 年至 2023 年间有可比数据的 38 家上市券商融资融券利率进行统计发现，两融利率处于长期下降通道。根据"两融利率＝两融利息收入/2022 年期初及各个季度融出资金平均值"计算，上市券商 2022 年的两融利率平均值在 6.5% 左右，而这一数值在 2019 年至 2021 年则稳定在 6.9% 至 7.1% 的水平。

资料来源：浙商证券研究报告（2024）——《老牌券商，业务焕新》。

本章小结

1. 二级市场业务是指投资银行（证券公司）通过提供证券经纪、做市商、融资融券等跟证券交易有关的服务获得收入的业务。

2. 投资银行缓解了证券交易过程中由信息不对称造成的各种痛点和堵点，从而极大便利了证券交易。

3. 证券经纪业务是指投资银行作为证券买卖双方的经纪人，按照客户的委托指令在证券交易所或柜台买入或卖出证券，并按照交易金额的一定比率收取佣金的业务。

4. 做市商业务是指投资银行与拟上市公司签订协议，运用自己的账户从事证券买卖，以维持证券价格的稳定性和市场的流动性，并从买卖差价获取利润的业务。

5. 融资融券业务是指证券公司向客户出借资金供其买入证券或出借证券供其卖出证券的业务。

拓展阅读

1. 为更多地了解证券交易成本的知识，参阅：

THOMAS F LOEB. Trading cost: the critical link between investment information and results [J]. Financial Analysts Journal, 39 (3): 39-44.

2. 为更多地了解佣金价格战，参阅：

肖函. 互联网金融背景下券商经纪业务佣金"价格战"的法律规制 [J]. 证券市场

导报，2019（3）：71-78.

3. 为更多地了解做市商制度，参阅：

金永军，扬迁，刘斌. 做市商制度最新的演变趋势及启示 ［R］. 深圳证券交易所研究报告，2011.

思考与计算题

1. 什么是二级市场业务？

2. 什么是投资银行的证券经纪业务？为什么需要投资银行的经纪业务？

4. 什么是做市商业务？其利润公式是什么？

5. 什么是融资融券业务？其利润公式是什么？

6. 假设某证券公司营业部一年内代理股票买卖金额为 4 000 亿元，佣金费率为 0.015%，该业务对应的一年总成本为 800 万元，分摊交易所席位费为 4 万元，则该公司一年中经纪业务所带来的利润为多少？

7. 假设在一定时期投资银行对某种证券进行双向报价，叫买价格为 20.5 元，买入数量为 10 万股，叫卖出价格为 22.0 元，卖出数量为 8 万股，成本为 4 万元，则在该时期投资银行利润为多少？

8. 假设某投资者在年初买入 10 000 股某公司股票，买价为 10.35 元，佣金率为 0.03%，印花税为 0.1%，在半年后以 13 元卖出，则：①其购买成本各为多少？②净利润和净收益率分别是多少？

9. 假设初始保证金比率为 60%，某投资者拟买入价值为 50 万元的某证券，券商贷款利率为 8.6%，资金借款成本为 5.6%，发生该业务发生的人力等成本为贷款数额的 0.1%，则该笔业务为券商带来的利润为多少？

第四章
投资银行股票承销业务

➤学习目标

通过本章的学习，首先获得投资银行证券承销业务的背景知识，具体包括企业证券发行理论、股票发行管理制度、股票发行过程等知识，在此基础之上掌握股票承销业务、保荐业务概念及各种具体操作规则。

➤学习内容

- ■企业证券发行基本理论
- ■股票发行管理制度
- ■股票发行过程
- ■证券承销业务概念及盈利模式
- ■股票承销业务过程中的具体技术问题
- ■投资银行保荐业务

➤导入案例

1984 年 11 月 18 日，上海飞乐音响公司委托中国工商银行上海分行证券部公开向社会发行股票一万股，每股 50 元，成为改革开放后我国第一家发行现代意义股票的公司。1993 年 7 月 15 日，青岛啤酒在我国香港联合交易所上市，成为我国第一家在境外上市的公司。

上海南芯半导体科技股份有限公司是国内领先的模拟和嵌入式芯片设计企业之一，主营业务为模拟与嵌入式芯片，现有产品已覆盖充电管理芯片（电荷泵充电管理芯片、通用充电管理芯片、无线充电管理芯片）、DC-DC 芯片、AC-DC 芯片、充电协议芯片及锂电管理芯片等。2022 年 11 月 18 日，上交所发布科创板上市委 2022 年第 91 次审议会议结果公告，该公司首次发行申请获通过。中信建投证券为其保荐机构，拟公开发行股份不超过 6 353 万股，公司股东不公开发售股份，公开发行的新股不低于本次发行后总股本的 10%。本次 IPO 拟募资 16.58 亿元，其中，4.57 亿元用于高性能充电管理和电池管理芯片研发和产业化项目，2.27 亿元用于高集成度 AC-DC 芯片组研发和产业化项目，3.35 亿元用于汽车电子芯片研发和产业化项目，3.09 亿元用于测试中心建设项目，补充流动资金 3.3 亿元。

资料来源：根据公开资料整理。

启发问题：

1. 什么是 IPO？

2. 投资银行在企业 IPO 中发挥什么作用？

第一节　企业证券发行基本理论

一、企业融资方式

面对投资项目，当企业内部资金不足时，将不得不向外部寻求融资。根据资金提供者所承担风险的差异，外部融资分为债权融资和股权融资。根据资金提供者与筹资者关系远近的不同，融资方式分为关系型融资（relationship financing）和距离型融资（arms-in-length financing）。关系型融资，是指筹资人向单个或少数投资者融资，筹资人与投资人之间存在较近的关系，信息不对称程度相对不严重[1]。距离型融资，是指筹资人向多个投资者进行融资，筹资人与投资人之间存在一定信息距离，信息不对称程度相对严重。

在做距离型融资时，在发行方式上，企业面临着公募发行与私募发行的选择问题；在发行地点上，企业面临国内发行与国外发行的选择问题；在销售层面，企业面临着自办发行与聘请投资银行协助发行的选择问题（图 4-1）。

二、债权融资和股权融资的选择问题

债权融资和股权融资的选择涉及企业资本结构问题。现代资本结构理论认为，企业过度依赖债权或股权均对企业价值不利，其间存在一个最优的比例。所谓最优资本结构理论，是指让企业综合资本成本最低、企业价值最大的资本结构。从金融契约理论来看，债券或股权的契约形式是筹资人与投资人博弈的结果，不是外生的，而是内生的。在企业发展初期，投资风险较大，倾向于股权融资；在企业成熟期，投资风险较小，倾向于债权融资。

---

① EHSAN AZARMSA, LIN WILLIAM CONG. Persuasion in relationship finance [J]. Journal of Financial Economics, 2020, 138 (3): 818-837.

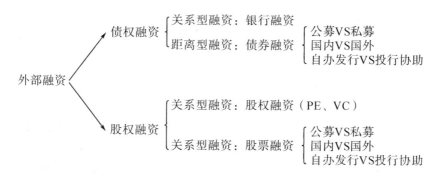

图 4-1　企业证券融资决策

小知识 4-1：最优资本结构理论

最优资本结构是指能使公司价值最大的资本配比（债权/股权比）。对最优资本结构的解释主要有三种理论观点：权衡理论、代理成本理论、控制权理论。权衡理论认为，负债虽然具有税收节约的好处，但随着负债的增加，财务困境成本（包括破产威胁的直接成本、间接成本）将上升，因而债务并不是越多越好，而是存在一个最优的数量；代理成本理论（Jensen & Meckling，1976）认为，股权和债权存有各自的代理成本，能够使总代理成本最小的权益和负债比例，就是最佳资本结构；控制权理论认为，不同融资工具对公司的控制权不同，最优资本结构存在于融资工具控制权收益与控制权损失恰好相等的那一点上。

资料来源：根据公开资料整理。

三、银行贷款融资与债券融资选择问题

Diamond（1991）较早研究了企业在债券融资和银行贷款融资之间的选择问题。债券融资区别于银行融资的地方在于前者没有监督，而后者有监督。其研究结论是：中等信用评级的企业选择银行融资以积累信用记录和声誉，在信用积累到一定程度后，企业再转向债券市场融资。

对于同样的问题，Rajan（1992）研究发现即使银行愿意贷出更多的钱，但企业却并不愿意多借而是转向距离型融资。其原因在于银行融资既有优点，也有缺点。优点在于银行融资交易成本较少；其缺点在于银行融资增加了银行对企业的控制力，从而影响了企业家的事前努力工作程度。发行债券的目的在于制约银行的力量。

四、企业证券发行方式的选择

1. 公募

公募发行（public offering），顾名思义是指企业公开发行证券以募集资金的行为。但什么行为才算公开发行？《中华人民共和国证券法》（2019 修订）对其进行了规定。首先，对公开发行的先决条件进行了限定：未经依法注册，任何单位和个人不得公开发

行证券[1]。这意味着企业要发行证券必须先进行注册，否则就属于非法发行。其次，对公开发行的含义进行了界定：①向不特定对象发行证券[2]；②向特定对象发行证券累计超过200人，但依法实施员工持股计划的员工人数不计算在内；③法律、行政法规规定的其他发行行为。最后，我国从投资者的质和量两个角度对公募进行认定。从质的角度上看，如果向不特定对象（通常是普通公众）发行，就可认定为公募发行；从量的角度上看，如果向特定对象发行（往往是有投资经验的个人或机构投资者），但人数超过200人，也被视为公募行为。

根据公募的时间点，公募分为首次公开发行（initial public offering，IPO）和新股增发（seasoned equity offering，SEO）。首次公开发行股票既包括公开发行新股，也包括老股东公开发售股份，也称存量发行。存量发行是指公司首次公开发行新股时，公司老股东可以将其持有的股份与新股一起向投资者公开出售，但前提是公司老股东已持股在36个月以上。新股增发是指上市公司再次公开发行股票。配股（right offering）是指上市公司向老股东出售股票的行为，虽然对象是特定投资者，但人数超过200人时，也可归为公募发行。

小知识4-2：我国对存量发行的相关规定

根据我国《证券发行与承销管理办法》（2023）与《首次公开发行股票时公司股东公开发售股份暂行规定》（2013），首次公开发行证券时公司股东公开发售股份的，公司股东应当遵循平等自愿的原则协商确定首次公开发行时公司股东之间各自公开发售股份的数量。公司股东公开发售股份的发行价格应当与公司发行股份的价格相同。首次公开发行证券时，公司股东公开发售的股份，公司股东已持有时间应当在三十六个月以上。公司股东公开发售股份的，股份发售后，公司的股权结构不得发生重大变化，实际控制人不得发生变更。

资料来源：《证券发行与承销管理办法》（2023）、《首次公开发行股票时公司股东公开发售股份暂行规定》（2013）。

2. 私募

私募（private placements）是指企业采用私下而非公开的方式，向少数投资者实施的证券发行。美国证券交易委员会（SEC）在《506规则》（1982）中对私募的界定是：①向合格的投资者（accredited investor）以及数量有限的其他投资者出售证券[3]；②不通过传单、报纸、电视、广播等公开渠道进行营销。由于私募在投资者和发行人之间直

---

[1] 《中华人民共和国证券法》（2019修订）第九条。

[2] 2010年11月22日出台了《最高人民法院关于审理非法集资刑事案件具体应用法律若干问题的解释》；2014年3月25日，最高人民法院、最高人民检察院和公安部《关于办理非法集资刑事案件适用法律若干问题的意见》对社会公众即不特定对象进行了多层次、多角度的解释。公开的基本含义就是对受众不保密、不隐瞒、不特别限定参加者等。不特定对象是指不明确的、不特定的、抽象的、非个体的几个人或一群人。不特定对象有三性，即人员的延散性、不可控性和波及范围的广泛性。

[3] 合格的投资者通常指资产超过500万美元的银行、保险公司、基金及其他公司等投资机构，年收入超过30万美元的富裕家庭，或年收入超过20万美元的富有个人。普通投资者虽然不具备上述条件，但应该有相关知识和风险判断能力，且数量不能超过35名。

接协商进行，因而无须在美国证券交易委员会进行登记注册。募股文件不是招股说明书（prospectus），而是私募配售备忘录（PPM）。

在我国，与私募相对的概念是非公开发行。如果私募是公募的反面，则下述行为可被理解为私募：①向特定对象发行；②向特定或不特定对象发行证券累计小于 200 人。

尽管我国法律未对私募和非公开发行做出正式定义，但肯定了非公开发行是一种证券发行的方式。比如《公司债券发行与交易管理办法》（2021）规定，公司债券可以公开发行，也可以非公开发行。《上市公司证券发行管理办法》（2020）、《上市公司证券发行注册管理办法》（2023）规定，上市公司发行证券，可以向不特定对象公开发行，也可以向特定对象非公开发行。

以下条款可被视为对非公开发行的界定。《上市公司证券发行管理办法》（2020）规定，非公开发行股票，是指上市公司采用非公开方式，向特定对象发行股票的行为。非公开发行股票的特定对象应当符合下列规定：①特定对象符合股东大会决议规定的条件；②发行对象不超过 35 名。《公司债券发行与交易管理办法》（2021）规定，非公开发行的公司债券应当向专业投资者发行，不得采用广告、公开劝诱和变相公开方式，每次发行对象不得超过 200 人。由此可见，非公开发行主要体现在：①融资对象主要是特定的；②融资对象的数量存在上限，股票发行不超过 35 名，债券不超过 200 名。此外，目前关于股票非公开发行的规定主要针对上市公司，而未涉及非上市公司。

无论公募还是私募，均是企业证券融资的一种方式，但两者在融资过程、适用环境等方面存在差别，需要企业在二者之间做出选择。

3. 私募证券的交易和转让

1990 年之前，美国投资者交易私募证券须有 2 年的等待期。1990 年美国证券交易委员会推出了 144A 规则，该规则允许资产超过 1 亿美元的机构投资者在发行后的任何时间就私募证券进行交易。

根据我国现行法律，公募证券和私募证券在发行之后均可流通。但流通的场所和条件不一样。《证券法》（2019 修订）第三十七条规定，公开发行的证券，应当在依法设立的证券交易所上市交易或者在国务院批准的其他全国性证券交易场所交易。非公开发行的证券，可以在证券交易所、国务院批准的其他全国性证券交易场所、按照国务院规定设立的区域性股权市场转让。对于非上市公众公司①而言，《非上市公众公司监督管理办法》（2023）规定，非上市公众公司公开转让股票应当在全国中小企业股份转让系统进行，公开转让的公众公司股票应当在中国证券登记结算公司集中登记存管。

《公司债券发行与交易管理办法》（2021）规定，非公开发行公司债券，可以申请在证券交易场所、证券公司柜台转让。非公开发行公司债券并在证券交易场所转让的，应当遵守证券交易场所制定的业务规则，并经证券交易场所同意。非公开发行公司债券并在证券公司柜台转让的，应当符合中国证监会的相关规定。非公开发行的公司债券仅限于专业投资者范围内转让。转让后，持有同次发行债券的投资者合计不得超过 200 人。

---

① 非上市公众公司是指有下列情形之一且其股票未在证券交易所上市交易的股份有限公司：①股票向特定对象发行或者转让导致股东累计超过 200 人；②股票公开转让。

4. 企业对公募发行与私募发行方式的选择

（1）公募发行的优点与缺点

公募发行的优点在于：①增加了股东基础，从而可以提高投资者的风险分担水平，提升公司价值；②由于向不特定公众发行，融资对象没有数量上的限制，从而可以筹集更大数量资金，实施大的投资项目。公募发行的缺点在于：①融资成本较高。公募过程复杂，融资成本既包括注册费、承销费、会计师费、律师费、信息披露成本等直接成本，还包括 IPO 折价等间接成本。据估计，直接成本可达募集金额的 11%，折价间接成本达 10% ~ 15%，总成本超过 25%（Grinblatt & Titman，2002）；②需要履行信息披露义务，这样可能导致公司商业机密的泄露；③股东分散可能造成公司治理上的搭便车问题，引发公司治理失败。

（2）私募发行的优点与缺点

私募发行的优点在于：①注册程序简便。《上市公司证券发行注册管理办法》（2023）规定，符合相关规定的上市公司申请向特定对象发行股票的，适用简易程序。交易所采用简易程序的，应当在收到注册申请文件后，2 个工作日内作出是否受理的决定，自受理之日起 3 个工作日内完成审核并形成上市公司是否符合发行条件和信息披露要求的审核意见。②可节省承销费用。《上市公司证券发行管理办法》（2020）第四十九条规定，非公开发行股票，发行对象均属于原前十名股东的，可以由上市公司自行销售。《上市公司证券发行注册管理办法》（2023）第六十五条规定，上市公司发行证券，应当由证券公司承销。上市公司董事会决议提前确定全部发行对象的，可以由上市公司自行销售。这意味着，非公开发行可以自行销售，无须聘请投资银行，从而节省承销费用。③与投资者信息沟通成本较低，有利于公司从事研发等长期性投资项目。

私募发行的缺点在于：①投资者可能利用信息优势，压低证券发行价格；②私募证券流动性不如公募证券，从而导致较高的融资成本（Grinblatt & Titman，2002；谢剑平，2004）。

（3）公募与私募选择的相关理论

1）信息生产成本决定论

企业融资方式究竟该选择公募还是私募？关于二者如何选择的相关理论有信息生产成本决定论、监督决定论、商业秘密保护决定论、管理者自利决定论等（表 4-1）。

Chemmanur 和 Fulghieri（1999）从投资者信息生产成本角度对该问题进行了研究。在他们看来，两种发行方式的区别在于在信息生产成本的不同，私募存在信息成本的节约，而公募存在信息成本的重复。企业发行方式的选择主要基于公募和私募两种发行方式下投资者信息成本的综合权衡。当企业累积了足够数量的社会声誉时，可选择公募发行，否则选择私募发行。换言之，信息不对称程度不严重的企业应选择公募发行，信息不对称程度较高的企业应选择私募发行。企业早期阶段信息不对称程度较高，因此应选择私募发行。

2）监督决定论

Shleifer 和 Vishny（1986）认为所有权集中度提高了投资者对公司的监督激励。而私募可以提高所有权集中度，从而有利于提高投资者对公司的监督水平（Wruck，

1989）。这意味着需要加强企业监督水平时应选择私募，否则选择公募。按照这个逻辑，当上市公司股权较为分散时，为提高公司治理水平，应选择私募。

3）商业秘密保护决定论

Bhattacharya 和 Chiesaa（1995）、Yosha（1995）比较了企业双边融资和多边融资的区别，认为在多边融资中企业有信息披露义务，不利于保护企业商业秘密；相反，双边融资有利于保护企业商业秘密。因而，按照这种逻辑，商业秘密较多、易于泄露的企业应选择私募发行，否则应选择公募发行。

4）管理者自利决定论

管理者战壕又称管理者防御（entrenchment），是指经理人在公司内、外部控制机制下，选择有利于维护自身职位并追求自身效用最大化的行为。Hertzel 和 Smith（1993）发现私募对经理的折扣率为44%，而对其他投资者为19%，因此私募有可能成为经理侵害现有股东利益的手段。Barclay 等（2007）认为私募现象跟管理者战壕行为有很大关系。因此，在这些学者看来，私募源于管理者实施战壕或损害股东利益的动机。

表 4-1　企业证券发行方式选择的相关理论

理论	主要观点	代表性文献
信息生产成本决定论	信息生产成本决定发行方式	Chemmanur & Fulghieri（1999）
监督决定论	私募促进企业监督	Shleifer & Vishny（1986）、Wruck（1989）
商业秘密保护决定论	私募有利于企业保护商业秘密	Bhattacharya & Chiesaa（1995）、Yosha（1995）
管理者自利决定论	私募导致管理者战壕	Barclay et al.（2007）、Hertzel & Smith（1993）

资料来源：根据文献整理。

五、国内发行与国外发行选择问题

企业既可以选择在国内发行股票，也可以选择在国外发行股票。在国外发行股票的理由如下（表4-2）：

1. 增加国外股东基础

在国外发行股票，可以进一步增加股东基础，从而进一步提高风险分担水平，降低企业融资成本，提升公司价值（Lombardo & Pagano，1999；Stulz，1999；Martin & Rey，2000；Foerster & Karolyi，1999；Kadlec & McConnell，1994；Baller et al.，1999；Bancel & Mittoo，2001）。

2. 寻求证券分析师的认可

一些公司所从事的技术在国内证券市场可能不被理解，从而导致价值低估。相反，如果国外证券分析师对该技术具有深刻的认识，并给予正确的评价，因此公司去国外上市的目的可能是获得外国证券分析师的认可以及公司的正确定价。比如，在美国，证券分析师普遍对于高科技产业特别是信息产业具有更多的专业知识，于是很多信息类高科技公司选择赴美上市（Blass & Yafeh，2000）。

3. 向投资者传递公司治理质量信息

到要求严格的国外交易所上市向外界传递了公司治理质量的信息，可以减轻信息不对称所带来的逆向选择问题，降低融资成本（Stulz，1999）。因此，身处监管制度不足和信息披露标准较低国家的公司，可能出于让客户易于区分本公司与其他公司的目的，选择到监管较严、信息披露要求较高的国外交易所去融资和上市。

4. 希望获得更高流动性

为了使自己公司股票具有更好的流动性，一些公司可能选择到那些具有更高流动性的国家的交易所去融资和上市（Foerster & Karolyi，1999；Kadlec & McConnell，1994等）。

5. 拓展国际产品市场

Stoughton 等（2001）认为上市不是为了筹资和现有股东的退出，而是为了向消费者传递企业产品质量较高的信息。此外，到国外上市使得国外消费者更信任企业，从而有助于开拓国际市场。Bancel 和 Mittoo（2001）发现，16%的欧洲企业到国外上市的动机是实施全球化销售和生产战略。Saudagaran（1988）发现国外上市公司具有更多的国外销售比例。

国外发行的缺点在于：①需要满足拟发行国家的财务要求并提供满足国外标准的财务报表；②需要聘请外国投资银行，发行成本较高。由此可见，企业究竟是选择国内发行还是国外发行，取决于企业的经营战略以及国外发行的利弊综合权衡。

表 4-2　国外发行的优点与缺点

国外发行的优点	国外发行的缺点
·增加外国投资者 ·得到国外证券分析师的认可 ·传递公司治理质量信息 ·获得更高流动性 ·拓展产品国外产品市场的需要	·需满足国外财务标准 ·需聘请国外投资银行

资料来源：根据 Pagano 等（2002）、Ding（2010）整理。

六、上市决策理论

1. 公司上市与上市决策概念

公司上市（listing）是指公司的股票在证券交易所进行公开交易和转让，公司由此成为公众公司和上市公司。上市决策是指公司管理层关于本公司是否成为公众公司和上市公司的决定。

2. 上市条件

不是任何公司的股票都可以上市，而是必须满足一定条件。

（1）出于保护投资者的需要，我国《证券法》（2019 修订）第三十五条规定：证券交易当事人依法买卖的证券，必须是依法发行并交付的证券。根据现行法规，这意味着企业所发行的股票必须历经证券交易所的审核和中国证监会的注册程序，方得合法流通，否则可能构成非法集资[①]。此外，这些证券已经交付，即证券发行已经完毕。

（2）上市必须满足一定的程序和标准。根据我国《证券法》（2019 修订）第四十六条规定，申请证券上市交易，应当向证券交易所提出申请，由证券交易所依法审核同意，并由双方签订上市协议。证券交易所根据国务院授权的部门的决定安排政府债券上市交易。第四十七条规定，申请证券上市交易，应当符合证券交易所上市规则规定的上市条件。证券交易所上市规则规定的上市条件，应当对发行人的经营年限、财务状况、最低公开发行比例和公司治理、诚信记录等提出要求。

小资料 4-1：上海证券交易所的上市条件

境内发行人申请首次公开发行股票并在本所上市，应当符合下列条件：

（1）符合《证券法》、中国证监会规定的发行条件。

（2）发行后的股本总额不低于 5 000 万元。

（3）公开发行的股份达到公司股份总数的 25% 以上；公司股本总额超过 4 亿元的，公开发行股份的比例为 10% 以上。

（4）市值及财务指标符合本规则规定的标准。

（5）本所要求的其他条件。

本所可以根据市场情况，经中国证监会批准，对上市条件和具体标准进行调整。

境内发行人申请在本所上市，市值及财务指标应当至少符合下列标准中的一项：

（1）最近 3 年净利润均为正，且最近 3 年净利润累计不低于 2 亿元，最近一年净利润不低于 1 亿元，最近 3 年经营活动产生的现金流量净额累计不低于 2 亿元或营业收入累计不低于 15 亿元。

（2）预计市值不低于 50 亿元，且最近一年净利润为正，最近一年营业收入不低于 6 亿元，最近 3 年经营活动产生的现金流量净额累计不低于 2.5 亿元。

（3）预计市值不低于 10 亿元，且最近一年净利润为正，最近一年营业收入不低于 10 亿元。

资料来源：《上海证券交易所股票上市规则》（2024）。

3. 上市的优点与缺点

虽然很多公司在证券发行后很快就上市，或者发行的目的就是上市，但证券发行与上市是两个阶段，理论上证券发行并不必然意味着上市。

上市的优点在于：①为初始投资者提供流动性，实现原始投资的顺利退出；②有利于企业实施股权激励，吸引优秀员工；③提高了企业的声誉，从而可以降低来自银行的贷款成本（Rajan，1992）；④提升了企业的认知度，有利于公司的产品销售。

上市缺点在于：①需缴纳上市费用；②需持续披露公司的经营和财务状况，一方面增加了公司的运营成本，另一方面可能泄露公司的商业机密；③导致公司管理层面临短

---

① 根据《防范和处置非法集资条例》（2021），非法集资是指未经国务院金融管理部门依法许可或者违反国家金融管理规定，以许诺还本付息或者给予其他投资回报等方式，向不特定对象吸收资金的行为。

期业绩压力，不利于研发和创新。因此，企业有必要权衡上市的利弊，然后做出是否上市的决策。

第二节　投资银行在企业证券发行与上市中的经济作用

企业证券发行可以采取自办发行，也可以通过投资银行协助发行。但一般情况下，企业的证券发行都需要投资银行的参与，相关研究如下：

一、投资银行在新股发行中的咨询及销售作用

在投资银行比发行者更加了解资本市场的情况下，Baron（1982）认为发行企业对投资银行服务具有正的需求。具体地，由于投资银行相对于发行者对资本市场有更多的信息，因此其咨询服务是有价值的，发行者可以将发行定价事宜委托给投资银行。此外，由于投资银行可以通过对投资者的劝导或者验证作用让其产生证券购买需求，因此其销售服务也具有价值。而且，发行者对市场需求把握难度越大，投资银行的咨询服务和分销作用价值就越大。

二、投资银行在新股发行中的鉴证作用

发行企业和投资者之间存在信息不对称，发行企业为了获得投资者的信任，有必要通过值得信任的第三方来向投资者传递关于企业质量的信息。Booth 和 Smith（1986）认为在企业与投资者存在信息不对称的情况下，投资银行的主要作用是第三方鉴证（certifying）作用，经其参与确定的发行价格正确反映了企业的价值。至于投资银行为什么能够起到鉴证作用，这是因为投资银行具有声誉资本（reputational capital），公众知道投资银行会为维护声誉而变得诚实可信。对投资银行来说，它们在声誉上的投资是一种规模经济，这种规模经济源于其经常参与资本市场活动。

Chemmanur 和 Fulghieri（1994）研究了投资银行重视声誉的原因以及后果。他们认为，正如体验商品（experience goods）[①] 生产商为了长期利益而不会提供低质产品一样，投资银行会为了长期利益和良好的声誉而对企业进行客观评价。具体而言，投资银行对声誉的重视减少了其在信息生产中的道德风险，使其成为可信信息的生产者。为此，他们预测：①投资银行声誉越好，它们在降低企业与市场的信息不对称方面越有效；②声誉越好的投资银行越会选择风险小的企业进行 IPO；③企业筹资净额随着投资银行声誉的增加而增加；④在信息不对称的股权市场上，所有企业倾向于聘请投资银行，除非那些信息不对称不严重的企业。

---

① 其质量只有在购买之后才能体验到。

三、投资银行声誉与 IPO 价格的关系

IPO 折价是一个普遍现象，Rock（1986）认为折价是对不知情投资者与具有优势信息的发行者进行交易时所冒风险的补偿。Carter 和 Manaster（1990）扩展该理论，认为投资者收集信息需要花费资源，因此知情投资者参与越多，对 IPO 折价要求的幅度就越大。由于声誉较好的投资银行为了维护自己的声誉将只从事低风险的 IPO，因此低风险企业将通过声誉较好的投资银行来保荐和承销自己企业的股票，以此将自己与高风险企业区分开来。

四、投资银行与发行公司互选理论

Fernando 等（2005）认为投资银行承销过程不是发行者的单边"选美活动"，而是发行者与承销商相互选择的过程。即高质量的企业与高能力的投资银行相匹配，低质量的企业与低能力的投资银行相匹配。在这种理论下，投资银行对发行企业的承销服务是一种现货市场关系，投资银行的承销费用是门当户对的发行者与承销商讨价还价的结果。

五、承销团理论

证券承销通常不是由一家投资银行单独完成，而是由多家投资银行组成的承销团来完成。承销团具有以下作用：①信息生产。由于不同的投资银行，其股东背景、员工构成、地理位置等各不相同，因此承销团能够提高信息生产质量，使 IPO 定价更为准确。②发行者愿意选择那些能提供良好的证券分析师以及上市后能持续跟踪股票的投资银行。相比之下，承销团将提供更多、更高质量的分析师。③承销团将提供更多的做市商，以提供更好的做市服务。

六、投资银行收费理论

Booth 和 Smith（1986）认为承销服务费用（underwriter fee）在很大程度上是对承销商作为第三方向投资者传递发行企业质量信息的一种补偿，这种补偿是企业价值不确定性和承销商声誉的增函数。

Livingstona 和 Williams（2007）研究了德崇证券（Drexel Burnham Lambert）倒闭前后垃圾债券市场承销费的变化情况。在 20 世纪 80 年代，德崇证券占据了近 50% 的垃圾债券承销市场份额。但在 1990 年该银行破产后，垃圾债券承销费显著下降，由此他们认为投资银行之间的竞争将导致承销费用的下降。

Chen 和 Ritter（2000）发现美国承销商承销 IPO 新股所获得的承销费率远高于其他国家。尤其引人注意的是，超过 90% 的发行规模在 2 000 万到 8 000 万美元的 IPO 新股的承销费率刚好为 7%，出现了所谓的承销费积聚现象（Clustering）。

第三节 证券发行制度

一、证券发行制度种类

证券发行制度主要指政府管理当局为企业证券发行所制定的管理制度。从世界范围来看，证券发行制度主要包括注册制、核准制和审批制三类。

1. 注册制

注册制又称申报制或形式审查制，指监督管理机构对发行人所提供的发行申报材料不做价值判断和实质性审查，而仅对申请文件做形式审查的证券发行管理制度。在注册制下，只要发行人依据规定提供了正式、全面、真实的资料，即使是一些高风险的公司，监管部门都应当予以注册。

注册制以信息披露制度为核心，实行买者自负的投资理念和公开管理原则，其理论基础是自由主义经济学说。1982 年，美国证券交易委员会（SEC）设立暂搁注册制度，又称 415 条款规定。该制度允许公司只需要做一次登记声明，而后可在任意时间发行任意数量的证券，而无需通知证券交易委员会。正式的发行可能延期至 2 年以后，从而降低了企业的发行成本[1]。

注册制的优点在于：①将发行对象质量的评判权及定价权赋予投资者，有利于证券发行市场化定价和资源有效配置；②有利于促进投资银行等机构认真履行中介职责，通过市场机制防范劣质企业上市。其缺点在于：①过于依赖信息披露制度，如果发行公司披露的信息不可靠，将使投资者面临较大风险；②过于依赖证券、会计、法律等中介的职业道德和工作能力。

2. 核准制

核准制采取实质管理原则，即证券监督机构不仅对发行人的申报材料做形式审查，还要就发行人企业的持续经营能力、盈利状况、核心竞争力等进行实质审核。核准制的逻辑在于：拟发行证券的企业质量良莠不齐，普通投资者由于信息不全或搭便车等原因，不能很好地分辨企业。此外，中介机构的看门人功能也不值得信任。因此，出于保护投资者利益的需要，监管部门有必要对发行企业进行实质审查。

核准制的优点在于：证券监督机构帮投资者把握质量关，最大程度上降低了发行企业的欺诈风险，保护了投资者的利益。其缺点在于：①证券监督机构在某种程度上代替市场作出决策，干预了市场，且背负过多责任；②证券监督机构不能保证自己有足够信息，能做出比市场更好的决策；③证券监督机构对发行公司质量进行了隐含担保，不利于培养投资者的风险意识；④不利于发挥金融中介在信息生产、鉴证等方面的作用。

---

① Bhagat 等（1985）发现上架发行比承销团发行成本下降 13%。详见 BHAGAT S，M WAYNE MARR，G RODNEY THOMPSON. The rule 415 experiment：equity markets［J］. Journal of Finance, 1985, 40（5）：1385-1401.

3. 审批制

审批制单纯将股权市场视为融资的场所，政府根据融资上市指标及自己的偏好来确定发行企业的名单。很显然，审批制带有浓厚计划经济色彩，与市场经济的理念相违背，不利于资源的优化配置。

二、我国股票发行管理制度的演变

我国股票市场发展历史相对较短，发行管理制度先后经历了审批制、核准制和注册制三个阶段。审批制具体包括额度管理和指标管理两个阶段，核准制具体包括通道制和保荐制两个阶段（图 4-2）。

1. 额度管理阶段（1990—1995 年）

1993 年 4 月 25 日，国务院颁布《股票发行与交易管理暂行条例》，规定申请人首先聘请会计师事务所、资产评估机构、律师事务所等专业性机构，对其资信、资产、财务状况进行审定、评估和就有关事项出具法律意见书后，按照隶属关系，分别向省、自治区、直辖市、计划单列市人民政府或者中央企业主管部门提出公开发行股票的申请；其次，在国家下达的发行规模内，地方政府对地方企业的发行申请进行审批，中央企业主管部门在与申请人所在地方政府协商后对中央企业的发行申请进行审批并将审批结果抄报证券委；最后，被批准的发行申请送证监会复审，在一定时间内复审意见书将被抄报证券委；经证监会复审同意的，申请人应当向证券交易所上市委员会提出申请，经上市委员会同意接受上市，方可发行股票。

2. 指标管理阶段（1996—2000 年）

1996 年，国务院证券委员会发布《关于 1996 年全国证券期货工作安排意见》，推行"总量控制，限报家数"的新股发行管理办法。由国家计委、证券委共同制定股票发行总规模，证监会在确定的总规模内，根据市场情况向各地区、各部门下达发行企业个数，并对企业进行审核。

审批制出现在我国股票市场发展的初期，在中介机构和投资者都不成熟的情况下，一定程度上保证了股票市场的健康成长。但是，这种带有计划经济色彩的发行管理制度明显有悖于市场经济原则。首先，在审批制下，股票市场异化为企业"脱贫解困"的工具，损害了投资者利益，不利于证券市场的健康发展；其次，行政化的审批容易滋生寻租行为。

3. 通道制阶段（2001—2002 年）

2001 年 3 月 17 日，中国证监会取消股票发行审批制，开始推行股票发行核准制。通道制是核准制的第一个阶段。其具体操作方法是：①证券监督部门为具有主承销资格的证券公司设置通道（最多 8 条、最少 2 条）；②证券公司在通道内推荐企业，报送发行材料，证监会进行审核；③证券公司每核准一家才能再报一家。

通道制让主承销商发挥推荐作用，并承担股票发行失败的风险，证券发行市场化程度有所提高，但企业能否发行的决定权掌握在证券监督管理部门手中，因此不是真正的市场化。此外，在报送材料等待审核时，实力较强的证券公司只能与实力较弱的证券公司一同排队，通道制人为限制了证券公司之间的竞争。

4. 保荐制阶段（2003—2017年）

2003年12月，证监会发布《证券发行上市保荐制度暂行办法》等法规，于2004年2月1日起开始施行保荐制。保荐制度，是指有资格的保荐人推荐符合条件的公司公开发行和上市证券，并对所推荐的发行人的信息披露质量和所做承诺提供信用担保的制度。保荐制度的重点是明确保荐机构和保荐代表人的责任并建立责任追究机制，其主要目的是建立市场力量对证券发行上市行为进行约束的机制。与通道制相比，保荐制强化了保荐人的连带责任，对提高上市公司质量具有积极意义。

5. 注册制阶段（2018年至今）

2018年，上海证券交易所设立科创板并试点注册制。在总结上海证券交易所科创板经验的基础上，2019年我国对《证券法》进行修订，确立了注册制的法律地位。2020年，深圳证券交易所创业板实施注册制改革；2021年，北京证券交易所成立并同步试点注册制。2023年2月17日，中国证监会发布注册制的相关制度规则，这标志着我国证券发行已全面实施注册制。

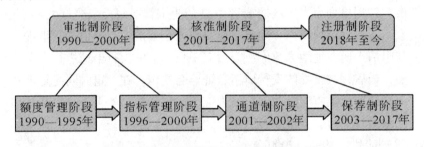

图4-2　我国股票发行管理制度的演变

小知识4-3：注册制的基本特征

注册制的基本内涵是处理好政府与市场的关系，真正把选择权交给市场，最大限度减少不必要的行政干预。注册制改革可归纳为"一个核心、两个环节和三项市场化安排"。

"一个核心"是指以信息披露为核心，要求发行人充分披露投资者做出价值判断和投资决策所必须的信息，并确保信息披露真实、准确、完整。"两个环节"是指交易所审核和证监会注册两个环节，它们各有侧重，相互衔接。"三项市场化安排"包括：一是设立多元包容的发行上市条件，不要求企业在上市前必须盈利等；二是建立市场化的新股发行承销机制；三是构建公开透明可预期的审核注册制机制。

资料来源：搜狐网，https://www.sohu.com/。

小知识4-4：注册制对资本市场带来的改变

第一，全面注册制在进一步缩短企业上市时间的同时，精简和优化了发行上市条件，把以往核准制下较为严苛的上市发行条件尽可能转化为对信息披露的要求，有助于提升我国资本市场的包容性和开放性。

核准制下企业上市需要满足一系列较为严格的要求，包括净利润、市值需要达到较高的水平；注册制实施之后，企业可以从多套上市标准中选择符合自己的模式，通过在研发、收入等方面的优势弥补其他方面的不足以达到上市要求。该制度给予了具备足够研发能力和创新能力的高成长、高新技术企业更多进入资本市场的机会。

第二，发行承销机制更加市场化。注册制实行更加市场化的发行承销机制，新股发行价格、规模等主要通过市场化方式决定，新股发行定价注重发挥机构投资者的专业投研定价能力，形成以机构投资者为参与主体的询价、定价、配售等机制。

第三，中介机构责任更加强化。注册制更加强化中介机构的各项尽职调查义务和核查把关责任，对违法违规的中介机构及其相关人员进行更强有力的问责。

资料来源：根据公开资料整理。

第四节　首次股票公开发行过程

全面实行注册制后，企业股票首次公开发行需经历改制与规范、注册申请、正式发行三个阶段。

一、改制与规范阶段

1. 企业改制

企业改制，是指企业根据《公司法》及相关法律法规的要求，对其原有的资产结构、财务状况、人员配置、治理架构等进行调整，使企业具有独立运营能力、主营业务突出、法人治理结构完善。《首次公开发行股票并上市管理办法》（2022）第八条规定，发行人应当是依法设立且合法存续的股份有限公司。经国务院批准，有限责任公司在依法变更为股份有限公司时，可以采取募集设立方式公开发行股票。这意味着，一般情况下，发行企业在发行前必须是股份有限公司。

2. 聘请保荐机构进行辅导

《证券发行上市保荐业务管理办法》（2023）第十八条规定，保荐机构在推荐发行人首次公开发行股票并上市和推荐发行人向不特定合格投资者公开发行股票并在北交所上市前，应当对发行人进行辅导。辅导内容包括，对发行人的董事、监事和高级管理人员、持有5%以上股份的股东和实际控制人（或者其法定代表人）进行系统的法规知识、证券市场知识培训，使其全面掌握发行上市、规范运作等方面的有关法律法规和规则，知悉信息披露和履行承诺等方面的责任和义务，树立进入证券市场的诚信意识、自律意识和法治意识，以及中国证监会规定的其他事项。《首次公开发行股票并上市辅导监管规定》（2024）规定，辅导期自完成辅导备案之日起算，至辅导机构向派出机构提交齐备的辅导验收材料之日截止。辅导期原则上不少于3个月。

二、注册申请阶段

《公司法》（2023）第一百五十四条规定，公司向社会公开募集股份，应当经国务院证券监督管理机构注册，公告招股说明书。《证券法》（2019 修订）第九条规定，公开发行证券，必须符合法律、行政法规规定的条件，并依法报经国务院证券监督管理机构或者国务院授权的部门注册。未经依法注册，任何单位和个人不得公开发行证券。根据《首次公开发行股票注册管理办法》（2023）和《北京证券交易所向不特定合格投资者公开发行股票注册管理办法》（2023），首次公开发行注册程序如下：

1. 发行人董事会就发行方案做出决议，并提请股东大会批准

发行人董事会应当依法就本次发行股票的具体方案、本次募集资金使用的可行性及其他必须明确的事项作出决议，并提请股东大会批准。

2. 发行人股东大会就本次股票发行作出决议

决议至少应当包括下列事项：①本次公开发行股票的种类和数量；②发行对象；③定价方式；④募集资金用途；⑤发行前滚存利润的分配方案；⑥决议的有效期；⑦对董事会办理本次发行具体事宜的授权；⑧其他必须明确的事项。

《北京证券交易所向不特定合格投资者公开发行股票注册管理办法》（2023）还规定，发行人股东大会就本次股票发行事项作出决议，必须经出席会议的股东所持表决权的 2/3 以上通过。发行人应对出席会议的持股比例在 5% 以下的中小股东表决情况单独计票并予以披露。

3. 制作注册申请文件并向交易所申报

拟发行公司按照中国证监会有关规定制作注册申请文件，由保荐人保荐并向交易所申报。交易所收到注册申请文件后，5 个工作日内做出是否受理的决定。交易所设立独立的审核部门，负责审核发行人公开发行并上市申请。交易所主要通过向发行人提出审核问询、发行人回答问题的方式开展审核工作，判断发行人是否符合发行条件、上市条件和信息披露要求，督促发行人完善信息披露内容。

交易所受理注册申请文件后，发行人应当按规定，将招股说明书、发行保荐书、上市保荐书、审计报告和法律意见书等文件在交易所网站预先披露。预先披露的招股说明书及其他注册申请文件不能含有价格信息。

4. 交易所提出审核意见

交易所就发行人是否符合发行条件和信息披露要求提出审核意见。认为发行人符合发行条件和信息披露要求的，将审核意见、发行人注册申请文件及相关审核资料报中国证监会注册；认为发行人不符合发行条件或者信息披露要求的，做出终止发行上市审核决定。交易所的审核意见自受理注册申请文件之日起在规定的时限内形成。如北交所自受理注册申请文件之日起 2 个月内形成审核意见。

交易所认为发行人符合发行条件和信息披露要求，将发行人的注册申请文件报送中国证监会时，应当同步将招股说明书、发行保荐书、上市保荐书、审计报告和法律意见书等文件在交易所网站和中国证监会网站公开。

5. 中国证监会注册

中国证监会在收到交易所审核意见及相关资料后，基于交易所审核意见，履行发行注册程序。在 20 个工作日内对发行人的注册申请做出注册或者不予注册的决定。中国证监会认为交易所对新增事项的审核意见依据明显不充分，可以退回交易所补充审核。

交易所补充审核后，认为发行人符合发行条件和信息披露要求的，重新向中国证监会报送审核意见及相关资料，注册期限重新计算。

小资料4-2：上海证券交易所IPO审核流程

1. 受理

上交所股票发行上市审核工作实行全程电子化，申请、受理、问询、回复等事项均通过该所发行上市审核系统办理。发行人通过保荐人以电子文档形式向本所提交发行上市申请文件，该所收到发行上市申请文件后5个工作日内做出是否予以受理的决定。该所受理的，发行人应于受理当日在该所网站等指定渠道预先披露招股说明书及相关文件。

2. 审核

审核机构自受理之日起20个工作日内发出审核问询，发行人及保荐人应及时、逐项回复本所问询。审核问询可多轮进行。首轮问询发出前，发行人及其保荐人、证券服务机构及其相关人员不得与审核人员接触，不得以任何形式干扰审核工作。首轮问询发出后，发行人及其保荐人如需当面沟通的，可通过发行上市审核系统预约。审核机构认为不需要进一步问询的，将出具审核报告并提交上市委。

该所审核和中国证监会注册的时间总计不超过三个月。

3. 上市委会议

上市委召开会议对该所发行上市审核机构出具的审核报告以及发行上市申请文件进行审议，就其提出的初步审核意见，提出审议意见。对发行人提出异议的该所不予受理、终止审核决定进行复审，提出复审意见。

4. 报送证监会

该所结合上市委审议意见出具相关审核意见。对审核通过的，将审核意见、相关审核资料和发行人的发行上市申请文件报送中国证监会履行注册程序。中国证监会认为存在需要进一步说明或者落实事项的，可以要求该所进一步问询。该所审核不通过的，做出终止发行上市审核的决定。

5. 证监会注册

中国证监会在20个工作日内对发行人的注册申请做出同意或者不予注册的决定。

6. 发行上市

中国证监会同意注册的决定自做出之日起1年内有效，发行人应当按照规定在注册决定有效期内发行股票，发行时点由发行人自主选择。

资料来源：上海证券交易所，http://listing.sse.com.cn/aboutus/auditprocess/。

小知识4-5：美国股票发行过程

（1）向公众发行任何证券前，要获得董事会的同意（表4-3）。

（2）向SEC提供注册登记书（registration statement）。该注册书包括财务年报、现有经营业务细节、融资计划及未来规划等大量财务信息。

（3）SEC在静候期间审阅注册登记书。在此期间，公司可以向潜在投资者分发招股说明书初稿（prospectus），因为初稿封面以红色粗体字印刷，故又被称为"红鲱鱼"（red herring）。"红鲱鱼"包含了比注册登记书更多的信息。在静候期期间，公司不能对外出售证券。除非 SEC 发出建议修改的意见书，否则注册登记书将在提交后 20 日后生效。如果公司做出修改，20 天的静候期将重新计算。

（4）在注册登记的生效日，发行价格确定，发布正式的招股说明书。

（4）根据承销协议，进行证券销售。

（5）在发行之后，承销商稳定市场。

表 4-3　美国证券发行过程

公开发行步骤	时间	活动
（1）承销前会议	数月	●筹资方案，如筹集金额、发行证券种类等； ●承销协议谈判； ●董事会批准
（2）申请注册登记	20 天静候期	●提供注册登记书包括所有相关财务和经营信息
（3）发行定价	通常在登记期结束前最后一天	●对于首次发行，需要广泛研究和分析； ●对于多次发行，按接近于当时市场价格定价
（4）公开发行和销售	登记期结束前最后一天即开始	●在包销方式中，承销商买入一定数量股票，然后再以较高价格售出
（5）稳定市场	通常在公开发行 30 天后	●承销商做好在市场按确定价格下单买进的准备

资料来源：罗斯，威斯特菲尔德，杰富，乔丹. 公司理财［M］. 吴世农，等译. 11 版. 北京：机械工业出版社，2017：391-393.

三、正式发行阶段

根据《首次公开发行股票注册管理办法》（2023）、《北京证券交易所向不特定合格投资者公开发行股票注册管理办法》（2023），中国证监会予以注册的决定自作出之日起 1 年内有效，发行人应当在注册决定有效期内发行股票，发行时点由发行人自主选择。

发行人在发行股票前应当在交易所网站和符合中国证监会规定条件的报刊依法开办的网站全文刊登招股说明书，同时在符合中国证监会规定条件的报刊刊登提示性公告，告知投资者网上刊登的地址及获取文件的途径。

1. 路演

路演（roadshow）是指证券发行前投资银行参与组织的针对机构投资者的推介活动，是在投融资双方充分交流的条件下促进股票成功发行的重要推介、宣传手段。在推介会上，公司向投资者就公司的业绩、产品、发展方向等做详细介绍，充分阐述公司的投资价值，回答机构投资者关心的问题，让准投资者们深入了解公司具体情况。随着通信技术的发展，传统的线上路演迁移到了互联网上，形成网上路演。

2. 证券定价方式

IPO 定价是发行阶段重要的工作之一。McCarthy（1999）认为该项工作兼具科学性与艺术性。《证券发行与承销管理办法》（2023）规定可以采取两种定价方式：①询价的方式；②通过发行人与主承销商自主协商直接定价等其他合法可行的方式①。发行人和主承销商应当在招股意向书（或招股说明书）和发行公告中披露本次发行证券的定价方式。

具体而言，首次公开发行证券发行数量2 000万股（份）以下且无老股转让计划的，发行人和主承销商可以通过直接定价的方式确定发行价格。发行人尚未盈利的，应当通过向网下投资者询价方式确定发行价格。采取直接定价方式时，发行价格对应市盈率不得超过同行业上市公司二级市场平均市盈率；已经或者同时在境外发行的，通过直接定价方式确定的发行价格还不得超过发行人境外市场价格。直接定价方式的优点在于过程简单、成本较低，缺点在于未考虑机构投资者掌握的信息。

通过询价方式确定发行价格的，可以在初步询价后确定发行价格，也可以在初步询价确定发行价格区间后通过累计投标询价确定发行价格。询价法优点在于：①考虑了机构投资者所掌握的私有信息，有利于证券的市场化定价；②通过了机构投资者的事前认购，有利于证券的成功发售。其缺点在于：过程复杂，成本高昂。

3. 簿记建档

簿记建档（bookbuilding）是指发行公司和承销商在证券发行之前邀请机构投资者（也称网下投资者和询价对象），就本公司股票认购价格与认购数量表达意向，并在此基础上确定股票发行价格的过程，这是询价工作的具体内容。

为了达到询价的目的，首先，询价对象必须达到一定的资质要求。根据《证券发行与承销管理办法》（2023），询价对象（网下投资者）应当具备丰富的投资经验、良好的定价能力和风险承受能力，向中国证券业协会注册，接受中国证券业协会的自律管理，遵守中国证券业协会的自律规则。具体包括证券公司、基金管理公司、期货公司、信托公司、保险公司、财务公司、合格境外投资者和私募基金管理人等专业机构投资者，以及经中国证监会批准的证券交易所规则规定的其他投资者。

其次，询价对象必须满足一定的数量。《证券发行与承销管理办法》（2023）规定，公开发行证券数量在4亿股（份）以下的，有效报价投资者的数量不少于10家；公开发行证券数量超过4亿股（份）的，有效报价投资者的数量不少于20家。剔除最高报价部分后有效报价投资者数量不足的，应当中止发行。

最后，在询价对象报价后，发行人和主承销商应当剔除拟申购总量中报价最高的部分，然后根据剩余报价及拟申购数量协商确定发行价格②。

4. 配售规则

根据《证券发行与承销管理办法》（2023），首次公开发行证券采用直接定价方式时，除规定的情形外全部向网上投资者发行，不进行网下询价和配售。所谓配售规则，是指发行人采用询价定价方式时发行人所发售的证券在网下投资者与网上投资者之间数量分配的规则。

发行人和主承销商可以自主协商确定有效报价条件、配售原则和配售方式，按照事先确定的配售原则在有效申购的网下投资者中选择配售证券的对象。根据规定，首次公开发行证券采用询价方式在主板上市的，公开发行后总股本在 4 亿股（份）以下的，网下初始发行比例不低于本次公开发行证券数量的 60%；公开发行后总股本超过 4 亿股（份）或者发行人尚未盈利的，网下初始发行比例不低于本次公开发行证券数量的 70%。发行证券采用询价方式在科创板、创业板上市的，公开发行后总股本在四亿股（份）以下的，网下初始发行比例不低于本次公开发行证券数量的 70%；公开发行后总股本超过 4 亿股（份）或者发行人尚未盈利的，网下初始发行比例不低于本次公开发行证券数量的 80%①。

发行人和主承销商应当安排不低于本次网下发行证券数量的一定比例的证券优先向公募基金、社保基金、养老金、年金基金、保险资金和合格境外投资者资金等配售，网下优先配售比例下限遵守证券交易所相关规定。公募基金、社保基金、养老金、年金基金、保险资金和合格境外投资者资金有效申购不够安排数量的，发行人和主承销商可以向其他符合条件的网下投资者配售剩余部分。

对网下投资者进行分类配售的，同类投资者获得配售的比例应当相同。公募基金、社保基金、养老金、年金基金、保险资金和合格境外投资者资金的配售比例应当不低于其他投资者。安排战略配售的，应当扣除战略配售部分后确定网下网上发行比例。

5. 战略配售

战略配售是指发行人在首次股票公开发行时向某些特别选定的对象发售股份，这些对象承诺在股票上市后锁定一定时间，以此获得优先认股的权利。战略配售的意义在于：①有利于当前股票的顺利发行；②通过战略配售引入长期战略合作伙伴，特别是行业上下游相关的核心合作伙伴，有利于公司产业链稳定，提高竞争力；③有利于公司股权结构稳定，进而促进公司研发和长期投资；④有利于发行后股票价格的稳定。

根据《证券发行与承销管理办法》（2023），首次公开发行证券，可以实施战略配售。参与战略配售的投资者不得参与本次公开发行证券网上发行与网下发行，但证券投资基金管理人管理的未参与战略配售的公募基金、社保基金、养老金、年金基金除外。参与战略配售的投资者应当按照最终确定的发行价格认购其承诺认购数量的证券，并承诺获得本次配售的证券持有期限不少于 12 个月，持有期限自本次公开发行的证券上市之日起计算②。

参与战略配售的投资者在承诺的持有期限内，可以按规定向证券金融公司借出获得

① 《北京证券交易所证券发行与承销管理细则》（2023）规定，公开发行并上市的，网下初始发行比例应当不低于60%且不高于80%。有战略投资者配售股票安排的，应当扣除向战略投资者配售部分后确定网上网下发行比例。

② 《北京证券交易所证券发行与承销管理细则》（2023）规定，战略投资者本次获得配售的股票持有期限应当不少于6个月，持有期自本次发行的股票在本所上市之日起计算。

配售的证券。借出期限届满后，证券金融公司应当将借入的证券返还给参与战略配售的投资者。参与战略配售的投资者应当使用自有资金认购，不得接受他人委托或者委托他人参与配售，但依法设立并符合特定投资目的的证券投资基金等除外。

首次公开发行证券实施战略配售的，参与战略配售的投资者的数量应当不超过 35 名，战略配售证券数量占本次公开发行证券数量的比例不超过 50%①。发行人和主承销商应当根据本次公开发行证券数量、证券限售安排等情况，合理确定参与战略配售的投资者数量和配售比例，保障证券上市后必要的流动性。发行人应当与参与战略配售的投资者事先签署配售协议。

发行人和主承销商应当在发行公告中披露参与战略配售的投资者的选择标准、向参与战略配售的投资者配售的证券数量、占本次公开发行证券数量的比例以及持有期限等。发行人的高级管理人员与核心员工可以通过设立资产管理计划参与战略配售。

6. 回拨机制

回拨机制（back mechanism），是指证券发行过程中发行人与承销商针对网下投资者和网上投资者针对所发行证券供需不平衡情况所采取的数量调整的措施。《证券发行与承销管理办法》（2023）规定，首次公开发行证券采用询价方式的，网上投资者有效申购数量超过网上初始发行数量一定倍数的，应当从网下向网上回拨一定数量的证券。有效申购倍数、回拨比例及回拨后无限售期网下发行证券占本次公开发行证券数量比例由证券交易所规定。

网上投资者申购数量不足网上初始发行数量的，发行人和主承销商可以将网上发行部分向网下回拨。网下投资者申购数量不足网下初始发行数量的，发行人和主承销商不得将网下发行部分向网上回拨，应当中止发行。

首次公开发行证券的网下发行应当和网上发行同时进行，网下和网上投资者在申购时无须缴付申购资金。网上申购时仅公告发行价格区间、未确定发行价格的，主承销商应当安排投资者按价格区间上限申购。投资者应当自行选择参与网下或网上发行，不得同时参与。网下和网上投资者申购证券获得配售后，应当按时足额缴付认购资金。

完成网上和网下申购后，衡量证券供需水平的重要指标是认购倍数或中签率。认购倍数＝有效申购股数/计划对象计划发售股数，中签率＝计划对象计划发售股数/计划对象有效申购股数×100%。

7. 超额配售选择权

超额配售选择权（over allotment option）又称"绿鞋期权"（green shoe option），是指发行人赋了承销商根据股票上市后的表现情况按照同一价格超额发售不超过本次发行一定数量股票的期权②。《证券发行与承销管理办法》（2023）、《北京证券交易所证券发行与承销管理细则》（2023）规定，首次公开发行证券，发行人和主承销商可以在发行

---

① 《北京证券交易所证券发行与承销管理细则》（2023）规定，公开发行并上市的，可以向战略投资者配售股票，战略投资者不得超过 10 名。公开发行股票数量在 5 000 万股以上的，战略投资者获得配售的股票总量原则上不得超过本次公开发行股票数量的 30%，超过的应当在发行方案中充分说明理由。公开发行股票数量不足 5 000 万股的，战略投资者获得配售的股票总量不得超过本次公开发行股票数量的 20%。

② "绿鞋期权"因美国绿鞋公司在 1963 年 IPO 时首次使用而得名。

方案中采用超额配售选择权。采用超额配售选择权发行证券的数量不得超过首次公开发行证券数量的 15%。我国自 2006 年引入这一制度，并在 2006 年工商银行、2010 年农业银行、2010 年光大银行、2019 年中国邮政储蓄银行 IPO 中均成功采用这一机制。

小案例 4-1：超额配售选择权实施案例

根据农业银行 2010 年股票发行方案，除了 H 股外，初始 A 股发行规模为 222.35 亿股，发行人授予 A 股联席主承销商不超过初始发行规模 15% 的超额配售选择权，即联席主承销商在初期 A 股发行规模的基础上可超额发售 33.35 亿股（222.35×15%）。若 A 股绿鞋期权全额行使，则 A 股发行总股数将扩大至 255.71 亿股。最终联席主承销商在 30 个自然日内全额行使绿鞋期权，按照发行价格 2.68 元人民币计算，本次 A 股发行最终募集资金总额为 685.29 亿元人民币，扣除发行费用后的募集资金净额约为 675.58 亿元人民币。

中信科移动通信技术股份有限公司首次公开发行的 A 股股票于 2022 年 9 月 26 日在上海证券交易所科创板上市。本次初始发行股票数量为 68 375 万股。截至 2022 年 10 月 21 日，申万宏源承销保荐利用本次发行超额配售所获得的资金以竞价交易方式从二级市场买入 10 256.25 万股股票，对应支付的总金额为 576 062 698.18 元，买入平均价格为 5.62 元/股，最高价格为 6.04 元/股，最低价格为 4.98 元/股。获授权主承销商累计购回股票数量已达到本次发行超额配售选择权发行股票数量限额。本次最终发行股票数量与本次初始发行股票数量相同。公司本次发行超额配售选择权行使期于 2022 年 10 月 21 日结束。

资料来源：根据公开资料整理。

第五节 IPO 直接定价方法

IPO 直接定价，是指承销商不通过市场询价，而是通过与发行公司协商直接确定 IPO 发行价格的方法。直接定价法的优点在于：过程简单，节省了发行成本。其缺点是：忽略了与机构投资者的事前沟通，增加了发行风险。在投资学理论中，股票估值主要有三种方法：股利贴现模型、比较估值法与自由现金流法[①]。这些方法可用于 IPO 直接定价。

一、股利贴现模型（DDM）

在股息贴现模型中，股票价值等于未来股息的贴现值：

$$V = \sum_{i=1}^{n} \frac{D_i}{(1+k)^i} \qquad \text{式 (4.1)}$$

---

① 博迪，凯恩，马库斯. 投资学 [M]. 汪昌云，张永骥，译. 10 版. 北京：机械工业出版社，2017.

式中，D_i 表示预期未来股息，k 表示贴现率，$k = r_f + \beta[E(r_M) - r_f]$。

二、比较估值法

在比较估值法中，股票价值等于公司某种财务指标乘以相应的估值比率。常见的估值比率包括市盈率（P/E）、市值—账面价值比（P/B）、市值—现金流比（P/C）、市值—销售比（P/S）等。在市值—账面价值法下，股票价值 $V = E \times P/B$。在市值—现金流比法下，股票价值 $V = C \times P/C$。在市值—销售比法下，股票价值 $V = S \times P/S$，该法适合评估没有盈利的公司。在创造力比法下，股票价值 $V = D \times P/D$。D 表示点击率，在 20 世纪 90 年代，一些分析者对零售互联网的估价是基于它们的网站被点击的次数。

在市盈率法下，股票价值 $V = E \times P/E$。市盈率法是比较常用的比率定价方法。股票发行价格＝每股税后预测利润×发行市盈率。在处理每股利润上有两种方法，即加权平均法和完全摊薄法。

在加权平均法下：

$$每股预测税后利润 = \frac{发行当年预测税后利润}{发行当年加权平均股数} \qquad 式（4.2）$$

$$发行当年加权平均股数 = 发行前总股数 + 本次公开发行股数 \times 权数 \qquad 式（4.3）$$

$$权数 = \frac{新股发行到本年度结束所余时间（月数）}{12 月} = \frac{12 - 发行月份}{12}$$

在完全摊薄法下，每股税后利润等于当年预测利润除以总股本，即：

$$每股预测税后利润 = \frac{发行当年预测税后利润}{发行前股数 + 本次公开发行股数} \qquad 式（4.4）$$

例 4-1：某公司 20××年 9 月 23 日拟公开发行为 4 亿股。参照同业上市公司，与证券公司协商后，确定发行市盈率为 22.7，20××年预测盈利为 92 621.1 万元，发行前总股本为 20.1 亿元。

则在期末利润加权平均法下：

$$发行价格 = \frac{92\,621.1\,万元}{201\,000\,万元 + 40\,000\,万元 \times \dfrac{12 - 9}{12}} \times 22.7 = 0.439\,元 \times 22.7 = 9.96\,元$$

在完全摊薄法下：

$$发行价格 = \frac{92\,621.1\,万元}{201\,000\,万元 + 40\,000\,万元} \times 22.7 = 0.384\,元 \times 22.7 = 8.72\,元$$

三、自由现金流法

自由现金流是指去除资本支出后公司或股东获得的现金流，这种方法适合那些无须支付股息的公司。对股权的股价估值，一种方法是通过对公司自由现金流进行贴现获得公司的价值，然后减去债务来获得权益的价值；另一种方法是直接对股权自由现金流折现来获得权益的市场价值。

公司自由现金流 FCFF＝EBIT（$1-t_c$）+折旧-资本性支出-NWC 追加额

$$式（4.5）$$

式中，EBIT=息税前利润，t_c=税率，NWC=净营运资本。

股权自由现金流 FCFE=FCFF-利息费用×（$1-t_c$）+新增债务

在第一种方法中，股权价值=公司价值-负债价值=$\sum \dfrac{\text{FCFF}_t}{(1+\text{WACC})^t}$-负债价值。

式中，WACC=加权资金成本。

在第二种方法中，股权价值=$\sum \dfrac{\text{FCFE}_t}{(1+k_e)^t}$。

式中，k_e=股权资本成本。

小知识 4-6：IPO 折价现象

IPO 折价（underpricing），是指一只股票在首次公开发行后第一个交易日的收盘价格远高于发行价格的现象，是中外证券市场上普遍存在的一种现象。其部分解释如下：

赢者诅咒（winner's curse）假说。该理论认为，市场存在掌握信息的投资者（informed investors）和未掌握信息的投资者（uninformed investors）。掌握信息的投资者能利用其信息优势购买到具有投资价值的股票，而未掌握信息的投资者可能购买到掌握信息的投资者所规避的、不具有投资价值的股票。当未掌握信息的投资者意识到这一"赢者诅咒"时，就会退出市场。因此，为了吸引未掌握信息投资者，发行公司需要降低新股发行价来弥补未掌握信息者所承担的风险，确保发行的顺利进行。

公司质量信号传递（signaling）假说。该理论认为，关于公司的股票价值，发行人与投资者之间存在信息不对称，发行人具有更多私人信息。发行人折价发行股票是向投资者传递公司价值的信息，以表明该公司具有更高的价值。一旦投资者了解了发行人的真实价值，发行公司就能够通过未来的股票增发弥补它们在首次公开发行中的损失。相反，低价值公司模仿高价值公司会付出很高的代价，因为它们不能改变"坏公司"的事实。

投资银行垄断（investment bank monopoly）假说。该理论认为，投资银行相对发行公司来说拥有更多的关于资本市场及发行定价方面的信息，而由于委托—代理关系的存在，发行公司在发行过程中不能很好地监督投资银行的行为。投资银行折价发行的目的是提高承销活动效率，降低承销风险。

马车效应（the bandwagon）假说。该理论认为，投资者购买首次发行股票的行为是一个连续动态调整的过程，最初的认购活动会影响以后其他投资者的认购行为。因此，为了避免无人购买的情况，发行者通过折价的方式吸引第一批投资者，从而诱发从众效应，使发行顺利进行。

过度自信（overconfidence）假说。该理论认为，新股发行折价不是因为新股定价低了，而是二级市场对新股定价有误，致使其以高于股票内在价值的价格进行购买。

赢者诅咒假说、公司质量信号传递假说、投资银行垄断假说、马车效应假说认为IPO 定价低于股票的实际价值，但过度自信假说认为 IPO 的价格是正常定价，可见学术界对于 IPO 价格是否反映真实价值仍然存在争论。

资料来源：根据公开资料整理。

小资料 4-3：IPO 三高与超募现象

IPO 三高，是指我国 IPO 定价实践中出现的高价格、高市盈率、高募集资金的现象。超募现象是指高发行价格导致发行公司实际募集资金远远大于预期募集金额的现象。据统计，2021 年 12 月发行上市的 45 家新股公司中，出现超募现象的公司多达 31 家，占比 68.89%。比如，康希诺的计划募集资金为 10 亿元，实际募集资金为 52.01 亿元，超募比例高达 420%；石头科技、八亿时空等超募比例超过了 240%。2022 年中复神鹰的发行价为 29.33 元，其发行市盈率为 385.14 倍；2023 年索辰科发行价为 245.56 元，其发行市盈率达到 368.92 倍。与三高现象伴随的现象是超低中签率。Wind 数据统计，2022 年 A 股沪深两市主板网上申购中签为 0.042 6%。2019 年，科创板上市股票平均中签率超过 0.05%，与其他上市板块相比处于较高水平。

值得思考的是，如果 IPO 定价被高估了，应该会出现需求不足的状况，但为什么又出现超低中签率呢？这一事实再次说明 IPO 定价的难度。

资料来源：根据公开资料整理。

第六节 首次公开发行股票条件

一、主板公开发行条件

由于投资者与发行人之间存在信息不对称，为了保护投资者利益，降低投资者的监督成本，促进股票发行市场的健康发展，国家对公司证券发行和上市设置了条件。发行条件一般包括：①公司具备良好的组织机构和治理结构；②公司具有持续经营能力；③公司财务制度及财务状况健康；④发行人及其控股股东、实际控制人守法，尊重投资者的财产权利。

我国《证券法》（2019 修订）第十二条规定，公司首次公开发行新股，应当符合下列条件：①具备健全且运行良好的组织机构；②具有持续经营能力；③最近 3 年财务会计报告被出具无保留意见审计报告；④发行人及其控股股东、实际控制人最近 3 年不存在贪污、贿赂、侵占财产、挪用财产或者破坏社会主义市场经济秩序的刑事犯罪；④经国务院批准的国务院证券监督管理机构规定的其他条件。上市公司发行新股，应当符合经国务院批准的国务院证券监督管理机构规定的条件。公开发行存托凭证的，应当符合首次公开发行新股的条件以及国务院证券监督管理机构规定的其他条件。

小资料 4-4：我国首次公开发行股票的条件

在《证券法》《公司法》基础上，《首次公开发行股票注册管理办法》（2023）对首次公开发行条件做出规定。《首次公开发行股票并上市管理办法》（2022）具体就发行主体资格、规范运行、财务与会计三个方面做出了规定（表 4-4）。

表 4-4　首次公开发行条件

项目	主要条款
主体资格	●发行人应当是依法设立且合法存续的股份有限公司。经国务院批准，有限责任公司在依法变更为股份有限公司时，可以采取募集设立方式公开发行股票。 ●发行人自股份有限公司成立后，持续经营时间应当在 3 年以上。有限责任公司按原账面净资产值折股整体变更为股份有限公司的，持续经营时间可以从有限责任公司成立之日起计算。 ●发行人的注册资本已足额缴纳，发起人或者股东用作出资的资产的财产权转移手续已办理完毕，发行人的主要资产不存在重大权属纠纷。 ●发行人的生产经营符合法律、行政法规和公司章程的规定，符合国家产业政策。 ●发行人最近 3 年内主营业务和董事、高级管理人员没有发生重大变化，实际控制人没有发生变更。 ●发行人的股权清晰，控股股东和受控股股东、实际控制人支配的股东持有的发行人股份不存在重大权属纠纷
规范运行	●发行人已经依法建立健全股东大会、董事会、监事会、独立董事、董事会秘书制度，相关机构和人员能够依法履行职责。 ●发行人的董事、监事和高级管理人员已经了解与股票发行上市有关的法律法规，知悉上市公司及其董事、监事和高级管理人员的法定义务和责任。 ●发行人的董事、监事和高级管理人员符合法律、行政法规和规章规定的任职资格，且不得有下列情形：①被中国证监会采取证券市场禁入措施尚在禁入期的；②最近 36 个月内受到中国证监会行政处罚，或者最近 12 个月内受到证券交易所公开谴责；③因涉嫌犯罪被司法机关立案侦查或者涉嫌违法违规被中国证监会立案调查、尚未有明确结论意见。 ●发行人的内部控制制度健全且被有效执行，能够合理保证财务报告的可靠性、生产经营的合法性、营运的效率与效果。 ●发行人有严格的资金管理制度，不得有资金被控股股东、实际控制人及其控制的其他企业以借款、代偿债务、代垫款项或者其他方式占用的情形
财务与会计	●发行人资产质量良好，资产负债结构合理，盈利能力较强，现金流量正常。 ●发行人的内部控制在所有重大方面是有效的，并由注册会计师出具了无保留结论的内部控制鉴证报告。 ●发行人会计基础工作规范，财务报表的编制符合企业会计准则和相关会计制度的规定，在所有重大方面公允地反映了发行人的财务状况、经营成果和现金流量，并由注册会计师出具了无保留意见的审计报告。 ●发行人编制财务报表应以实际发生的交易或者事项为依据；在进行会计确认、计量和报告时应当保持应有的谨慎；对相同或者相似的经济业务，应选用一致的会计政策，不得随意变更。 ●发行人应完整披露关联方关系并按重要性原则恰当披露关联交易。关联交易价格公允，不存在通过关联交易操纵利润的情形。 ●发行人应当符合下列条件：①最近 3 个会计年度净利润均为正数且累计超过人民币 3 000 万元，净利润以扣除非经常性损益前后较低者为计算依据；②最近 3 个会计年度经营活动产生的现金流量净额累计超过人民币 5 000 万元；或者最近 3 个会计年度营业收入累计超过人民币 3 亿元；③发行前股本总额不少于人民币 3 000 万元；④最近一期末无形资产（扣除土地使用权、水面养殖权和采矿权等后）占净资产的比例不高于 20%；⑤最近一期末不存在未弥补亏损。 ●发行人依法纳税，各项税收优惠符合相关法律法规的规定。发行人的经营成果对税收优惠不存在严重依赖。 ●发行人不存在重大偿债风险，不存在影响持续经营的担保、诉讼以及仲裁等重大或有事项。 ●发行人申报文件中不得有下列情形：①故意遗漏或虚构交易、事项或者其他重要信息；②滥用会计政策或者会计估计；③操纵、伪造或篡改编制财务报表所依据的会计记录或者相关凭证。 ●发行人不得有下列影响持续盈利能力的情形：①发行人的经营模式、产品或服务的品种结构已经或者将发生重大变化，并对发行人的持续盈利能力构成重大不利影响；②发行人的行业地位或发行人所处行业的经营环境已经或者将发生重大变化，并对发行人的持续盈利能力构成重大不利影响；③发行人最近 1 个会计年度的营业收入或净利润对关联方或者存在重大不确定性的客户存在重大依赖；④发行人最近 1 个会计年度的净利润主要来自合并财务报表范围以外的投资收益；⑤发行人在用的商标、专利、专有技术以及特许经营权等重要资产或技术的取得或者使用存在重大不利变化的风险；⑥其他可能对发行人持续盈利能力构成重大不利影响的情形

资料来源：《首次公开发行股票并上市管理办法》（2022）第八条至三十条。

二、创业板/科创板首次发行条件

创业板主要服务成长型创新创业企业，支持传统产业与新技术、新产业、新业态、新模式深度融合。《创业板首次公开发行股票注册管理办法（试行）》（2020）要求发行人申请首次公开发行股票并在创业板上市，应当符合创业板定位。具体发行条件如下：

（1）发行人是依法设立且持续经营3年以上的股份有限公司，具备健全且运行良好的组织机构，相关机构和人员能够依法履行职责。有限责任公司按原账面净资产值折股整体变更为股份有限公司的，持续经营时间可以从有限责任公司成立之日起计算。

（2）发行人会计基础工作规范，财务报表的编制和披露符合企业会计准则和相关信息披露规则的规定，在所有重大方面公允地反映了发行人的财务状况、经营成果和现金流量，最近3年财务会计报告由注册会计师出具无保留意见的审计报告。发行人内部控制制度健全且被有效执行，能够合理保证公司运行效率、合法合规和财务报告的可靠性，并由注册会计师出具无保留结论的内部控制鉴证报告。

（3）发行人业务完整，具有直接面向市场独立持续经营的能力：①资产完整，业务及人员、财务、机构独立，与控股股东、实际控制人及其控制的其他企业间不存在对发行人构成重大不利影响的同业竞争，不存在严重影响独立性或者显失公平的关联交易；②主营业务、控制权和管理团队稳定，最近2年内主营业务和董事、高级管理人员均没有发生重大不利变化；控股股东和受控股股东、实际控制人支配的股东所持发行人的股份权属清晰，最近2年实际控制人没有发生变更，不存在导致控制权可能变更的重大权属纠纷；③不存在涉及主要资产、核心技术、商标等的重大权属纠纷，重大偿债风险，重大担保、诉讼、仲裁等或有事项，经营环境已经或者将要发生重大变化等对持续经营有重大不利影响的事项。

（4）发行人生产经营符合法律、行政法规的规定，符合国家产业政策。最近3年内，发行人及其控股股东、实际控制人不存在贪污、贿赂、侵占财产、挪用财产或者破坏社会主义市场经济秩序的刑事犯罪，不存在欺诈发行、重大信息披露违法或者其他涉及国家安全、公共安全、生态安全、生产安全、公众健康安全等领域的重大违法行为。

董事、监事和高级管理人员不存在最近3年内受到中国证监会行政处罚，或者因涉嫌犯罪正在被司法机关立案侦查或者涉嫌违法违规正在被中国证监会立案调查且尚未有明确结论意见等情形。

三、北京证券交易所向不特定合格投资者公开发行股票条件

北交所主要服务创新型中小企业，重点支持先进制造业和现代服务业等领域的企业，推动传统产业转型升级，培育经济发展新动能，促进经济高质量发展。《北京证券交易所向不特定合格投资者公开发行股票注册管理办法》（2023）规定的发行条件包括：

（1）发行人应当为在全国股转系统连续挂牌满十二个月的创新层挂牌公司。

（2）发行人申请公开发行股票，应当符合下列规定：①具备健全且运行良好的组

织机构；②具有持续经营能力，财务状况良好；③最近三年财务会计报告无虚假记载，被出具无保留意见审计报告；④依法规范经营。

（3）发行人及其控股股东、实际控制人存在下列情形之一的，发行人不得公开发行股票：①最近三年内存在贪污、贿赂、侵占财产、挪用财产或者破坏社会主义市场经济秩序的刑事犯罪；②最近三年内存在欺诈发行、重大信息披露违法或者其他涉及国家安全、公共安全、生态安全、生产安全、公众健康安全等领域的重大违法行为；③最近一年内受到中国证监会行政处罚。

四、全国股转系统股票定向发行条件

《全国中小企业股份转让系统股票定向发行规则》（2023）所规定的股票定向发行，是指发行人向符合《非上市公众公司监督管理办法》规定的特定对象发行股票的行为。发行过程中，发行人可以向特定对象推介股票。发行人定向发行后股东累计超过200人的，应当依法经全国中小企业股份转让系统有限责任公司审核通过后，报中国证券监督管理委员会注册。发行人定向发行后股东累计不超过200人的，由全国股转公司自律管理。部分发行条件如下：

（1）发行人定向发行应当符合《非上市公众公司监督管理办法》关于合法规范经营、公司治理、信息披露、发行对象等方面的规定。发行人存在违规对外担保、资金占用或者其他权益被控股股东、实际控制人严重损害情形的，应当在相关情形已经解除或者消除影响后进行定向发行。

（2）发行对象可以用现金或者非现金资产认购定向发行的股票。以非现金资产认购的，非现金资产应当权属清晰、定价公允，且本次交易应当有利于提升发行人资产质量和持续经营能力。

（3）发行人应当按照《非上市公众公司监督管理办法》的规定，在股东大会决议中明确现有股东优先认购安排。

第七节　首次股票公开发行并上市的条件

我国《证券法》（2019修订）第四十七条规定，申请证券上市交易，应当符合证券交易所上市规则规定的上市条件。证券交易所上市规则规定的上市条件，应当对发行人的经营年限、财务状况、最低公开发行比例和公司治理、诚信记录等提出要求。

一、首次公开发行并上市的一般规定

《证券法》（2019修订）第三十七条规定，公开发行的证券，应当在依法设立的证券交易所上市交易或者在国务院批准的其他全国性证券交易场所交易。非公开发行的证券，可以在证券交易所、国务院批准的其他全国性证券交易场所、按照国务院规定设立的区域性股权市场转让。

第四十六条规定，申请证券上市交易，应当向证券交易所提出申请，由证券交易所依法审核同意，并由双方签订上市协议。证券交易所根据国务院授权的部门的决定安排政府债券上市交易。申请证券上市交易，应当符合证券交易所上市规则规定的上市条件。证券交易所上市规则规定的上市条件应当对发行人的经营年限、财务状况、最低公开发行比例和公司治理、诚信记录等提出要求。

二、主板上市条件

根据《上海证券交易所股票上市规则》（2024），境内发行人申请首次公开发行股票并在上海证券交易所上市的条件如下：①符合《证券法》、中国证监会规定的发行条件；②发行后的股本总额不低于 5 000 万元；③公开发行的股份达到公司股份总数的 25% 以上，公司股本总额超过 4 亿元的，公开发行股份的比例为 10% 以上；④市值及财务指标符合本规则规定的标准。

境内发行人申请在上海证券交易所上市，市值及财务指标应当至少符合下列标准中的一项：①最近 3 年净利润均为正，且最近 3 年净利润累计不低于 2 亿元，最近一年净利润不低于 1 亿元，最近 3 年经营活动产生的现金流量净额累计不低于 2 亿元或营业收入累计不低于 15 亿元；②预计市值不低于 50 亿元，且最近一年净利润为正，最近一年营业收入不低于 6 亿元，最近 3 年经营活动产生的现金流量净额累计不低于 2.5 亿元；③预计市值不低于 10 亿元，且最近一年净利润为正，最近一年营业收入不低于 10 亿元。

三、创业板上市条件

根据《深圳证券交易所创业板股票上市规则》（2024），发行人申请在本所创业板上市，应当符合下列条件：①符合中国证券监督管理委员会规定的创业板发行条件；②发行后股本总额不低于 3 000 万元；③公开发行的股份达到公司股份总数的 25% 以上；公司股本总额超过 4 亿元的，公开发行股份的比例为 10% 以上；④市值及财务指标符合本规则规定的标准。

发行人为境内企业且不存在表决权差异安排的，市值及财务指标应当至少符合下列标准中的一项：①最近两年净利润均为正，累计净利润不低于 1 亿元且最近一年净利润不低于 6 000 万元；②预计市值不低于 15 亿元，最近一年净利润为正且营业收入不低于 4 亿元；③预计市值不低于 50 亿元，且最近一年营业收入不低于 3 亿元。

发行人具有表决权差异安排的，市值及财务指标应当至少符合下列标准中的一项：①预计市值不低于 100 亿元；②预计市值不低于 50 亿元，且最近一年营业收入不低于 5 亿元。

四、科创板上市条件

根据《上海证券交易所科创板股票上市规则》（2024），发行人申请在本所科创板上市，应当符合下列条件：①符合中国证监会规定的发行条件；②发行后股本总额不低于人民币 3 000 万元；③公开发行的股份达到公司股份总数的 25% 以上；公司股本总额超过人民币4亿元的，公开发行股份的比例为10%以上；④市值及财务指标符合本规则规定的标准。

市值及财务指标应当至少符合下列标准中的一项：①预计市值不低于人民币10亿元，最近两年净利润均为正且累计净利润不低于人民币5 000万元，或者预计市值不低于人民币10亿元，最近一年净利润为正且营业收入不低于人民币1亿元；②预计市值不低于人民币15亿元，最近一年营业收入不低于人民币2亿元，且最近三年累计研发投入占最近三年累计营业收入的比例不低于15%；③预计市值不低于人民币20亿元，最近一年营业收入不低于人民币3亿元，且最近三年经营活动产生的现金流量净额累计不低于人民币1亿元；④预计市值不低于人民币30亿元，且最近一年营业收入不低于人民币3亿元；⑤预计市值不低于人民币40亿元，主要业务或产品需经国家有关部门批准，市场空间大，目前已取得阶段性成果。医药行业企业需至少有一项核心产品获准开展二期临床试验，其他符合科创板定位的企业需具备明显的技术优势并满足相应条件。

发行人具有表决权差异安排的，市值及财务指标应当至少符合下列标准中的一项：①预计市值不低于人民币100亿元；②预计市值不低于人民币50亿元，且最近一年营业收入不低于人民币5亿元。

五、北京证券交易所上市条件

根据《北京证券交易所股票上市规则（试行）》（2021），发行人申请公开发行并上市，应当符合下列条件：①发行人为在全国股转系统连续挂牌满12个月的创新层挂牌公司；②符合中国证券监督管理委员会规定的发行条件；③最近一年期末净资产不低于5 000万元；④向不特定合格投资者公开发行的股份不少于100万股，发行对象不少于100人；⑤公开发行后，公司股本总额不少于3 000万元；⑥公开发行后，公司股东人数不少于200人，公众股东持股比例不低于公司股本总额的25%；公司股本总额超过4亿元的，公众股东持股比例不低于公司股本总额的10%；⑦市值及财务指标符合本规则规定的标准。

市值及财务指标应当至少符合下列标准中的一项：①预计市值不低于2亿元，最近两年净利润均不低于1 500万元且加权平均净资产收益率平均不低于8%，或者最近一年净利润不低于2 500万元且加权平均净资产收益率不低于8%；②预计市值不低于4亿元，最近两年营业收入平均不低于1亿元，且最近一年营业收入增长率不低于30%，最近一年经营活动产生的现金流量净额为正；③预计市值不低于8亿元，最近一年营业收入不低于2亿元，最近两年研发投入合计占最近两年营业收入合计比例不低于8%；④预计市值不低于15亿元，最近两年研发投入合计不低于5 000万元。

六、全国股转系统挂牌与转让条件

1. 挂牌一般条件

根据《全国中小企业股份转让系统业务规则（试行）》（2013），挂牌公司是纳入中国证监会监管的非上市公众公司，股东人数可以超过200人。股东人数未超过200人的股份有限公司，直接向全国股份转让系统公司申请挂牌。股东人数超过200人的股份有限公司，公开转让申请经中国证监会核准后，可以按照本业务规则的规定向全国股份转让系统公司申请挂牌。

根据《全国中小企业股份转让系统股票挂牌规则》（2023），挂牌条件如下：

（1）申请挂牌公司应当是依法设立且合法存续的股份有限公司，股本总额不低于500万元，并同时符合下列条件：①股权明晰，股票发行和转让行为合法合规；②公司治理健全，合法规范经营；③业务明确，具有持续经营能力；④主办券商推荐并持续督导；⑤全国股转公司要求的其他条件。

（2）申请挂牌公司应当持续经营不少于两个完整的会计年度。有限责任公司按原账面净资产值折股整体变更为股份有限公司的，持续经营时间可以从有限责任公司成立之日起计算。

（3）申请挂牌公司注册资本已足额缴纳，股东的出资资产、出资方式、出资程序等符合相关法律法规的规定，股东不存在依法不得投资公司的情形。申请挂牌公司的股权权属明晰，控股股东、实际控制人持有或控制的股份不存在可能导致控制权变更的重大权属纠纷。

（4）申请挂牌公司主要业务属于人工智能、数字经济、互联网应用、医疗健康、新材料、高端装备制造、节能环保、现代服务业等新经济领域以及基础零部件、基础元器件、基础软件、基础工艺等产业基础领域，且符合国家战略，拥有关键核心技术，主要依靠核心技术开展生产经营，具有明确可行的经营规划的，持续经营时间可以少于两个完整会计年度但不少于一个完整会计年度，并符合下列条件之一：①最近一年的研发投入不低于1000万元，且最近12个月或挂牌同时定向发行获得的专业机构投资者股权投资金额不低于2000万元；②挂牌时即采取做市交易方式，挂牌同时向不少于4家做市商在内的对象定向发行股票，按挂牌同时定向发行价格计算的市值不低于1亿元。

（5）其他申请挂牌公司最近一期末每股净资产应当不低于1元/股，并满足下列条件之一：①最近两年净利润均为正且累计不低于800万元，或者最近一年净利润不低于600万元；②最近两年营业收入平均不低于3000万元且最近一年营业收入增长率不低于20%，或者最近两年营业收入平均不低于5000万元且经营活动现金流量净额均为正；③最近一年营业收入不低于3000万元，且最近两年累计研发投入占最近两年累计营业收入的比例不低于5%；④最近两年研发投入累计不低于1000万元，且最近24个月或挂牌同时定向发行获得专业机构投资者股权投资金额不低于2000万元；⑤挂牌时即采取做市交易方式，挂牌同时向不少于4家做市商在内的对象定向发行股票，按挂牌同时定向发行价格计算的市值不低于1亿元。

2. 创新层挂牌条件

《全国中小企业股份转让系统分层管理办法》（2023）第二条规定，全国股转系统设置创新层和基础层，全国中小企业股份转让系统有限责任公司对挂牌公司实行分层管理。挂牌公司的分层管理包括公司申请挂牌同时进入创新层，基础层挂牌公司进入创新层，以及创新层挂牌公司调整至基础层。

挂牌公司进入创新层，应当符合下列条件之一：

（1）最近两年净利润均不低于1000万元，最近两年加权平均净资产收益率平均不低于6%，截至进层启动日的股本总额不少于2000万元。

（2）最近两年营业收入平均不低于 8 000 万元，且持续增长，年均复合增长率不低于 30%，截至进层启动日的股本总额不少于 2 000 万元。

（3）最近两年研发投入累计不低于 2 500 万元，截至进层启动日的 24 个月内，定向发行普通股融资金额累计不低于 4 000 万元（不含以非现金资产认购的部分），且每次发行完成后以该次发行价格计算的股票市值均不低于 3 亿元。

（4）截至进层启动日的 120 个交易日内，最近有成交的 60 个交易日的平均股票市值不低于 3 亿元；采取做市交易方式的，截至进层启动日做市商家数不少于 4 家；采取集合竞价交易方式的，前述 60 个交易日通过集合竞价交易方式实现的股票累计成交量不低于 100 万股；截至进层启动日的股本总额不少于 5 000 万元。挂牌公司进入创新层，还应当符合下列条件：①最近一年期末净资产不为负值；②公司治理健全，截至进层启动日，已制定并披露经董事会审议通过的股东大会、董事会和监事会制度、对外投资管理制度、对外担保管理制度、关联交易管理制度、投资者关系管理制度、利润分配管理制度和承诺管理制度，已设董事会秘书作为信息披露事务负责人并公开披露；③中国证监会和全国股转公司规定的其他条件。

3. 股转系统股票转让规定

《全国中小企业股份转让系统业务规则（试行）》（2013）规定，股票转让采用无纸化的公开转让形式，或经中国证监会批准的其他转让形式。股票转让可以采取协议方式、做市方式、竞价方式或其他中国证监会批准的转让方式。经全国股份转让系统公司同意，挂牌股票可以转换转让方式。

挂牌股票采取协议转让方式的，全国股份转让系统公司同时提供集合竞价转让安排。挂牌股票采取做市转让方式的，须有 2 家以上从事做市业务的主办券商（做市商）为其提供做市报价服务。做市商应当在全国股份转让系统持续发布买卖双向报价，并在报价价位和数量范围内履行与投资者的成交义务。做市转让方式下，投资者之间不能成交。全国股份转让系统公司另有规定的除外。

采取做市交易方式的股票，应当有 2 家以上做市商为其提供做市报价服务。采取竞价交易方式的股票，竞价方式为集合竞价，全国股转系统根据挂牌公司所属市场层级为其提供相应的撮合频次。挂牌公司提出申请并经全国股转公司同意，可以变更股票交易方式。采取做市交易方式的股票拟变更为竞价交易方式的，挂牌公司应事前征得该股票所有做市商同意。

第八节 上市公司公开发行股票的条件与程序

一、上市公司公开发行股票的条件

根据发行对象的不同，上市公司股票发行方式既包括公募发行，也包括私募发行。公募发行向不特定对象发行，具体包括向原股东配售股份（简称配股），也包括向不特定对象募集股份（简称新股增发）。根据中国证监会《上市公司证券发行注册管理办法》（2023），我国上市公司向不特定对象发行股票，应当符合下列规定：

①具备健全且运行良好的组织机构；②现任董事、监事和高级管理人员符合法律、行政法规规定的任职要求；③具有完整的业务体系和直接面向市场独立经营的能力，不存在对持续经营有重大不利影响的情形；④会计基础工作规范，内部控制制度健全且有效执行，财务报表的编制和披露符合企业会计准则和相关信息披露规则的规定，在所有重大方面公允反映了上市公司的财务状况、经营成果和现金流量，最近3年财务会计报告被出具无保留意见审计报告；⑤除金融类企业外，最近一期末不存在金额较大的财务性投资；⑥交易所主板上市公司配股、增发的，应当最近3个会计年度盈利；增发还应当满足最近3个会计年度加权平均净资产收益率平均不低于6%；净利润以扣除非经常性损益前后孰低者为计算依据。

二、上市公司公开发行股票的注册程序

上市公司公开发行基本履行首次公开发行的注册程序，具体步骤如下：

1. 上市公司董事会就发行事项做出决议，并提请股东大会批准

具体事项包括：①股票发行的方案；②发行方案的论证分析报告；③募集资金使用的可行性报告；④其他必须明确的事项。董事会在编制本次发行方案的论证分析报告时，应当结合上市公司所处行业和发展阶段、融资规划、财务状况、资金需求等情况进行论证分析，独立董事应当发表专项意见。

2. 股东大会就发行证券做出决定

具体事项包括：①本次发行股票的种类和数量；②发行方式、发行对象及向原股东配售的安排；③定价方式或者价格区间；④募集资金用途；⑤决议的有效期；⑥对董事会办理本次发行具体事宜的授权；⑦其他必须明确的事项。

3. 制作注册申请文件

上市公司按照中国证监会有关规定制作注册申请文件，由保荐人保荐并向交易所申报。交易所收到注册申请文件后，5个工作日内做出是否受理的决定。

4. 交易所提出审核意见

交易所审核部门负责审核上市公司股票发行上市申请；交易所上市委员会负责对上市公司向不特定对象发行股票的申请文件和审核部门出具的审核报告提出审议意见。自受理注册申请文件之日起2个月内形成审核意见。交易所采用简易程序的，在收到注册申请文件后2个工作日内做出是否受理的决定，自受理之日起3个工作日内完成审核并形成上市公司是否符合发行条件和信息披露要求的审核意见。

5. 在中国证监会注册

中国证监会在交易所收到上市公司注册申请文件之日起，同步关注其是否符合国家产业政策和板块定位。中国证监会收到交易所审核意见及相关资料后，基于交易所审核意见履行发行注册程序。在15个工作日内对上市公司的注册申请做出予以注册或者不予注册的决定。

6. 证券发行

中国证监会予以注册的决定自做出之日起 1 年内有效，上市公司在注册决定有效期内发行股票，发行时点由上市公司自主选择。适用简易程序的，应当在中国证监会做出予以注册决定后 10 个工作日内完成发行缴款，未完成的，本次发行批文失效。

三、发行定价

上市公司的发行定价通常参照其市场价格进行对比定价，定价过程相对容易。《上市公司证券发行注册管理办法》（2023）规定，上市公司增发的，发行价格应当不低于公告招股意向书前 20 个交易日或者前 1 个交易日的公司股票均价。

第九节　上市公司非公开发行股票的条件与程序

一、发行对象的确定

由于是非公开发行，发行对象的数量和身份将被限制。根据《上市公司证券发行注册管理办法》（2023），上市公司向特定对象发行证券，发行对象应当符合股东大会决议规定的条件，且每次发行对象不超过 35 名。发行对象为境外战略投资者的，应当遵守国家的相关规定。《上市公司非公开发行股票实施细则》（2020）将发行对象限定为认购并获得本次非公开发行股票的法人、自然人或者其他合法投资组织。

二、发行程序

上市公司非公开发行没有注册程序，但仍须得到证监会审核批准。根据《上市公司非公开发行股票实施细则》（2020），上市公司申请非公开发行股票的具体程序如下：

1. 上市公司董事会作出非公开发行股票决议

董事会决议包括：①本次发行的定价基准日，并提请股东大会批准。②董事会决议确定具体发行对象的，董事会决议应当确定具体的发行对象名称及其认购价格或定价原则、认购数量或者数量区间、限售期。③董事会决议未确定具体发行对象的，董事会决议应当明确发行对象的范围和资格，定价原则、限售期。④本次非公开发行股票的数量不确定的，董事会决议应当明确数量区间（含上限和下限）。董事会决议还应当明确，上市公司的股票在董事会决议日至发行日期间除权、除息的，发行数量和发行底价是否相应调整。⑤董事会决议应当明确本次募集资金数量的上限、拟投入项目的资金需要总数量、本次募集资金投入数量、其余资金的筹措渠道。

2. 股东大会就非公开发行作出决定并向证监会提交申请

股东大会批准本次非公开发行后，上市公司可向中国证监会提交发行申请文件。

3. 证监会审核

中国证监会按照规定的程序审核非公开发行股票申请。上市公司收到中国证监会发行审核委员会关于本次发行申请获得通过或者未获通过的结果后,应当在次一交易日予以公告。在公告中说明,公司收到中国证监会作出的予以核准或者不予核准的决定后,将另行公告。

4. 发行股票

上市公司取得核准批文后,应当在批文的有效期内,按照《证券发行与承销管理办法》的有关规定发行股票。

三、非公开发行价格的确定

由于担心非公开发行会损害现有股东的利益,我国监管部门对发行价格做出了规定。根据《上市公司证券发行注册管理办法》(2023),上市公司向特定对象发行股票,发行价格应当不低于定价基准日前 20 个交易日公司股票均价的 80%。向特定对象发行股票的定价基准日为发行期首日。上市公司应当以不低于发行底价的价格发行股票。

上市公司董事会决议提前确定全部发行对象,且发行对象属于下列情形之一的,定价基准日可以为关于本次发行股票的董事会决议公告日、股东大会决议公告日或者发行期首日:①上市公司的控股股东、实际控制人或者其控制的关联人;②通过认购本次发行的股票取得上市公司实际控制权的投资者;③董事会拟引入的境内外战略投资者。

如果发行对象属于上述②规定以外的情形的,上市公司应当以竞价方式确定发行价格和发行对象。董事会决议确定部分发行对象的,确定的发行对象不得参与竞价,且应当接受竞价结果,并明确在通过竞价方式未能产生发行价格的情况下,是否继续参与认购、价格确定原则及认购数量。向特定对象发行的股票,自发行结束之日起 6 个月内不得转让。发行对象属于上述②规定情形的,其认购的股票自发行结束之日起 18 个月内不得转让。

第十节　投资银行保荐业务

一、保荐人制度

保荐(sponsoring)包括"推荐"和"保证"两方面的意思。保荐人以其市场声誉作为担保,向投资者推荐拟发行证券的企业,这本质上是通过金融中介而不是政府力量来对发行企业质量进行把关的制度安排。对投资者来说,保荐人的保荐起到了信号发送的作用,进而有利于缓解信息不对称导致的投资者对发行方不信任的问题。

保荐人制度,是指证券市场管理当局为了提升发行企业和上市公司质量,要求拟发行证券和上市的企业必须聘请依法取得保荐资格的保荐人为其提供保荐和出具保荐意见的制度。在声誉机制和惩戒机制作用下,理论上保荐人制度将在最大程度上保证发行人发行文件中所载材料真实、完整、准确,满足交易所上市条件,阻止证券欺诈事件的发生。

保荐人制度最初起源于英国。为了给具有成长性的中小企业提供融资场所，1995年，伦敦证券交易所成立了另类投资市场（alternative investment market，简称"AIM"）。由于 AIM 上市门槛较低，为了保证市场声誉、降低风险，AIM 采取了保荐人制度（nominated advisers）。在该制度下，每一个申请在 AIM 上市的公司都必须指定一家保荐人，并且在其上市期间里持续聘请保荐人，即终身保荐。在推荐上市阶段，保荐人要对公司进行全面深入的尽职调查，然后向交易所出具保荐意见书，确认其符合在交易所上市的条件。公司上市以后，保荐人仍需要指导和督促公司持续遵守 AIM 规则，履行应尽的责任和义务。借鉴英国 AIM 的市场经验，我国香港联合交易所先后在创业板（growth enterprise market）和主板市场实行了保荐人制度①。

我国注册制改革将保荐人推到了更加重要的位置。《证券法》（2019 修订）第十条规定：发行人申请公开发行股票、可转换为股票的公司债券，依法采取承销方式的，或者公开发行法律、行政法规规定实行保荐制度的其他证券的，应当聘请证券公司担任保荐人。

保荐人职责贯穿了证券发行前、中、后的全过程。在证券发行前，《证券发行上市保荐业务管理办法》（2023）规定，保荐机构在推荐发行人首次公开发行股票并上市和推荐发行人向不特定合格投资者公开发行股票并在北交所上市前，应当对发行人进行辅导。

在证券发行过程中，《首次公开发行股票并上市管理办法》（2020）规定，发行人应当按照中国证监会的有关规定制作申请文件，由保荐人保荐并向中国证监会申报。特定行业的发行人应当提供管理部门的相关意见。

在证券发行后，《证券法》（2019 修订）第四十六条规定：申请证券上市交易，应当向证券交易所提出申请，由证券交易所依法审核同意，并由双方签订上市协议。发行人申请公开发行股票、可转换为股票的公司债券，依法采取承销方式的，或者公开发行法律、行政法规规定实行保荐制度的其他证券的，应当聘请证券公司担任保荐人。发行人证券上市后，保荐机构应当持续督导发行人履行规范运作、信守承诺、信息披露等义务。

二、投资银行保荐业务

投资银行保荐业务，是指投资银行在企业发行并上市过程中，因提供上市辅导、保荐等服务而产生的业务。根据《证券发行上市保荐业务管理办法》（2023），保荐业务的业务场景包括：①首次公开发行股票；②向不特定合格投资者公开发行股票并在北京证券交易所上市；③上市公司发行新股、可转换公司债券；④公开发行存托凭证；⑤中国证券监督管理委员会认定的其他情形。

同次发行的证券，其发行保荐和上市保荐应当由同一保荐机构承担。保荐机构依法对发行人申请文件、证券发行募集文件进行核查，向中国证监会、证券交易所出具保荐意见。保荐机构应当保证所出具的文件真实、准确、完整。证券发行规模达到一定数量的，

---

① 姚一凡. 保荐人与承销商制度定位的区分：从兴业证券未勤勉尽责案出发［J］. 法律与新金融，2017（23）：75-93.

可以采用联合保荐，但参与联合保荐的保荐机构不得超过 2 家。证券发行的主承销商可以由该保荐机构担任，也可以由其他具有保荐业务资格的证券公司与该保荐机构共同担任。

保荐机构推荐发行人发行证券，需要向证券交易所提交发行保荐书、保荐代表人专项授权书以及中国证监会要求的其他与保荐业务有关的文件。保荐机构推荐发行人证券上市，需要按照证券交易所的规定提交上市保荐书及其他与保荐业务有关的文件。保荐机构应当针对发行人的具体情况，确定证券发行上市后持续督导的内容，督导发行人履行有关上市公司规范运作、信守承诺和信息披露等义务。

三、保荐业务资格

证券公司从事证券发行上市保荐业务，应当向中国证监会申请保荐业务资格。未经中国证监会核准，任何机构不得从事保荐业务。根据《证券发行上市保荐业务管理办法》（2023），证券公司申请保荐业务资格需具备下列条件：①根据《证券法》（2019修订），经营证券承销与保荐业务的证券公司，其注册资本最低限额为人民币 1 亿元；②具有完善的公司治理和内部控制制度，风险控制指标符合相关规定；③保荐业务部门具有健全的业务规程、内部风险评估和控制系统，内部机构设置合理，具备相应的研究能力、销售能力等后台支持；④具有良好的保荐业务团队且专业结构合理，从业人员不少于 35 人，其中最近 3 年从事保荐相关业务的人员不少于 20 人；⑤保荐代表人不少于4 人；⑥最近 2 年未因重大违法违规行为而受到处罚，最近 1 年未被采取重大监管措施，无因涉嫌重大违法违规正受到有关机关或者行业自律组织调查的情形；⑦中国证监会规定的其他条件。

四、保荐业务盈利模式

假设公司发行价格为 P，拟发行数量为 N 股，某投资银行为该项发行提供保荐服务，保荐费率为 p，该笔业务发生的成本为 C，则该业务为投资银行带来的收入为：

$$R = P \times N \times p \qquad \text{式（4.6）}$$

为投资银行带来的利润为：

$$L = R - C = P \times N \times p - C \qquad \text{（式4.7）}$$

例 4-2：投资银行保荐业务的利润计算

投资银行对某公司股票发行提供了保荐业务，该发行价格为 19 元，发行数量为 4 500 万股，保荐费率为 1.9%，该业务对应的成本为 600 万元。该笔业务为投资银行带来的收入、利润各为多少？

解：投资银行收入 = 19 元 × 4 500 万 × 1.9% = 1 624.5 万元

投资银行利润 = 1 624.5 万元 − 600 万元 = 1 024.5 万元

第十一节　投资银行证券承销业务

一、证券承销的概念

由于信息不对称，企业证券发行不仅需要投资银行的保荐业务，还需要投资银行的承销业务。证券承销（underwriting），是指投资银行根据协议，协助证券发行人销售其所发行的证券的行为。承销场景包括公司首次公开发行股票、配股、新股增发、非公开发行、可转换债券发行、分离交易的可转债发行以及企业和公司债券、短期融资券、次级债等固定收益证券的发行。

二、证券承销业务

证券承销业务是指具有证券承销业务资格的投资银行因为发行证券的企业或政府提供承销服务而产生的业务。《公司法》（2023）第一百五十五条规定，公司向社会公开募集股份，应当由依法设立的证券公司承销，签订承销协议。《公司法》（2018）第八十七条规定，发起人向社会公开募集股份，应当由依法设立的证券公司承销，签订承销协议。《证券法》（2019修订）第二十六条规定，发行人向不特定对象发行的证券，法律、行政法规规定应当由证券公司承销的，发行人应当同证券公司签订承销协议。《上市公司证券发行注册管理办法》（2023）第六十五条规定，上市公司发行证券，应当由证券公司承销。上市公司董事会决议提前确定全部发行对象的，可以由上市公司自行销售。《北京证券交易所向不特定合格投资者公开发行股票注册管理办法》（2023）规定，发行人公开发行股票，应当聘请具有证券承销业务资格的证券公司承销，按照《证券法》有关规定签订承销协议。

承销协议内容包括：①当事人的名称、住所及法定代表人姓名；②代销、包销证券的种类、数量、金额及发行价格；③代销、包销的期限及起止日期；④代销、包销的付款方式及日期；⑤代销、包销的费用和结算办法；⑥违约责任；⑦国务院证券监督管理机构规定的其他事项。

公开发行证券的发行人有权依法自主选择拟进行承销的证券公司。证券公司承销证券时应当对公开发行募集文件的真实性、准确性、完整性进行核查。发现有虚假记载、误导性陈述或者重大遗漏的，不得进行销售活动；已经销售的，必须立即停止销售活动，并采取纠正措施。

向不特定对象发行证券聘请承销团承销的，承销团应当由主承销和参与承销的证券公司组成。证券的代销、包销期限最长不得超过九十日。证券公司在代销、包销期内，应当保证将所代销、包销的证券先行出售给认购人，证券公司不得为本公司预留所代销的证券和预先购入并留存所包销的证券。股票发行采用代销方式，代销期限届满，向投资者出售的股票数量未达到拟公开发行股票数量70%的，为发行失败。发行人应当按照发行价并加算银行同期存款利息将款返还股票认购人。

三、承销方式

根据投资银行在承销过程中承担的责任和风险的不同，证券承销方式可分为代销和包销，其中包销又分为全额包销和余额包销。证券代销是指证券公司代发行人发售证券，在承销期结束时将未售出的证券全部退还给发行人的承销方式。证券包销是指证券公司将发行人的证券按照协议全部购入或者在承销期结束时将售后剩余证券全部自行购入的承销方式。证券的代销、包销期限最长不得超过九十日。

1. 全额包销

最传统、最基本的承销方式是全额包销（firm commitment）。在该方式下，投资银行按照协议的价格直接从发行者手中买进全部股票，然后再出售给投资者。在包销的过程中，投资银行一般以略低的价格买进股票，再以较高的价格卖出，其买卖价差就是承销费用[①]。在这种方式下，投资银行将承担发行失败的风险，为了分散发行失败的风险，多家投资银行往往组成承销团。其中，某一家投资银行会被指派为牵头管理人或主管理人，牵头组织本次发行事务。

2. 余额包销

在余额包销（standby commitment）方式下，投资银行尽力销售所发行证券，若股票在规定的时间内未全部卖出，投资银行将按事先确定的价格购入剩余股票。余额包销是我国投资银行最常用的承销方式，是包销和代销的结合体。其承销风险介于包销和代销之间。

3. 代销

代销（best efforts）指投资银行和发行人之间的关系是纯粹的代理关系，投资银行只是发行人的股票销售代理人，收取推销股票的佣金，而不承担按规定价格购进股票的义务。投资银行只是同意尽力推销股票，而未出售的股票将返还给发行人。由于所有的风险就都由发行人自己承担，所以这种方式的承销费率相对另外两种承销方式来说是最低的。

《上市公司证券发行注册管理办法》（2023）第五十三条规定，上市公司配股的，拟配售股份数量不超过本次配售前股本总额的50%，应当采用代销方式发行。《证券发行与承销管理办法》（2023）第三十二条规定，上市公司向特定对象发行证券未采用自行销售方式或者上市公司向原股东配售股份的，应当采用代销方式。

小知识 4-7：企业证券承销方式的选择

有研究表明，企业证券承销方式不是随意确定的。Ritter（1987）发现，几乎所有的新股增发（SEO）、知名企业首次公开发行均采取了全额包销的方式，不知名企业在首次公开发行中则倾向于采取代销的方式。此外，小规模 IPO 采取代销方式，大规模的 IPO 采取包销方式（表4-5）。

---

① 根据 Lee et al.（1996），发行价差为 0.5%~7%。

表 4-5 企业证券承销方式的选择

总收入/美元	总发行	包销	代销	代销占总发行的比例/%
100 000～1 999 999	243	68	175	72
2 000 000～3 999 999	311	165	146	46.9
4 000 000～5 999 999	156	133	23	14.7
6 000 000～9 999 999	137	122	15	10.9
10 000 000～120 174 195	180	176	4	2.2
全部发行	1 027	664	363	35.3

资料来源：RITTER JAY R. The Costs of Going Public [J]. Journal of Financial Economics, 1987, 19 (2)：269-281.

四、证券承销业务资格的获取

在我国，并不是所有证券公司都可以从事证券承销业务。旧版《证券法》规定只有综合类证券公司才可以从事证券承销业务。新版《证券法》（2019 修订）规定证券公司要从事证券承销业务，注册资本最低限额须为人民币 1 亿元。其他规定还有：

①有符合法律、行政法规规定的公司章程；②主要股东及公司的实际控制人具有良好的财务状况和诚信记录，最近 3 年无重大违法违规记录；③有符合本法规定的公司注册资本；④董事、监事、高级管理人员、从业人员符合本法规定的条件；⑤有完善的风险管理与内部控制制度；⑥有合格的经营场所、业务设施和信息技术系统；⑦国务院批准的国务院证券监督管理机构规定的其他条件。

五、承销业务利润公式

1. 全额包销

假设公司发行价格为 P，拟发行数量为 N 股，对承销商的折扣率为 s，承销商分摊到该笔业务的成本为 C，则承销商在该业务上发生的收入为：

$$R = P \times N \times s$$

承销商在该业务产生的利润为：

$$L = R - C = P \times N \times s - C$$

公司的筹资净额为：

$$D = (1-s) \times P \times N$$

例 4-3：全额包销下承销业务利润的计算

某公司采取投资银行全额包销方式发行股票，假设发行价格为 12 元，发行数量为 1 000 万股，对承销商的折扣率为 5%，承销商为该业务发生的成本为 200 万元，则投资银行该笔业务收入、利润各为多少？忽略其他发行费用，公司的筹资净额为多少？

解：投资银行收入 = 12 元×1 000 万股×5% = 600 万元

投资银行利润 = 600 万元-200 万元 = 400 万元

忽略其他发行费用的公司筹资净额 = 12 元×1 000 万股×（1-5%）= 11 400 万元

2. 余额包销或代销

假设公司发行价格为 P，拟发行数量为 N 股，承销商的承销佣金费率为 m，承销商在该笔业务发生的成本为 C，则承销商在该业务发生的收入为：

$$R=P \times N \times m$$

承销商在该业务发生的利润为：

$$L=R-C=P \times N \times m-C$$

公司的筹资净额为：

$$D=(1-m) \times P \times N$$

例 4-4：余额包销或代销下承销业务利润的计算

某公司采取投资银行余额包销方式发行股票，发行价格为 12 元，发行数量为 1 000 万股，对承销商的佣金费率为 3%，承销商为该业务发生的成本为 100 万元，则投资银行该笔业务带来的收入、利润各为多少？公司的筹资净额为多少？

解：投资银行收入 = 12 元×1 000 万股×3% = 360 万元

投资银行利润 = 360 万元−100 万元 = 260 万元

公司筹资净额 = 12 元×1 000 万股×（1−3%）= 11 640 万元

从承销业务利润公式可以看出，为了获取更多的承销收入，投资银行应尽量争取更多家数、更大规模、更高价格的证券发行。虽然承券商愿意承担大规模的发行，但根据发行公司与券商的互选理论，小的券商难以获取大的发行业务。此外，较高的发行价格虽然有利于发行人和提高承销收入，但存在发行失败的风险，因此发行价格不能过高。由此可见，投资银行承销业务的获利能力依赖于投资银行自身的规模和综合能力。

第十二节　金融科技对企业筹资方式的影响

一、DPO

DPO（direct public offering），又称直接上市融资，是指证券发行者不通过投资银行，而通过互联网直接发行股票的筹资方式。DPO 于 1994 年最早出现在美国，当年有28 家小企业通过 DPO 发行股票筹资。2021 年 5 月 21 日，美国证监会批准 NASDAQ 的提案，允许企业通过 DPO 方式筹资。相比于 IPO（initial public offering），DPO 的优点在于：拟筹资公司与投资者直接交易，节省了投资银行的中介费用。

2018 年，全球知名音乐流媒体公司 Spotify 以 DPO 的方式成为第一家在纽约证券交易所直接上市的公司；2019 年，办公聊天服务公司 Slack 也采取同样的方式发行和上市。2019 年 6 月，中指控股成为纳斯达克交所史上第一家采用 DPO 方式上市的中国公司。

二、ICO

ICO（initial coin offering）直译为首次代币发行，是近年来基于区块链技术支持的一种新型融资方式。与 IPO 不同的是：①在该模式下，企业发行代币而不是股票进行融资；②融入的资金可能是法定货币，也可能是其他加密货币，如比特币、以太坊等；③投资者投入资金，获得代币（token）或者币（coin）而非股份。

一方面，企业希望通过首次代币发行轻松便捷地筹集资金发展全新创意；另一方面，投资者希望通过该模式迅速实现高额回报。曼格鲁夫资本合伙公司（Mangrove Capital Partners，2017）研究表明，ICO 的总回报是其初始投资的 13 倍。

2013 年，世界上出现第一例 ICO，代币名称为万事达币（mastercoin），其支撑理念为"拓展比特币网络的功能"（Zynis，2013）。该理念的内涵为：开发人员有机会参与编写比特币的拓展内容，而他们将拥有新开发内容的一定所有权份额。在 2013 年的一个月内，共有超 500 人为该项目投资，他们将当时价值约 50 万美元的比特币发送到一个特定的比特币地址，作为对价，这些投资者获得了百倍数量的万事达币。当时总共发行了 56.3 万枚万事达币，另外预留 10%用于支持未来发展。

2017 年，首次代币发行活动迅猛增长。据投资平台 Funderbeam 的统计，新加坡已经成为全球第三大 ICO 融资市场，规模仅次于美国和瑞士，成为全球尤其是亚洲各国的区块链企业为规避本国政策而赴海外开展 ICO 的热土（图 4-3）。

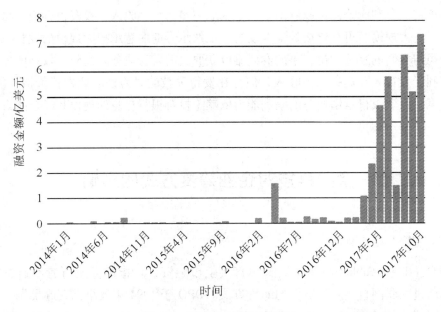

图 4-3　新加坡 ICO 融资市场

ICO 的主要风险在于：①欺诈风险。ICO 发行方通常是虚拟实体，只有一个网站，没有明确的地理位置，这为诈骗留下可乘之机。②即使数字代币存在二级市场，但流动性很差。极端情况下，数字代币可能无法出售。③安全风险。代币建立在快速发展的新技术基础之上，但此类技术尚未得到充分验证。当加密货币与其巨大的货币价值相结合时，代币平台就极易遭受黑客的攻击。如果代币被盗，投资者通常没有追索权。重大盗窃案早期就在"门头沟"（Mt Gox）交易平台发生过。2014 年 2 月，由于被盗取 85 万枚比特币（约合 4.5 亿美元），该平台破产并关闭。④法律风险。目前大多数国家对于

ICO 究竟是否属于证券发行尚存在争议①。如果 ICO 被划分为证券，就需要满足登记注册及其他监管要求，同证券发行标准保持一致②。

3. 区块链技术对企业筹资的影响

美国纳斯达克在 2015 年宣布推出基于区块链技术的私募股权交易平台 Linq，主要服务于非上市公司的股权转让以及私人股权的交易结算，并且成功发行首单私募证券。世界银行于 2018 年发行了全球首个使用区块链创建和管理的债券"Bondi"。该债券期限为两年，标普评级为 3A，收益率为 2.251%。世界银行因此最终实现融资 1.1 亿澳元。

➤ 案例 4-1　中国铁路通信信号股份有限公司发行与上市

中国铁路通信信号股份有限公司（简称"中国通号"，代码 688009）在 2019 年采用战略配售、网下发行和网上发行相结合的方式在科创板发行股票，是登陆科创板的首家大型央企。整个发行及上市过程如下：

（1）该公司 2017 年完成改制。2019 年进行了上市辅导。2019 年 7 月 22 日于上海证券交易科创板上市。

（2）2019 年 4 月 16 日该公司公告称，已就 A 股发行向上交所提交包括《中国铁路通信信号股份有限公司首次公开发行股票并在科创板上市招股说明书（申报稿）》在内的申请材料，同日获上交所受理。保荐机构（主承销商）为中国国际金融股份有限公司，联合主承销商为高盛高华证券有限责任公司、中信证券股份有限公司、中银国际证券股份有限公司、摩根士丹利华鑫证券有限责任公司、天风证券股份有限公司。2019 年 6 月 21 日，上海证券交易所科创板股票上市委员会审议通过。中国通号于 6 月 26 日提交注册申请，2019 年 6 月 27 日晚间，证监会发布消息，同意中国铁路通信信号股份有限公司在科创板首次公开发行股票注册。

（3）2019 年 7 月 2 日公布的招股意向书显示，公司拟首次公开发行不超过 18 亿股人民币普通股，占发行后总股本的比例不超过 17%，发行前每股净资产 3.29 元。募集资金计划投向先进及智能技术研发项目、先进及智能制造基地项目、信息化建设项目及补充流动资金，投资总额达 63 412.53 万元。发行方式采用向战略投资者定向配售、网下向符合条件的投资者询价配售和网上向持有上海市场非限售 A 股股份、非限售存托凭证市值的社会公众投资者定价发行相结合的方式进行。

上市发行安排及初步询价公告显示：发行初始战略配售发行数量为 5.4 亿股，占 30%。最终战略配售数量与初始战略配售数量的差额将根据回拨机制规定的原则进行回拨。回拨机制启动前，网下初始发行数量为 10.08 亿股，占扣除初始战略配售数量后发行数量的 80%，占发行数量的 56%；网上初始发行数量为 2.52 亿股，占扣除初始战略

---

① 2017 年 9 月 4 日下午 3 点，中国人民银行等七部委发布的《关于防范代币发行融资风险的公告》指出，代币发行融资本质上是一种未经批准的非法公开融资的行为，要求自公告发布之日起，各类代币发行融资活动立即停止，同时，对已完成代币发行融资的组织和个人做出清退等安排。美国认为 ICO 合法，但前提是必须完成 howey test，否则就是非法。howey test 决定什么是"投资合同"。

② ACCA GLOBAL. ICOs：real deal or token gesture? exploring initial coin offerings［EB/OL］.（2018-02-14）［2023-06-23］. http：//www. accaglobal. com.

配售数量后发行数量的 20%，占发行数量的 14%。最终网下、网上发行合计数量为本次发行总数量扣除最终战略配售数量，网上及网下最终发行数量将根据回拨情况确定。

（4）2019 年 7 月 2 日（T-6 日）至 2019 年 7 月 4 日，发行人和联席主承销商在北京、上海、深圳向符合要求的网下投资者进行网下推介。初步询价期为 2019 年 7 月 5 日（T-3 日）的 9：30—15：00。

（5）2019 年 7 月 8 日晚公布询价结果，确定本次发行价格为 5.85 元/股。此价格对应的市盈率为 18.18 倍（每股收益按 2018 年经审计扣除非经常性损益前后孰低的归属于母公司股东净利润除以本次发行后总股本计算）。

（6）2019 年 7 月 9 日刊登《网下网上发行公告》、正式招股说明书，向投资者提示新股投资风险。

（7）2019 年 7 月 10 日为网下发行缴款日和网上发行申购日（截止时间为当天 16：00），网上投资者进行缴款和申购。

（8）2019 年 7 月 11 日《网下配售结果公告》《网上中签率公告》公布。本次网上发行有效申购户数为 3 094 292 户，有效申购股数为 167 714 793 500 股，网上发行初步中签率为 0.150 255 08%。网上初步有效申购倍数为 665.53 倍，高于 100 倍。发行人和联席主承销商决定启动回拨机制，将 12 600 万股股票由网下回拨至网上。网上、网下回拨机制启动后，网下最终发行数量为 88 200 万股，占扣除最终战略配售数量后发行数量的 70%，占本次发行总量的 49%；网上最终发行数量为 37 800 万股，占扣除最终战略配售数量后发行数量的 30%，占本次发行总量 21%。回拨机制启动后，网上发行最终中签率为 0.225 382 62%。

（9）2019 年 7 月 19 日，发布上市公告书。本次发行募集资金总额为 1 053 000 万元，发行费用总额为 17 565.76 万元，其中承销及保荐费用 14 900.94 万元、审计及验资费用 1 037.74 万元、律师费用 660.38 万元、用于本次发行的信息披露费用 506.08 万元、本次发行上市手续费用等其他费用 460.63 万元。每股发行费用为 0.10 元/股（发行费用除以发行股数）。本次发行募集资金净额为 1 035 434.24 万元。本次发行后每股净资产为 3.707 6 元（按本次发行后，归属于母公司所有者的净资产除以发行后总股本计算，其中，发行后归属于母公司所有者的净资产按经审计的，截至 2018 年 12 月 31 日归属于母公司所有者的净资产和本次募集资金净额之和计算）。本次发行后每股收益为 0.311 2 元（经审计的 2018 年度扣除非经常性损益前后孰低的，归属于母公司所有者的净利润除以本次发行后总股本）。

（10）2019 年 7 月 22 日于上海证券交易科创板正式上市交易。

中国铁路通信信号股份有限公司发行与上市过程见表 4-6。

表 4-6　中国铁路通信信号股份有限公司发行与上市过程

公开发行步骤	时间	工作内容
改制与规范阶段	2017 年	改制
	2019 年	辅导阶段

表4-6(续)

公开发行步骤	时间	工作内容
申请资料准备与注册申请阶段	2019 年 4 月 16 日	提交申报材料
	2019 年 6 月 21 日	上交所审议通过
	2019 年 6 月 26 日	提交注册申请
	2019 年 6 月 27 日	证监会同意注册申请
发行阶段	2019 年 7 月 2 日	刊登招股意向书 发布上市安排及初步询价公告
	2019 年 7 月 2 日—2019 年 7 月 4 日	在北京、上海、深圳向符合要求的网下投资者进行网下推介
	2019 年 7 月 8 日	刊登《网上路演公告》 确定发行价格
	2019 年 7 月 9 日	刊登《网下网上发行公告》、正式招股说明书，向投资者提示新股投资风险
	2019 年 7 月 10 日	网下发行缴款日及网上发行申购日（截止时间为当天 16：00），网上投资者缴款申购
	2019 年 7 月 11 日	刊登《网下配售结果公告》《网上中签率公告》，摇号抽签
	2019 年 7 月 12 日	刊登《网上中签结果公告》，网上申购资金解冻
上市阶段	2019 年 6 月 21 日	发布上市保荐书
	2019 年 7 月 16 日	交易所发布上市招股说明书
	2019 年 7 月 19 日	发布上市公告书
	2019 年 7 月 22 日	在上交所科创板上市交易

资料来源：根据中国铁路通信信号股份有限公司发行公开资料整理。

本章小结

1. 企业外部融资面临着向银行贷款还是证券发行、发行股票还是发行债券、公募发行还是私募发行、国内发行还是国外发行、自办发行还是聘请投资银行协助发行的选择问题。

2. 一般情况下，企业证券发行需要投资银行的参与，投资银行在企业证券发行中主要起第三方鉴证和信用担保的作用。

3. 股票发行管理制度主要指政府管理当局对企业股票发行进行管理的框架制度。在世界范围内，股票发行的审核体制一般为注册制、核准制和审批制这三类。

4. 我国股票发行实行审核制度，先后经历了行政色彩较浓的审批制、具有市场特点的核准制以及注册制三个阶段。

5. 我国证券发行过程较为复杂，从大的方面来看，有改制与规范、注册申请、发行、上市四个阶段。

6. 保荐业务是指保荐机构为公司提供发行保荐、上市保荐和后续督导服务而收取报酬的业务。

7. 证券承销业务是指具有证券承销业务资格的投资银行借助自己在证券市场上的良好信誉和营业网点，在规定的发行有效期限内帮助发行人发行证券，并由此获取一定比例的承销费用的行为。

8. 根据投资银行在承销过程中承担的责任和风险的不同，证券承销可分为全额包销、余额包销和代销三种方式。

9. 证券承销业务中的具体技术问题有企业证券发行条件、发行方式确定、发行价格确定、回拨机制、超额配售选择权等。

拓展阅读

1. 为更多地了解资本结构的经典文献，参阅：

F MODIGLIANI, MERTON H MILLER. The cost of capital, corporation finance and the theory of investment [J]. The American Economic Review, 1958 (48)：261-297.

RAJAN R, ZINGALES L. What do we know about Capital structure? some evidence from international data [J]. Journal of Finance, 1995 (50)：1421-1460.

2. 为更多地了解企业在银行贷款与公司债券之间的选择问题，参阅：

DIAMOND D W. Monitoring and reputation：the choice between bank loans and directly placed debt [J]. Journal of political Economy, 1991, 99 (4)：689-721.

RAJAN, RAGHURAM G. Insiders and outsiders：the choice between informed and arm's-length debt [J]. Journal of Finance, 1992, 47 (4)：1367-1400.

3. 为更多地了解公募、私募的知识，参阅：

CHEMMANUR T J, FULGHIERI P. A theory of the going-public decision [J]. Review of Financial Studies. 1999, 12 (2)：249-279.

WRUCK H K. Equity ownership concentration and firm value：evidence from private equity financings [J]. Journal of Financial Economics, 1989, 23 (1)：3-28.

PAGANO, MARCO, FABIO PANETTA, LUIGI ZINGALES. Why do companies go public? an empirical analysis [J]. Journal of Finance, 1998, 53 (1)：27-64.

4. 为更多地了解企业国外上市的相关理论知识，参阅：

PAGANO, MARCO, AILSA A RöELL, JOSEF ZECHNER. The geography of equity listing：why do companies list abroad? [J]. Journal of Finance, 2002, 57 (6)：2651-2694.

DING YUAN, ERIC NOWAK, HUA ZHANG. Foreign vs. domestic listing：an entrepreneurial decision [J]. Journal of Business Venturing, 2010, 25 (2)：175-191.

5. 为更详细地了解投资银行在企业证券发行中的作用，参阅：

罗进辉，董怀丽，李璐. 注册制改革是否强化了保荐人专业能力的作用？：基于首次公开发行股票审核进程视角的考察 [J]. 管理世界, 2023 (7)：140-157.

BARON, DAVID P. A model of the demand for investment banking advising and distribution services for new issues [J]. Journal of Finance, 1982, 37 (4): 955-976.

BEATTY, RONDOLPH P, RITTER, JAY R. Investment banking, reputation, and the underpricing of initial public offerings [J]. Journal of Financial Economics, 1986, 15 (1/2): 213-232.

BOOTH, JAMES R. SMITH II, RICHARD L. Capital raising, underwriting and the certification hypothesis [J]. Journal of Financial Economics, 1986, 15 (1/2): 261-281.

CARTER, RICHARD, MANASTER, STEVEN. Initial public offerings and underwriter reputation [J]. Journal of Finance, 1990, 45 (4): 1045-1067.

6. 为更详细地了解投资银行与公司互选，参阅：

FERNANDO, CHITRUS, GATCHEV, VLADIMIR A, SPINDT, PAUL A. Wanna dance? how firms and underwriters choose each other [J]. Journal of Finance, 2005, 60 (5): 2437-2469.

7. 为更详细地了解承销团，参阅：

CORWIN, SHANE A, SCHULTZ, PAUL. The role of IPO underwriting syndicates: pricing, information production, and underwriter competition [J]. Journal of Finance, 2005, 60 (1): 443-486.

8. 为更详细地了解投资银行收费，参阅：

ROBERT S. HANSEN. Do investment banks compete in IPOs? the advent of the 7% plus contract [J]. Journal of Financial Economics, 2001 (59): 313-346.

YEOMAN, JOHN C. The optimal spread and offering price for underwritten securities [J]. Journal of Financial Economics, 2001, 62 (1): 169-198.

9. 为更多地了解关于ICO的文献，参阅：

CHRISTIAN FISCH, Initial coin offerings (ICOs) to finance new ventures [J]. Journal of Business Venturing, 2019, 34 (1): 1-22.

SABRINA T HOWELL AND OTHERS, ct al. Initial coin offerings: financing growth with cryptocurrency token sales [J]. The Review of Financial Studies, 2020, 33 (9): 3925-3974.

JINGXING GAN, GERRY TSOUKALAS, SERGUEI NETESSINE. Initial coin offerings, speculation, and asset tokenization [J]. Management Science, 2020, 67 (2): 914-931.

思考与计算题

1. 企业外部融资过程中面临哪些问题？
2. 在理论上，投资银行在企业证券发行中具有什么作用？
3. 股票发行管理制度有哪些？
4. 我国股票发行审核制度经历了怎样的发展过程？
5. 我国证券发行过程包括哪些阶段？
6. 什么是保荐业务？

7. 什么是证券承销业务？

8. 有哪些证券承销方式？

9. 股票发行有哪些方式？发行价格一般是怎样确定的？什么是回拨机制？什么是超额配售选择权？

10. 桂林三金药业股份有限公司 2008 年净利润为 274 088 575.05 元，净资产为 787 103 501.66 元，股份数为 4.08 亿股。2009 年，拟对外发行股份 4 600 万股。假设同类公司市盈率为 30，市净率为 6。

(1) 根据同类公司市盈率和市净率指标计算桂林三金药业股份有限公司的发行价。

(2) 假设发行过程中的成本费率为 10%，计算相应发行价的筹资净额。

11. IPO 综合计算题

ABC 公司现有若干投资项目，需融资 10 亿元，拟发行股票 4 000 万股，询价确定发行价为 35 元。拟 20% 向机构配售，其余 80% 在网上中小投资者发售。市场申购资金为 2 000 亿元，其中机构有效申购股数为 22.86 亿股，申购资金 800 亿元，其余网上有效申购股数为 34.29 亿股，有效申购资金达 1 200 亿元。投资银行根据申购情况实施超额配售 5%。投资银行等的中介费用为 2 亿元。ABC 公司 IPO 之前的资产负债表如下：

表 4-7　ABC 公司 IPO 之前的资产负债表　　　　　　单位：万元

资产	负债
短期：20 000	负债：40 000
长期：70 000	资本公积金：60 000
固定：110 000	股本：100 000
总计：200 000	总计：200 000

问题：

(1) 预计募集资金多少？超募多少？募集净额多少？

(2) 网下和网上认购倍数、中签率各为多少？

(3) 如使网上、网下中签率相同，应怎样实施回拨机制？

(4) 募集之后，公司资产负债表将发生怎样变化？

第五章
投资银行债券承销业务

➤**学习目标**

了解投资银行债券承销的种类、各类债券发行条件与注册程序,掌握投资银行在债券承销中的作用。

➤**学习内容**

- ■投资银行债券承销业务场景
- ■投资银行在债券承销中的作用
- ■公司债券发行条件
- ■公司债券注册程序
- ■公司债券发行方案设计
- ■投资银行在其他债券中的承销业务

➤**导入案例**

依据中国证券监督管理委员会"证监许可〔2022〕2515号"文注册批复,厦门象屿集团有限公司获准向专业投资者公开发行总额不超过80亿元的公司债券。本次债券采用分期发行方式。2023年7月6日,厦门象屿集团有限公司发布《2023年面向专业投资者公开发行公司债券(第三期)票面利率公告》,这次债券发行为本次债券第四次发行。

发行人和主承销商于2023年7月5日在网下向专业机构投资者进行了票面利率询价,根据网下向专业机构投资者询价簿记结果,经发行人和簿记管理人协商一致,最终确定本期债券票面利率为3.80%。本期债券规模不超过11亿元(含11亿元),债券面值为100元,按面值平价发行,期限为3年,起息日为2023年7月7日。经中诚信国际信用评级有限责任公司综合评定，发行人的主体信用等级为 AAA，评级展望为稳定。本期债券募集的资金将用于偿还到期债务、补充流动资金。

资料来源：根据公开资料整理。

启发问题：

1. 企业为什么发行债券？
2. 投资银行在企业债券发行中起到什么作用？

第一节　投资银行债券承销业务来源及承销方式

一、投资银行债券承销业务来源

债券承销是投资银行除股票承销之外的另一项重要承销业务。在我国，投资银行可参与承销的债券品种包括：超短期融资券、短期融资券、中期票据、公司债券、企业债券[①]、可转换债券、ABS（REITs）、ABN、政府债券（一般债券和专项债券）等。

与股票一样，投资银行债券承销业务的产生既有经济方面的原因，也有法律方面的原因。经济原因有：①在信息不对称条件下，投资银行作为金融中介，为债券的质量提供了声誉担保；②投资银行具有专业知识，可以通过发行方案设计对接投融资双方的不同需求，以减少投融资双方的搜寻成本。

法律原因是指国家法律强制性要求投资银行参与债券的发行。《公司债券发行与交易管理办法》（2021）第三十九规定，公司债券应当依法由具有证券承销业务资格的证券公司承销。但取得证券承销业务资格的证券公司、中国证券金融股份有限公司非公开发行公司债券可以自行销售。《地方政府债券发行管理办法》（2020）规定，地方政府债券发行可以采用承销、招标等方式。地方财政部门采用承销方式发行地方政府债券，应当与主承销商协商确定承销规则，明确承销方式和募集原则等。地方财政部门与主承销商协商确定利率（价格）区间，各承销商在规定时间内报送申购利率（价格）和数量意愿，按事先确定的定价和配售规则确定最终发行利率（价格）和各承销商债券承销额。

依据《银行间债券市场非金融企业债务融资工具管理办法》（2008）、《非金融企业债务融资工具注册发行规则》（2008），企业发行债务融资工具应由金融机构承销。企业可自主选择主承销商。需要组织承销团的，由主承销商组织承销团。《信贷资产证券化试点管理办法》（2005）规定，发行资产支持证券时，发行人应组建承销团，承销人可在发行期内向其他投资者分销其所承销的资产支持证券。

小资料 5-1：迈克尔·米尔肯与德崇证券

1991 年，一本名为"贼巢"的书获得了普利策新闻奖，该书描述了华尔街的四名

[①]　2023 年机构改革后，企业债券和公司债券的发行审核统一由证监会负责，并采取注册制。

银行家如何利用内幕信息操纵市场、投资垃圾债券而非法获利的故事。而该书的原型之一，就是被称为"垃圾债券之王"的传奇人物迈克尔·米尔肯（Michael Milken）。米尔肯开创了垃圾债券市场，利用垃圾债券为中小型企业融资。

10年间，米尔肯将德崇证券从一个二流券商打造成世界顶级投资银行。1987年该公司收益超过40亿美元，是华尔街盈利最高的公司。除了成功挖掘垃圾债券的投资价值，米尔肯的成就更多地来源于创建了高回报债券的包销市场，为那些新兴公司甚至高风险公司筹措资金。他以垃圾债券市场一半以上的发行份额闯入杠杆收购领域，成为让高盛、摩根士丹利等顶级投资银行头疼的竞争对手。

资料来源：根据公开资料整理。

二、债券承销方式

《公司债券发行与交易管理办法》（2021）规定，承销机构承销公司债券，应当依照《证券法》相关规定采用包销或者代销方式。发行人和主承销商应当签订承销协议，在承销协议中界定双方的权利义务关系，约定明确的承销基数。采用包销方式的，应当明确包销责任。组成承销团的承销机构应当签订承销团协议，由主承销商负责组织承销工作。

公司债券发行由2家以上承销机构进行联合主承销的，所有担任主承销商的承销机构应当共同承担主承销责任，履行相关义务。承销团由3家以上承销机构组成的，可以设副主承销商，协助主承销商组织承销活动。承销团成员应当按照承销团协议及承销协议的约定进行承销活动，不得进行虚假承销。

三、投资银行在债券承销中的经济作用

投资银行债券承销业务产生的根源在于投资银行在企业或政府的债权发行过程中的经济作用：①在市场信息不对称条件下，投资银行作为金融中介，为债券的质量提供了声誉担保的作用；②投资银行具有专业知识，通过发行方案设计，契合投融资双方的需求；③减少了投融资双方的搜寻成本。

跟股票承销类似，投资银行在债券承销中的事务性作用包括：①咨询顾问作用，主要体现在对公司是否符合发行国家法定条件作出判断，对债券发行人发行方案，如发行数量、发行利率、发行期限、债券契约等提供专业意见；②保荐和承销作用。

第二节　公司债券发行条件与债券投资者分类

在美国，短期国库券大多通过拍卖方式发行，投资者可以以两种方式来投标：①竞争性方式，竞标者报出认购国库券的数量和价格，所有竞标根据价格从高到低（或收益率从低到高）排队；②非竞争性方式，由投资者报出认购数量，并同意以中标的平均竞价购买。证券交易商在进行国库券交易时，通常采用双向式挂牌报价，即在报出一交易

单位买入价的同时，也报出一交易单位的卖出价，两者的差额即为交易商的收益，交易商不再要求佣金。投资银行可参与短期国库券的招标发行、代理买卖或自营投资。

一、公司债券公开发行条件

根据《公司法》（2018），公司债券是指公司依照法定程序发行、约定在一定期限还本付息的有价证券。《公司债券发行与交易管理办法》（2021）规定，公开发行公司债券应当符合下列条件：①具备健全且运行良好的组织机构；②最近 3 年平均可分配利润足以支付公司债券 1 年的利息；③具有合理的资产负债结构和正常的现金流量；④国务院规定的其他条件。存在下列情形之一的，不得再次公开发行公司债券：①对已公开发行的公司债券或者其他债务有违约或者延迟支付本息的事实，仍处于继续状态；②违反《证券法》规定，改变公开发行公司债券所募资金用途。

二、债券投资者分类

根据财产状况、金融资产状况、投资知识和经验、专业能力等因素，《公司债券发行与交易管理办法》（2021）将公司债券投资者分为普通投资者和专业投资者[①]。发行人的董事、监事、高级管理人员及持股比例超过 5% 的股东，可视同专业投资者，参与发行人相关公司债券的认购或交易、转让。

符合以下标准的公司债券公开发行，专业投资者和普通投资者都可以参与认购：①发行人最近 3 年无债务违约或者延迟支付本息的事实；②发行人最近 3 年平均可分配利润不少于债券一年利息的 1.5 倍；③发行人最近一期末净资产规模不少于 250 亿元；④发行人最近 36 个月内累计公开发行债券不少于 3 期，发行规模不少于 100 亿元；⑤中国证监会根据投资者保护的需要规定的其他条件。未达到上述条款标准的公开发行的公司债券，仅限于专业投资者参与认购。

第三节　公司债券发行方案

《公司债券发行与交易管理办法》（2021）规定，发行公司债券，发行人应当依照《公司法》或者公司章程相关规定对以下事项作出决议：①发行债券的金额；②发行方式；③债券期限；④募集资金的用途；⑤其他按照法律法规及公司章程规定需要明确的事项。发行公司债券，如果对增信机制、偿债保障措施作出安排的，也应当在决议事项中载明。发行公司债券，可以附认股权、可转换成相关股票等条款。上市公司、股票公开转让的非上市公众公司股东可以发行附可交换成上市公司或非上市公众公司股票条款的公司债券。

---

① 面向专业投资者的发行，业内被称作"小公募"。

《公司法》（2023）第一百九十五条规定，公开发行公司债券，应当经国务院证券监督管理机构注册，公告公司债券募集办法。公司债券募集办法应当载明下列主要事项：①公司名称；②债券募集资金的用途；③债券总额和债券的票面金额；④债券利率的确定方式；⑤还本付息的期限和方式；⑥债券担保情况；⑦债券的发行价格、发行的起止日期；⑧公司净资产额；⑨已发行的尚未到期的公司债券总额；⑩公司债券的承销机构。

1. 债券发行金额

根据最优资本结构理论，企业不能发行过量债券。国家相关规定也对此进行了相应约束，比如要求最近 3 年平均可分配利润足以支付公司债券 1 年的利息。《企业债券管理条例》（2011）规定，企业发行企业债券的总面额不得大于该企业的自有资产净值。《短期融资券管理法》（2005）规定，对企业发行融资券实行余额管理，待偿还融资券余额不超过企业净资产的 40%。同样，《上市公司证券发行注册管理办法》（2020）规定，公司如果要发行可转换债券，本次发行完成后，累计债券余额不超过最近一期末净资产的 50%。

2. 债券发行方式

《公司债券发行与交易管理办法》（2021）规定，公司债券可以公开发行，也可以非公开发行。非公开发行的公司债券应当向专业投资者发行，不得采用广告、公开劝诱和变相公开方式，每次发行对象不得超过 200 人。承销机构应当按照中国证监会、证券自律组织规定的投资者适当性制度，了解和评估投资者对非公开发行公司债券的风险识别和承担能力，确认参与非公开发行公司债券认购的投资者为专业投资者，并充分揭示风险。非公开发行免于注册，但融资成本较高。Hays、Joehnk 和 Melicher 发现私募债券的收益率比同类公开发行的债券到期收益率高出 0.46 个百分点[①]。

3. 债券发行期限

债券发行期限涉及企业债务期限结构问题，理论上企业债券期限结构应尽量与资产结构相匹配。企业如果需要短期融资，可发行超短期融资券（<270 天）、短期融资券（<1 年），中长期融资可选择中期票据（3~5 年为主）、公司债券、企业债券等。

4. 债券还本付息方式

债券偿还方式根据偿还日期的不同分为到期日满偿还和提前偿还。到期日偿还又称一次还本偿还，发行人可以在债券期限内使用筹措的全部资金。提前偿还指在债券到期前陆续偿还，又具体包括定期偿还、偿债基金计划（sinking fund）。定期偿还指发行人定期，如每半年或一年偿还一定数额的债券，直到期满时还清余额。偿债基金是债券发行者为保证所发各类债券的到期或提前偿还而设置的专项基金。偿债基金计划将公司债务分散在若干年内，有利于避免期末一次性偿还所带来的支付危机。

---

① HAYS PATRICK A, MICHAEL D JOEHNK, RONALD W MELICHER. Differential determinants of risk premiums in the public and private corporate bond markets [J]. Journal of Financial Research, 1979 (2): 143-152.

5. 债券增信机制

《公司债券发行与交易管理办法》（2021）规定，发行人可采取内外部增信机制、偿债保障措施，提高偿债能力，控制公司债券风险。内外部增信机制、偿债保障措施包括但不限于下列方式：①第三方担保；②商业保险；③资产抵押、质押担保；④限制发行人债务及对外担保规模；⑤限制发行人对外投资规模；⑥限制发行人向第三方出售或抵押主要资产；⑦设置债券回售条款。

6. 选择性条款

选择性条款是指赋予投资者或发行人选择权利的条款。比如赎回条款赋予发行人在到期日之前以特定价格购回债券的权利，从而方便发行人在市场利率降低时回收高利息债券，重新发行低利息债券。回售条款赋予投资者在到期日之前将债券卖给发行人的权利，有利于投资者规避利率下跌的之风险；延期条款赋予发行人延长债券期限的权利；提前还款条款赋予投资人提前偿还本金的权利。

7. 债券票面利率。

根据有无利息，债券分为付息债券和零息债券。根据票面利率是否固定，付息债券分为固定利率债券和浮动利率债券。固定利率债券面临利率风险，浮动利率通常跟某一市场利率指数比如 30 年期国债利率挂钩，其主要目的是抵御通货膨胀风险。

票面利率的高低与上述债券期限、偿还方式、信用级别、有无担保抵押、保护性条款、选择性条款有关。一般债券期限越长、信用级别越低、违约风险越大、市场需求越少，票面利率就越高；反之则反。《企业债券管理条例》（2011）规定，企业债券的利率不得高于银行相同期限居民储蓄定期存款利率的 40%。

8. 债券定价

《公司债券发行与交易管理办法》（2021）规定，公司债券公开发行的价格或利率以询价或公开招标等市场化方式确定。发行人和主承销商应当协商确定公开发行的定价与配售方案并予以公告，明确价格或利率确定原则、发行定价流程和配售规则等内容。债券的理论价格计算公式如下：

$$债券价值 = \sum_{t=1}^{T} \frac{息票}{(1+r)^t} + \frac{面值}{(1+r)^T} \qquad 式（5.1）$$

式中，T 表示债券的期限，r 表示贴现率，$r=$ 无风险收益率+通货膨胀率+风险溢价，具体水平可参考跟债券市场期限结构曲线和风险结构曲线。

小资料 5-2：非公开发行公司债券的转让

非公开发行公司债券可以申请在证券交易场所、证券公司柜台转让。非公开发行公司债券在证券交易场所转让的，应当遵守证券交易场所制定的业务规则，并经证券交易场所同意。非公开发行公司债券在证券公司柜台转让的，应当符合中国证监会的相关规定。非公开发行的公司债券仅限于专业投资者之间转让。转让后，持有同次发行债券的投资者合计不得超过 200 人。

资料来源：《公司债券发行与交易管理办法》（2021）。

第四节　债券公开发行程序

根据《证券法》（2019 修订）的规定，与股票发行一样，公司债券的发行需要履行注册的法定程序。具体如下：

1. 制作注册申请文件并向交易所申报

发行人公开发行公司债券，应按照中国证监会有关规定制作注册申请文件，由发行人向证券交易所申报。证券交易所收到注册申请文件后，在 5 个工作日内作出是否受理的决定。

2. 证券交易所审核发行人资料并提出审核意见

证券交易所通过向发行人提出审核问询、发行人回答问题的方式开展审核工作，判断发行人是否符合发行条件、上市条件和信息披露要求，提出审核意见。认为发行人符合发行条件和信息披露要求的，将审核意见、注册申请文件及相关审核资料报送中国证监会履行发行注册程序。认为发行人不符合发行条件或信息披露要求的，做出终止发行上市审核决定。证券交易所应当自受理注册申请文件之日起 2 个月内出具审核意见。

3. 证监会履行注册程序

中国证监会收到证券交易所报送的审核意见、发行人注册申请文件及相关审核资料后，履行发行注册程序。认为存在需要进一步说明或者落实事项的，可以问询或要求证券交易所进一步问询。认为证券交易所的审核意见依据不充分的，可以退回证券交易所以补充审核。

证监会应当自证券交易所受理注册申请文件之日起 3 个月内做出同意注册或者不予注册的决定。发行人根据中国证监会、证券交易所要求补充、修改注册申请文件的时间不计算在内。

4. 发行公司债券

中国证监会同意注册的决定自做出之日起 2 年内有效，发行人应当在注册决定有效期内发行公司债券，并自主选择发行时点。公开发行公司债券，可以申请一次注册，分期发行。公开发行公司债券的募集说明书自最后签署之日起 6 个月内有效。发行人应当及时更新债券募集说明书等公司债券发行文件，并在每期发行前报证券交易所备案。

第五节　其他债券的承销业务

一、银行间债券市场非金融企业债承销业务

根据中国人民银行发布的《银行间债券市场非金融企业债务融资工具管理办法》

（2008），非金融企业债务融资工具是指具有法人资格的非金融企业在银行间债券市场发行的，约定在一定期限内还本付息的有价证券。具体融资工具包括超短期融资券（<270天）、短期融资券（<1年）、中期票据（以3~5年为主）。债务融资工具发行利率、发行价格和所涉费率以市场化方式确定，任何商业机构不得以欺诈、操纵市场等行为获取不正当利益。

与股票和债券类似，发行这类债务融资工具需要履行注册程序，不同的是注册管理机构不是证监会，而是在中国银行间市场交易商协会。交易商协会应每月向中国人民银行报告债务融资工具注册汇总情况、自律管理工作情况、市场运行情况及自律管理规则执行情况。

交易商协会设注册委员会。注册委员会通过注册会议行使职责。注册会议决定是否接受发行注册。注册委员会委员由市场相关专业人士组成。专业人士由交易商协会会员推荐，交易商协会常务理事会审议决定。注册委员会下设办公室，负责接收、初审注册文件和安排注册会议。办公室由交易商协会秘书处工作人员和会员机构选派人员组成。

企业通过主承销商将注册文件送达办公室。注册文件包括：①债务融资工具注册报告（附企业《公司章程》规定的有权机构决议）；②主承销商推荐函及相关中介机构承诺书；③企业发行债务融资工具拟披露文件；④证明企业及相关中介机构真实、准确、完整、及时披露信息的其他文件。办公室在初审过程中可建议企业解释、补充注册文件内容。

交易商协会向接受注册的企业出具《接受注册通知书》，注册有效期2年。企业在注册有效期内可一次发行或分期发行债务融资工具。企业应在注册后2个月内完成首期发行。企业如分期发行，后续发行应提前2个工作日向交易商协会备案。

小案例5-1　超短期融资券发行案例

2023年8月16日，南京医药股份有限公司在全国银行间市场发行了2023年度第十二期超短期融资券，发行总额为5亿元。本期募集资金已于2023年8月17日全额到账，将用于补充流动资金，偿还银行贷款。具体情况见表5-1。

表5-1　南京医药股份有限公司超短期融资券发行方案

发行人名称	南京医药股份有限公司		
名称	南京医药股份有限公司2023年度第十二期超短期融资券	简称	23南京医药SCP012
注册通知书文号	中市协注〔2022〕SCP301号	注册金额	60亿元
代码	012383094	期限	270日
起息日	2023年8月17日	兑付日	2024年5月13日
计息方式	到期一次还本付息	发布日	2023年8月16日
计划发行总额	5亿元	实际发行总额	5亿元
发行利率	2.37%	发行价格	100元/百元面值

表5-1(续)

发行人名称	南京医药股份有限公司
簿记管理人	杭州银行股份有限公司
主承销商	杭州银行股份有限公司

资料来源：根据公开资料整理。

二、地方政府债券承销业务

根据《地方政府债券发行管理办法》（2020），地方政府债券是指省、自治区、直辖市和经省级人民政府批准自办债券发行的计划单列市政府发行的、约定一定期限内还本付息的政府债券。地方政府债券包括一般债券和专项债券。一般债券是指针对没有收益的公益性项目，主要以一般公共预算收入作为还本付息资金来源的政府债券；专项债券是指针对有一定收益的公益性项目，以公益性项目对应的政府性基金收入或专项收入作为还本付息资金来源的政府债券。

根据《地方政府专项债券发行管理暂行办法》（2015），地方政府专项债券是指省、自治区、直辖市政府（含经省级政府批准自办债券发行的计划单列市政府）为有一定收益的公益性项目发行的、约定一定期限内以公益性项目对应的政府性基金或专项收入还本付息的政府债券。

地方财政部门需要在国务院批准的分地区限额内发行地方政府债券。新增债券、再融资债券、置换债券发行规模不得超过财政部下达的当年本地区对应类别的债券限额或发行规模上限。应当根据项目期限、融资成本、到期债务分布、投资者需求、债券市场状况等因素，合理确定债券期限结构。在按照市场化原则保障债权人合法权益的前提下，采取到期偿还、提前偿还、分期偿还等本金偿还方式。地方财政部门结合项目周期、债券市场需求等合理确定专项债券期限，专项债券期限应当与项目期限相匹配。专项债券期限与项目期限不匹配的，可在同一项目周期内以接续发行的方式进行融资。专项债券可以对应单一项目发行，也可以对应多个项目集合发行。财政部对地方政府债券发行期限进行必要的统筹协调。

地方财政部门按照公开、公平、公正的原则组建地方政府债券承销团，根据市场环境和债券发行任务等因素，合理确定承销团成员和主承销商的数量、选择方式、组建流程等。承销团成员应当是中国境内依法成立的金融机构。

地方政府债券采用承销、招标等方式发行。如采用承销方式，地方政府应当与主承销商协商确定承销规则，明确承销方式和募集原则等。地方财政部门与主承销商协商确定利率（价格）区间，各承销商在规定时间内报送申购利率（价格）和数量意愿，按事先确定的定价和配售规则确定最终发行利率（价格）和承销金额。若采用招标方式，地方政府应当制定招标规则，明确招标方式和中标原则，合理设定投标比例、承销比例等技术参数。

三、国债承销业务

1. 记账式国债承销业务

根据《记账式国债招标发行规则》（2022），记账式国债是指财政部通过记账式国债承销团向社会各类投资者发行的以电子方式记录债权的可流通国债。记账式国债通过竞争性招标确定票面利率或发行价格。

竞争性招标标的为利率或价格，国债承销团成员在每个利率或价格上的投标为一个标位，除另有规定外，利率招标时，标位变动幅度为0.01%；价格招标时，标位变动幅度在国债发行通知中规定。财政部按照低利率或高价格优先的原则对有效投标逐笔募入，直到募满招标额或将全部有效投标募完为止，募入即为中标。最高中标利率或最低中标价格上的投标额大于剩余招标额，以国债承销团成员在该利率或价格上的投标额为权重平均分配，取整至0.1亿元，尾数按投标时间优先原则分配。

竞争性招标方式包括单一价格招标、修正的多重价格招标等。单一价格招标方式下，标的为利率时，全场最高中标利率为当期（次）国债票面利率，各中标国债承销团成员均按面值承销；标的为价格时，全场最低中标价格为当期（次）国债发行价格，各中标机构均按发行价格承销。修正的多重价格招标方式下，标的为利率时，全场加权平均中标利率四舍五入后为当期（次）国债票面利率，低于或等于票面利率的中标标位，按面值承销；高于票面利率的中标标位，按各中标标位的利率与票面利率折算的价格承销。标的为价格时，全场加权平均中标价格四舍五入后为当期（次）国债发行价格，高于或等于发行价格的中标标位，按发行价格承销；低于发行价格的中标标位，按各中标标位的价格承销。竞争性招标确定的票面利率（百分数）保留2位小数，一年以下（含一年）期限国债发行价格（以元为单位）保留3位小数，一年以上（不含一年）期限国债发行价格保留2位小数。

2. 凭证式国债承销业务

凭证式国债又称储蓄国债，是指财政部在中华人民共和国境内发行，通过承销团成员面向个人投资者销售的，采用填制中华人民共和国储蓄国债（凭证式）收款凭证方式记录债权关系的不可流通人民币国债。

储蓄国债（凭证式）采用代销方式发行，每期储蓄国债（凭证式）的发行数量不超过当期国债最大发行额。储蓄国债（凭证式）的发行对象为个人。承销团成员不得向政府机关、企事业单位和社会团体等任何机构销售储蓄国债（凭证式）。

投资者购买储蓄国债（凭证式），可以在发行期内持本人有效身份证件到承销团成员营业网点柜台或者符合中国人民银行和财政部相关规定的其他销售渠道办理认购，投资者可以采取转账或者支付现金等方式认购。投资者成功认购储蓄国债（凭证式）后，承销团成员应当为投资者填制中华人民共和国储蓄国债（凭证式）收款凭证，并加盖业务印章（或者打印电子印章），不得使用其他凭证。

小知识5-1：荷兰式和美国式招标

债券招标发行主要包括荷兰式招标和美国式招标两种方式。荷兰式招标的特点是单一价格，是我国国债公开招标发行采用的主要方式。当标的为利率时，最高中标利率为当期国债的票面利率；标的为利差时，最高中标利差为当期国债的基本利差；标的为价格时，最低中标价格为当期国债的承销价格。

美国式招标的特点是多种价格。标的为利率时，全场加权平均中标利率为当期国债的票面利率，各中标机构依各自及全场加权平均中标利率折算承销价格；标的为价格时，各中标机构按各自加权平均中标价格承销当期国债。

资料来源：根据公开资料整理。

四、资产支持证券承销业务

根据《银行间债券市场企业资产证券化业务规则》（2023），企业资产支持证券包括资产支持票据、资产支持商业票据以及交易商协会认可的其他证券化融资工具。基础资产是指符合法律法规规定，权属明确，可以依法转让，能够产生持续稳定、独立、可预测的现金流且可特定化的财产、财产权利或财产和财产权利的组合。发行资产支持证券需在交易商协会注册。

发起机构、特定目的载体（special purpose vehicle，SPV）或其管理机构应通过符合条件的承销机构向交易商协会提交资产支持证券注册文件，在注册有效期内可分期发行资产支持证券，每期发行前应先向交易商协会备案，并提交交易商协会规定的备案申请文件。符合以下情形之一的，可豁免备案：①资产支持证券首期发行且在注册后六个月内完成；②资产支持商业票据滚动发行且募集资金仅用于兑付上一期资产支持商业票据；③基础资产为具有较高同质性与分散性的债权类资产；④交易商协会认可的其他情形。

发行资产支持证券，可在注册阶段设立主承销商团，并可于注册有效期内变更主承销商团成员。发行阶段可就每期发行指定一家或多家主承销商承销。资产支持证券通过集中簿记建档或招标方式发行。发起机构原则上应当保留一定比例的基础资产信用风险，以风险自留为目的持有的部分不得转让，应持有到期。

主承销商是指为资产支持证券业务提供承销服务的机构。主承销商依照承销协议约定提供承销服务，履行以下职责：①对基础资产、特定目的载体或其管理机构、相关交易主体以及对资产证券化业务有重大影响的其他相关方开展尽职调查；②按照本规则及交易商协会相关自律规则提交注册发行文件；③按照约定组织资产支持证券的承销和发行；④配合开展存续期管理工作。⑤本规则及相关自律规则规定以及承销协议约定的其他职责。

根据《信贷资产证券化试点管理办法》（2005），资产支持证券由特定目的信托受托机构发行，代表特定目的信托的信托受益权份额。资产支持证券在全国银行间债券市场上发行和交易。资产支持证券的发行可采取一次性足额发行或限额内分期发行的方式。分期发行资产支持证券的，在每期资产支持证券发行前5个工作日，受托机构应将最终的发行说明书、评级报告及所有最终的相关法律文件报中国人民银行备案，并按中国人民银行的要求披露有关信息。

资产支持证券的承销可采用协议承销和招标承销等方式。承销机构应为金融机构，并须具备下列条件：①注册资本不低于 2 亿元人民币；②具有较强的债券分销能力；③具有合格的从事债券市场业务的专业人员和债券分销渠道；④最近两年内没有重大违法、违规行为；⑤中国人民银行要求的其他条件。

资产支持证券在全国银行间债券市场发行结束后 10 个工作日内，受托机构应当向中国人民银行和中国银监会报告资产支持证券发行情况。资产支持证券可以向投资者定向发行。定向发行资产支持证券可免于信用评级。定向发行的资产支持证券只能在认购人之间转让。

资产支持证券在全国银行间债券市场发行结束之后 2 个月内，受托机构可根据《全国银行间债券市场债券交易流通审核规则》的规定申请在全国银行间债券市场交易资产支持证券。

▶案例 5-1 　中国第一汽车集团有限公司公开发行公司债券

1. 债券名称：中国第一汽车集团有限公司 2020 年公开发行公司债券（第一期）。

2. 发行总额：本期债券发行规模不超过人民币 50 亿元（含 50 亿元）。

3. 票面金额及发行价格：本期债券面值 100 元，按面值平价发行。

4. 债券期限：本期债券期限为 3 年。

5. 债券利率及其确定方式：本期债券为固定利率，票面利率将以公开方式向具备相应风险识别和承担能力的合格投资者进行询价后，由发行人与簿记管理人确定本期债券的票面利率簿记建档区间，投资者直接向簿记管理人发出申购订单，簿记管理人负责记录申购订单，最终由发行人与簿记管理人根据申购情况确定本期债券的最终发行利率。

6. 债券形式：实名制记账式公司债券。投资者认购的本期债券在债券登记机构开立的托管账户登记托管。本期债券发行结束后，债券持有人可按照有关主管机构的规定进行债券的转让、质押等操作。

7. 还本付息的期限和方式：本期债券按年付息、到期一次还本。利息每年支付一次，最后一期利息随本金一起支付。

8. 支付金额：本期债券于每年的付息日向投资者支付的利息金额为投资者截至利息登记日收市时，所持有的本期债券票面总额与对应的票面年利率的乘积，于兑付日向投资者支付的本息金额为投资者截至兑付债券登记日收市时，所持有的本期债券最后一期利息及所持有的债券票面总额的本金。

9. 付息、兑付方式：本期债券本息支付将按照债券登记机构的有关规定来统计债券持有人名单，本息支付的具体事项按照债券登记机构的相关规定办理。

10. 利息登记日：本期债券的利息登记日按登记机构相关规定处理。在利息登记日当日收市后登记在册的本期债券持有人，均有权就所持本期债券获得该利息登记日所在计息年度的利息。

11. 发行公告刊登日：2020 年 4 月 22 日。

12. 发行首日：2020 年 4 月 24 日。

13. 发行期限：2 个交易日，自 2020 年 4 月 24 日（T 日）9：00—17：00 至 2020

年 4 月 27 日（T+1 日）9：00—16：00。

14. 起息日：2020 年 4 月 27 日。

15. 付息日：2021 年至 2023 年每年的 4 月 27 日为上一个计息年度的付息日（如遇法定节假日或休息日，则顺延至其后的第 1 个交易日，顺延期间付息款项不另计息）。

16. 本金兑付日：2023 年 4 月 27 日（如遇法定节假日或休息日，则顺延至其后的第 1 个交易日，顺延期间付息款项不另计息）。

17. 担保情况及其他增信措施：本期债券无担保。

18. 募集资金专项账户：公司将根据相关法律法规的规定指定募集资金专项账户，用于公司债券募集资金的接收、存储、划转与本息偿付。

19. 信用级别及信用评级机构：经中诚信国际信用评级有限责任公司综合评定，发行人的主体信用等级为 AAA，本期债券的信用等级为 AAA。中诚信国际信用评级有限责任公司将在本期债券有效存续期间对发行人进行定期跟踪评级以及不定期跟踪评级。

20. 牵头主承销商、簿记管理人、债券受托管理人：国泰君安证券股份有限公司。

21. 联席主承销商：中信建投证券股份有限公司、中国国际金融股份有限公司。

22. 发行对象与配售安排：本期债券面向《公司债券发行与交易管理办法》《证券期货投资者适当性管理办法》和《上海证券交易所债券市场投资者适当性管理办法（2017 年修订）》及相关法律法规规定的合格投资者公开发行，采取网下面向合格投资者询价配售的方式，由发行人与簿记管理人根据簿记建档结果进行债券配售。具体发行安排将根据上海证券交易所的相关规定进行。

23. 承销方式：本期债券由主承销商负责组建承销团，以余额包销的方式承销。

24. 募集资金用途：本期债券募集资金扣除发行费用后拟用于偿还公司及下属公司有息负债。

25. 拟上市交易场所：上海证券交易所。

26. 新质押式回购：公司主体信用等级为 AAA，本期债券信用等级为 AAA，本期债券符合进行新质押式回购交易的基本条件，本期债券新质押式回购相关申请尚需有关部门最终批复，具体折算率等事宜按上交所及证券登记机构的相关规定执行。

27. 税务提示：根据国家有关税收法律、法规的规定，投资者投资本期债券所应缴纳的税款由投资者承担。

资料来源：根据公开资料整理。

本章小结

本章介绍了投资银行债券承销业务来源及承销方式、公司债券发行条件与债券投资者分类、公司债券发行方案、债券公开发行程序。

1. 投资银行债券承销业务既来自于经济原因，也来自于法律原因。

2. 公司债券承销方式包括包销或者代销方式。

3. 公司债券投资者分为普通投资者和专业投资者。

4. 债券发行方案涉及债券发行金额、债券发行方式、债券发行期限、债券还本付息方式、债券增信机制、选择性条款、债券票面利率、债券定价等。

5. 与股票发行一样，公司债券的发行需要履行注册程序。

拓展阅读

1. 为更多地了解债券承销，参阅：

BUTLER W A. Distance still matters: evidence from municipal bond underwriting [J]. The Review of Financial Studies, 2008, 21 (2): 763-784.

YASUDA A. Do bank relationships affect the firm's underwriter choice in the corporate-bond underwriting market？[J]. The Journal of Finance, 2005, 60 (3): 1259-1292.

SANTIAGO V C, J P S C, FRANCISCO F R. The impact of lending relationships on the choice and structure of bond underwriting syndicates [J]. Journal of International Financial Markets, Institutions and Money, 2021 (74) 101403.

2. 为更详细地了解债券承销成本，参阅：

LOUIS H. EDERINGTON. Uncertainty, competition, and costs in corporate bond under-writing [J]. Journal of Financial Economics, 1975, 2 (1): 71-94.

SORENSEN H E. The impact of underwriting method and bidder competition upon corporate bond interest cost [J]. The Journalof Finance, 1979, 34 (4): 863-870.

MICHAEL D JOEHNK, DAVID S KIDWELL. A look at competitive and negotiated under-writing costs in the municipal bond market [J]. Public Administration Review, 1980, 40 (3): 222-225.

IANNOTTA G, NAVONE M. Which factors affect bond underwriting fees? the role of banking relationships [J]. European Financial Management, 2008, 14 (5): 944-961.

LIVINGSTON M, WILLIAMS G. Drexel burnham lambert's bankruptcy and the subsequent decline in underwriter fees [J]. Journal of Financial Economics, 2006, 84 (2): 472-501.

3. 为更多地了解投资银行声誉对债券承销的影响，参阅：

RAJESH P NARAYANAN, KASTURI P RANGAN, NANDA K RANGAN. The effect of private-debt-underwriting reputation on bank public-debt underwriting [J]. The Review of Financial Studies, 2007, 20 (3): 597-618.

FANG H L. Investment bank reputation and the price and quality of underwriting services [J]. The Journal of Finance, 2005, 60 (6): 2729-2761.

4. 为更详细地了解承销团在债券承销中的作用及影响，参阅：

SHIVDASANI A, SONG W. Breaking down the barriers: competition, syndicate structure, and underwriting incentives [J]. Journal of Financial Economics, 2010, 99 (3): 581-600.

NARAYANAN P R, RANGAN P K, RANGAN K N. The role of syndicate structure in bank underwriting [J]. Journal of Financial Economics, 2004, 72 (3): 555-580.

SANTIAGO C，FRANCISCO R，ANTHONY S. Underwritingbank bonds：Information sharing，certification and distribution networks［J］. Journal of Corporate Finance，2021（70）：102057.

思考与计算题

1. 什么是债券承销业务？

2. 有哪些债券承销业务场景？

3. 债券的承销方式有哪些？

4. 发行公司债券需要具备哪些条件？

5. 投资银行在债券承销中起到什么作用？

6. 计算题：

XYZ 公司 10 年期债券拟在银行间债券市场采取荷兰式招标发行，发行规模为 20 亿元。本期债券票面年利率为 Shibor 基准利率加上基本利差，Shibor 基准利率为公告日前 5 个工作日的一年期 Shibor（1Y）利率的算术平均数 2.19%。表 5-2 是各个投标机构的投标情况。

表 5-2　各个投标机构的投标情况

投标机构	投标金额/亿元	投标收益率/%
A	2.5	4.57
B	3.0	4.69
C	4.5	4.76
D	3.0	4.83
E	4.5	4.92
F	5.0	5.00
G	6.0	5.14
H	5.0	5.21

计算：

（1）最终中标利率、基本利差。

（2）各个投标的最终认购金额及投标利率。

（3）整个债券发行的认购倍数。

第六章
投资银行并购业务

➤学习目标

在并购相关概念及理论背景基础上，掌握投资银行并购业务的概念、内容以及业务的技术细节。

➤学习内容

- ■公司重组的形式与并购类型
- ■并购相关理论
- ■投资银行并购业务的概念及内容
- ■企业并购的操作程序
- ■并购交易过程技术细节

➤导入案例

谈起杠杆收购，就不得不提及 20 世纪 80 年代美国雷诺兹－纳贝斯克（RJR Nabisco）收购案。这笔被称为"世纪大收购"的交易以 250 亿美元的收购价震惊世界，成为当时规模最大的一桩杠杆收购案。

这场收购"战役"主要在雷诺兹－纳贝斯克公司和著名的收购公司 KKR（Kohlberg Kravis Roberts & Co.）之间展开。由于收购规模巨大，其中不乏摩根士丹利、第一波士顿等这样的投资银行和金融机构的直接或间接参与。"战役"的发起方是以罗斯·约翰逊为首的雷诺兹－纳贝斯克公司高层管理者，他们认为公司当时的股价被严重低估。1988 年 10 月，管理层向董事局提出管理层收购公司股权建议，收购价为每股 75 美元，总计收购额 170 亿美元。虽然约翰逊的出价高于当时公司股票 53 美元/股的市场价格，但公司股东对此却并不满意。不久，华尔街的"收购之王"KKR 公司加入这次争夺。

经过 6 个星期的激战，最后 KKR 胜出，收购价达到每股 109 美元，收购总金额为 250 亿美元。此次收购中，KKR 本身动用的资金仅 1 500 万美元，而其余 99.94% 的资金是通过垃圾债券大王迈克尔·米尔肯发行垃圾债券筹得的。

资料来源：德润资本，2017-10-27。

启发问题：

1. 企业之间为什么出现并购行为？
2. 投资银行在并购过程中发挥了什么作用？

第一节　公司重组的形式与并购类型

一、公司重组形式

并购是资本运动的高级形式。通过并购，一家企业可以快速壮大，或者跨行进入另外一个产业。美国著名经济学家、诺贝尔经济学奖获得者乔治·斯蒂格勒指出，没有一家美国大公司不是通过并购成长起来的。比并购范围更广的是公司重组的概念。所谓公司重组（restructuring），是指在市场经济条件下企业产权、控制权和资产的重新组合或分离等体现资本运作和价值管理的行为，是企业经营管理的高级层次。

公司重组不仅包括企业的扩张，还包括企业的收缩、公司控制和所有权变更等多种形式。按照威斯通等（1999）的分类方法，常见的企业重组形式可归纳为表 6-1。

表 6-1　公司重组形式

扩张（expansion）	兼并与收购（merger and acquisition）
	联营（joint venture）
出售（sell-offs）	分立（spin-offs）
	资产剥离（divesture）
	股权剥离（equity carve-out）
公司控制（corporate control）	溢价购回（premium buy-backs）
	停滞协议（standstill agrement）
	反接管条款修订（anti-takeover amendments）
	代表权争夺（proxy contests）
所有权结构变更（changes in ownership structure）	交换发盘（exchange offers）
	股票回购（share repurchase）
	私有化（going private）

资料来源：威斯通，郑光，苏姗. 兼并、重组与公司控制 [M]. 唐旭，等译. 北京：经济科学出版社，1999.

1. 扩张

（1）兼并与收购

兼并与收购，简称并购（merger and acquisition，M&A），包括兼并（mergers）与收购（acquisition）两层意思。兼并（merger），是指一个企业吸收、整合另外一个企业，发起兼并的企业保持其名称和身份，被兼并企业的法律主体地位消失，即旧 A+B＝新 A，类似于我国《公司法》提到的"吸收合并"。与兼并密切相关的是合并（consolidation）的概念，但合并是指两家企业资产和负债的联合，不仅包括吸收合并，还包括新设合并。新设合并是指两家企业合并成为一个新的企业，即 A+B＝C。这意味着合并的概念大于兼并的概念。

收购（acquisitions）是指一个企业对另一个企业股权或资产的购买行为，收购的目的在于获得另一个企业的控制权。收购之后，被收购企业可能被合并到收购企业，也可能作为收购企业的一个控股公司而存在[①]。

《证券法》（2019 修订）第六十二条规定：投资者可以采取要约收购、协议收购及其他合法方式收购上市公司。《上市公司重大资产重组管理办法》（2023）第十二条规定，上市公司及其控股或者控制的公司购买、出售资产，达到下列标准之一的，构成重大资产重组：①购买、出售的资产总额占上市公司最近一个会计年度经审计的合并财务会计报告期末资产总额的比例达到50%以上；②购买、出售的资产在最近一个会计年度所产生的营业收入占上市公司同期经审计的合并财务会计报告营业收入的比例达到50%以上，且超过 5 000 万元人民币；③购买、出售的资产净额占上市公司最近一个会计年度经审计的合并财务会计报告期末净资产额的比例达到50%以上，且超过 5 000 万元人民币。

（2）联营

联营指两个或更多企业为了谋求共同利益和整合资源，同意为一个特定经营项目进行经营合作。相对于联营，兼并与收购是更为常见的企业扩张方式。

2. 出售

（1）分立

分立（spin-offs）指从母公司创造出一个新的法律实体，其股份按比例分配给现有股东，新的法律实体可能会采取与母公司不同的经营策略。从某种意义上讲，分立是公司向现有股东支付股息的一种形式。

分立包括两种变形：子股换母股（split-offs）和完全析产分股（splits-up）。子股换母股指母公司部分股东的股票与子公司的股票进行交换，从而实现母公司资产和股东结构的双分离。完全析产分股是指整个企业分离成一系列分立的子公司，母公司不复存在。

（2）资产剥离

资产剥离（divestiture）是指母公司将企业的一部分出售给外部第三方，进行剥离的企业将得到现金或与之相关的报酬。

---

① 后文所说的并购主要指收购。

（3）股权剥离

股权剥离（equity carve-out）是指企业将一部分权益通过发行股票的方式出售给外部人士，以此将企业部分资产分离出去。

3. 公司控制

（1）溢价购回

这是指以高于市场价格的价格购回重要股东的所有权益，主要用于袭击者的反收购手段。

（2）停滞协议

在股票回购的同时，通常还需要签订一份停滞协议。停滞协议是一份自愿的协议，协议规定股份被收购的股东不再进一步收购公司。

（3）反接管条款修订

这是指对公司章程进行修改，设置反收购条款，从而增加收购的难度。

（4）代表权争夺

是指外部集团试图在企业的董事会中获得代表席位，试图削弱现有董事会的控制地位。

4. 所有权结构变更

（1）交换发盘

这是指以债权或优先股交换普通股，或相反以普通股交换优先级的要求权。交换发盘是公司在资产结构不变的情况下改变其资本结构的一种方法。

（2）股票回购

指公司买回其发行在外的普通股。如果回购股票占总股本比较较大，而另一些股东并没有减少所持股份，其结果可能改变企业的控制权结构。

（3）私有化

上市公司的私有化，指一个规模较小的投资人集团收购原来公开上市公司的全部权益，从而使企业不再受证券监督管理委员会的监管。私有化主要包括管理层收购（MBO）和杠杆收购（LBO）。管理层收购指管理层取得大部分所有者权益，杠杆收购指收购者通过举债的方式收购公众公司的股票或资产。

二、并购的类型

根据不同的标准，并购分为不同的类型：

1. 协议收购与要约收购

协议收购是指收购公司事前与目标公司股东、董事会或管理层进行磋商、谈判，双方就收购条件、价格、期限等事项达成协议。协议收购所涉及的股权转让一般采取场外转让的方式。要约收购是指有收购意图的收购者向目标公司的所有股东发出要约的收购方式。与协议收购不同的是，它不需要事先征得目标公司管理层的同意。

《证券法》（2019 修订）第六十五条规定，通过证券交易所的证券交易，投资者持有或者通过协议、其他安排与他人共同持有一个上市公司已发行的有表决权股份达到30%时，继续进行收购的，应当依法向该上市公司所有股东发出收购上市公司全部或者部分股份的要约。收购上市公司部分股份的要约应当约定，被收购公司股东承诺出售的股份数额超过预定收购的股份数额的，收购人按比例进行收购。

2. 友好收购与恶意收购

根据并购的手段和态度，并购分为友好收购与恶意收购。友好收购是指兼并的各项事宜由收购企业与被收购企业事前通过友好协商的方式确定。恶意收购是指收购方不顾收购方的意愿而强行进行的收购。恶意收购有两种常用手段：收购股票委托书和收购股票。友好收购一般是协议收购，恶意收购一般采取要约收购方式。

小资料 6-1：华尔街之狼——卡尔·伊坎

卡尔·伊坎（Carl Icahn），有人称他为"激进投资人""维权投资者"，也有人称他为"吸血鬼"。1985 年，卡尔·伊坎因对环球航空公司（TWA）漂亮的恶意收购，让自己成为"企业掠夺者"一词的代言人。1985 年，伊坎发现刚刚完成业务拆分的环球航空公司的控制权存在漏洞，于是找到了一批资金雄厚的合作伙伴悄悄抄底该公司股票，此时该公司每股的价格只有 10 美元。当伊坎的持股量临近 5% 的披露界限时，他突然开始加码，短短数日将持股比例提高至 16%。看到这样的情况，华尔街其他投资人随即跟进，于是股价飙升至每股 19 美元。当环球航空意识到情况不妙时，便向纽约联邦法院提起诉讼，但伊坎并未就此停手，他一边打官司，一边将持股量提升至 52% 以上，快速完成了对环球航空的绝对控股。1988 年，伊坎通过环球航空私有化交易获利 4.69 亿美元，但却给该公司留下了 5.4 亿美元的巨额债务，之后他又作价 4.45 亿美元变卖了 TWA 最有价值的"美国—伦敦"航线。

资料来源："华尔街之狼"伊坎，美国商界最令人恐惧的企业掠夺者，腾讯网，2020-09-18。

3. 横向并购、纵向并购与混合并购

根据并购双方的产业关系，并购分为横向并购、纵向并购与混合并购。横向并购（horizontal merger）是指同一个产业或行业之间的并购，比如 A 航空公司对 B 航空公司的并购。横向并购主要是为了追求规模经济效应。纵向并购（vertical merger）指上下游企业之间的并购，比如钢铁企业对矿山企业的并购，纵向并购主要目的是追求企业生产经营的纵向一体化，降低交易成本。混合并购（conglomerate merger）是指生产和经营彼此没有关联的企业之间的并购，主要目的是实现多元化经营，分散企业经营风险。

4. 战略收购、财务收购和混合收购

根据并购的战略考量，并购分为战略收购、财务收购和混合收购。战略收购是指出于企业发展战略的需要而发生的并购。比如为了组建腾讯音乐，2016 年 7 月腾讯控股收购了中国音乐集团。财务收购是指为了追求现实财务利益而发生的收购，财务利益机会包括被收购企业的价格低于其资产价值、被收购企业存在大量现金、被收购企业可以帮助避税等。混合收购则可能基于以上两种目的。

5. 现金收购、换股收购和混合支付收购

根据并购支付手段的不同，并购分为现金收购、换股收购和混合支付收购。现金收购是指全部采用现金支付并购标的收购，这种方式对收购企业的现金储备或筹资能力要求较高。换股收购是指用收购企业的股票来进行支付的并购。混合收购是指使用了现金、股票、期权等多种支付手段的并购。

小资料 6-2：美国历史上的五次并购浪潮

1. 第一次并购浪潮

美国第一次并购浪潮发生在 1897—1904 年，并购类型主要是横向并购。据美国全国经济研究局 Ralph Nelson 教授的研究，金属、食品、石化产品、化工、交通设备、金属制产品、机械、煤炭这 8 个行业最为活跃。在这一阶段，J. P. 摩根创建的美国钢铁公司通过收购安德鲁·卡内基创办的卡内基钢铁公司等 785 家独立竞争对手公司，最后形成了钢铁巨人——美国钢铁集团。它的产量曾一度占美国钢铁行业生产总量的 75%。此外，这一阶段还诞生了杜邦、标准石油、通用电气、柯达、美国烟草公司以及航星国际等著名公司。

2. 第二次并购浪潮

第二次并购浪潮发生在 1916—1929 年。第二次并购浪潮的并购类型主要是纵向并购。比如通用汽车。1918 年该公司成为美国最大的汽车公司，之后通过一系列的并购，整合了与汽车相关的多项业务。在阿尔弗雷德·斯隆接任董事长职位后直至 1929 年，公司又进行了多次并购，继续收购为通用汽车提供零部件的公司。自此，通用汽车成为一家实力超群的企业。

投资银行在第二次并购浪潮中起到主导作用。因为在第二次并购浪潮中的很多并购是通过融资实现的，而融资往往需要投资银行作为中介。

3. 第三次并购浪潮

美国的第三次并购浪潮发生 1965—1975 年。与前两次并购浪潮不同，这次并购以混合并购为主导。据统计，在 1965—1975 年，混合并购占到并购交易总量的 80%。在此时期形成了许多综合性企业，如 LTV 公司、Litton 产业公司和美国国籍电话电报公司（ITT）。1974 年 7 月 18 日国际镍业公司宣布以每股 28 美元的价格收购 ESB 所有发行在外的股份，开启了敌意收购的先例。

4. 第四次并购浪潮

美国第四次并购浪潮发生在 1981—1989 年，这是美国二战后经济景气持续最长的一个时期。由于投资银行的大力推动，杠杆收购在第四次并购浪潮中非常盛行。在这一时期，投资银行和律师事务所的并购专家们设计出许多主动并购或防御并购的创新技术和策略，深受目标公司或收购公司欢迎。并购业务给投资银行带来了丰厚利润，咨询费用达到了史无前例的水平。

敌意收购是这一阶段的主要收购类型。敌意收购最活跃的领域是石油、石化、医药和医疗设备、航空和银行业。其中石油、石化行业占并购总价值的 21.6%。随着国际化进程的推进，第四次并购浪潮中既有美国公司收购他国公司，也有他国公司收购美国公司。一个经典案例是 1987 年英国石油公司以 78 亿美元收购美国标准石油公司。

5. 第五次并购浪潮

第五次并购浪潮发生在 1992—2000 年。这一时期的并购主要是跨国并购，其中既有发达国家对发展中国家企业的并购，也有发展中国家对发达国家企业的并购。其特点之一是并购对象的行业分布相当广泛，涉及行业主要包括电信、金融、汽车、医药、传媒及互联网，新兴行业与传统行业的融合也是本轮并购的亮点之一；其特点之二是并购个案金额巨大。汽车领域的著名并购案例包括戴姆勒—奔驰并购克莱斯勒、福特并购沃尔沃、雷诺收购日产、通用并购菲亚特、戴姆勒—奔驰并购三菱，通用收购大宇等。

资料来源：根据 ipo 观察等公开资料整理。

小资料 6-3：中国企业并购历程

1. 商品经济时期（1984—1989 年）

这一时期是我国经济从计划经济体制向市场经济体制转型的时期。当时很多国有企业存在严重亏损问题，于是政府提出以大带小、以优补劣、用优势企业收购经营困难企业的变革思路。从 1986 年开始，全国多地开始了对企业并购的探索。1988 年，武汉市成立了第一家企业产权转让市场。同年，全国多个城市也建立了产权交易市场。产权交易市场的建立为我国企业并购提供了一个便捷的渠道，有效促进了企业并购活动的发展。据统计，在此期间全国 25 个省（区、市）和 13 个计划单列市共有 6 226 家企业兼并了 6 966 户企业，转移存量资产 82.25 亿元，减少亏损企业 4 095 户，减少亏损金额 5.22 亿元。

2. 转轨时期（1992—2001 年）

1992 年，党的十四大提出建立社会主义市场经济体制，国企改革从此进入建立现代企业制度新阶段。1993 年《中华人民共和国公司法》正式颁布，为我国企业建立现代企业制度奠定了法律基础。1993 年，深圳宝安集团通过证券交易市场收购上海延中实业的股份，成为中国上市公司并购第一案。1998 年，辽宁盼盼集团开创了我国要约收购的先河。据上交所统计，从 1993 年到 2002 年，共发生股权转让 5 300 起，涉及公司约 800 家，涉及金额 270 亿元，通过股权转让造成控制权发生变更的企业有 300 家。1999 年，管理层收购理念引入我国。同年，四通公司实行了管理层收购，被视为国内第一家成功实现管理层收购的企业。

3. 规范化时期（2002—2012 年）

在这一时期，政府出台了大量法律法规对并购市场进行规范。2002 年，为提高上市公司并购效率和质量，中国证监会发布了《上市公司收购管理办法》（证监会令第 10 号）。2005 年，国资委和财政部联合颁布《企业国有产权向管理层转让暂行规定》，对管理层收购进行规范。2008 年，证监会通过《上市公司重大资产重组管理办法》。同年，银监会推出《商业银行并购贷款风险管理指引》。2010 年，为充分发挥资本市场对企业并购的推动作用，国务院印发《国务院关于促进企业兼并重组的意见》。2011 年，证监会颁布《关于修改上市公司重大资产重组与配套融资相关规定的决定》，提出"鼓励上市公司以股权、现金及其他金融创新方式作为兼并重组的支付手段"。这一决定促进了产业并购基金模式的发展。

这一阶段并购的特征主要包括：①继四通公司实行管理层收购后，管理层收购一度成为国有企业改制的热点。据统计，到 2003 年，我国上市公司中有 200 多家积极探索管理层收购；②国资委正式成立后，着力推进央企重组整合。2006 年，国资委发文设定目标 2003 年通过央企并购重组打造 30~50 家具有国际竞争力的企业。到 2007 年，通过央企有效并购整合，央企数量从 2003 年的 196 家减至 155 家，有 16 家央企进入了世界 500 强；③从 2008 年开始，中化、中石油、中石化、中海油、国家电网等大型央企纷纷进行跨国并购，拓展业务版图。2008 年，中铝公司成功并购同属世界 500 强的力拓英国，极大增强了国内企业出国并购的信心。2010 年，民企吉利集团从福特公司手中收购沃尔沃品牌，获得沃尔沃公司 100% 的控制权。2012 年，中海油以 151 亿美元收购加拿大能源公司尼克森，成为当时有史以来最大金额的跨国并购案。

4. 新发展阶段（2013 年至今）

2013 年，党的十八届三中全会通过《中共中央关于全面深化改革若干重大问题的决定》，提出"国有资本、集体资本、非公有资本等交叉持股、相互融合的混合所有制经济，是基本经济制度的重要实现形式"，明确了"发展混合所有制经济"的改革路径。2015 年，《国务院关于国有企业发展混合所有制经济的意见》发布，明确提出在电力、石油、天然气、铁路、民航、电信等领域，开展混合所有制改革（简称"混改"）试点示范。国企混改采取的主要办法为员工持股、引入基金、引入战略投资者、开放式改制重组等方式，为并购市场带来了机会。例如，中国联通在 2017 年通过混改引入包括腾讯、阿里巴巴、百度、京东在内的多家战略投资者，被称为此轮央企混改"第一个吃螃蟹的人"。截至 2016 年，央企及其下属子公司混改达 92%。到 2017 年，混改涵盖了中央企业和地方国企，实现了七大领域全覆盖。

2014 年，《上市公司重大资产重组管理办法》（2014）规定，鼓励依法设立的并购基金、股权投资基金、创业投资基金、产业投资基金等投资机构参与上市公司并购重组。据统计，2015 年至 2017 年，产业并购基金每月诞生 18.2 只，约 410 家公司设立了473 只产业并购基金，基金总规模达 7 642 亿元。产业并购基金在企业并购活动中越来越活跃。

2013 年，习近平主席先后提出共建丝绸之路经济带和 21 世纪海上丝绸之路重大倡议。2015 年，国家发展改革委、外交部、商务部联合发布《推动共建丝绸之路经济带和 21 世纪海上丝绸之路的愿景与行动》。"一带一路"建设对中国企业并购产生了巨大影响。2017 年，中国企业在"一带一路"共建地区并购金额达 461 亿美元，创历史新高。随后，受地缘政治、标的国债务危机等因素的影响，"一带一路"并购规模有所下滑。

资料来源：黄德江，夏万江. 中国企业并购发展历程［EB/OL］.（2023-12-30）［2024-1-10］.https://www.cssn.cn/jjx_jjxp/202312/t20231220_5719878.shtml.

第二节　并购理论

一、并购动机理论

1. 效率理论

效率理论通过并购给企业带来的积极后果解释了并购发生的原因。效率理论有效率差异理论、经营协同效应理论、经营多样化理论等。

（1）效率差异理论。该理论认为，在现实经济生活中，企业经营管理效率存在高低之分，因而可能出现高效率的企业收购低效率的企业，进而通过提高被收购企业的效率来实现潜在利润的情况。从这个意义来说，并购不仅给收购者带来了利益，也带来了社会效益的提高。

（2）经营协同效应理论。该理论从规模经济、范围经济的角度解释并购的原因，认为通过并购，企业可以实现规模经济，从而降低单位产品成本。据调查，西方企业中有 18% 企业承认其合并动机与规模经济有关。一些学者对银行兼并的研究表明，在收购的基础上削减成本是 20 世纪 90 年代银行兼并的主要原因。

此外，经营协同效应理论还认为通过纵向兼并，企业之间的交易关系转为内部交易关系，减小了交易费用。其中比较著名的是 Grossman（1986）、Hart 和 Moore（1990）的研究。他们基于不完全契约理论，认为纵向并购降低了上下游企业之间的交易费用，从而解释了企业的边界及纵向并购产生的原因。

（3）经营多样化理论。该理论认为通过并购可以实现经营业务的多元化，减少企业经营的不确定性和避免破产风险，保护了企业的组织资本和声誉资本。

（4）财务协同效应。该理论认为兼并是为了实现财务协同。企业之间的互补性不是管理能力方面的，而是在投资机会和内部现金流方面。比如成熟企业与成长企业兼并之后，成熟企业充裕的现金流可流向成长企业，从而实现资金在企业内部资本市场的重新配置。

2. 战略动机理论

（1）通过收购进入新行业。该理论认为，收购某一新行业的现成企业，可以降低企业进入新行业的壁垒，从而快速进入该行业。比如宝洁公司收购查明造纸公司后，从而得以快速开发纸尿布、纸巾等高度关联的产品。

（2）获得快速发展。企业自身滚动发展十分缓慢，而收购是企业快速扩张的重要途径。

3. 财务动机理论

（1）价值低估理论。该理论认为并购发生的原因在于：在目标企业的股票价值被低估即 Tobin's $q<1$ 时，收购企业通过收购目标企业的股票来获得资产，要比重置相关

资产更便宜，来增加股东的价值①。

（2）税收驱动理论。该理论认为，并购是出于节税的考虑。这是因为，企业合并重组后，通过亏损递延条款的规定可以实现合理避税：对于在一年中出现的亏损，该企业不但可以免付当年所得税，其亏损还可以向后递延，从而降低以后年度的所得税。

4. 市场力量理论

该理论认为，企业并购的动因是提高市场占有率，减少市场竞争，以增加企业长期获利的机会。企业通过横向并购可以减少竞争对手，增加自身的市场份额或巩固垄断地位。在这种情况下，并购对企业有利，但对社会不利。

5. 狂妄假说和管理主义理论

狂妄假说（hubris hypothesis）认为，在有效的市场里，公司的市场价格已经反映了其内在价值，并购的原因在于管理层的狂妄自大。正是这个原因导致管理层高估目标企业的价值和并购的协同效应。管理主义理论认为，并购的原因是满足管理者控制公司以增加自身报酬和降低职业风险的动机。依照这两种观点，并购并不能为公司带来价值。

小资料6-4：并购效果

美国《商业周刊》发现，75%的企业收购和兼并是完全失败的。毕马威、埃森哲和麦肯锡的研究发现，并购后六至八个月的时间里，50%的企业生产率下降；并购后一年内，47%的并购企业的高管人员离开公司；并购后三年的时间内，62%的企业出现零增长。从全球统计范围来看：企业并购失败的概率超过50%；在中国，企业并购失败的概率可能超过60%，跨国并购失败的概率超过80%。国资委研究中心、商务部研究院等联合发布的《中国企业海外可持续发展报告2015》显示，完成海外并购的中国企业有13%盈利可观，基本盈利的有39%，有24%处于持平状态，有24%处于亏损状态②。

资料来源：根据公开资料整理。

二、并购是否创造价值

假设并购前 A 公司价值为 V_A，B 公司价值为 V_B，并购后的价值为 V_{AB}，则并购后协同效应产生的价值 S 为：

$$S = V_{AB} - (V_A + V_B) = \sum_{t=1}^{T} \frac{\Delta CF_t}{(1+r)^t} \qquad 式（6.1）$$

上式中，r 表示贴现率，ΔCF_t 表示净增现金流，包括净增收入、净增运营费用、净增税收和净增投资四个部分，即：

$$\Delta CF_t = \Delta R_t（并购增加的收入）- \Delta C（增加的运营费用）- \Delta T（增加的税收）- \Delta I（新增运营资本和固定资产）$$

根据效率理论、战略理论、财务动机理论、市场力量理论，因为收入上升、成本下

---

① 美国经济学家托宾（James Tobin）于1969年提出了一个著名的"托宾 q"系数（也称托宾 q 比率，Tobin's q）。该系数等于企业股票市值对股票所代表的资产重置成本的比值。

② 资料来源：人民网，http://capital.people.cn/n1/2016/1104/c405954-28834977.html。

降、税负降低、资金成本减少等原因，并购将获得正的协同效应价值，即 $S>0$。但根据狂妄假说和管理主义理论，并购并不能带来更多的协同效应价值，即 $S<0$。Jarrell 和 Poulsen（1987）的实证研究发现，被收购方的股东一般可以获得正的超额收益，而收购方收益可能为正，也可能为负。Andrade 等（2002）发现收购方与被收购方的总收益均显著为正，说明并购创造了价值。

例 6-1：协同效应价值的计算

假设并购前 A 公司价值为 50 000 万元，B 公司价值为 40 000 万元，A 公司吸收合并 B 公司后，每年新增现金流 2 000 万元，运营费用降低 1 000 万元，税收减少 200 万元，运用资本投入减少 100 万元。假设每年资金贴现率为 10%。并购后协同效应所产生的价值是多少？

解：并购后每年产生的现金流增量 $\Delta CF = 2\ 000 + 1\ 000 + 200 + 100 = 3\ 300$ 万元，并购后协同效应价值 $S = \dfrac{3\ 300}{10\%} = 33\ 000$ 万元。

三、要约收购悖论与大股东并购模型

1. Grossman 和 Hart 的要约收购悖论

Grossman 和 Hart（1980）提出了在"收购者与被收购者之间存在信息不对称时，要约收购不可能成功"的悖论。其理由是：如果收购者收购后能提升公司的价值，而增值的程度只有它自己知道。此时，目标公司小股东的策略是不卖出自己的股份，而是希望别人卖出，以达到搭便车的目的。如果所有小股东都这样想，将会出现没有人卖出股票的情况，于是收购者将无法获得足够的股票份额，收购失败。

2. Shleifer 和 Vishny 的大股东并购模型

Shleifer 和 Vishny（1986）证明，大股东的存在将有利于成功地实现并购，克服信息不对称情况下小股东搭便车的问题。他们的模型解决了 Grossman 和 Hart（1980）提出的悖论，同时也提供了公司控制权理论的一个基本模型。

第三节　企业并购的操作程序

一、对上市公司的并购程序

上市公司已经在证券市场挂牌交易，拥有股票再融资通道。对普通企业来说，通过并购上市公司[①]，可以快速进入资本市场，实现借壳上市。对上市公司来说，通过股东的更换，可以引入新的资源，提高公司的业绩。国家对正常的上市公司并购行为持开放态度。《上市公司收购管理办法》（2020）第五条规定，收购人可以通过取得股份的方

———————————

① 下面的内容主要指收购。

式成为一个上市公司的控股股东，可以通过投资关系、协议、其他安排的途径成为一个上市公司的实际控制人，也可以同时采取上述方式和途径取得上市公司控制权。收购人包括投资者及与其一致行动的他人。除各类实体企业外，国家也鼓励各类金融资本参与对上市并购。《上市公司重大资产重组管理办法》（2023）第十条规定，鼓励依法设立的并购基金、股权投资基金、创业投资基金、产业投资基金等投资机构参与上市公司并购重组。

1. 并购决策

对上市公司的并购，无论对并购企业还是被并购企业都是重要的决策。对并购企业而言，其优点在于：通过并购可以实现借壳上市，然后获得融资的渠道。其缺点在于：上市后面临着承担信息披露的义务和资本市场对业绩的压力。此外，还面临并购后企业与原企业财务、人事等方面整合不成功的风险，因此并购企业需对并购行为做出审慎决策。

2. 选择目标企业

在上市公司中选择目标企业，除了一般考虑因素外，还应考察目标企业目前的股本大小、股本结构、目前股票价格等因素。股本适中、股本结构简单、股票价格低迷的公司是理想的收购目标。

3. 确定并购方案

对上市公司的收购方案涉及并购价格、支付工具、债务处理、员工安置、公司注册地选择、融资方案等交易细节问题。在收购方式上，面临协议收购与要约收购的问题。《证券法》（2019 修订）第六十二条规定，投资者可以采取要约收购、协议收购及其他合法方式收购上市公司。

（1）要约收购

《证券法》（2019 修订）第六十三条规定：通过证券交易所的证券交易，投资者持有或者通过协议、其他安排与他人共同持有一个上市公司已发行的有表决权股份达到 5% 时，应当在该事实发生之日起 3 日内，向国务院证券监督管理机构、证券交易所作出书面报告，通知该上市公司，并予公告，在上述期限内不得再行买卖该上市公司的股票，但国务院证券监督管理机构规定的情形除外。

投资者持有或者通过协议、其他安排与他人共同持有一个上市公司已发行的有表决权股份达到 5% 后，其所持该上市公司已发行的有表决权股份比例每增加或者减少 5%，应当依照前款规定进行报告和公告，在该事实发生之日起至公告后 3 日内，不得再行买卖该上市公司的股票，但国务院证券监督管理机构规定的情形除外。

《证券法》（2019 修订）第六十五条规定：通过证券交易所的证券交易，投资者持有或者通过协议、其他安排与他人共同持有一个上市公司已发行的有表决权股份达到 30% 时，继续进行收购的，应当依法向该上市公司所有股东发出收购上市公司全部或者部分股份的要约。收购要约约定的收购期限不得少于 30 日，并不得超过 60 日。

（2）协议收购

《证券法》（2019 修订）规定：以协议方式收购上市公司时，达成协议后，收购人必须在 3 日内将该收购协议向国务院证券监督管理机构及证券交易所作出书面报告，并予公告。在公告前不得履行收购协议。采取协议收购方式的，收购人收购或者通过协议、其他安排与他人共同收购一个上市公司已发行的有表决权股份达到30%时，继续进行收购的，应当依法向该上市公司所有股东发出收购上市公司全部或者部分股份的要约。但是，按照国务院证券监督管理机构的规定免除发出要约的除外。

为防止收购方进行投机炒作，《证券法》规定，在上市公司收购中，收购人持有的被收购的上市公司的股票在收购行为完成后的 18 个月内不得转让。

（3）间接收购

《上市公司收购管理办法》（2020）第五十六条规定，收购人虽不是上市公司的股东，但通过投资关系、协议、其他安排导致其拥有权益的股份达到或者超过一个上市公司已发行股份的 5% 未超过 30% 的，应当按照本办法的规定进行权益披露。

收购人拥有权益的股份超过该公司已发行股份的 30% 的，应当向该公司所有股东发出全面要约；收购人预计无法在事实发生之日起 30 日内发出全面要约的，应当在前述 30 日内促使其控制的股东将所持有的上市公司股份减持至 30% 或者 30% 以下，并自减持之日起 2 个工作日内予以公告；其后收购人或者其控制的股东拟继续增持的，应当采取要约方式。依据本办法规定免于发出要约的，应当按照相关规定办理。

第五十七条规定，投资者虽不是上市公司的股东，但通过投资关系取得对上市公司股东的控制权，而受其支配的上市公司股东所持股份达到前条规定比例、且对该股东的资产和利润构成重大影响的，应当按照前条规定履行报告、公告义务。

4. 方案报批

《上市公司收购管理办法》（2020）第四条规定，上市公司的收购及相关股份权益变动活动不得危害国家安全和社会公共利益。上市公司的收购及相关股份权益变动活动涉及国家产业政策、行业准入、国有股份转让等事项，需要取得国家相关部门批准的，应当在取得批准后进行。外国投资者进行上市公司的收购及相关股份权益变动活动的，应当取得国家相关部门的批准，适用中国法律，服从中国的司法、仲裁管辖。

第六条规定，任何人不得利用上市公司的收购损害被收购公司及其股东的合法权益。有下列情形之一的，不得收购上市公司：①收购人负有数额较大债务，到期未清偿，且处于持续状态；②收购人最近 3 年有重大违法行为或者涉嫌有重大违法行为；③收购人最近 3 年有严重的证券市场失信行为；④收购人为自然人，存在《公司法》第一百四十六条规定情形；⑤法律、行政法规规定以及中国证监会认定的不得收购上市公司的其他情形。

第十条规定，中国证监会对上市公司的收购及相关股份权益变动活动进行监督管理。中国证监会设立由专业人员和有关专家组成的专门委员会。专门委员会根据中国证监会职能部门的请求，就是否构成上市公司的收购、是否有不得收购上市公司的情形以及其他相关事宜提供咨询意见。中国证监会依法做出决定。

5. 方案执行

待证券监督管理部门批准后，正式实施对上市公司的并购方案。

二、上市公司重大资产重组程序

一般认为，资产重组是指企业资产的拥有者、控制者与企业外部的经济主体进行的，对企业资产的分布状态进行重新组合、调整、配置的过程，或对负在企业资产上的权利进行重新配置的过程，目标是提高资源要素的利用效率，最大限度实现资产增值。

根据《上市公司重大资产重组管理办法》（2023），上市公司及其控股或者控制的公司购买、出售资产，达到下列标准之一的，构成重大资产重组：①购买、出售的资产总额占上市公司最近一个会计年度经审计的合并财务会计报告期末资产总额的比例达到50%以上；②购买、出售的资产在最近一个会计年度所产生的营业收入占上市公司同期经审计的合并财务会计报告营业收入的比例达到50%以上，且超过5 000万元人民币；③购买、出售的资产净额占上市公司最近一个会计年度经审计的合并财务会计报告期末净资产额的比例达到50%以上，且超过5 000万元人民币。

上市公司并购重组会大致经历公司董事会形成并购重组方案、董事会决议、股东大会决议、交易所审核、证监会注册、方案实施六个步骤。

1. 公司董事会形成并购重组方案

资产重组决策包括资产购买决策和资产出售决策。如果是资产购买计划，应就收购目标、收购价格、支付工具、债务处理、员工安置、公司注册地选择等交易细节提出方案。如果是出售计划，应就出售资产标的、出售价格等交易细节提出方案。并购重组方案的基本原则是寻求收购方、被收购方、股东、债务人、员工及地方政府等多方共赢。上市公司应当购买有利于公司成本降低、效益增加的资产，出售不产生效益或效益为负的资产。无论出售资产还是购买资产，应着眼于股东价值的最大化。

《上市公司重大资产重组管理办法》（2023）第十一条规定，上市公司实施重大资产重组，应当就本次交易符合下列要求作出充分说明，并予以披露：①符合国家产业政策和有关环境保护、土地管理、反垄断、外商投资、对外投资等法律和行政法规的规定；②不会导致上市公司不符合股票上市条件；③重大资产重组所涉及的资产定价公允，不存在损害上市公司和股东合法权益的情形；④重大资产重组所涉及的资产权属清晰，资产过户或者转移不存在法律障碍，相关债权债务处理合法；⑤有利于上市公司增强持续经营能力，不存在可能导致上市公司重组后主要资产为现金或者无具体经营业务的情形；⑥有利于上市公司在业务、资产、财务、人员、机构等方面与实际控制人及其关联人保持独立，符合中国证监会关于上市公司独立性的相关规定。⑦有利于上市公司形成或者保持健全有效的法人治理结构。

第十九条规定，上市公司应当在重大资产重组报告书的管理层讨论与分析部分，就本次交易对上市公司的持续经营能力、未来发展前景、当年每股收益等财务指标和非财务指标的影响进行详细分析；涉及购买资产的，还应当就上市公司对交易标的资产的整合管控安排进行详细分析。

2. 董事会决议

《上市公司重大资产重组管理办法》（2023）第二十一条规定，上市公司进行重大资产重组，应当由董事会依法作出决议，并提交股东大会批准。上市公司董事会应当就重大资产重组是否构成关联交易作出明确判断，并作为董事会决议事项予以披露。

上市公司独立董事应当在充分了解相关信息的基础上，就重大资产重组发表独立意见。重大资产重组构成关联交易的，独立董事可以另行聘请独立财务顾问就本次交易对上市公司非关联股东的影响发表意见。上市公司应当积极配合独立董事调阅相关材料，并通过安排实地调查、组织证券服务机构汇报等方式，为独立董事履行职责提供必要的支持和便利。

第二十二条规定，上市公司应当在董事会作出重大资产重组决议后的次一工作日至少披露下列文件：①董事会决议及独立董事的意见；②上市公司重大资产重组预案。

3. 股东大会决议

并购重组是公司重大经营决策，需要达到股东大会的批准。《上市公司重大资产重组管理办法》（2023）规定，上市公司进行重大资产重组，应当由董事会依法作出决议，并提交股东大会批准。上市公司董事会应当就重大资产重组是否构成关联交易作出明确判断，并作为董事会决议事项予以披露。

上市公司独立董事应在充分了解相关信息的基础上，就重大资产重组发表独立意见。重大资产重组构成关联交易的，独立董事可以另行聘请独立财务顾问就本次交易对上市公司非关联股东的影响发表意见。

上市公司股东大会就重大资产重组作出的决议，至少应当包括下列事项：①本次重大资产重组的方式、交易标的和交易对方；②交易价格或者价格区间；③定价方式或者定价依据；④相关资产自定价基准日至交割日期间损益的归属；⑤相关资产办理权属转移的合同义务和违约责任；⑥决议的有效期；⑦对董事会办理本次重大资产重组事宜的具体授权；⑧其他需要明确的事项。

上市公司股东大会就重大资产重组事项作出决议，必须经出席会议的股东所持表决权的2/3以上通过。上市公司重大资产重组事宜与本公司股东或者其关联人存在关联关系的，股东大会就重大资产重组事项进行表决时，关联股东应当回避表决。

4. 交易所审核

证券交易所设立并购重组委员会审议上市公司发行股份购买资产申请，提出审议意见。

认为符合相关条件和要求的，将审核意见、上市公司注册申请文件及相关审核资料报中国证监会注册；认为不符合相关条件和要求的，做出终止审核决定。上市公司收到中国证监会就其申请做出的予以注册或者不予注册的决定后，应当在次一工作日予以公告。

5. 证监会注册

《上市公司重大资产重组管理办法》（2023）第八条规定，中国证监会依法对上市公司重大资产重组行为进行监督管理。第二十八条规定，中国证监会收到证券交易所报送的审核意见等相关文件后，依照法定条件和程序，在15个工作日内对上市公司的注册申请作出予以注册或者不予注册的决定，按规定应当扣除的时间不计算在本款规定的时限内。中国证监会基于证券交易所的审核意见依法履行注册程序，发现存在影响重组条件的新增事项，可以要求证券交易所问询并就新增事项形成审核意见。

6. 方案执行

上市公司重大资产重组完成相关批准程序后，应当及时实施重组方案，并于实施完毕之日起 3 个工作日内编制实施情况报告书，向证券交易所提交书面报告，并予以公告。

小知识 6-1：收购防御策略

一、防止成为目标公司的防御策略

1. 公司章程

目标公司通过修改公司章程，来增加并购企业的收购难度。具体措施有：①交错董事会（staggered boards of directors）。这是指公司将董事会成员的任期错开，公司每年只能改选很小比例的董事。这样即使收购方取得了多数控股权，也难以在短时间内改组公司董事会或管理层。②超级多数条款（supermajority provisions）。约定兼并等类似的重大决议所需投票权的比例。比如规定公司被收购必须取得 2/3 或 80% 的投票权，有时投票权甚至会高达 95%。这样，若公司管理层和员工持有公司相当数量的股票，即使收购方控制了剩余的全部股票，收购也难以完成。

2. 金降落伞

金色降落伞（golden parachutes）是目标公司与管理层之间的补偿协议，规定在目标公司被收购的情况下，高层管理人员无论是主动还是被迫离开公司，都可以领到一笔巨额的安置费。

3. 毒丸计划

毒丸计划（poison pill）通常是指创造一种权利，允许目标公司股东以远低于市场价值的价格购买目标公司的股票，从而降低目标公司的吸引力。

二、公司成为目标公司后，防止被接管的防御策略

1. 绿色邮件

在绿色邮件（green mail）策略中，经理人员安排定向回购活动以消除接管威胁。在定向回购中，企业通常从潜在的投标者手中溢价回购股份，卖方承诺在某一期间不购买该企业的股票。

2. 白衣骑士

白衣骑士（white knight）是指目标企业为免遭敌意收购而自己寻找的善意收购者。公司在遭到收购威胁时，为不使本企业落入恶意收购者手中，可选择与其关系密切的有实力的公司，以更优惠的条件达成善意收购。一般来讲，如果收购者出价较低，目标企业被白衣骑士拯救的希望就大；若买方公司提供了很高的收购价格，则白衣骑士的成本提高，目标公司获救的机会将相应减少。

3. 股份回购

公司在受到收购威胁时可回购股份，其基本形式有两种：一是公司将可用现金用于回购股票；二是通过发行公司债券来回购股票。这两种策略均提高了股价，增加了收购的难度。

4. 皇冠明珠或焦土战略

皇冠明珠（crown jewel defense），是指目标公司将引起收购者兴趣的资产出售，从而使其收购兴趣下降。焦土战略（scorched policy）是指大量增加与经营无关的资产，大大提高公司的负债，使收购者因收购后严重的负债问题而放弃收购。

资料来源：根据罗斯等《公司理财》（2017）及公开资料整理。

第四节 目标公司估值及收购对价

一、目标公司估值方法

1. 账面净值法

这种方法以目标公司的账面净值作为估价和对价支付的基础。由于这种方法基于历史成本，忽略了目标公司的未来现金流，因此只能作为估价的参考。

2. 现金流折现法

该方法以目标公司未来所产生的现金流进行折现估价，具有理论上的完美性。其难点在于：①未来现金流难以准确预测；②贴现率难以确定，从而导致估值上出现较大偏差。

3. 可比估值法

该方法以可比性公司的价值来评估目标公司的价值。常用的估值比率包括市盈率（P/E）、价格销售收入比（P/S）、价格账面比值（P/B）、价格现金流比率（P/CF）。该方法优点在于：参照了市场价格的信息，操作程序简单。其问题在于：难以找到一家各方面完全相同的公司，影响了评估结果的准确性。

4. 市场价值法

如果被收购企业是一家上市公司，则可以目前一段时间目标公司的市场价格作为估值的基础。目标公司价值＝股价×目标公司股份总数。

《上市公司收购管理办法》（2020）第三十五条规定，收购人按照本办法规定进行要约收购的，对同一种类股票的要约价格，不得低于要约收购提示性公告日前6个月内收购人取得该种股票所支付的最高价格。要约价格低于提示性公告日前30个交易日该种股票的每日加权平均价格的算术平均值的，收购人聘请的财务顾问应当就该种股票前6个月的交易情况进行分析，说明是否存在股价被操纵、收购人是否有未披露的一致行动人、收购人前6个月取得公司股份是否存在其他支付安排、要约价格的合理性等。

二、分享协同效应与收购对价

对一项并购交易来说，假设并购前 A 公司价值为 V_A，B 公司价值为 V_B，并购后的价值为 V_{AB}，并购过程中发生的费用为 C（聘请投资银行顾问、律师、会计师、评估师等费用），只有并购的协同效应减去并购过程中的中间成本大于 0，这项并购交易才是有意义的，即 $V_{AB} - (V_A + V_B) - C > 0$ 的并购活动才是有意义的。

假设存在正的协同效应，收购方给被收购方的对价支付引发了收购方与被收购方之间就协同效应的分享问题。

假设 A 公司对 B 公司支付的收购对价为 P，且 $P > V_B$，则 A 公司的收购溢价为：

$$Y_B = P - V_B$$

B 公司将因为被收购获得 $P - V_B$ 的资本增值收益。A 公司的净收益为：

$$Y_A = V_{AB} - V_A - P - C$$

$$Y_A + Y_B = (V_{AR} - V_A - P - C) + (P - V_B) = V_{AB} - (V_A + V_B) - C$$

这反映了收购公司与被收购公司对协同效应价值的分割关系。

当 $Y_B = 0$ 时，$P = V_B$，收购公司 A 将获得所有协同效应价值，支付对价 P 最小。

当 $Y_A = 0$ 时，$P = V_{AB} - V_A - C$，被收购公司 B 将获得所有协同效应价值，支付对价 P 最大。

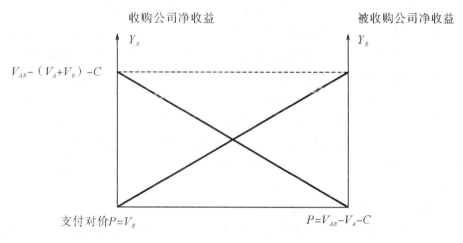

图 6-1 协同效应分享与收购对价

例 6-2：协同效应分享

假设 A、B 公司独立价值各为 10 亿元，合并后价值为 24 亿元，并购的各种费用为 0.5 亿元，则协同效应价值 $S = 24 - 10 - 10 = 4$ 亿元，当 A 公司收购 B 公司净收益为 0 时，具有最高收购支付价格 P，$P = V_{AB} - V_A - C = 24 - 10 - 0.5 = 13.5$ 亿元，在该支付价格下，A 公司收益 $= 24 - 10 - 13.5 - 0.5 = 0$ 亿元，B 公司收益 $= 13.5 - 10 = 3.5$ 亿元。

第五节 收购支付工具的选择

一、收购支付工具种类

收购公司对目标公司的收购支付手段除了现金外，还包括收购公司的股票、债务凭证、期权等证券工具。作为财务顾问，投资银行需要根据并购交易的整体框架来帮助客户确定合适的支付工具。

1. 现金

以现金作为收购支付工具，从收购公司角度看，其优势在于：①交易速度快，手续简便；②交易完成后，可减少目标公司股东的干预。其缺点在于：会消耗公司大量现金，造成现金流的紧张。从目标公司股东来看，其优势在于：顺利退出目标企业，并获得一笔确定性的现金流。其缺点在于：①不能继续享受原有公司带来的收益；②不能推迟资本利得税。

2. 普通股

以收购公司的普通股作为收购支付工具，是指目标公司以其所发行的股票来换取收购公司的普通股，也称作换股收购。对收购公司来说，其优点在于：减轻了公司当期现金支付的压力。其缺点在于：①目标公司股东成为新公司的股东，将造成目前公司股权和每股收益的稀释；②目标公司股东可能利用其股东地位干预新公司的经营决策；③股票估值困难。从目标公司角度看，其优点在于：①如果收购公司是上市公司，通过换购收购，目标公司相当于实现了间接上市。②推迟收益实现的时间，可以享受税收优惠。根据美国内部收入署（IRS）的规定，如果目标公司股东收到的支付工具有50%或50%以上是收购公司的股票（普通股或优先股均可），则股东不必为这笔收购交易中形成的资本利得纳税（即在财务上可合理避税）。③目标公司的股东继续拥有并购后新公司的股权并分享价值增值。其缺点在于：①面临新公司股价波动的风险；②面临收购公司股东利益损害的风险。所谓公司隧道效应（tunneling），是指控股股东通过证券回购、资产转移、转移定价等方式侵害小股东利益的行为。

3. 公司债券

用公司债券作为对价支付，对收购方来说，其优点跟普通股一样：减轻了公司当期现金支付的压力。其缺点在于：①新支付的债券将导致目前债务水平的提升；②估值困难。从目标公司角度看，其优点在于：①享受新公司利息支付和债券增值的好处；②税收延迟。其缺点在于：受信用风险和利率风险影响，新公司债券价格面临较大波动。

4. 可转换证券

可转换证券包括可转换优先股和可转换债券。可转换优先股是指可以在未来转换成公司股票的优先股。可转换债券是指可以在未来转换成公司股票的债券。对收购方来说，其优点跟普通股一样：减轻了公司当期现金支付的压力。其缺点在于：①目标公司股东实施转股后，将造成目前公司股权和每股收益的稀释；②转股后，目标公司股东可能利用其股东地位干预新公司的经营决策；③估值困难。从目标公司角度看，其优点在于：①既可以享受公司成长的好处，又能享受优先股/债券保底收益的好处；②推迟税收缴纳的时间。缺点在于：①新公司股价波动造成转换价值的波动；②由于具有看涨期权，其价格较高。

5. 混合工具支付

混合工具指多种支付工具混合在一起进行对价支付，比如现金+股票、债券+认股权权证等。对收购方来说，混合工具支付的优点在于：既缓解了收购方的流动资金压力，又避免了发行过多新证券所带来的股权稀释、债务增加的麻烦。对目标公司股东来说，混合工具兼顾了各种支付工具的优点，具有较大的吸引力。

我国《上市公司收购管理办法》（2020）第三十六条规定，收购人可以采用现金、证券、现金与证券相结合等合法方式支付收购上市公司的价款。以现金支付收购价款的，收购人应当在作出要约收购提示性公告的同时，将不少于收购价款总额的20%作为履约保证金存入证券登记结算机构指定的银行。收购人以证券支付收购价款的，应当提供该证券的发行人最近3年经审计的财务会计报告、证券估值报告，并配合被收购公司聘请的独立财务顾问的尽职调查工作。收购人以在证券交易所上市的债券支付收购价款的，该债券的可上市交易时间应当不少于1个月。收购人以未在证券交易所上市交易的证券支付收购价款的，必须同时提供现金方式供被收购公司的股东选择，并详细披露相关证券的保管、送达被收购公司股东的方式和程序安排。

小资料6-5：上市公司发行股份购买资产

对于上市公司拟发行股份购买资产，《上市公司重大资产重组管理办法》（2023）的第五章"发行股份购买资产"进行了详细的规定。该办法第四十三条规定，上市公司发行股份购买资产，应当符合下列规定：

（1）充分说明并披露本次交易有利于提高上市公司资产质量、改善财务状况和增强持续经营能力，有利于上市公司减少关联交易、避免同业竞争、增强独立性。

（2）上市公司最近一年及一期财务会计报告被会计师事务所出具无保留意见审计报告；被出具保留意见、否定意见或者无法表示意见的审计报告的，须经会计师事务所专项核查确认，该保留意见、否定意见或者无法表示意见所涉及事项的重大影响已经消除或者将通过本次交易予以消除。

（3）上市公司及其现任董事、高级管理人员不存在因涉嫌犯罪正被司法机关立案侦查或涉嫌违法违规正被中国证监会立案调查的情形。但是，涉嫌犯罪或违法违规的行为已经终止满三年，交易方案有助于消除该行为可能造成的不良后果，且不影响对相关行为人追究责任的除外。

（4）充分说明并披露上市公司发行股份所购买的资产为权属清晰的经营性资产，并能在约定期限内办理完毕权属转移手续。

（5）中国证监会规定的其他条件。

上市公司为促进行业的整合、转型升级，在其控制权不发生变更的情况下，可以向控股股东、实际控制人或者其控制的关联人之外的特定对象发行股份购买资产。所购买资产与现有主营业务没有显著协同效应的，应当充分说明并披露本次交易后的经营发展战略和业务管理模式，以及业务转型升级可能面临的风险和应对措施。

特定对象以现金或者资产认购上市公司发行的股份后，上市公司用同一次发行所募集的资金向该特定对象购买资产的，视同上市公司发行股份购买资产。

资料来源：《上市公司重大资产重组管理办法》（2023）。

例6-3：换股比例的计算

假设A公司股价为50元，B公司股价为10元，A公司拟以换股方式收购B公司，则换股比例是多少？

解：换股比例＝A 公司股价/B 公司股价＝50/10＝5

即 B 公司每 5 份股票换取 A 公司 1 份股票。

二、决定收购对价形式的因素

1. 收购公司的资本结构

如果收购公司目前资产负债率较高，不宜发行债券进行支付；现金支付，会使公司的现金流进一步紧张。因此在目前资产负债率较高的情况下，收购公司可更多考虑换股收购或者可转换支付工具收购。从目标公司股东的角度看，如果预期并购后公司的投资会有较好的收益前景、收购公司的股票市场流动性好，他们也会倾向于换股收购。这意味着成长型公司、现金流较为紧张的公司将更多考虑换股收购。

2. 并购税收政策

换股收购可使目标公司股东延迟缴纳资本利得税。相比之下，在现金收购方式下，目标公司股东实现的资本利得要立即缴税。因此，边际税率较高、现金流比较充沛的目标公司股东将倾向于换股收购。

4. 市场环境和条件

当收购公司股价、债券价格被高估时，收购公司更愿意用股票、债券作为对价支付工具。相反，当收购公司股价、债券价格被低估时，收购公司更愿意用现金作为对价支付工具。对目标公司来说，情况正好相反。

5. 收购的会计处理方法

企业收购的会计处理主要有两种方法：购买法和权益合并法（也称股权联合法）。当采用购买法时，被收购企业的资产和负债按照公允市价确认入账，实际支付的收购价格大于被收购资产价值时，两者之间存在的差额将以商誉的形式反映在并购后的企业的资产负债表中。商誉需要在随后的一段时间内分期摊销，分期摊销的费用将会冲减企业的利润。因此，采用购买法会使并购后的企业收益降低，相应地，股东权益报酬率会下降。

在采用权益合并法的情况下，被并购企业的资产和负债仍以账面价值反映在并购后的企业的资产负债表上，不存在商誉及其摊销问题。与购买法相比，权益合并法下的企业当期及未来一段时期的报告收益较高。

从收购支付工具与会计处理方法的关系看，如果收购对价采用现金支付，则收购必须被当作购买资产，以购买法进行会计处理；只有当采用换股收购且满足会计准则所规定的条件时，才可使用权益合并法。由于两种会计处理方法导致并购后的企业收益的不同，不仅可能影响企业的债务合约（债券发行条件往往以对外报告的收益为依据），还会影响市场对公司股价的评价，进而影响与股价相关的管理者报酬合约，因而对短期收益比较敏感的目标公司，更可能采取换股收购。

第六节　投资银行并购业务来源及职责

一、投资银行并购业务来源

投资银行并购业务，是指投资银行在企业并购或反并购过程中因为提供并购咨询或财务顾问等专业性服务而获取报酬的经营活动。并购业务服务能力反映了投资银行的综合实力，是其重要的利润增长点。投资银行业务来源于以下三个方面：

（1）并购过程十分复杂，需要投资银行提供专业服务。并购方案涉及并购目标、并购价格、目标公司定价、支付工具、换股比例、债务处理、融资方案等诸多技术细节，专业性极强。而反并购则涉及反并购策略的选择等。因而无论是并购还是反并购均需要投资银行提供相关专业服务。

（2）并购过程涉及多个利益方。为了防止并购行为损害中小股东的利益，同时督促并购过程合法合规，需要通过投资银行提供鉴证，并以财务顾问报告方式呈现出来。

（3）国家的强制要求。我国法律法规强制要求并购过程必须聘请财务顾问。比如《上市公司收购管理办法》（2020）第九条明确规定，收购人进行上市公司的收购，应当聘请符合《证券法》规定的专业机构担任财务顾问。收购人未按照本办法规定聘请财务顾问的，不得收购上市公司。财务顾问应当勤勉尽责，遵守行业规范和职业道德，保持独立性，保证其所制作、出具文件的真实性、准确性和完整性。财务顾问认为收购人利用上市公司的收购损害被收购公司及其股东合法权益的，应当拒绝为收购人提供财务顾问服务。

《上市公司重大资产重组管理办法》（2023）第十七条明确规定，上市公司应当聘请符合《证券法》规定的独立财务顾问、律师事务所以及会计师事务所等证券服务机构就重大资产重组出具意见。独立财务顾问和律师事务所应当审慎核查重大资产重组是否构成关联交易，并依据核查确认的相关事实发表明确意见。重大资产重组涉及关联交易的，独立财务顾问应当就本次重组对上市公司非关联股东的影响发表明确意见。

小资料6-6：2020年我国并购重组财务顾问前十名的证券公司

2020年，我国证券业整体财务顾问业务收入下滑，98家券商财务顾问业务2020年收入81.19亿元，同比下滑21.73%。并购重组财务顾问业务收入位居前十名的证券公司为中金公司（3.57亿元）、中信证券（2.51亿元）、中信建投（2.19亿元）、华泰证券（1.88亿元）、国泰君安（1.34亿元）、招商证券（0.80亿元）、海通证券（0.71亿元）、平安证券（0.48亿元）、东兴证券（0.41亿元）、申万宏源（0.38亿元）。

资料来源：新浪财经，2021-6-22。

二、投资银行并购财务顾问职责

《上市公司收购管理办法》（2020）第六十五条规定，收购人聘请的财务顾问应当履行以下职责：①对收购人的相关情况进行尽职调查；②应收购人的要求向收购人提供专业化服务，全面评估被收购公司的财务和经营状况，帮助收购人分析收购所涉及的法律、财务、经营风险，就收购方案所涉及的收购价格、收购方式、支付安排等事项提出对策建议，并指导收购人按照规定的内容与格式制作公告文件；③对收购人进行证券市场规范化运作的辅导，使收购人的董事、监事和高级管理人员熟悉有关法律、行政法规和中国证监会的规定，充分了解其应当承担的义务和责任，督促其依法履行报告、公告和其他法定义务；④对收购人是否符合本办法的规定及公告文件内容的真实性、准确性、完整性进行充分核查和验证，对收购事项客观、公正地发表专业意见；⑤与收购人签订协议，在收购完成后 12 个月内，持续督导收购人遵守法律、行政法规、中国证监会的规定、证券交易所规则、上市公司章程，依法行使股东权利，切实履行承诺或者相关约定。

《上市公司重大资产重组管理办法》（2023）第三十一条规定，上市公司重大资产重组不涉及发行股份的，应当根据中国证监会的规定聘请独立财务顾问和其他证券服务机构，按照本办法和证券交易所的要求履行相关程序、披露相关信息。证券交易所通过问询、现场检查、现场督导、要求独立财务顾问和其他证券服务机构补充核查并披露专业意见等方式进行自律管理，发现重组活动明显违反本办法规定的重组条件和信息披露要求，可能因定价失公允、不正当利益输送等问题严重损害上市公司、投资者合法权益的，可以报请中国证监会根据本办法的规定采取相关措施。

第三十二条规定，上市公司重大资产重组完成相关批准程序后，应当及时实施重组方案，并于实施完毕之日起三个工作日内编制实施情况报告书，向证券交易所提交书面报告，并予以公告。上市公司聘请的独立财务顾问和律师事务所应当对重大资产重组的实施过程、资产过户事宜和相关后续事项的合规性及风险进行核查，发表明确的结论性意见。独立财务顾问和律师事务所出具的意见应当与实施情况报告书同时报告、公告。

小知识 6-2：投资银行财务顾问质量与收费的关系

Walter、Yawson 和 Yeung（2008）统计发现，1980 年 1 月至 2003 年 12 月在美国 15 422 宗综合并购案例中，所有公司都雇佣了财务顾问。并购费用平均占交易价值的 1%，平均值与中位数之间的差异意味着佣金费率随着交易规模的增加而急剧减少。此外，Walter、Yawson 和 Yeung（2008）还发现投资银行顾问质量越高，收费越高（表 6-2）。

表 6-2 投资银行财务顾问在并购交易中的收费情况

项目	收购方顾问	目标方顾问
费用/万美元		
平均值	289	306
中位数	100	113
交易价值/万美元		

表6-2(续)

项目	收购方顾问	目标方顾问
平均值	134 500	89 800
中位数	17 700	14 300
费率/%		
平均值	0.91	1.06
中位数	0.52	0.76
样本数量/个	1 996	3 932

资料来源：根据 Walter、Yawson 和 Yeung（2008）的原始文献整理。

三、并购业务盈利模型

假设投资银行为某公司提供了并购咨询服务，交易价值为 V，交易佣金费率为 p，投资银行提供该服务所发生的成本为 C，则承销商在该业务产生的收入为：

$$R = V \times p \qquad \text{式（6.2）}$$

承销商在该项业务的利润为：

$$L = R - C = V \times p - C \qquad \text{式（6.3）}$$

例6-4：并购业务利润

假设投资银行为某公司提供了并购咨询服务，交易价值为 200 000 万元，交易佣金费率为 0.4%，投资银行提供该服务所发生的成本为 300 万元，则该投资银行在该业务产生的收入 = 200 000×0.4% = 800 万元，产生的利润 = 800-300 = 500 万元。

➤案例6-1　中国万达集团并购美国传奇影业

2016 年 1 月 12 日，万达集团宣布耗资 35 亿美元 100% 收购美国好莱坞中型制片公司传奇影业，成为迄今为止中国企业在海外文化并购领域重要的收购案例。

并购传奇影业使万达影视控股公司成为全球收入最高的电影企业，在中美两个全球最重要的电影市场的影响力得到极大提升。此次收购意味着万达将开启电影制作发行资本化运作，将目光投向产业上游的影视制作领域。

董事长王健林表示，万达收购传奇出于三个方面的考虑：一是因为万达影业不是一个单纯的电影制作公司，其业务覆盖电影产业各个方面，收购传奇之后，万达影视控股公司成为全球收入最高的电影企业；二是此番收购可以极大地提高万达在全球电影产业里的竞争力和话语权；三是万达的院线、中国的市场与传奇影业对电影的开发制作可以优势互补，并购将为传奇影业创造更多市场机会，尤其是增长迅猛的中国电影市场，将使传奇影业实现业绩高速增长。

传奇影业成立于 2004 年，是好莱坞一家中型制片公司，主要靠华尔街的各路资本支持，擅长电影融资和制作，先后背靠华纳和环球这两家大公司作为发行方，倾向于制作大预算、以特殊效果为主的电影，其业务包括电影、电视、数字媒体以及动漫等。该公司曾出品《蝙蝠侠：黑暗骑士》等大量高票房电影，还参与出品《侏罗纪世界》和

《盗梦空间》等影片，全球累计票房已超过 120 亿美元。2016 年，传奇影业将在全球推出根据暴雪娱乐获奖游戏改编的《魔兽》以及投资最大的中美合拍片《长城》。

万达集团从 2012 年起决定进军文化产业，随后国内开发与海外收购双管齐下。直至 2015 年年底，万达文化集团收入已占万达集团总收入两成以上，成为万达集团收入的生力军。

万达集团公布的 2015 年度业绩快报显示，2015 年万达集团资产达到 6 340 亿元，同比增长 20.9%；收入 2 901.6 亿元，完成年计划的 109.3%，同比增长 19.1%；预计净利润同比大幅增长。其中文化集团收入 512.8 亿元，完成年计划的 114%，同比增长 45.7%。根据 AMC 已经公布的 2015 年第三季度收入 140 亿元推算从全年收入超过 190 亿元，超额完成全年计划，同比增长预计超过 9%。

从收入结构上看，在"去地产化"战略的影响下，万达商业地产的收入增速正在减缓，文化业务收入则在大幅上升。2015 年，万达的电影制作和分销业务比其电影院业务发展更快，于 2015 年 1 月在深圳证交所上市，成为中国第一个上市的院线股。"传奇影业这个时候加入，无疑是为万达的财富故事增加了极其亮丽的特点。2016 年有两部非常著名的大片《魔兽》和《长城》上映，将直接增加资本化的分量，增加我们的收入。"王健林说。

资料来源：王凤枝，《华夏时报》，http://tech.163.com/16/0117/11/BDHF-CM6R00091 5BF.html。

➤案例 6-2　双汇发展收购双汇集团

2019 年 1 月 26 日，双汇发展（000895.SZ）发布公告，称公司通过向控股股东双汇集团的唯一股东罗特克斯发行股份的方式对双汇集团实施吸收合并。双汇发展为吸收合并方，双汇集团为被吸收合并方。本次吸收合并完成后，双汇发展为存续方，将承继及承接双汇集团的全部资产、负债、人员、业务、合同及其他一切权利与义务，双汇集团将注销法人资格，双汇集团持有的上市公司股份将被注销，罗特克斯将成为上市公司的控股股东。

本次并购方式属于吸收合并，交易金额达 390.91 亿元，全部采用发行股份的方式支付，交易目的是使双汇发展进一步聚焦肉业主业，落实公司未来发展战略以及优化治理结构。值得一提的是，双汇发展主要从事生猪屠宰及肉制品的生产与销售，2019 年非洲猪瘟疫情大规模暴发，导致猪肉供给告急，猪肉价格大幅度上涨，未来恐仍会对公司对经营业绩产生不利影响。

资料来源：网易新闻，财董并购观察 https://3g.163.com/dy/article/F1O7C8VO0531AI06.html。

➤案例 6-3　伯克希尔哈撒韦能源公司购买道明尼能源公司所持股份

2023 年 7 月 10 日，巴菲特旗下的伯克希尔哈撒韦能源公司（BHE GT&S）宣布已签署协议，购买美国道明尼能源公司（Dominion Energy）所持有的 Cove Point 液化天然气、液化石油气业务 50% 的有限合伙股份。根据监管部门文件，购买的权益将由 BHE GT&S 持有。

据报道，该交易总价值为 35 亿美元，其中包括交易价格（33 亿美元）和终止相关利率衍生品的预期收益（约 2 亿美元），约为 Dominion Energy 持有的 50% 非控股权益 2025 年预计 EBITDA 3.25 亿美元的 10.8 倍。交易将以现金形式完成。

交易完成后，伯克希尔哈撒韦能源公司将拥有 Cove Point 75% 的有限合伙股份，而剩余 25% 的股份仍然由多伦多 Brookfield Infrastructure Partners 持有。据悉，BHE GT&S LLC 目前是 Cove Point 在马里兰州 Lusby 天然气管道和液化天然气终端的普通合伙人兼运营方。Dominion Engerny 首席执行官罗伯特·布鲁（Robert Blue）在一份声明中表示，Dominion Engerny 认为 Cove Point 是一项"非核心"业务，出售该业务将使这家总部位于弗吉尼亚州里士满的公司能够专注于国家监管的公用事业运营。

BHE GT&S 总裁 Paul Ruppert 则表示，为 Cove Point 的运营感到自豪，并为有机会增加对这些世界一流设施的所有权而感到兴奋。Cove Point 团队将继续专注于为其客户提供安全、实惠且可靠的服务。公开资料显示，伯克希尔哈撒韦公司自 2000 年以来拥有 BHE GT&S 公司的 92% 的股份。

资料来源：新浪财经 https://finance.sina.com.cn/stock/usstock/c/2020-07-06/doc-iircuyvk2173987.shtml。

本章小结

1. 公司重组是指市场经济条件下企业产权、控制权和资产的重新组合或分离等体现资本运作和价值管理的行为，包括企业的扩张，还包括企业的收缩、公司控制和所有权变更等多种形式。

2. 并购类型有友好收购与恶意收购，横向并购、纵向并购与混合并购，战略收购、财务收购和混合收购，现金收购、换股收购和混合支付收购等多种划分。

3. 并购动机理论包括效率理论、战略动机理论、财务动机理论、市场力量理论、狂妄假说和管理主义理论等。

4. 投资银行并购业务是指投资银行在企业并购或反收购过程中因为提供了并购目标选择、并购标的估价、并购支付、融资安排等方面的财务顾问服务而收取费用的企业经营活动。

5. 企业并购程序大致分为以下并购决策、选择目标企业、确定并购方案、方案报批、方案实施五个大的步骤。

6. 在具体并购交易方案中，技术细节问题包括目标公司估价、支付价格、并购支付工具的选择等。

拓展阅读

1. 为更多地了解并购方面的基础知识，参阅：
罗斯，威斯特菲尔德，杰富，乔丹. 公司理财 [M]. 吴世农，沈艺峰，王志强，译. 11 版. 北京：机械工业出版社，2017.

张春. 公司金融学 [M]. 北京：中国人民大学出版社，2008.

2. 为更深入、全面地学习并购方面知识，参阅：

威斯通，等. 接管、重组与公司治理 [M]. 4版. 北京：北京大学出版社，2006.

3. 关于并购方面的重要文献，参阅：

GROSSMAN S, O HART. Takeoverbids, the free rider problem and the theory of corporation [J]. Bell Journal of Economics, 1980, 11 (1)：42-64.

SHLEIFER, AHDREI, ROBERT VISHNY. Large shareholders and corporate control [J]. Journal of Political Economy, 1986, 94 (3)：461-488.

4. 为更多地认识投资银行在并购中的作用，参阅：

WALTER, TERRY S ALFRED YAWSON, CHARLES P W YEUNG. The role of investment banks in M&A transactions：Fees and services [J]. Pacific-Basin Finance Journal, 2008 (16)：341-369.

BAO J, EDMANS A. Do investment banks matter for M&A returns? [J]. The Review of Financial Studies, 2011, 24 (7)：2286-2315.

HAYWARD A L M. Professional influence：the effects of investment banks on clients' acquisition financing and performance [J]. Strategic Management Journal, 2003, 24 (9)：783-801.

GUO J, LI Y, WANG C, et al. The role of investment bankers in M&As：new evidence on acquirers' financial conditions [J]. Journal of Banking and Finance, 2020, (119)：105298.

思考与计算题

1. 公司重组包括哪些形式？

2. 并购包括哪些类型？

3. 并购动机理论有哪些？

4. 什么是投资银行并购业务？其业务内容是什么？

5. 企业并购过程一般分为哪些步骤？

6. 目标公司估价的方法有哪些？怎样确定支付价格？并购支付工具有哪些？选择所考虑的因素是什么？

7. 计算题

A公司拟吸收合并B公司，合并基准日A公司股价为10元，B公司股价为4元。A、B公司资产负债表见表6-3。

表6-3　A、B公司资产负债表　　　　　　　　单位：万元

A公司资产负债表		B公司资产负债表	
资产	负债	资产	负债
短期：4 000	负债：4 000	短期：3 200	负债：4 500
长期：6 000	资本公积金6 000	长期：5 400	资本公积金6 100

表（续）

A公司资产负债表		B公司资产负债表	
资产	负债	资产	负债
固定：10 000	股本：10 000	固定：12 000	股本：10 000
总计：20 000	总计：20 000	总计：20 600	总计：20 600

问题：

（1）换股比例为多少？

（2）吸收合并B公司后A公司的资产负债表如何？

（3）吸收合并后A公司的每股净资产是多少？发生了怎样的变化？

（4）若两家公司为同一行业，合并后将减少管理成本，则预期股价如何反应？

第七章
投资银行资产管理业务

➤学习目标

掌握资产管理业务的内涵、特点、类型、业务运作过程、投资过程以及另类资产的概念及类型。

➤学习内容

■资产管理业务的概念

■资产管理业务的运作过程

■资产管理业务的投资过程

■另类资产管理业务

■大数据支持下的资产管理业务

➤导入案例

在全球数百家大学捐赠基金中，成立于1890年的耶鲁大学捐赠教育基金虽然不是最早的捐赠基金，但却是最受推崇的一家，它创造了经久不衰的"耶鲁模式"。资料显示，耶鲁捐赠教育基金过去20年的年化收益率为9.9%，而同期标普500指数的年化收益率仅为5.9%；并且该基金20年中仅有2009年1年亏损，回撤幅度和次数均低于标普500指数。"耶鲁模式"的核心是打破传统的股债配置模式（60%股票+40%债券），大举进军定价机制相对薄弱的另类资产市场。创造性地应用风险投资、房地产投资和绝对收益投资等各类投资工具，为该基金带来了丰厚的回报。这一理念在其功勋级人物大卫·史文森的实践下延续至今长达36年，受到全行业的广泛推崇，引起全球养老金、捐赠基金、家族办公室竞相效仿。

资料来源：钛媒体，2021-09-24。

启发问题：

1. 什么是资产管理？
2. 投资银行在资产管理中发挥着什么作用？

第一节　资产管理的基本概念和理论

一、资产管理的概念

尽管《证券公司客户资产管理业务管理办法》（2013）对我国证券公司资产管理业务进行了规范，但未对资产管理做出定义。一般而言，资产管理（assets management）是指资产管理机构接受投资人的委托，根据投资人的风险偏好进行资产选择与配置，追求投资效用最大化的行为和过程。

二、资产管理策略

资产管理策略分为积极策略（active investment strategy）和消极策略（passive investment strategy）。积极管理策略的支持者认为，市场不是完全有效的，他们试图采取耗时的、昂贵的方法来获取额外的信息，以获取超额利润。积极管理模型主要有 Treynor-Black 模型、Black-Litterman 模型等。消极管理策略的支持者认为，市场是有效的，因而他们不打算去寻找价格过高或过低的股票，而是采取充分分散化的策略。其通常手段是购买一个指数基金（index fund）。

关于积极管理与消极管理的业绩差异，有研究显示，1971—2011 年的 40 年间，其中有 25 年股权投资基金的收益率小于 Wilshire 5000 指数的收益率。该指数年平均收益率为 11.75%，比共同基金高 1%，说明积极管理业绩不一定好于消极管理。Fama 和 French（2010）用四因子模型来评估共同基金的业绩，他们发现在扣减费用之前基金可以实现正的 α，但在扣除费用之后，α 为负[1]。类似地，Wermers（2000）通过控制风格组合以及观察共同基金持有的股票特征来研究它们的业绩，发现正的 α 在控制了费用和风险之后，变为负值[2]。

关于投资基金业绩的连续性，Malkiel（1995）的研究显示，在 20 世纪 70 年代，业绩排名前 50% 的基金管理人在下一期有 65.1% 人依旧保持在前 50%。但这一关系并不稳定，在 20 世纪 80 年代，业绩排名前 50% 的基金管理人在下一期只有 51.7% 依旧保持在前 50%。Carhart（1997）利用四因素模型检验共同基金业绩的一致性，发现在控制这些因素后业绩只有较小的持续性，而且这种持续性很大程度上归因于投资的费用和成

---

[1]　FAMA EUGENE F, KENNETH R FRENCH. Luck versus skill in the cross-section of mutual fund returns [J]. The Journal of Finance, 2010, 65 (5): 1915-47.

[2]　RUSS WERMERS. Mutual fund performance: an empirical decomposition into stock-picking talent, style, transactions costs, and Expenses [J]. Journal of business, 2000 (55): 1655-1703.

本，而非总投资收益①。

尽管积极管理业绩表现不佳，但成功把握市场时机的价值是巨大的。即使一个预测能力有限的预测者也能创造出价值。

三、投资管理绩效测度指标

1. 夏普测度（Sharpe's measure）

假设投资基金过去的平均收益率为 $\bar{r}_p$，标准差为 σ_p，平均无风险收益率为 $\bar{r}_f$，夏普测度 S_p 被定义为：$S_p = (\bar{r}_p - \bar{r}_f) / \sigma_p$。夏普测度表示单位总风险资产获得的超额报酬。夏普测度值越大，说明单位风险的获利能力越高，投资业绩越好。

2. 特雷纳测度（Treynor's measure）

假设投资基金过去的系统风险为 β_p，特雷纳测度 T_p 被定义为：$T_p = (\bar{r}_p - \bar{r}_f) / \beta_p$。特雷纳测度表示投资单位系统风险所实现的超额收益。特雷纳测度值越大，说明单位系统风险的获利能力越强，投资业绩越好。

3. 詹森测度（Jensen's measure）

詹森 α（Jensen's alpha）是指投资组合超过 CAPM 模型预测值的那一部分平均收益，又称作投资策略的阿尔法值，即 $\alpha_p = \bar{r}_p - [\bar{r}_f + \beta_p(\bar{r}_p - \bar{r}_f)]$。当该值为正时，表明被评价投资组合超过了市场表现；当该值为负时，表明被评价组合差于市场表现。

4. 信息比率（information ration）

信息比率 IR，又称估价比率（appraisal ratio），等于投资组合的 α 除以该组合的非系统风险 $[\sigma(\sigma_p)]$，也称为"循迹误差"，即 $IR = \alpha_p / \sigma(\sigma_p)$。信息比率测度了每单位非系统风险所带来的超额收益。该比值越大，说明基金经理单位跟踪误差所获得的超额收益越高，基金经理的主动管理能力越强。

5. 卡玛比率（Calmar ratio）

基金的卡玛比率是夏普测度的改进版本，卡玛比率将风险等同于最大回撤：卡玛比率 = 超额收益/最大回撤的绝对值。最大回撤描述了投资者可能面临的最大亏损，其数值越小越好，越大说明风险越大。很显然，卡玛比率越大，表示基金投资业绩越好。

最大回撤是衡量策略风险的重要指标，可理解为可能发生的最大亏损幅度，其值等于策略收益曲线上高点到后期最低点的回撤幅度的最大值。

6. M^2 测度

M^2 测度公式为：$M_p^2 = r_{p^*} - r_M$。被评估的投资基金为 p，p^* 是调整后与市场组合具有相同标准差的投资组合。M^2 值为正，表示投资管理业绩超过了市场表现，且值越大，业绩表现越好。

7. 晨星比率（morningstar rating）

晨星把每只具备 3 年以上业绩数据的基金归类。在同类基金中，基金按照"晨星风险调整后收益"（morningstar risk-adjusted return，MRAR）指标由大到小进行排序。

---

① CARHART, MARK M. On persistence in mutual fund performance [J]. The Journal of Finance, 1997, 52, (1): 57-82.

该指标计算公式为：$\mathrm{MRAR}(\gamma) = \left[\dfrac{1}{T}\sum\limits_{t=1}^{T}\left(\dfrac{1+r_t}{1+r_{ft}}\right)^{-\gamma}\right]^{12/\gamma} - 1$。该式中，$r_t$ 表示在 t 期的月度观测值，γ 衡量投资者的风险规避程度。$\mathrm{MRAR}(\gamma)$ 可被解释为风险厌恶系数为 γ 的投资者的无风险等价组合的超额收益。

四、投资基金择时能力评估

基金择时能力是指基金经理对于市场整体走势的预测能力，即基金经理能否正确预测市场走势并相机调整投资组合的贝塔值，以期在不同市场环境下取得较好收益的能力。目前基金择时能力的主要衡量方法如下：

1. 现金比例变化法

使用现金比例变化法时，成功的择时能力表现为在牛市中基金的现金比例或持有债券比例较小，而熊市中现金比例或持有债券比例较大。

择时损益＝（股票实际配置比例−正常配置比例）×股票指数收益率+

（现金实际配置比例−正常配置比例）×现金收益率

例如，某季度上证指数上涨 20%，现金收益率为 1%，基金契约规定股票投资比例为 85%，现金或债券投资比例为 15%，但基金的实际股票投资比例为 70%，实际现金或债券投资比例为 30%，那么基金的择时损益＝（70%−85%）×20%+（30%−15）×1%＝−2.85%。结果为负，可见该基金因为其错误的择时活动导致了投资的损失。

2. 成功概率法

成功概率法主要是通过计算基金预测牛熊市的成功概率来对基金择时能力进行衡量的方法。

成功概率＝（正确预测到牛市的概率+正确预测到熊市的概率−1）×100%

比如，30 个季度里有 20 个季度市场上涨，10 个季度市场下跌。在市场上涨的季度中，某只基金择时损益为正的季度数有 15 个；在市场下跌的季度中，择时损益为正的季度数有 8 个。那么成功概率＝（15/20+8/10−1）×100%＝55%，结果明显大于 0，可见这只基金具有较强的择时能力[1]。

3. 回归法

回归法通过基金收益与市场收益的回归关系确定基金是否具有择时能力。比较著名模型有 T−M 模型（Treynor & Mauzy，1966），H−M 模型（Heriksson & Merton，1981），C−L 模型（Chang & Lewellen，1984）。

（1）T−M 模型

1966 年，Treynor 和 Mazuy 提出，基金回报—市场回报曲线是非线性的[2]。T−M 模型假设，基金经理能发挥时机选择能力预测市场收益率，具备正向择时能力的基金经理会在预测市场收益率升高时增大投资组合的贝塔值，在预测市场收益率降低时减小投资

① 资料来源：新浪财经，https://finance.sina.com.cn/money/fund/20101108/01228913913.shtml#。
② TREYNOR JACK L, KIP GUITAR MAZUY. Can mutual funds outguess the market? ［J］. Harvard Business Review，1966（44）：131−136.

组合贝塔值。其回归方程为

$$r_p - r_f = \alpha_p + \beta_{1p}(r_m - r_f) + \beta_{2p}(r_m - r_f)^2 + \varepsilon_p \qquad 式（7.1）$$

上式中，α_p 测度了基金的选股能力，β_{2p} 测度了基金的择时能力。若 β_{2p} 为正数且通过显著性检验，则显示基金具有择时能力。

（2）H-M 模型

1981 年 Henriksson 与 Merton 提出新的评估基金绩效模型，将基金经理择时能力定义为基金经理预测的市场收益高于无风险收益的能力[1]。基金经理只关心市场组合收益率是否超过无风险利率，而不关心超过的幅度大小。其回归公式如下：

$$r_p - r_f = \alpha_p + \beta_{1p}(r_m - r_f) + \beta_{2p}(r_m - r_f)D + \varepsilon_p \qquad 式（7.2）$$

上式中，D 是一个虚拟变量。当 $r_m > r_f$ 时，$D = 1$；否则为 0。于是投资组合的贝塔值在熊市时为 β_{1p}，在牛市时为 $\beta_{1p} + \beta_{2p}$。如果回归参数 $\beta_{2p} > 0$，则说明基金存在择时能力。

（3）C-L 模型

1984 年 Chang 和 Lewellen 提出了 C-L 模型[2]。该模型的假设和逻辑与 H-M 模型相同，但是将上涨市场和下跌市场中的贝塔值明确区分开了。其回归公式为：

$$r_p - r_f = \alpha_p + \beta_{1p}(r_m - r_f)D_1 + \beta_{2p}(r_m - r_f)D_2 + \varepsilon_p \qquad 式（7.3）$$

上式中，D_1、D_2 均为虚拟变量。当 $r_m > r_f$ 时，$D_1 = 0$，$D_2 = 1$；当 $r_m < r_f$ 时，$D_1 = 1$，$D_2 = 0$。于是投资组合的贝塔值在熊市时为 β_{1p}，在牛市时为 β_{2p}。如果回归参数 β_{2p} 显著大于 β_{2p}，则说明基金存在择时能力。

五、积极管理的收费模型

投资管理是有价值的。积极型投资组合管理包括两类活动：①市场时机选择，这需要预测市场走势；②证券分析，去寻找定价过低的个股。默顿（Merton，1981）用评估期权的方法来评估市场择时的价值。在其基础上，Kane、Macus 和 Tripp（1999）计算出了证券分析的价值以及投资者愿意为该项服务付费的比率[3]。

假设积极型、消极型投资组合的夏普比率分别为 S_P^2、S_M^2，投资者的风险厌恶系数为 A，投资者愿意为积极管理服务付费的比率为 f，则：

$$f = (S_P^2 - S_M^2)/2A \qquad 式（7.4）$$

由于 $S_P^2 = S_M^2 + \sum_{i=1}^{n}\left[\dfrac{\alpha_i}{\sigma(e_i)}\right]^2$，故：

$$f = \frac{1}{2A}\sum_{i=1}^{n}\left[\frac{\alpha_i}{\sigma(e_i)}\right]^2 \qquad 式（7.5）$$

因此付费比率 f 取决于三个因素：①投资者的风险厌恶系数；②在可选择证券中，

① MERTON ROBERT C，ROY D HENRIKSSON. On market timing and investment performance part II: statistical procedures for evaluating forecasting skills [J]. Journal of Business 1981，54（4）：513-533.

② CHANG E C，LEWELLEN W G. Market timing and mutual fund investment performance [J]. Journal of Business，1984（57）：57-72.

③ KANE ALEX，ALAN J. MARCUS，ROBERT R TRIPPI. The valuation of security analysis [J]. Journal of Portfolio Management，1999，25（3）：25-36.

信息比率平方的分布；③证券分析人员的精确度。投资者风险厌恶系数越小，超额收益越高，证券分析人员的分析精度越高，投资者愿意付出的费用就越高。

第二节　投资银行资产管理业务的来源及特点

一、资产管理业务的概念

资产管理业务最早发源于西方。1997年国务院证券委员会发布了《证券投资基金管理暂行办法》，揭开了我国资产管理行业发展的序幕。目前已形成了商业银行、证券公司、保险资管机构、信托公司、公募基金管理公司、私募基金管理人等机构共同参与的资产管理市场格局。

根据《关于规范金融机构资产管理业务的指导意见》（2018），资产管理业务是指银行、信托、证券、基金、期货、保险资产管理机构、金融资产投资公司等金融机构接受投资者委托，对受托的投资者财产进行投资和管理的金融服务。金融机构为委托人利益履行诚实信用、勤勉尽责义务并收取相应的管理费用，委托人自担投资风险并获得收益。

金融机构与委托人在合同中事先约定业绩报酬的方式和水平，业绩报酬计入管理费，须与产品一一对应并逐个结算，不同产品之间不得相互串用。资产管理业务是金融机构的表外业务，金融机构开展资产管理业务时不得承诺保本保收益。出现兑付困难时，金融机构不得以任何形式垫资兑付。金融机构不得在表内开展资产管理业务。

投资银行资产管理业务从广义上讲不仅包括证券公司自身提供的资产管理业务，还包括证券公司所控股的基金管理公司所提供的基金管理服务。从狭义上讲，投资银行资产管理业务仅指证券公司自身提供的资产管理服务。《证券公司监督管理条例》（修订草案征求意见稿）规定，证券公司可以依照《证券法》《基金法》和本条例的规定，从事接受客户的委托，对受托资产进行投资和管理的证券资产管理业务。投资所产生的收益由客户享有，损失由客户承担，证券公司可以按照约定收取管理费用。

小知识7-1：涉及证券公司资产管理业务的法律法规

涉及我国证券资产管理业务的法律法规包括《中华人民共和国证券法》（2019）、《证券公司客户资产管理业务管理办法》（2013）、《证券公司集合资产管理业务实施细则》（2013）、《关于规范金融机构资产管理业务的指导意见》（2018）、《证券公司监督管理条例》（（修订草案征求意见稿）、《证券期货经营机构私募资产管理业务管理办法》（2023）、《中华人民共和国信托法》（2001）、《中华人民共和国证券投资基金法》（2015）、《私募投资基金监督管理条例》（2023）等。

资料来源：根据公开资料整理。

二、投资银行在资产管理中的作用

资产管理是一项技术性较强的活动,对普通投资者来说,自行进行资产管理面临的困难包括:①对资产市场的品种缺乏了解。随着金融市场的深化,股票、债券、基金、衍生产品的品种越来越多,且每个子市场也处在扩容之中,近年来甚至还出现了加密货币等另类资产。由于专业限制,普通投资者对这些投资产品并不十分了解,这限制了投资者的投资范围及投资分散化。②对资产市场的信息不能及时跟踪。资本市场关于公司经营、产业、利率等方面的信息瞬息万变,普通投资者由于时间和专业领域限制,并不能及时知晓信息的变化,从而导致资产损失。③普通投资者的信息加工能力有限。由于专业知识缺乏,普通投资者可能不能确切理解一条信息的价值,进而做出相应的投资调整。④缺乏资产配置技巧。由于缺乏数学技巧,投资者不能找到最佳风险资产组合。⑤缺乏规模效应。信息的收集与加工将消耗大量的成本,如果每个投资者都进行信息收集和加工,势必造成规模上的不经济。在这种条件下,众多投资者将资金委托给一个金融中介进行集中管理将是一个理性的选择。

投资银行代客理财的优势在于:①投资银行拥有专业的人才团队,十分熟悉金融市场产品及其风险—收益特点。②投资银行拥有专门的资料收集、证券研究部门,具有信息方面的优势。③投资银行拥有专业优势,能够及时评估新出现信息的价值。④投资银行拥有先进的数据处理、优化配置软件,能够进行资产的最优配置。⑤相比投资者的单独操作,投资银行在知识、信息方面的收集、管理成本方面具有规模经济。

三、资产管理业务的特点

1. 资产管理体现了委托代理关系

在资产管理业务中,客户是资产的所有者,客户聘请投资银行提供资产管理服务,并与投资银行签订资产委托管理协议。因此在法律关系上,客户是委托人,投资银行为受托人。委托人和受托人的关系一旦确立,受托人就享有在协议规定范围内按委托人意愿和在授权范围内对受托资产进行管理的权利。

委托管理的信托资产与受托人资产是独立的。《证券法》(2019修订)第一百二十八条规定:证券公司应当建立健全内部控制制度,采取有效隔离措施,防范公司与客户之间、不同客户之间的利益冲突。证券公司必须将其证券经纪业务、证券承销业务、证券自营业务、证券做市业务和证券资产管理业务分开办理,不得混合操作。《证券公司客户资产管理业务管理办法》(2013)要求证券公司从事客户资产管理业务,应当建立健全风险控制制度和合规管理制度,采取有效措施,将客户资产管理业务与公司的其他业务分开管理,控制敏感信息的不当流动和使用,防范内幕交易和利益冲突。

委托代理关系最明显的特征是受托人与委托人之间需要签订资产管理合同。《证券公司客户资产管理业务管理办法》(2013)第五条规定,证券公司从事客户资产管理业务,应当依照本办法的规定与客户签订资产管理合同,根据资产管理合同约定的方式、条件、要求及限制,对客户资产进行经营运作,为客户提供证券及其他金融产品的投资管理服务。

2. 采取个性化管理

委托人由于资产状况、风险偏好、收益目标不同，对资产管理的要求千差万别。作为受托人的投资银行必须根据客户的不同要求，分别设立账户，进行个性化服务。《证券公司客户资产管理业务管理办法》（2013）第三条规定，证券公司从事客户资产管理业务，应当充分了解客户，对客户进行分类，遵循风险匹配原则，向客户推荐适当的产品或服务，禁止误导客户购买与其风险承受能力不相符合的产品或服务。

具体地，投资银行将根据委托资产的流动性、安全性和收益性把资产分为不同的投资目标，通过投资目标对客户市场进行细分，然后根据客户的埋财需求再进行理财计划产品的设计。

3. 对投资者退出有所限制

客户与投资银行签订的资产管理协议一般要确定资产管理的期限，在此期间，投资银行对其进行封闭式管理。委托人只要到委托期限届满才能请求受托人兑现资产收益。

《证券公司客户资产管理业务管理办法》（2013）第二十六条规定，证券公司设立集合资产管理计划，可以对计划存续期间做出规定，也可以不做规定。集合资产管理合同应当对客户参与和退出集合资产管理计划的时间、方式、价格、程序等事项做出明确约定。参与集合资产管理计划的客户不得转让其所拥有的份额，但是法律、行政法规和中国证监会另有规定的除外。第二十七条规定，证券公司可以自有资金参与本公司设立的集合资产管理计划。募集推广期投入且按照合同约定承担责任的自有资金，在约定责任解除前不得退出；存续期间自有资金参与、退出的，应当符合相关规定。由此可见，对投资人来说，投资于投资银行推出的集合资产管理计划，将具有较低的资产流动性。

4. 客户承担风险

《证券公司客户资产管理业务管理办法》（2013）第三十八条规定，证券公司开展客户资产管理业务，应当在资产管理合同中明确规定，由客户自行承担投资风险。第三十九条规定，证券公司向客户介绍投资收益预期，必须恪守诚信原则，提供充分合理的依据，并以书面方式特别声明，所述预期仅供客户参考，不构成证券公司对客户的承诺。《关于规范金融机构资产管理业务的指导意见》（2018）指出，资产管理业务是金融机构的表外业务，金融机构开展资产管理业务时不得承诺保本保收益。出现兑付困难时，金融机构不得以任何形式垫资兑付。《证券公司监督管理条例》（2014）规定，投资所产生的收益由客户享有，损失由客户承担。

5. 采取定向化信息披露

资产管理期间不需要向社会公众定期披露信息，但出于与客户进行沟通的目的，投资银行有必要定期向客户公布资产管理状况的信息。《证券公司客户资产管理业务管理办法》（2013）第四十三条规定，证券公司应当至少每季度向客户提供一次准确、完整的资产管理报告，对报告期内客户资产的配置状况、价值变动等情况做出详细说明。证券公司应当保证客户能够按照资产管理合同约定的时间和方式查询客户资产配置状况等信息。发生资产管理合同约定的、可能影响客户利益的重大事项时，证券公司应当及时告知客户。

四、资产管理业务的类型

根据资产委托人范围和资产管理的组织方式,《证券公司客户资产管理业务管理办法》(2013)第十一条规定,证券公司可以依法从事下列客户资产管理业务:①为单一客户办理定向资产管理业务;②为多个客户办理集合资产管理业务;③为客户办理具有特定目的的专项资产管理业务。

1. 为单一客户办理定向资产管理业务

这是指证券公司为资产净值不低于100万元的单一客户提供的资产管理业务。《证券公司客户资产管理业务管理办法》(2013)第十二条规定,证券公司为单一客户办理定向资产管理业务,应当与客户签订定向资产管理合同,通过该客户的账户为客户提供资产管理服务。

2. 为多个客户办理集合资产管理业务

集合资产管理业务主要面向200人以下的多个合格投资者。合格投资者是指具备相应风险识别能力和承担所投资集合资产管理计划风险能力且符合下列条件之一的单位和个人:①个人或者家庭金融资产合计不低于100万元人民币。②公司、企业等机构净资产不低于1 000万元人民币。依法设立并受监管的各类集合投资产品视为单一合格投资者。

《证券公司客户资产管理业务管理办法》(2013)第十三条规定,证券公司为多个客户办理集合资产管理业务,应当设立集合资产管理计划,与客户签订集合资产管理合同,将客户资产交由取得基金托管业务资格的资产托管机构进行托管,通过专门账户为客户提供资产管理服务。

3. 为客户办理具有特定目的的专项资产管理业务

这是指证券公司针对客户的特殊需要和资产的具体情况设立特定投资目标,通过专门的账户为客户提供具有特定目的资产管理业务。《证券公司客户资产管理业务管理办法》(2013)第十五条规定,证券公司为客户办理特定目的的专项资产管理业务,应当签订专项资产管理合同,针对客户的特殊要求和资产的具体情况,设定特定投资目标,通过专门账户为客户提供资产管理服务。证券公司应当充分了解并向客户披露基础资产所有人或融资主体的诚信合规状况、基础资产的权属情况、有无担保安排及具体情况、投资目标的风险收益特征等相关重大事项。证券公司可以通过设立综合性的集合资产管理计划办理专项资产管理业务。

小知识 7-2:资产管理业务与投资基金的区别

证券公司发布的理财产品计划非常类似于基金管理公司发行的投资基金,但两者存在明显的不同(表7-1):

1. 管理主体不同

资产管理的主体是证券公司,资产管理具体由证券公司下属资产管理部来实施。而证券投资基金的管理主体是基金管理公司。

2. 市场定位和客户群体不同

证券公司资产管理业务主要面向具有一定经验和风险承受能力的合格投资者。无论是定向资产管理计划，还是集合理财计划，均对投资者设置了一定门槛，比如定向资产管理业务要求单个客户的资产净值不得低于人民币 100 万元。集合资产管理计划要求参与的个人或者家庭金融资产合计不低于 100 万元人民币，人数累计不得超过 200 人。相比之下，证券投资基金主要面向普通投资者，认购金额起点很低。

3. 销售或推广方式不同

与证券投资基金不同，集合资产管理计划不得公开销售或推广。《证券公司客户资产管理业务管理办法》（2013）第二十八条规定：证券公司可以自行推广集合资产管理计划，也可以委托其他证券公司、商业银行或者中国证监会认可的其他机构代为推广。

4. 行为规范依据不同

证券公司设立资产管理计划、开展资产管理业务，应当基于《中华人民共和国证券法》《证券公司客户资产管理业务管理办法》《证券公司集合资产管理业务实施细则》等法律法规进行，而证券投资基金的运作主要依据是《中华人民共和国证券投资基金法》等法律法规。

表 7-1　资产管理业务与投资基金的区别

区别	资产管理业务	证券投资基金
管理主体不同	证券公司	基金管理公司
市场定位和客户群体不同	具有一定经验和风险承受能力的合格投资者	普通投资者
销售或推广方式不同	不得公开销售或推广	可以
行为规范依据不同	《中华人民共和国证券法》《证券公司客户资产管理业务管理办法》《证券公司集合资产管理业务实施细则》	《中华人民共和国证券投资基金法》

五、资产管理产品的分类

根据《关于规范金融机构资产管理业务的指导意见》（2018）、《证券期货经营机构私募资产管理业务管理办法》（2023），资产管理产品按照募集方式的不同，分为公募产品和私募产品。公募产品面向不特定社会公众公开发行。公开发行的认定标准依照《中华人民共和国证券法》执行。私募产品面向合格投资者通过非公开方式发行。

资产管理产品按照投资性质的不同，分为固定收益类产品、权益类产品、商品及金融衍生品类产品和混合类产品。固定收益类产品投资于存款、债券等债权类资产的比例不低于 80%，权益类产品投资于股票、未上市企业股权等权益类资产的比例不低于80%，商品及金融衍生品类产品投资于商品及金融衍生品的比例不低于 80%，混合类产品投资于债权类资产、权益类资产、商品及金融衍生品类资产且任一资产的投资比例未达到前三类产品标准。非因金融机构主观因素导致突破前述比例限制的，金融机构应当在流动性受限资产可出售、可转让或者恢复交易的 15 个交易日内调整至符合要求。

金融机构在发行资产管理产品时，需按照上述分类标准向投资者明示资产管理产品的类型。在产品成立后至到期日前，不得擅自改变产品类型。此外，混合类产品投资债权类资产、权益类资产和商品及金融衍生品类资产的比例范围也应当在发行时予以确定并向投资者明示，在产品成立后至到期日前不得擅自改变。产品的实际投向不得违反合同约定，如有改变，除高风险类型的产品超出比例范围，投资较低风险资产外，应当先行取得投资者的书面同意，并履行登记备案等法定程序。

六、资产管理业务资格的获取

在我国，投资银行欲从事资产管理业务，首先需要获得相应资格。《证券法》（2019 修订）第一百二十条规定：证券公司经营证券资产管理业务的，应当符合《中华人民共和国证券投资基金法》等法律、行政法规的规定。

《证券公司客户资产管理业务管理办法》第四条规定，证券公司从事客户资产管理业务，应当依照本办法的规定向中国证监会申请客户资产管理业务资格。未取得客户资产管理业务资格的证券公司，不得从事客户资产管理业务。第十七条规定，证券公司开展资产管理业务，投资主办人不得少于 5 人。投资主办人须具有 3 年以上证券投资、研究、投资顾问或类似从业经历，具备良好的诚信纪录和职业操守，通过中国证券业协会的注册登记。

七、资产管理业务的盈利模式

投资银行资产管理业务通过收取管理费而获得收入。假设资产管理资产净值为 E，管理费年费率为 f，投资银行提供该业务发生的成本为 C，则该业务为投资银行带来的营业收入为：

$$R = E \times f$$

该业务为投资银行带来的营业利润为：

$$L = E \times f - C \tag{7.6}$$

例 7-1：资产管理业务利润

假设某证券公司集合资产管理计划资产净值为 20 亿元，管理费年费率为 1.5%，投资银行提供该业务发生的成本为 1 000 万元，则该业务为投资银行带来的营业收入 = 20 亿元×1.5% = 3 000 万元，该资产管理业务营业利润 = 3 000 万元 - 1 000 万元 = 2 000 万元。

第三节　资产管理业务的管理过程

美国特许金融分析师协会将投资管理过程分为三步：计划、执行和反馈。计划主要包括识别并确定投资者的目标和限制因素，建立投资策略说明书，构建战略性资产配置。执行主要包括资产分配和投资组合优化，证券选择，实施和执行。反馈主要包括重新平衡和业绩评价①。

一、识别投资者的投资目标

投资组合目标设定的核心在于投资者期望收益与他们愿意承担的风险之间取得风险—收益的平衡。表 7-2 展示了不同投资者群体不同的风险—收益偏好。影响个人投资者收益率要求与风险容忍度的基本因素是资产的生命周期以及投资者个人的偏好。大通银行 1993 年所做的一项调查发现富有人士通常是厌恶风险的。类似地，2009 年 3 月 31 日招商银行联合贝恩管理顾问公司推出的《2009 中国私人财富报告》显示，大约 80%的富有者更倾向于保守投资。

《关于规范金融机构资产管理业务的指导意见》（2018）明确要求，金融机构加强投资者适当性管理，向投资者销售与其风险识别能力和风险承担能力相适应的资产管理产品。禁止欺诈或者误导投资者购买与其风险承担能力不匹配的资产管理产品。金融机构不得通过拆分资产管理产品的方式，向风险识别能力和风险承担能力低于产品风险等级的投资者销售资产管理产品。

表 7-2　不同投资者的不同风险—收益偏好

投资者类型	收益率要求	风险承受力
个人投资者	取决于生命周期和个人偏好	取决于生命周期和个人偏好
个人信托	不博取高收益率	受信托法制约，更趋保守
共同基金	取决于基金类型	取决于基金类型
养老基金	不博取高收益率	更趋保守
捐赠基金	追求稳定收益	更趋保守
人寿保险公司	追求稳健收益	趋于保守
非人寿保险公司	追求稳健收益	趋于保守

资料来源：根据博迪等《投资学》（第 10 版）教材整理。

表 7-3 显示各年龄段愿意承受风险程度的投资者数目。该表显示投资者年龄越大，风险厌恶程度越高。

表 7-3　各年龄段愿意承受风险程度的投资者占比

	35 岁以下	35~54 岁	55 岁以上
一点风险	30%	30%	21%
一些风险	14%	18%	8%
很大的风险	2%	1%	1%

资料来源：根据博迪等《投资学》（第 6 版）教材整理。

---

① 博迪，凯恩，马库斯. 投资学 [M]. 汪昌云，张永骥，译. 10 版. 北京：机械工业出版社，2017.

二、识别投资者的限制因素

投资者投资的限制性因素包括流动性、投资期限、监管、税收等（表7-4）。

流动性是指资产以公平价格出售的难易程度，个人与机构投资者均对资产流动性具有一定要求。货币市场工具是流动性最强的资产，房地产是流动性最弱的资产。个人投资者和机构投资者都需要考虑在短期内处置资产的可能性有多大，以此确定流动性资产在投资组合中的最低水平。

投资期限是指投资或部分投资的计划终止日期。例如，个人投资者的投资期限可以是为子女大学教育准备钱款的时间或者自己退休的时间。对于大学捐赠基金，投资期限可以是为某项校园建筑项目筹款的时间。投资期限影响了投资工具期限的选择。《关于规范金融机构资产管理业务的指导意见》（2018）明确要求，金融机构应当合理确定资产管理产品所投资资产的期限，加强对期限错配的流动性风险管理。为降低期限错配风险，金融机构应当强化资产管理产品久期管理，封闭式资产管理产品期限不得低于90天。资产管理产品直接或者间接投资于非标准化债权类资产的，非标准化债权类资产的终止日不得晚于封闭式资产管理产品的到期日或者开放式资产管理产品的最近一次开放日。

只有专业投资者或机构投资者才会受到监管的约束，谨慎投资人法则要求管理他人资金的专业投资者有责任将投资限制在谨慎投资者会选择的资产范围内。此外，还有适用于不同投资机构的特殊规定，比如共同基金投资于任何上市公司不能超过一定比例。《关于规范金融机构资产管理业务的指导意见》（2018）对于资产管理产品所投资资产的集中度进行了强制规定：①单只公募资产管理产品投资单只证券或者单只证券投资基金的市值不得超过该资产管理产品净资产的10%。②同一金融机构发行的全部公募资产管理产品投资单只证券或者单只证券投资基金的市值不得超过该证券市值或者证券投资基金市值的30%。其中，同一金融机构全部开放式公募资产管理产品投资单一上市公司发行的股票不得超过该上市公司可流通股票的15%。③同一金融机构的全部资产管理产品投资单一上市公司发行的股票不得超过该上市公司可流通股票的30%。

税收是重要的影响因素，对那些高税率的家庭来说，避税和延缓纳税在投资策略中十分重要。

表7-4　投资限制因素

投资者类型	流动性	投资期限	监管	税收
个人投资者	取决于生命周期	取决于生命周期	无	取决于税收登记
个人信托	可变的	生命周期	无	可变的
共同基金	高	可变的	较少	无
养老基金	年轻人低，成年人高	长期	雇员退休收入保障法	无
捐赠基金	低	长期	较少	无

表7-4(续)

投资者类型	流动性	投资期限	监管	税收
人寿保险公司	低	长期	复杂	有
非人寿保险公司	高	短期	较少	有

资料来源：根据博迪等《投资学》(第10版)教材整理。

小资料7-1：我国对投资者的适当性管理制度

　　根据2018年我国发布的《关于规范金融机构资产管理业务的指导意见》，资产管理产品的投资者分为不特定社会公众和合格投资者两大类。合格投资者是指具备相应风险识别能力和风险承担能力，投资于单只资产管理产品不低于一定金额且符合下列条件的自然人和法人或者其他组织：①具有2年以上投资经历，且满足以下条件之一：家庭金融净资产不低于300万元，家庭金融资产不低于500万元，或者近3年本人年均收入不低于40万元。②最近1年年末净资产不低于1000万元的法人单位。③金融管理部门视为合格投资者的其他情形。合格投资者投资于单只固定收益类产品的金额不低于30万元，投资于单只混合类产品的金额不低于40万元，投资于单只权益类产品、单只商品及金融衍生品类产品的金额不低于100万元。投资者不得使用贷款、发行债券等筹集的非自有资金投资资产管理产品。

三、资产配置

　　资产配置是指在明确投资者目标和限制因素后确定各类资产的比例。其具体过程如下：①明确投资组合所包含的资产种类；②根据历史数据和经济分析确定各类资产未来期望收益率、风险及相关系数；③获取有效投资组合边界；④根据投资者的风险—收益偏好以及限制性因素，选择最终的合意资产组合。

　　投资组合所包含的资产种类主要包括货币市场工具、固定收益工具、股票、固定资产、贵金属等。求解有效前沿的优化问题如下：

$$\min_{\omega} \frac{1}{2}\,\omega' V \omega$$

$$\text{s. t. } \bar{R}_p = \omega' \bar{R} = \sum_{i=1}^{n} \omega_i \bar{R}_i \qquad \text{式 (7.7)}$$

$$\omega' e = 1$$

上式中，$\bar{R}_p$ 表示投资组合期望收益。$\bar{R} = (\bar{R}_1,\ \bar{R}_2,\ \cdots,\ \bar{R}_n)'$ 表示 n 个证券期望收益的 $n \times 1$ 向量。V 表示 n 个证券的 $n \times n$ 协方差矩阵。$\omega = (\omega_1,\ \omega_2,\ \cdots,\ \omega_n)'$ 表示 n 个证券的投资比重，属于 $n \times 1$ 向量。$\omega' e = 1$，e 为 $n \times 1$ 的单位向量(元素值均为1)。

　　在均值—方差体系下，求解合意组合的优化问题如下：

$$\max_{\omega} U(\bar{R}_p,\ \sigma_p^2)$$

$$\text{s. t. } \bar{R}_p = \omega' \bar{R} = \sum_{i=1}^{n} \omega_i \bar{R}_i \qquad \text{式 (7.8)}$$

$$\sigma_p^2 = \omega'V\omega$$
$$\omega'e = 1$$

上式中，σ_p^2 表示投资组合的方程，其他符号同式（7.6）。

四、资产管理组合的修正

在资产管理的过程中，随着时间的推移，如果资产管理经理对证券收益的预期发生了变化，则需要对证券组合进行修改，但必须对修改所带来的好处与所发生的交易成本进行权衡。对整个资产类型进行调整比只对个别证券进行调整在经济上具有更大的吸引力。便捷的方式一是买卖股市指数或者国库券期货合约，二是利用互换市场进行操作。基于资产管理组合修正的互换包括股票互换和利率互换。

股票互换是指交易的一方按照某一双方认可的股市指数的收益率，向交易的第二方支付一系列金额大小不一的现金，作为交易的第二方按照现行利率向第一方支付一系列相同的现金。利率互换是指双方同意在未来的一定期限内根据同种货币的同样的名义本金交换现金流，其中一方的现金流根据浮动利率计算，而另一方的现金流根据固定利率计算。

五、资产组合绩效评估与动态调整

券商资产管理部门风险控制与评估组定期对集合计划资产进行定性和定量相结合的风险、绩效评估，并提供风险与绩效评估报告，供投资管理委员会和投资主办人随时了解投资组合承担的风险水平，检验既定的投资策略。主要评估内容如下

（1）投资组合的资产配置：分类统计投资组合中各类资产的配置情况，并与证券市场或基准组合进行横向比较。

（2）投资收益贡献分析：分类统计投资组合中各类资产的收益构成及收益贡献，并与证券市场进行横向比较。

（3）投资组合风险分析：统计投资组合的流动性风险，跟踪误差、VaR、标准差、β 值、夏普比率、特雷诺比率等。

（4）对构建目前投资组合的基础因素如资产配置、备选库、市场热点等进行动态评估，根据基础因素的调整，按照投资组合构建原则对现有投资组合进行调整。

（5）动态评估投资组合市值跌破投资组合最低价值的可能性和潜在的幅度，按照投资流程进行等级匹配的投资组合调整。

例 7-2：最优资产配置

假设风险资产 P 和无风险资产 F 的风险收益特征如表7-5所示。投资者期望函数 $U = E(r) - \dfrac{1}{2}A\sigma^2$。投资者风险厌恶系数 $A = 4$。求该投资者在风险资产 P 和无风险资产 F 之间的最优资产配置。

表 7-5 P 和 F 的风险收益特征

	P	F
$E(r)$	0.15	0.07
σ	0.22	0

解:

假设在风险资产上的投资比例为 y,则在无风险资产上的比例为 $1-y$。求最优资产配置转化为优化问题如下:

$$\max_y U = E(r_c) - \frac{1}{2}A\sigma_c^2$$

上式中,$E(r_c) = yE(r_p) + (1-y)r_f = r_f + y[E(r_p) - r_f]$,$\sigma_c = y\sigma_p$

代入目标函数,并根据一阶条件,解得:

$$y^* = \frac{E(r_p) - r_f}{A\sigma_p^2} = \frac{0.15 - 0.07}{4 * 0.22^2} = 0.4132$$

即投资者需要将约 41.32% 的资金投资于风险资产,剩余资金投资于无风险资产,可获得最大效用。

第四节 集合资产管理业务的程序和过程

一、准备阶段

1. 客户识别

《证券公司客户资产管理业务管理办法》(2013)第三条要求,证券公司从事客户资产管理业务,应当充分了解客户,对客户进行分类,遵循风险匹配原则,向客户推荐适当的产品或服务,禁止误导客户购买与其风险承受能力不相符的产品或服务。

第四十条要求,在签订资产管理合同之前,证券公司、推广机构应当了解客户的资产与收入状况、风险承受能力以及投资偏好等基本情况,客户应当如实提供相关信息。证券公司、推广机构应当根据所了解的客户情况推荐适当的资产管理计划。证券公司设立集合资产管理计划,应当对客户的条件和集合资产管理计划的推广范围进行明确界定,参与集合资产管理计划的客户应当具备相应的金融投资经验和风险承受能力。

第四十一条规定,客户应当对其资产来源及用途的合法性做出承诺。客户未做承诺或者证券公司明知客户资产来源或者用途不合法的,不得签订资产管理合同。

2. 人员准备

第十七条规定,证券公司开展资产管理业务,投资主办人不得少于 5 人。投资主办人须具有 3 年以上证券投资、研究、投资顾问或类似从业经历,具备良好的诚信纪录和职业操守,通过中国证券业协会的注册登记。

3. 备案准备

根据《证券公司客户资产管理业务管理办法》（2013）第十九条、《证券公司集合资产管理业务实施细则》（2013）第十条，证券公司备案发起设立的集合资产管理计划，应当提交下列材料：①备案报告；②集合资产管理计划说明书、合同文本、风险揭示书；③资产托管协议；④合规总监的合规审查意见；⑤已有集合计划运作及资产管理人员配备情况的说明；⑥关于后续投资运作合法合规的承诺；⑦中国证监会要求提交的其他材料。计划说明书是集合资产管理合同的组成部分，与集合资产管理合同具有同等法律效力。

其中最重要的是集合资产管理计划说明书和集合资产管理合同的拟定文本。资产管理合同应当包括下列基本事项：客户资产的种类和数额，投资范围、投资限制和投资比例，投资目标和管理期限，客户资产的管理方式和管理权限，各类风险揭示，客户资产管理信息的提供及查询方式，当事人的权利与义务，管理报酬的计算方法和支付方式，与客户资产管理有关的其他费用的提取、支付方式，合同解除、终止的条件、程序及客户资产的清算返还事宜，违约责任和纠纷的解决方式，集合资产管理计划开始运作的条件和日期、资产托管机构的职责、托管方式与托管费用、客户资产净值的估算、投资收益的确认与分派等事项，其他事项。

二、备案阶段

《证券公司客户资产管理业务管理办法》（2013）第十八条规定，证券公司发起设立集合资产管理计划后5个工作日内，应当将集合资产管理计划的发起设立情况报中国证券业协会备案，同时抄送证券公司住所地、资产管理分公司所在地中国证监会派出机构。

《证券公司集合资产管理业务实施细则》（2013）第十三条规定，中国证券业协会对证券公司设立集合计划的备案材料进行审阅，必要时，对集合计划的设立情况进行现场检查。

三、计划发行与募集阶段

1. 集合资产管理计划销售

《证券公司客户资产管理业务管理办法》（2013）第二十八条规定，证券公司可以自行推广集合资产管理计划，也可以委托其他证券公司、商业银行或者中国证监会认可的其他机构代为推广。《证券公司集合资产管理业务实施细则》（2013）第二十一条规定，禁止通过电视、报刊、广播及其他公共媒体推广集合计划。禁止通过签订保本保底补充协议等方式，或者采用虚假宣传、夸大预期收益和商业贿赂等不正当手段推广集合计划。

2. 集合资产管理计划成立条件

《证券公司集合资产管理业务实施细则》（2013）第十五条规定，集合资产管理计划应当符合下列条件：①募集资金规模在50亿元以下；②单个客户参与金额不低于100万元；③客户人数在200人以下，但单笔委托金额在300万元以上的客户数量不受限制。上述规定意味着集合资产管理规模不能太大，且主要面向高净值客户，具有私募基金性质。

《证券公司集合资产管理业务实施细则》（2013）第二十八条规定，集合计划成立应当具备下列条件：①推广过程符合法律、行政法规和中国证监会的规定；②限额特定资产管理计划募集金额不低于 3 000 万元人民币，其他集体计划募集金额不低于 1 亿元人民币；③客户不少于 2 人；④符合集合资产管理合同及计划说明书的约定；⑤中国证监会规定的其他条件。

四、管理阶段

1. 投资对象

《证券公司集合资产管理业务实施细则》（2013）规定，集合资产管理计划募集的资金应当用于投资中国境内依法发行的股票、债券、股指期货、商品期货等证券期货交易所交易的投资品种，央行票据、短期融资券、中期票据、利率远期、利率互换等银行间市场交易的投资品种，证券投资基金、证券公司专项资产管理计划、商业银行理财计划、集合资金信托计划等金融监管部门批准或备案发行的金融产品，以及中国证监会认可的其他投资品种。集合资产管理计划可以参与融资融券交易，也可以将其持有的证券作为融券标的证券出借给证券金融公司。

第三十七条规定，集合资产管理计划应当对流动性作出安排，在开放期保持适当比例的现金、到期日在一年以内的政府债券或者其他高流动性短期金融工具。

2. 实行均等份额

《证券公司客户资产管理业务管理办法》（2013）、《证券公司集合资产管理业务实施细则》（2013）要求，证券公司应当将集合资产管理计划设定为均等份额，并可以根据风险收益特征划分为不同种类。同一种类的集合资产管理计划份额，享有同等权益，承担同等风险。均等份额的好处在于有利于资产管理计划投资人的资产流转。《证券公司集合资产管理业务实施细则》（2013）第三十八条规定，集合资产管理计划存续期间，证券公司、代理推广机构的客户之间可以通过证券交易所等中国证监会认可的交易平台转让集合资产管理计划份额。

3. 存续期间

《证券公司客户资产管理业务管理办法》（2013）第二十六条规定，证券公司设立集合资产管理计划，可以对计划存续期间做出规定，也可以不做规定。集合资产管理合同应当对客户参与和退出集合资产管理计划的时间、方式、价格、程序等事项做出明确约定。

4. 禁止的行为

《证券公司客户资产管理业务管理办法》（2013）第三十六条规定，证券公司从事客户资产管理业务，不得有下列行为：①挪用客户资产；②向客户做出保证其资产本金不受损失或者取得最低收益的承诺；③以欺诈手段或者其他不当方式误导、诱导客户；④将资产管理业务与其他业务混合操作；⑤以转移资产管理账户收益或者亏损为目的，在自营账户与资产管理账户之间或者不同的资产管理账户之间进行买卖，损害客户的利益；⑥利用所管理的客户资产为第三方谋取不正当利益，进行利益输送；⑦自营业务抢先于资产管理业务进行交易，损害客户的利益；⑧以获取佣金或者其他利益为目的，用客户资产进行不必要的证券交易；⑨内幕交易、操纵市场；⑩法律、行政法规和中国证监会规定禁止的其他行为。

第三十七条规定，证券公司办理集合资产管理业务，除应遵守前条规定外，还应当遵守下列规定：①不得违规将集合资产管理计划资产用于资金拆借、贷款、抵押融资或者对外担保等用途；②不得将集合资产管理计划资产用于可能承担无限责任的投资。

5. 信息披露

《证券公司客户资产管理业务管理办法》（2013）第四十三条规定，证券公司应当至少每季度向客户提供一次准确、完整的资产管理报告，对报告期内客户资产的配置状况、价值变动等情况做出详细说明。《证券公司集合资产管理业务实施细则》（2013）第四十一条规定，证券公司、资产托管机构应当按照集合资产管理合同约定的时间和方式，至少每周披露一次集合计划份额净值。

五、结束阶段

《证券公司集合资产管理业务实施细则》（2013）第四十七条规定，集合资产管理计划展期，证券公司应当按照集合资产管理合同约定通知客户。集合资产管理合同应当对通知客户的时间、方式以及客户答复等事项做出明确约定。客户选择不参与集合计划展期的，证券公司应当对客户的退出事宜做出公平、合理的安排。

第五十一条规定，集合资产管理计划终止的，证券公司应当在发生终止情形之日起5日内开始清算集合计划资产。清算后的剩余资产，应当按照客户持有计划份额占计划总份额的比例或者集合资产管理合同的约定，以货币资金的形式全部分配给客户。证券公司应当在清算结束后15日内，将清算结果报中国证券业协会备案，同时抄送住所地、资产管理分公司所在地中国证监会派出机构。

第五节　另类资产管理业务

《证券期货经营机构私募资产管理业务管理办法》（2023）第十条规定，支持符合条件的证券公司设立子公司从事私募资产管理业务，加强风险隔离。因而证券公司子公司所从事的资产管理业务，也可被认作证券公司的资产管理业务。

一、另类投资与另类投资基金

另类投资（alternative investment）通常是指股票和债券等传统投资以外的非主流投资，包括房地产基金、证券化资产、对冲基金、私募股权基金、大宗商品、艺术品投资等。国际另类投资机构的业务范围则通常包括特殊机遇投资、机会信贷、困境债券、杠杆收购、抵押融资、夹层融资、过桥贷款、REITS、高级贷款、次级债务、DIP 融资

(debtor-in-possession financing)①、高收益债券、可转换证券、私募股权、对冲基金、投资咨询等。

另类投资基金，一般是指投资于另类资产的投资基金。这类投资基金的普遍特点是：①以创造价值为目标，投资交易更多采取线下、量身定做模式，投资工具更多表现为非传统工具；②采用非公开融资方式，即通常只向合格投资者的少数人（<200人）融资；③追求高风险、高回报；④设定禁售期，投资封闭时间通常较长；⑤合伙制是重要组织方式，对基金管理人采取双重激励措施，即基金管理人不仅可以获得管理费，还可以获得投资收益的分成。比如、在"2和20"设置下，管埋人除了按基金资产净值的2%收取管理费外，还收取20%比例的超额收益。几乎所有投资银行都发起了另类投资基金，高盛资产管理公司管理下的大约20%的资产投资于另类投资基金。

二、对冲基金

对冲基金（hedge fund），也称避险基金或套利基金，是指采用卖空、杠杆操作、程序交易、互换交易、套利交易、衍生品种等高风险投机手段并以盈利为目的的投资基金。由于风险较高，一般严格限制普通投资者介入。比如美国证券管理机构要求每个对冲基金的投资者应少于100人，最低投资额为100万美元。

最早的对冲基金诞生于20世纪40年代，由财经记者Alfred Winslow Jones在美国创立。他使用股票多空对冲的方式来降低熊市的风险，因而对冲基金诞生的初衷是为了降低投资风险。经过几十年的演变，对冲基金已演变成为一种充分利用各种金融衍生产品的杠杆效应、承担高风险、追求高收益的新的投资模式。

1. 对冲基金的特点

（1）采取积极管理策略。对冲基金通常采取积极、主动的投资策略，利用期货、期权、掉期等将衍生金融工具加上股票、债券等原生证券形成套利组合，及时寻找套利机会，追求无风险收益。

（2）采取高杠杆投资策略。对冲基金的高杠杆策略体现在：①广泛使用期货、期权、掉期等衍生金融的应用，放大了原生资产的收益；②利用基金资产进行抵押贷款，放大了本金的投资收益。

（3）采取私募方式筹资。对冲基金的组织结构通常采取合伙人制。基金投资者以资金入伙，提供大部分资金但不参与投资活动；基金管理者以资金和技能入伙，负责基金的投资决策，表现出对冲基金筹资的私募性。通常对冲基金只有不到100个成熟的投资人，最低投资额一般为25万~100万美元。

（4）设置禁售期。对冲基金通常会设置禁售期（lock-up period），即在长达数年的时期内，投资者不允许退出。这些规定限制了投资人的流动性，但可以使基金投资于流动性不特别好的资产，从而获得更高的回报。

---

①　美国企业在财务困境时期可以选择的一种特别融资方式。

2. 对冲基金的投资策略

对冲基金的投资策略非常多。常见的三种操作策略是市场趋势、事件驱动、套利①。

（1）市场趋势。这是指对冲基金利用股票、利率或商品市场的价格趋势获利，采用这种操作的有宏观基金和多头/空头基金。宏观基金可能会持有未避险的货币头寸，基于它们对各个国家宏观经济基本面的判断而获利。多头/空头基金试图利用证券的错误定价来获利。

（2）事件驱动。这是指对冲基金从影响证券价格的合并、破产或收购等事件来获利。比如，并购套利基金企图在公司合并交易之前持有被收购公司股票的多头头寸，并同时在股票市场上持有收购方公司的空头头寸来赚取收益。

（3）套利。这是指对冲基金利用相似资产之间的价差来获利。比如，固定收益套利从利率相关证券的证券错误中获利，有利率互换套利、收益率曲线套利和有抵押证券套利。

小案例 7-1　桥水基金

1975 年，瑞·达利欧（Ray Dalio）创立了桥水基金（Bridgewater Associates），最初其业务主要为客户提供每日市场观察（daily observation）。1987 年，桥水基金向资产管理业务转型。公司将其投资分成两个部分：主动管理的 Alpha 投资和被动跟踪的 Beta 投资。前者旨在降低与市场的相关性并获取超额回报；而后者完全跟踪市场，使投资者获取市场收益。达利欧认为，所有基金的回报由三个部分组成：无风险回报率（现金）、市场回报率（beta）和超额回报率（alpha）。总回报＝无风险回报率（现金）＋市场回报率（beta）＋超额回报率（alpha）。

1991 年，桥水设立了旗下第一支旗舰基金——主动型 Pure Alpha 基金。1996 年，桥水基金推出全天候策略（all weather）。该策略的基本逻辑是：如果将资产按不同的经济环境均衡配置，投资组合就能在长期内适应不同的经济状态。这样不仅能免去择时的烦恼，还能在控制风险的同时取得良好的回报。跟全天候策略的密切相关的是风险平价（risk parity）的概念，即在限制条件下，构建一个风险最低的投资组合。在这个组合中，不同类别的资产提供的风险波动是均等的。

资料来源：根据公开资料整理。

小资料 7-2：杠杆交易是一把双刃剑

Subrahmanyam 等（2024）使用期货经纪公司的盘中交易专有数据来分析隐含杠杆如何影响交易绩效。他们发现，在所有投资者中，杠杆率与业绩呈负相关，部分原因是交易成本增加，部分原因是追加保证金导致的强制平仓。他们发现非熟练和熟练之投资者间的业绩表现存在差异。不熟练的投资者的杠杆放大了彩票偏好和处置效应带来的损失。杠杆可以刺激熟练人士提供流动性，并提高回报。尽管监管提高了利润率，降低了

---

① 米歇尔·弗勒里耶. 一本书读懂投资银行 [M]. 朱凯誉，译. 北京：中信出版社，2010.

熟练投资者的回报，但它们提高了总体回报，并减弱了回报的波动性。

　　资料来源：AVANIDHAR SUBRAHMANYAM, KE TANG, JINGYUAN WANG, XUEWEI YANG. Leverage is a double-edged sword [J]. The Journal of Finance, 2024, 79 (2): 1579-1634.

三、创业投资基金

　　创业投资基金，又称作风险投资基金是初创科技企业的重要资金来源。《私募投资基金监督管理条例》（2023）对创业投资基金的界定是：投资范围限于未上市企业的私募基金。国家对创业投资基金给予政策支持，鼓励和引导其投资成长性、创新性创业企业，鼓励长期资金投资于创业投资基金。

　　创业投资基金的主要特点如下：

　　（1）高风险/高收益。从世界范围来看，创业投资基金的投资对象主要是创业期或起步阶段的高新技术企业。由于这类企业涉及新技术、新营销理念、新产品的运用，因此其未来发展面临诸多不确定因素，存在很高的投资风险。根据对美国 13 家风险投资公司所投资的 383 家风险企业的调查分析，其中亏损的企业占 40%左右，盈利 2 倍以内的占 30%左右，盈利 2~5 倍的企业占 20%左右，盈利 5 倍以上的仅为 5%。

　　Cochrane（2005）对 VentureOne 数据库 1987—2000 年的 7 765 个创业投资项目分析后发现，投资算术平均收益为 698%，但标准差高达 3 282%。说明风险投资具有高风险、高收益特征。

　　（2）低流动性。风险资本在高新技术企业创立初期投入，中间还可能持续进行投入，待企业发展成熟后才通过资本市场变现。其投资周期长达 3~10 年，因此被称作"耐心资本"。

四、私募股权基金

　　私募股权基金（private equity, PE）是比风险投资（venture capital, VC）更为广泛的概念，一般是指投资非上市公司股权、房地产等资产，通过并购操作等方式来获利的基金。与风险投资不同，私募股权基金不仅仅投资成长企业，也投资成熟企业和产业，通过资本运作来获利。常见的投资策略包括杠杆收购（leveraged buyouts）、风险投资（venture capital）、成长投资（growth capital）、不良资产投资（distressed investments）、夹层资本（mezzanine capital）等。

　　（1）杠杆收购

　　杠杆收购（leveraged buyout, LBO）是指收购方以目标公司为担保进行债务融资，再加上自有资金来收购目标公司，在收购之后再提升目标公司并逐渐偿还债务的收购方式。历史上，杠杆收购的债务比率介于 60%~90%。2000—2005 年，美国杠杆收购债务比例平均在 59.4%~67.9%[①]。

---

① STEVEN N KAPLAN, PER STRÖMBERG. Leveraged buyouts and private equity [J]. Journal of Economic Perspectives, 2009, 23 (1): 121-146.

PE 杠杆收购的经典案例是 1988 年 KKR 收购雷诺兹-纳贝斯克公司（RJR Nabisco）。雷诺兹-纳贝斯克公司本来是一家上市公司，但因为经营不善，股价严重下滑，KKR 通过 LBO 将其私有化，然后通过削减成本，将其非主营业务剥离和重组，使企业重获新生，重返资本市场。

在中国，2006 年 12 月，鼎晖基金与高盛联手以 20.1 亿元的价格买下双汇集团。弘毅基金 2004 年对江苏玻璃（后更名为中国玻璃）的买断则是管理层收购的经典案例。

（2）投资于成长企业

这是指投资于成长阶段企业的股权投资。这类企业往往处于扩张期，寻求资金的用途是扩展或重构生产经营或进入新的市场。公众股权私人投资（private investment in public equity，PIPE）是指采取可转换证券或优先股等非注册证券形式投资于上市公司的私募股权资本。

（3）不良资产投资

不良资产投资（distressed investments）是指买入违约资产，通过清收、追缴等方式提高清偿率，或者通过低价买入濒临破产公司的债权，重组后以债转股高价卖出获得巨额回报的投资方式。随着高盛（Goldman Special Situation）、橡树资本（Oaktree Capital）等国际资本进入中国不良资产投资市场，不良资产投资成为继 VC/PE 之后中国最具吸引力的细分投资领域之一。

不良资产投资是一个信息极其不对称的市场。和股权投资不同，股权投资是一旦企业 IPO 即可在二级市场将其出售，而不良资产投资需要通过各种重组、剥离、司法行为等进行处置，因而对管理者的专业能力要求极高。

（4）夹层融资

对企业来说，夹层融资（mezzanine financing）是介于优先债权融资和股权融资之间的一种融资方式。一般包含了股权式期权以及次级债务的形式。夹层投资的具体工具包括附有认股权证的次级债（subordinated note with warrants）、可转债（包括可转换次级债 convertible subordinated debt）、次优先级债（senior subordinated debt）、可赎回优先股（redeemable preferred stock）、附有认股权证的次级债（subordinated debt with warrants）、可转换债（convertible debt）、可赎回优先股（redeemable preferred stock）等。

对于投资者而言，夹层投资的好处在于可以获得现金收益和资本升值的双重收益。夹层基金的投资者可以是机构投资者如银行、保险公司、金融机构、家族办公室、养老基金，也可以是高净值个人投资者。

小资料 7-3：黑石集团

黑石集团（Blackstone Group Inc.）创建于 1985 年，在私募股权及并购咨询业务的基础上逐步扩展，发展了对冲基金、房地产基金、另类信贷等业务模式。黑石集团的另类资产管理业务包括企业私募股权基金、房地产机会基金、对冲基金的基金、优先债务基金、私人对冲基金和封闭式共同基金等。黑石集团总部位于美国纽约，随着业务范围从美国拓展至欧洲及亚太地区，集团在亚特兰大、波士顿、芝加哥、达拉斯、洛杉矶、旧金山、伦敦、巴黎、孟买、中国香港和东京都设置了办事处。黑石集团于 2007 年在纽约证券交易所上市，成为管理资产规模最大的另类投资机构之一。根据私募股权国际网站（Private Equity International）的排名，截至 2021 年年末，黑石集团以 8 810 亿美元的总资产管理规模在全球私募资产管理公司中位列第一位。

公司现任 CEO 苏世民（Stephen A. Schwartzman）是黑石集团两大创始人之一。他通过推出创新性的新型合伙人机制，在吸引并留住顶尖人才的同时保留公司的控制权，而他对于风险"零容忍"的态度使黑石拥有行业领先的投资审核机制，谨慎的投资风格成了黑石管理层的核心经营理念。

资料来源：国信证券研究报告，2022 年。

五、集合资产管理计划的收益与分配

1. 集合资产管理计划利润的构成

集合资产管理计划利润指集合资产管理计划利息收入、投资收益、公允价值变动收益和其他收入扣除相关费用后的余额，集合资产管理计划已实现收益指集合资产管理计划利润减去公允价值变动损益后的余额。

2. 集合资产管理计划可供分配利润

集合资产管理计划可供分配利润指截至收益分配基准日集合资产管理计划未分配利润与未分配利润中已实现收益的孰低数。

3. 投资分配原则

投资分配原则具体如下：①在符合有关集合资产管理计划分红条件的前提下，集合资产管理计划每年收益分配次数最多为 12 次，每份集合资产管理计划份额收益分配比例不得低于集合资产管理计划收益分配基准日每份集合资产管理计划份额可供分配利润的 10%；若《资产管理合同》生效不满 3 个月，可不进行收益分配。②集合资产管理计划收益分配方式有两种：现金分红与红利再投资，投资者可选择现金红利或将现金红利自动转为相应类别集合计划份额进行再投资；若投资者不选择，集合资产管理计划默认的收益分配方式是现金分红。③集合资产管理计划收益分配后各类集合资产管理计划份额净值不能低于面值；即集合资产管理计划收益分配基准日的各类集合资产管理计划份额净值减去每单位该类集合资产管理计划份额收益分配金额后不能低于面值。④由于本集合资产管理计划 A 类、B 类和 C 类资产管理计划份额的销售费用、管理费、业绩报酬收取方式存在不同，各集合资产管理计划份额类别对应的可供分配收益将有所不同。集合资产管理计划同一类别的每一集合资产管理计划份额享有同等分配权。

第六节　金融科技支持下的资产管理业务

在大数据、云计算、人工智能等金融科技支持下，投资银行资产管理业务呈现出新的变化。这种变化体现为：依赖于技术，资产管理业务推出了全新的产品或者服务模式。

一、出现了新的投资工具

1. 加密货币

以比特币为代表，加密货币（cryptocurrency）是由区块链技术和密码学原理来确保交易安全的交易媒介。加密货币基于去中心化的共识机制，与依赖中心化监管体系的银行金融系统交易媒介相对应。尽管存在争议，以比特币为代表的加密货币正被纳入一些金融机构的投资组合，有的国家甚至出现了加密货币投资基金。根据 Bloomberg Intelligence 的数据，截至 2021 年年底，直接或间接追踪加密货币的基金数量从 2020 年年底的 35 只增加到 80 只，资产规模从 2021 年年初的 240 亿美元增至 630 亿美元。BITO 于 2021 年 10 月上市，是美国第一只追踪比特币期货的 ETF。由于 BITO 的标的资产是期货合约而非现货比特币，它的价格不会完全复制比特币的价格。

小资料 7-4：比特币的产生

2008 年全球金融危机爆发，同年 11 月 1 日，一个自称中本聪（Satoshi Nakamoto）的人在 P2P foundation 网站上发布了比特币白皮书《比特币：一种点对点的电子现金系统》，陈述了他对电子货币的新设想——比特币就此面世。2009 年 1 月 3 日，比特币创世区块正式诞生。

与传统货币不同，比特币不依靠特定货币机构发行，而是由网络节点的计算生成，谁都有可以参与制造比特币。比特币经济使用整个 P2P 网络中众多节点构成的分布式数据库来确认并记录所有的交易行为，并使用密码学的设计来确保货币流通中各个环节的安全性。P2P 的去中心化特性与算法本身可以确保无法通过大量制造比特币来人为操控币值。基于密码学的设计可以使比特币只能被真实的拥有者转移或支付。

资料来源：根据公开资料整理。

小资料 7-5：华尔街最危险的女人和她的 ARK 方舟基金

凯瑟琳·伍德（Cathie Wood），因为姓"Wood"而被人称"木头姐"。她在 58 岁时创立了方舟投资（ARK Investment），专注于"破坏性创新"，风格侧重极致成长，长期重仓科技股。2020 年，ARK 旗下 7 只 ETF 产品中有 5 只平均回报率超过 140%，主要投资基因编辑与医疗保健的 ARKG 更是拔得头筹，收益率高达 185%，由此获得"女版巴菲特"的称号。

2023 年 2 月，方舟投资公司（ARK）发布了一年一度的 *Big Ideas* 2023 投资研究报告，预测加密货币和智能合约在未来十年内可以分别达到 20 万亿美元和 5 万亿美元的市值。2030 年，比特币价格将达到 100 万美元一枚。

资料来源：根据公开资料整理。

2. 通证

通证（token），又称代币，是指通过加密技术、共识规则、智能合约、应用目标等建立起来的集货币属性、价值属性、荣誉属性等属性于一体的区块链凭证。通证可以代表一切可以数字化的权益证明，比如身份证、学历文凭、票据、门票、积分、卡券、股票、债券、所有权、资格等。

执照属性，通证可分为：价值型，作为价值载体，直接对应价值，比如储值卡、兑换券等；收益型，收益人在应用场景中获得权利，比如优惠卡、贵宾卡等；权利型，具有持续获得收益的权利，比如股票、债券等；标识型，本身不具备价值特征，是某种客观事实的标识，比如房产证、老年证等。

从另外角度，通证可分为同质化代币和非同质化代币。同质化代币（homogeneitic-fungible token，HFT）指每个资产都是相同的代币，代币可相互替换，且可分割。如美元、比特币以及企业发行的代币等，都属于常见的同质化代币。非同质化代币（non-fungible token，NFT）指每个资产是独一无二、不可分割、相互完全独立的代币。比如，房地产就是一种非同质化资产。NFT真正的定义是：由原创者在区块链上发行的"真实性证明"，通过加密技术来证明NFT的持有者是官方标的资产的真实所有者。2017年加密猫（Crypto Kitties）发布后，NFT首次进入大众视野，它是在以太坊上发布的一款去中心化应用，用户可以在游戏中培育并收集各种电子猫。

二、出现了新的投资管理技术

1. 大数据在资产管理中的应用

大数据基金是以互联网大数据为信息源，以挖掘其中有用信息为主要选股标准和手段的基金。简单来说，它就是依靠大数据来选择股票、引入了大数据因子的基金。

2014—2015年，中国互联网三巨头BAT（百度、阿里巴巴、腾讯）先后与三家基金公司合作，推出了我国第一代大数据指数基金。具体包括腾讯与银河证券联合推出的银河中证腾讯济安价值100指数基金，百度与广发证券推出的广发中证百度百发策略100指数基金，阿里巴巴与博时基金推出的博时中证淘金大数据100指数基金。

以中证淘金大数据100指数基金为例。中证淘金大数据100指数由蚂蚁金服、博时基金、恒生聚源及中证指数共同发布。依托蚂蚁金服的大数据平台，基于海量的互联网电商交易大数据，预期各个行业的未来盈利状况，并分析行业的繁荣程度，在此基础上选取100只股票形成投资组合，最终形成电商大数据指数。推出该指数的四家机构充分发挥了各自的优势。蚂蚁金服提供线上海量的交易数据；恒生聚源提供金融数据库，并对线上线下数据进行加工处理，得到相关行业投研指标，再综合考察这些行业成长性、供需情况等，得出行业景气度排名，最后通过行业景气度排名对行业所属股票给予相应评分，得出聚源电商大数据因子；博时基金和中证指数则发挥投资及指数编制的优势[1]。如图7-1所示。

① 资料来源：人民网，http://finance.people.com.cn/stock/n/2015/0420/c67815-26869631.html。

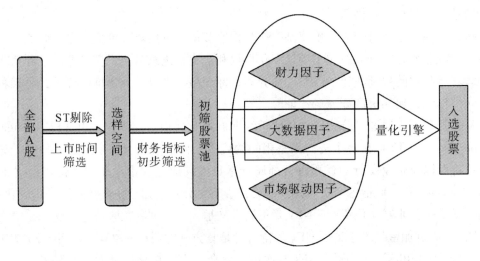

图 7-1　大数据基金选股

2. 量子计算在资产管理中的应用

随着金融科技浪潮的兴起，量子技术与金融的融合不断提速。世界各大顶尖金融机构如摩根大通、高盛集团、亚马逊、巴克莱银行等，与 IBM 量子计算部门以及 Xanadu、D-Wave 等一系列量子计算初创公司达成一系列战略合作，将量子计算技术运用于投资组合优化、金融资产风险评估、资产衍生品定价等金融应用。

（1）投资组合优化。在现代资产组合理论中，一个重要的工作是寻找有效前沿。在量子计算领域，不同学者已通过多种算法尝试对该问题进行突破。Angad Kalra 等人使用量子退火计算机来解决金融投资组合管理中的资产相关性识别问题，通过图形算法来聚类资产相关性，从而识别各种金融投资组合；Rosenberg 等人使用 D-Wave Systems 的量子退火器解决了多周期投资组合优化问题；Mugel 等人使用量子处理器 IBM-Q 和受量子启发的张量网络来解决动态投资组合优化的问题。在实务界，摩根大通与 IBM 合作提出了混合算法 NISQ-HHL，用以实现小规模投资组合优化；国内也有商业银行基于 QAOA 算法对股票和基金等资产进行组合优化。

（2）投资风险分析。在金融领域中，风险价值（value at risk，VaR）和条件风险价值（conditional value at risk，CVaR）等指标是衡量资产组合风险的重要衡量指标。Stefan 等人提出了一种量子蒙特卡罗模拟算法，并在基于门的量子计算机上对 VaR 和 CVaR 实现风险的度量和评估；Egger 等人提出了一种量子算法，能够比经典蒙特卡罗模拟更有效地估计信用风险。

（3）期权定价。期权定价作为金融衍生品定价领域中的重要问题之一，在实际的投资交易中具有重要价值，Rebentros 等人提出了用于金融衍生品定价的量子算法，为量子计算与金融的进一步研究提供了一个新的起点；Stamatopoulos 等人进一步实现了对不同期权类型的定价，涉及的期权包括普通期权、多资产期权和路径依赖期权等。在诸多研究中，量子振幅估计算法是解决该问题时常见的方法之一。量子振幅估计算法将参数估计问题转化为一种算符操作，并将待估计的参数映射为相应的量子态振幅，然后通过测量给出相应的参数估计，从而解决期权定价问题，该方案已在金融场景初步进行了实证，表现出了良好前景。

（4）组合再平衡。组合再平衡是资产配置中的重要一环。Mark 等人研究了与金融服务行业相关的离散投资组合优化问题，他们在门模型量子计算机的理想化模拟器上实施和评估了一个投资组合再平衡问题，包括离散手数交易、非线性交易成本和投资约束；Slate 等人则提出了一种高效的量子算法，它是一种可以用于近期 NISQ 硬件的量子投资组合优化方法，并探索了量子经典混合算法在金融投资组合再平衡问题中的潜在应用，他们新开发的基于 Quantum Walk 的优化算法在寻找投资组合优化问题的高质量解决方案方面能够显著提高性能①。

3. 人工智能在资产管理中的应用

投资组合管理需要做出资产配置决策，以构建具有特定风险和收益特征的投资组合。人工智能的优势在于：①通过定量或文本数据分析促进基本面分析，从而生成新颖的投资策略；②人工智能可以产生比传统方法更好的收益和协方差估计。这些估计结果可以在传统的投资组合优化框架中使用。

（1）人工智能可促进基本面分析

基本面分析可以被认为是投资组合管理的基石，人工智能可以极大地优化基本面分析。人工智能在基础分析中最重要的应用是文本分析（Das，2014；Kearney & Liu，2014；Fisher，Garnsey & Hughes，2016）。自然语言处理（NLP）方法能够从各种文本来源中提取具有经济意义的信息，如企业年度报告（Azimi & Agrawal，2019）、新闻文章（Schumaker & Chen，2006；Ke，Kelly & Xiu，2019）、以及推特帖子（Sprenger，Sandner，Tumasjan & Welpe，2014）。

（2）人工智能可提高收益的预测精度

在可用于收益预测的人工智能技术中，Gu 等（2020）发现，与普通最小二乘回归（ordinary least square regression）、弹性网络回归（elastic net regression）、拉索回归（LASSO regression）、随机森林回归（random forest regression）和梯度提升回归树（gradient boosted regression tree）相比，人工神经网络（artificial neural network）表现最好。

小资料 7-6：机器学习、深度学习、人工智能在资产管理中的应用

Sentient Technologies 是一家对冲基金，使用 1 000 多台计算机，完全依赖人工智能进行资产管理。图 7-2 显示依赖机器学习的基金业绩超过传统方法的业绩。尽管 AI 帮助机构获得较高业绩，但 Das、Mokashi 和 Culkin（2018）的研究显示，仍难以找到一种算法来预测第二天股市的变化方向，说明市场仍是有效的。

---

① 郭毅可，郭聪. 基于量子计算的创新金融应用发展［J］. 银行家，2022，262（11）：33-34.

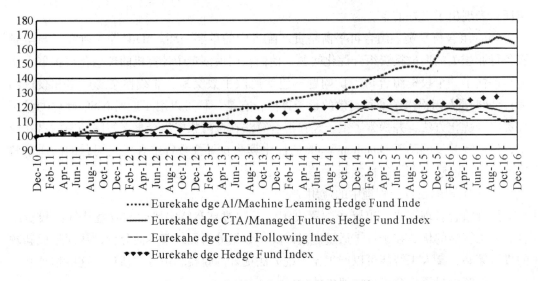

图 7-2　金融科技参与下基金管理的业绩

资料来源: http://www.eurekahedge.com/Research/News/1614/Artificial-Intelligence-AI-Hedge-Fund-Index-Strategy-Profile。

三、出现了新的服务方式

智能投顾（robo-advisor），也称作"机器人理财""智能理财"，是指金融机构将人工智能与投资顾问相结合，为客户提供的资产管理服务。其主要特点是利用大数据分析、金融量化模型以及智能化算法，根据投资者的风险承受水平、预期收益目标、投资风格偏好等，运用一系列智能算法和投资组合优化等理论模型，为用户提供投资建议，并动态监测市场变化，对资产配置提供定期或不定期的调整，同时按照一定规则进行自动再平衡操作，提高资产组合的回报率。

证券委员会国际组织 2017 年在总结各国智能投顾发展情况的基础上，将智能投顾的工作原理分为三个步骤[1]：①收集和分析客户信息，形成客户画像。智能投顾平台利用大数据和人工智能等技术获得客户的个性化风险偏好、投资目标及变化规律等数据信息，利用人工智能技术对客户信息进行分析，形成千人千面的客户画像，并据此设置期望收益率、标准差、预计投资期限和本金止损比例等数值。②形成投资策略。运用智能算法将各类金融产品的风险、收益情况与客户投资信息进行匹配，形成不同的投资策略，为客户提供定制化方案。③利用智能投顾平台继续对客户收益的期望和资产管理产品、公募产品运作过程中的实际收益等情况进行动态实时的跟踪、对比，分析其中的差异，重新调整与更新模型。

---

① 具体见报告 *IOSCO Research Report on Financial Technologies*（2017）。

案例 7-1　2009 年贝恩资本投资国美电器

2007—2008 年，国美电器进行了大规模的并购和扩张，比如以 36 亿元收购大中电器；2008 年年初花费 22 亿元回购公司股票，投资 5.37 亿美元入主三联商社，同时大规模扩张开设了 100 多家新店。大量的现金流出，导致股权投资账面亏损已近 25 亿元。

而与此同时，2007 年发行的 46 亿港元可转债很可能在 2010 年 5 月前被提前赎回，为解决巨额可转债即将到期赎回的资金困境，国美电器开始寻找战略投资者。

2009 年 6 月 22 日，国美电器发布公告，称国美已与国际私募基金贝恩投资旗下的 Bain Capital Glory Limited 签订投资合作协议，对方以 18.04 亿港元认购国美新发行的七年期的可换股债券，年息率为 5%。初始转换价为每股 1.18 港元，较停牌前的最后收市价每股 1.12 港元溢价 5.4%。

另外，国美同时向符合资格的现有股东按照 100∶18 的比例发行新股，认购价为每股 0.672 港元。按照这个方案，若 BainCapital 将可转换债券全部转换为股票，BainCapital 将持有国美电器 9.8%~23.5% 的股权，成为紧随黄光裕夫妇之后的第二大股东，具体持股比例取决于股东对公开发售股份的接纳程度。公告还称，贝恩投资将提名三名非执行董事席位。

KKR（Kohlberg Kravis Roberts & Co.）和华平创业投资有限公司（Warburg Pincus LLC）此前均对这家总部位于北京的公司表示过兴趣，但随后退出，使贝恩资本有限公司成为唯一一家有意投资国美电器的公司。华平创业投资已经持有国美电器的少数股份，并在董事会中有一个非执行董事席位。已并入渣打集团（Standard Chartered PLC, STAN. LN）的嘉诚亚洲有限公司（Cazenove Asia Ltd.）和 N M Rothschild & Sons（Hong Kong）Ltd. 是国美电器的财务顾问。

业内人士认为，通过此次贝恩投资的入股，将改变国美家族企业的形象，公司的治理结构将更透明。同时，国美此次获得的超过 32 亿元的资金也能够极大地改善公司的现金流状况，缓解国美的资金饥渴问题。

对贝恩资本来说，如果其持有的 18.04 亿港元可转债全部转换为国美电器股票，将可获得 16.28 亿股国美国电器股票，以国美电器 2010 年 9 月 7 日收盘价 2.34 港元计算，其市值为 38.10 亿元，在此期间还获得了 5% 的利息 9 020 万港元，则贝恩资本自 2009 年 6 月 22 日持有该债券至 10 年 9 月 7 日期间的累计收益率高达 116%。同期，香港恒生指数（HSI）由 18 060 点上涨至 21 402 点，涨幅 18.5%。贝恩资本持有该债券的收益率远高于同期恒指的涨幅。

资料来源：陈伟，2009 年 6 月 23 日，《经济参考报》。

案例 7-2　中信证券卓越成长股票集合资产管理计划

1. 投资理念

预期未来中国经济将在持续结构调整的基础上继续增长，那些具有成长潜力的中小市值上市公司可以借此实现快速发展。本集合计划将寻找具有持续发展能力、巨大发展潜力和较大投资价值的中小市值股票进行投资，以期获得高额收益。

2. 投资策略

本集合计划重点投资于具有行业优势、公司优势和估值优势的中小市值股票，剩余资产将配置于固定收益类和现金类等大类资产。

3. 投资范围

具有良好流动性的金融工具，包括国内依法发行的股票（包括通过网上申购和/或网下申购的方式参与新股配售和增发）、权证、债券（含可转债）、证券投资基金、央行票据、资产支持受益凭证、债券逆回购、银行存款、现金，以及法律法规或中国证监会允许证券公司集合资产管理计划投资的其他投资品种。

4. 投资比例

如表7-6所示。

表7-6　中信证券卓越成长股票集合资产管理计划投资比例

权益类金融产品		50%~95%
其中	股票	50%~95%，投资于中小市值股票的比例不低于本集合计划股票资产净值的80%
	股票基金及混合基金	不超过集合计划资产净值的45%
	权证	不超过集合计划资产净值的3%
固定收益类金融产品		5%~50%。其中，现金类资产投资比例在封闭期和开放期均不低于集合计划资产净值的5%

5. 业绩比较基准

中证700指数收益率×75%+中证全债指数收益率×25%。

6. 风险收益特征及适合推广对象

非限定性集合计划，且其预期收益和风险高于混合型产品、债券型产品、货币型产品，适合高风险高收益的投资者。

7. 参与费

中信证券卓越成长股票集合资产管理计划的参与费率如表7-7所示。

表7-7　中信证券卓越成长股票集合资产管理计划的参与费率

参与金额（M）	认购期参与费率	存续期参与费率
M≥500万元	每笔1 000元	每笔1 000元
300万元≤M<500万元	0.5%	0.6%
100万元≤M<300万元	0.7%	0.8%
M<100万元	1.0%	1.2%

8. 退出费

中信证券卓越成长股票集合资产管理计划的退出费率如表7-8所示。

表 7-8　中信证券卓越成长股票集合资产管理计划的退出费率

持有期限（D）	退出费率
$D<365$ 天	0.5%
365 天 $\leq D<730$ 天	0.3%
$D\geq730$ 天	0%
集合计划终止或清算	0%

9. 管理费：1.5%/年。

10. 托管费：0.25%/年。

11. 收益分配

在符合分红条件的前提下，集合计划收益每年至少分配一次，在次年的 4 月 30 日前完成。每次收益分配比例不低于集合计划该次可供分配利润的 50%。但若成立不满 3 个月，可不进行收益分配。

12. 存续期限：无固定存续期限。

13. 最高规模：在推广期的募集资金不超过 100 亿元人民币，存续期不设规模上限。

14. 最低参与金额：初次参与的最低金额为人民币 10 万元（含参与费）。对于集合计划的持有人，其新增参与资金的最低金额为壹仟元人民币。委托人将红利再投资不受上述限制。

15. 最低退出额：委托人可以选择全部退出，也可以选择部分退出。部分退出时，委托人每笔最低退出份额为 1 000 份，剩余份额不能低于 1 000 份。

16. 流动性安排：集合计划成立后的前 3 个月为封闭期，在该期间不办理参与、退出业务。投资者在集合计划成立满 3 个月之后的每个工作日都可以办理参与、退出本集合计划的业务。

17. 管理人：中信证券股份有限公司。

18. 托管人：中信银行股份有限公司。

19. 推广机构：中信证券股份有限公司、中信银行股份有限公司等。

资料来源：根据中信证券股份有限公司公开资料整理。

本章小结

1. 资产管理业务是投资银行集合投资者资金，利用自己的专业团队和专业知识的优势，帮助客户掌控风险，获取最大收益，藉此获取管理费的业务。

2. 资产管理业务的特点包括：资产管理体现了委托代理关系，资产管理采用个性化管理，资产管理对投资者退出有所限制，客户承担风险，采取定向化信息披露等。

3. 资产管理与投资基金的区别体现在：管理主体不同，市场定位和客户群体不同，销售或推广方式不同，行为规范依据不同。

4. 根据资产委托人范围和资产管理的组织方式，我国将证券公司资产管理业务分为三种：为单一客户办理定向资产管理业务，为多个客户办理集合资产管理业务，为客户办理特定目的的专项资产管理业务。

5. 集合资产管理业务的运作阶段包括准备阶段、申请阶段、管理阶段和结束阶段。

6. 资产管理业务投资过程分为四个步骤：特定的目标、特定的限制因素、特定的投资策略、最后的监控和更新资产组合。

7. 另类投资基金，指没有注册为投资公司和免于在证券交易委员会登记的基金，包括对冲基金、私募股权基金、风险资本基金等。

8. 金融科技支持下的资产管理业务成为未来新趋势。

拓展阅读

1. 资产管理关于资产价格效率和资产管理市场效率，参阅：

GÂRLEANU N, PEDERSEN H L. Efficiently inefficient markets for assets and asset management [J]. The Journal of Finance, 2018, 73 (4): 1663-1712.

2. 关于中国资产管理公司，参阅：

朱民，黄金老. 论中国的资产管理公司 [J]. 经济研究，1999 (12)：3-13.

3. 关于主动资产管理中的道德风险问题，参阅：

Brown C D, Davies W S. Moral hazard in active asset management [J]. Journal of Financial Economics, 2017, 125 (2): 311-325.

4. 关于投资基金绩效评价，参阅：

HENDRIK BESSEMBINDER, MICHAEL J COOPER, FENG ZHANG. Mutual fund performance at long horizons [J]. Journal of Financial Economics, 2023, 147 (1): 132-158.

5. 关于金融科技与资产管理，参阅：

RAN T, WEI C S, YIDONG X, et al. Robo advisors, algorithmic trading and investment management: wonders of fourth industrial revolution in financial markets [J]. Technological Forecasting and Social Change, 2020, (prepublish): 120421.

JONATHAN CHIU, THORSTEN V KOEPPL. The economics of cryptocurrency: bitcoin and beyond [J]. Canadian Journal of Economics, 2022, 55 (4): 1762-1798.

HALABURDA, HANNA, GUILLAUME HAERINGER, et al. The microeconomics of cryptocurrencies [J]. Journal of Economic Literature, 2022, 60 (3): 971-1013.

JONATHAN CHIU, THORSTEN KOEPPL. Blockchain-based settlement for asset trading [J]. Review of Financial Studies, 2019, 32 (5): 1716-1753.

GU SHIHAO, BRYAN T KELLY, DACHENG XIU. Empirical asset pricing via machine learning [J]. Review of Financial Studies, 2020, 33 (5): 2223-73.

思考与计算题

1. 什么是资产管理业务？

2. 资产管理业务有哪些特点？它与投资基金区别存在哪些区别？

4. 我国证券公司的资产管理业务分为哪些种类？

5. 集合资产管理业务的运作阶段有哪些？

6. 资产管理业务的投资过程分为哪几个步骤？

7. 什么是另类投资基金？

8. 金融科技对资产管理将产生怎样的影响？

9. 计算题：假设某基金初始投入为 2 亿元，期末增值为 3 亿元，资产管理者按照净值 1% 加增值部分 20% 提成的收费方式，该笔业务为资产管理机构带来的收入为多少？

第八章
投资银行自营业务与直投业务

➤学习目标

掌握自营业务、直投业务的内涵及盈利模式，理解自营商的投机交易、套利交易方法，了解直投业务规范及道德风险控制措施。

➤学习内容

- ■自营业务内涵及盈利模式
- ■自营商的投机交易
- ■自营商的套利交易
- ■券商直投业务的概念及盈利模式
- ■券商直投业务的规范及道德风险控制

➤导入案例

从资产端来看，券商总资产中45%以上为自营投资类资产，包括固收、股票、基金、信托及资管计划、衍生品等。2022年上半年，41家上市券商自营业务净收入总计457.15亿元，9家券商自营业务净收入超过20亿元，排名前三的分别是中信证券（94.62亿元）、中金公司（50.45亿元）和申万宏源（43.81亿元）。增速方面，5家券商自营业务净收入实现同比正增长，排名前三的是中银证券、方正证券和太平洋证券，增速分别为78.37%、69.91%、15.69%。

2022年6月，国信证券通过全资子公司国信资本投资4500万元，助力深圳市金石三维打印科技有限公司加速推进金属、尼龙以及陶瓷等材料的3D打印设备量产、大型3D打印研发中心落地，以及开展个性领域应用的深度终端服务。金石三维市场规模位居国内行业前列，长期坚持自主研发，拥有过百项专利。

资料来源：东方财富网，https://finance.eastmoney.com/a/202209052500388169.html。

启发问题：

1. 什么是证券公司自营业务？

2. 什么是证券公司直接投资业务？

3. 为什么证券公司要从事自营业务和直接投资业务？

第一节　自营业务的内涵及盈利模式

一、自营业务的概念

自营业务，是指投资银行通过自己的账户，用自有资金或自筹资金在二级市场上买卖证券，并从证券或证券价格变动中获取收益的业务。根据《证券经营机构证券自营业务管理办法》（1996），证券自营业务是指证券经营机构为本机构买卖上市证券以及证监会认定的其他证券的行为。

自营业务、经纪业务与资产管理业务均跟二级市场有关，但三者的区别在于：投资银行在经纪业务中担当了经纪人的角色，在资产管理业务中担当了资产管理者的角色，而在自营业务中，则担当了一个普通机构投资者的角色。与此相对应，投资银行在经纪业务中获得佣金收入，在资产管理业务中获得管理费，而在自营业务中则获得投资收入。

二、自营业务的投资品种

在《证券经营机构证券自营业务管理办法》（1996）中，证券经营机构能够交易的证券包括：①人民币普通股；②基金券；③认股权证；④国债；⑤公司或企业债券。

中国证监会发布的《关于证券公司证券自营业务投资范围及有关事项的规定》（2011）扩大了券商自营投资范围。券商自营可投资的证券品种包括：①已经和依法可以在境内证券交易所上市交易的证券；②已经和依法可以在境内银行间市场交易的部分证券；③依法经证监会批准或备案发行并在增内金融机构柜台交易的证券。

三、自营业务资格

《证券经营机构证券自营业务管理办法》（1996）规定，证券经营机构从事证券自营业务，应当取得证监会认定的证券自营业务资格并领取证监会颁发的《经营证券自营业务资格证书》。未取得证券自营业务资格的证券经营机构不得从事证券自营业务。

《关于证券公司证券自营业务投资范围及有关事项的规定》（2011）规定，证券公司将自有资金投资于依法公开发行的国债、投资级公司债、货币市场基金、央行票据等中国证券监督管理委员会认可的风险较低、流动性较强的证券，或者委托其他证券公司或者基金管理公司进行证券投资管理，且投资规模合计不超过其净资本80%的，无须取得证券自营业务资格。

小资料8-1：证券经营机构自营业务资格

证券经营机构申请从事证券自营业务，应当同时具备下列条件：

(1) 证券专营机构具有不低于人民币2 000万元的净资产，证券兼营机构具有不低于人民币2 000万元的证券营运资金。

(2) 证券专营机构具有不低于人民币1 000万元的净资本，证券兼营机构具有不低于人民币1 000万元的净证券营运资金。

(3) 三分之二以上的高级管理人员和主要业务人员获得证监会颁发的《证券业从业人员资格证书》，在取得《证券业从业人员资格证书》前，应当具备下列条件：①高级管理人员具备必要的证券、金融、法律等有关知识，近二年内没有严重违法违规行为，其中三分之二以上具有二年以上证券业或三年以上金融业务的工作经历；②主要业务人员熟悉有关的业务规则及业务操作程序，近二年内没有严重违法违规行为，其中三分之二以上具有二年以上证券业务或三年以上金融业务的工作经历。

(4) 证券经营机构在近一年内没有严重违法违规行为或在近二年内未受到本办法规定的取消证券自营业务资格的处罚。

(5) 证券经营机构成立并且正式开业已超过半年；证券兼营机构的证券业务与其他业务分开经营、分账管理。

(6) 设有证券自营业务专用的电脑申报终端和其他必要的设施。

(7) 证监会要求的其他条件。

资料来源：《证券经营机构证券自营业务管理办法》（1996）。

四、自营业务的盈利模式

自营业务收益主要来自投机收益和套利收益，其成本则主要指跟该业务相关的人力成本、固定资产折旧等。

$$自营业务利润=投机收益和套利收益-相关成本$$

例8-1：自营业务利润计算

某券商自营业务部门在年初购入10 000万元的证券组合，在年末该证券的组合价值为15 000万元，相应的人工、固定费用等成本为1 000万元，则该券商自营业务的利润=15 000-10 000-1 000=4 000万元

小资料8-2：国内券商自营收益状况

2014年，国内120家券商累计实现自营收益710.28亿元，同比增长132.5%，占全部营业收入的27.3%。自营收益占营业收入的比重越来越大，已经成为与投资银行业务、经纪业务相并列的券商三大支柱业务。如表8-1所示。

表 8-1　全部券商自营收益状况　　　　　　　　　　　　单位：亿元

项目	2014 年	2013 年	2012 年	2011 年
营业收入	2 602.84	1 592.41	1 294.71	1 359.50
自营收益	710.28	305.52	290.17	49.77
自营收益占比	27.3%	19.2%	22.4%	3.7%

资料来源：根据中国证券业协会公开资料整理。

第二节　自营商的投机交易

一、投机的概念

投机与投资的界限难以准确划分。美国财政部将持有期超过 1 年的资产购买行为称为投资，否则称为投机。但 Francis 和 Ibboston（2006）认为该划分方法过于简单，因为有的证券资产比如国库券的生命周期只有 3 个月，显然就不能认为该购买行为就是投机。直觉上，人们将频繁交易的行为归为投机。

一个较为正式的定义：投机通常是指机构或个人采用短期策略来获利的行为。他们试图预测未来股票价格，希望从股票价格变动中获利，所获报酬足以抵消他们承担的风险。Ritter（1991）发现投机者在 IPO 后 1 至 2 天卖出证券的投机收益为 14.3%。

投机与赌博不同。赌博是为一个不确定的结果打赌或下注，没有相应的报酬，或者说风险溢价为零。从经济学的角度看，赌博是为了享受冒险的乐趣而承担风险。在市场操作上，赌博者可能使用未经测试的方法，或者基于直觉或感觉进行交易，他们长期来看可能面临亏损。

投投交易对市场的积极作用在于：①有助于证券市场的价格发现作用；②活跃证券市场，增强市场的流动性；③平滑价格和稳定市场。

二、投机交易的策略

投机交易的关键在于正确预测未来的证券价格走势。根据有效市场理论，证券未来价格遵从随机游走，因而是不可预测的。但实际上，证券市场价格存在对信息反应不足或过度反应的情况，因而给投机交易留下了机会。

1. 基于技术分析的投机交易策略

（1）道氏理论

技术分析试图发掘股票价格起伏的周期和可预测的模式，以产生优异的投资业绩。因此其中心工作是发现价格运动的趋势。道氏理论是趋势分析的鼻祖，它认为单个证券或者整个市场沿着持续的牛市和熊市趋势运动。道氏理论定义了三种类型的趋势运动：

①基本趋势。它持续时间从几个月到几年不等，找到基本趋势是技术分析成功和投

资盈利的关键。②次要趋势。这是指股价对基本走势的短期偏离引起的二级趋势或中间趋势。当价格偏离趋势值时，这些偏离会通过修正（correction）来消除。次要趋势可能延续数周或数月。③短暂趋势。这是指几乎不重要的日常波动，是最小的一种趋势。如图 8-1 所示。

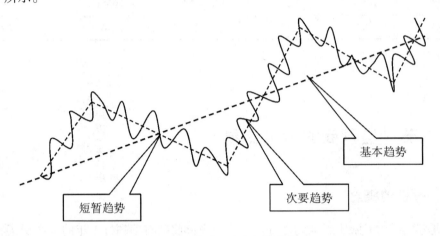

图 8-1　道氏理论中三种趋势

道氏理论的变形有艾略特波浪理论和康德拉季耶夫理论。艾略特波浪理论又称波浪理论，是以美国人艾略特的名字命名的一种技术分析理论。其基本思想是：价格上涨和下跌不断重复，应该遵循周期发展的规律。每个周期包含 8 个过程，即上升 5 个过程和下降 3 个过程，或者下跌 5 个过程和上涨 3 个过程。康德拉季耶夫断定宏观经济波动周期很长，一个周期的持续时间可达 48~60 年。

（2）技术分析的其他方法

技术分析的其他分析方法包括 K 线分析、切线分析、形态分析、指标分析等。

①K 线分析。K 线非常形象地显示了一个时间周期内证券交易的开盘价、收盘价、最低价和最高价。K 线分析是通过一天 K 线或若干天 K 线的组合情况推测市场多空双方的对比，进而预测证券价格未来走势的方法。

②切线分析。切线是按一定方法和原则在根据价格数据所绘制的图表中画出一些直线，然后根据这些直线推测未来价格的方法。这些线有趋势线、通道线、黄金分割线、速度线、甘氏线等。

③形态分析。形态分析是根据价格图表走过的轨迹的形态来预测价格未来的趋势的方法。著名的形态有 M 头、W 底、头肩顶（底）、三角形、矩形、喇叭形、菱形、旗形和楔形等。

④指标分析。指标可以反映市场所处的状态，例如移动平均线（MA）、平滑异同移动平均线（MACD）、威廉指标 WMS%、随机指标（KD）、相对强弱指标（RSI）、心理线（PSY）、能量潮（OBV）等。

2. 基于行为金融的投机交易策略

①购买小公司策略。统计研究发现，小公司的投资收益大于大公司的投资收益，因此可有意识地投资于小公司的股票，以获取更高的收益。

②反向投资策略。由于羊群效应等各种原因，市场价格可能出现过高或者过低的现象，因而可以利用市场的非理性行为，进行逆向操作。

③动量策略。由于市场上存在动量效应，因而可设定过滤准则，当超过过滤准则时，顺势买入或卖出。

第三节　自营商的套利交易

一、套利的概念

套利（arbitrage），是指同时在两个市场中买进并卖出相同的商品，利用两个市场商品价格的差异而获取利润的行为。套利包括无风险套利和风险套利。无风险套利指利用相同的商品不同的价格获取无风险利润的行为，风险套利主要指利用资产重组而进行获利的行为。

假设同一证券在市场上存在两种价格 P_1 和 P_2，$P_1 > P_2$。若以 P_2 买进该证券同时按 P_1 卖出，则该操作获得 $P_1 - P_2$ 的无风险利润。

如果有多个证券，同样也可以进行套利操作。假设存在 3 种证券 A、B、C，期末存在两种收益状态，每种证券当前价格和期末收益见表 8-2。

表 8-2　三种证券当前价格和期末收益　　　　　单位：元

证券	当前价格	状态 1	状态 2
A	40	20	60
B	50	40	100
C	100	30	120

建立 A、B 的证券组合复制证券 C 的收益，看是否存在套利机会。假设组合中证券 A 的数量为 N_A，证券 B 的数量为 N_B，建立方程组：

$$\begin{cases} 20N_A + 40N_B = 30 \\ 60N_A + 100N_B = 120 \end{cases}$$

解得 $N_A = 4.5$，$N_B = -1.5$。

证券 A、B 组合的价值为 $4.5 \times 40 - 1.5 \times 50 = 105$，而目前证券 C 的价格为 100，说明存在套利机会，即买入证券 C，同时卖出证券组合，可以锁定 $105 - 100 = 5$ 的无风险利润。

二、无风险套利的类型

1. 跨市场套利

跨市场套利（space arbitrage）是最基本的套利操作，指利用相同商品在不同市场的不合理价差来获利。理论上，跨市场套利放空所获得的收益作为买进成本，故不需要任何投资成本。多头头寸与空头头寸相互抵消，故此套利策略不产生无任何风险。

2. 跨时间套利

跨时间套利（time arbitrage）是指买进（或卖出）同一商品现货的同时卖出（或买进）期货，利用现货价格与期货价格间存在的不合理价差来获利的套利操作方式。假设玉米现货与 3 月玉米期货价格出现异常价差，套利者可借入资金买进现货同时卖出 3 月玉米期货。3 月后，套利者将玉米现货作为 3 月玉米期货实物交割标的，并收到卖出期货的价款，再以该价款偿还贷款本金及利息，剩余部分即为跨时间套利的报酬。

3. 信用利差套利

信用利差套利（credit spread arbitrage）是指利用资产与负债的不同信用等级所形成的信用利差来进行套利的操作方法。保险公司是信用利差套利的典型代表。保险公司根据保险人风险高低来收取保费，由于个别保险人的资产风险相对较高，故保险公司收取保费也较多，但保险资产组合的整体风险较低，因而负债资金成本较低。因此，保险公司即利用资产与负债的利差赚取利润。

4. 到期期限套利

到期期限套利（maturity arbitrage）指利用长、短期资金成本的利差来进行套利。比如以短期融资来取得长期资金以投资长期债券来进行套利的操作行为。

三、风险套利

风险套利指套利者根据各类企业活动的预期结果买进或卖空该公司股票的行为，若该公司进行企业活动的结果与套利者的预期相符，即可成功完成套利。

第四节　直投业务的概念及盈利模式

一、直投业务的概念

投资银行直投业务，又称直接投资业务，是指投资银行利用自身的专业优势寻找并发现优质投资项目或公司，以自有或募集资金进行股权投资，并以获取股权收益为目的的业务。在直投业务中，投资银行充当了 PE 或 VC 的角色。由于直投业务利润丰厚，该项业务历来是国际知名投资银行的重要利润来源。例如高盛投资并承销分众传媒、雨润食品、雷士照明，摩根士丹利投资并承销蒙牛乳业、百丽国际、远洋地产，瑞士信贷投资并承销中国银行，汇丰银行投资并承销交通银行等。

二、直投业务的盈利模式

直投业务本质上是券商对非公开上市公司的股权投资行为，具有 PE 或 VC 性质，其投资收益和投资回报来源于投资。

直投业务投资收益＝股权投资期末价值－股权投资成本－相关人力及管理成本

直投业务投资回报＝投资收益/投资成本×100%

例8-2：直投业务盈利计算

某证券公司投资参股某科技企业，在上市前持有该企业185.567万股，投入成本2 400万元。3年后，该企业上市，发行价为57元。忽略人工成本，投资收益＝185.567万股×57元－2 400万元＝8 177.32万元，总投资回报＝8 177.32÷2 400×100%＝340.7%。

小案例8-1　国信证券的直投业务

国信弘盛私募基金管理有限公司（以下简称"国信弘盛"）成立于2008年8月8日，注册资本28.06亿元，是国信证券股份有限公司旗下全资私募投资基金管理子公司，同时是证券行业第三家获监管部门批准设立的券商直投机构。其主要业务包括股权投资、股权投资基金管理、股权投资顾问等。

国信弘盛在新一代信息技术、新能源新材料、高端制造、智能技术、消费升级、医疗健康、文化传媒等重点领域形成了较为完整的投资产业链布局，同时积极与政府引导基金、产业集团、上市公司、金融机构、社会资本等进行深度合作，共同设立并管理一系列投资基金，覆盖私募股权（PE）投资、产业投资、并购投资、可交换债（EB）投资、母基金（FOF）投资等领域。截至2022年年末，国信弘盛旗下有基金16只，资产管理规模近100亿元。公司及旗下基金累计投资私募股权（PE）项目124个，其中IPO退出（含并购重组）项目达到42家，IPO退出占比超过1/3；累计投资可交换债（EB）项目23个；累计投资母基金（FOF）类项目16个。自有资金所投上市企业的平均投资回报倍数达到了可观的5.35倍，总体退出项目综合内部收益率（IRR）超过40%。

资料来源：根据公开资料整理。

第五节　直投业务运作模式和过程

一、直投业务的运作和管理模式

根据《证券公司另类投资子公司管理规范》（2024）及《证券公司私募投资基金子公司管理规范》（2024），我国证券公司主要通过另类投资子公司和私募投资基金子公司从事直接投资业务。子公司在人事、风险控制方面受到证券公司的严格控制。

《证券公司另类投资子公司管理规范》（2024）要求，证券公司应当通过任命或者委派董事、监事，推荐或者选派高级管理人员或者关键岗位人选，确保对另类子公司的管理控制力，维护投资决策和经营管理的有效性。证券公司应当将另类子公司的合规与风险管理纳入公司全面风险管理体系，防范另类子公司相关业务的合规风险、流动性风险、市场风险、信用风险、操作风险等各项风险。

二、直投业务的项目运作过程

1. 项目筛选

直投业务具有风险投资性质，目的是追求高回报。因此直投业务将选择具有高成长、高回报的项目。清科研究报告显示，2010—2020 年，证券公司直接投资领域与私募股权投资（PE）整体风格趋同，主要集中于 IT、生物技术/医疗健康、互联网、半导体及电子设备等行业。但从行业集中度来看，证券公司直接投资业务更加紧随资本市场政策导向，投资 IT、医疗健康、半导体及电子设备等科创类项目的比例高于 PE 整体水平。

2. 项目评估

Tyebjee 和 Bruno（1984）、Fired 和 Hisrichz（1994）通过因素分析归纳总结了风险投资家对风险项目的评估标准。从表 8-3 中可以看出，直投业务的管理者应从创业家管理能力、项目的市场吸引力、产品差异度、抵御环境威胁能力、变现能力五个方面评估项目的可行性。

表 8-3　风险投资的项目评估标准及方式

评估标准		评估方式	采用频率/%
企业家 管理能力	创业家素质	与管理层面谈	100
	企业管理能力	参观企业	100
	市场拓展能力	询问创业者以前的商业合作伙伴	96
	财务技能	询问风险企业当前的投资者	96
项目的 市场吸引力	市场规模	询问当前的用户或客户	93
	市场需求	询问潜在的用户或客户	90
	市场增长潜力	调查其竞争对手的市场价值	86
	市场壁垒	与有关专家对产品性能进行非正式讨论	84
产品差异度	产品独特性	深入调查风险企业前期的财务报表	84
	技术水平	询问风险企业的竞争对手	71
	产品盈利能力	询问与风险企业合作过的银行家	62
	专利化程度	征求本公司其他风险投资家的意见	56
抵御环境 威胁能力	防止产品老化的能力	询问供货商	53
	防止竞争者进入的能力	征求其他风险投资机构的意见	52
	应对环境变化的能力	询问会计师或律师	47
变现能力	变现难易	进行深入的文献调研	40
	变现方式	利用正式的市场调研	31

资料来源：俞自由，李松涛，赵荣信. 风险投资理论与实践［M］. 上海：上海财经大学出版社，2001.

3. 交易构造

交易构造（deal structuring），是指风险投资家和风险企业之间经过协商达成一系列协议，其目的在于协调投融资双方的不同需求。这一阶段需要解决的问题包括金融工具的选择、交易价格的确定和投资协议的签订。

4. 管理监控

风险投资是一种主动参与管理的专业投资。风险投资家对风险企业的积极介入和管理监控，也有利于克服他们之间的信息不对称，使风险投资的损失最小化和收益最大化。

管理监控企业的模式可以分为三种：积极干预型、间接参与型和放任自由型。积极干预型是指风险投资家直接影响风险企业的决策；间接参与型是指风险投资家只提供咨询建议，但不要求风险企业完全接受；放任自由型是指如果风险企业投资规模较小，项目相对成熟，团队管理能力较强，风险投资家就可以采取放任自由型的管理监控模式。

第六节　直投业务的规范及道德风险控制

一、直投业务规范

1. 审慎设立子公司

《证券公司另类投资子公司管理规范》（2024）要求，证券公司应当突出主业，充分考虑自身发展需要、财务实力和管理能力，审慎设立另类子公司。每家证券公司设立的另类子公司原则上不超过一家。证券公司应当以自有资金全资设立另类子公司。证券公司不得采用股份代持等其他方式变相与其他投资者共同出资设立另类子公司。

私募投资基金子公司的业务模式主要有两种：一是私募基金子公司直接管理，对单支基金的投资金额不得超过基金总额的20%；二是私募基金子公司下设直投基金管理公司进行管理。私募基金子公司可以根据税收、政策等需要下设基金管理机构等有特殊目的的机构，并持有该机构35%以上的股权或出资，且拥有管理控制权。

2. 设立子公司的条件

①证券公司具有健全的公司治理结构，完善有效的内部控制机制、风险管理制度和合规管理制度；②具备中国证监会核准的证券自营业务资格；③最近6个月内各项风险控制指标符合中国证监会及协会的相关要求，且设立另类子公司后各项风险控制指标仍持续符合规定；④最近1年未因重大违法违规行为受到刑事或行政处罚，且不存在因涉嫌重大违法违规正受到监管部门和有关机关调查的情形；⑤公司章程有关条款中明确规定公司可以设立另类子公司，并经注册地中国证监会派出机构审批；⑥中国证监会及协会规定的其他条件。

3. 证券公司对子公司的内部控制

《证券公司另类投资子公司管理规范》（2024）要求，证券公司应当将另类子公司纳入统一管理。具体表现为：①证券公司应当对自营、另类投资等自有资金投资的业务实施统一管理，管理的尺度和标准应当基本一致；②证券公司应当通过任命或者委派董事、监事，推荐或者选派高级管理人员或者关键岗位人选，确保对另类子公司的管理控制力；③证券公司应当将另类子公司的合规与风险管理纳入公司全面风险管理体系，防范另类子公司可能出现的合规风险、流动性风险、市场风险、信用风险、操作风险等各项风险；④证券公司应当督促另类子公司建立健全内部控制制度、风险管理制度和合规管理制度，建立并落实对上述制度的有效性评估机制和内部责任追究机制，构建对另类子公司业务风险的监测模型、压力测试制度和风险处置制度。

4. 子公司的业务规范

（1）应该审慎考虑偿付能力和流动性要求，根据业务特点、资金结构、负债匹配管理需要及有关监管规定，合理运用资金，多元配置资产，分散投资风险。

（2）投资境内证券交易所上市交易和转让的证券的，应当将另类子公司与母公司自营持有同一只证券的市值合并计算，合并计算后的市值应当符合《证券公司风险控制指标管理办法》（2020）的规定。

（3）应当建立投资管理制度，设立专门的投资决策机构，明确决策权限和决策程序；健全公司组织架构，明确各组织机构职责和权限；完善投资论证、立项、尽职调查、投后管理等业务流程，有效防范投资风险。

（4）另类子公司不得融资，不得对外提供担保和贷款，不得成为对所投资企业的债务承担连带责任的出资人。

二、直投业务的道德风险

券商进入直投业务后，形成了"保荐+直投"的业务模式。即证券公司在担当企业IPO保荐人的同时，又是企业投资人，其潜在的道德风险如下：

（1）PE腐败。PE腐败，是指企业在上市前夕，一些个人或机构凭借关系突击"入股"的现象。投资银行在从事保荐业务时掌握了很多企业的信息。出于维护自己公司利益的考虑，可能会将质量较好且具有上市前景的企业及相关信息泄露给证券公司的子公司，甚至让其突击入股。作为回报，证券公司对拟上市的企业进行优先推荐、上调发行价格或扩大发行数量。

（2）承销腐败。投资银行面临着激烈的市场竞争，投资银行承销部门可能通过承诺直接投资或者资产管理部门维护其二级市场股价等方式换取更多的市场订单。在投资、承销、资产管理业务一条龙服务模式下，投资者利益存在被损害的风险。

（3）内幕交易。券商直投公司作为上市公司的股东，掌握公司内幕信息；公司投资银行部门在保荐其上市过程中知悉内幕信息，公司上市后1~2年的持续保荐责任，为其进一步掌握内幕信息提供了方便。因此，存在券商自营业务部门利用券商直投部门或承销部门掌握的内幕信息进行内幕交易的风险，进而引发不公平交易和损害投资者的利益。

三、直投业务道德风险的控制措施

欧美等发达国家并不禁止证券公司"直投+保荐"的经营模式，但通常要求证券公司制定、实施并维持有效的利益冲突管理制度，一般包括控制（control）、披露（disclose）和避免（avoid）三种方式。如证券公司可通过信息隔离措施来限制敏感信息在不同业务部门之间的流动，从而控制利益冲突；证券公司也可以向客户披露已存在的或潜在的利益冲突；在利益冲突无法通过控制或披露方式进行管理和防范的情况下，证券公司应限制相关业务活动，以避免利益冲突。目前我国的管理措施如下：

1. 组织和人事隔离

《证券公司私募投资基金子公司管理规范》（2024）第二十四条规定，证券公司及其他子公司与私募基金子公司及二级管理子公司之间，应当在人员、机构、资产、经营管理、业务运作、办公场所等方面相互独立、有效隔离。

证券公司应当加强人员管理，防范道德风险。证券公司及其他子公司与私募基金子公司存在利益冲突的人员不得在私募基金子公司、二级管理子公司和私募基金兼任董事、监事、高级管理人员、投资决策机构成员；其他人员兼任上述职务的，证券公司应当建立严格有效的内部控制机制，防范可能产生的利益冲突和道德风险。

证券公司从业人员不得在私募基金子公司、二级管理子公司和私募基金兼任除前款规定外的职务，不得违规从事私募基金业务。证券公司同一高级管理人员不得同时分管投资银行业务和私募基金业务。

2. 业务隔离

《证券公司私募投资基金子公司管理规范》（2024）第二十三条规定，证券公司应当建立健全利益冲突识别和管理机制，及时、准确地识别证券公司的投资银行、自营、资产管理、投资咨询、另类投资等业务与私募基金业务之间可能存在的利益冲突，评估其影响范围和程度，并采取有效措施管理利益冲突风险。第十八条规定，证券公司或其承销保荐子公司担任拟上市企业首次公开发行股票的辅导机构、财务顾问、保荐机构、主承销商或担任拟挂牌企业股票挂牌并公开转让的主办券商的，应当按照签订有关协议或者实质开展相关业务两个时点孰早的原则，在该时点后私募基金子公司及二级管理子公司管理的私募基金不得对该企业进行投资。

《证券公司信息隔离墙制度指引》（2019）第二十五条规定，证券公司不应允许证券自营、证券资产管理等可能存在利益冲突的业务部门对上市公司、拟上市公司及其关联公司开展联合调研、互相委托调研。

3. 无关联保荐

《证券发行与承销管理办法》（2023）规定，证券公司不得以自有资金或者变相通过自有资金参与网下配售。证券公司不得以不正当竞争手段招揽承销业务。承销团成员应当按照承销团协议及承销协议的规定进行承销活动，不得进行虚假承销。

《证券发行上市保荐业务管理办法》（2023）第三十七条规定，保荐机构应当建立健全廉洁从业管理内控体系，加强对工作人员的管理，不得在开展保荐业务的过程中谋取或输送不正当利益。第四十一条规定，保荐机构及其控股股东、实际控制人、重要关联方持有发行人股份的,或者发行人持有、控制保荐机构股份的,保荐机构在推荐发行人证券发行上市时,应当进行利益冲突审查,出具合规审核意见,并按规定充分披露。通过披露仍不能消除影响的,保荐机构应联合一家无关联保荐机构共同履行保荐职责,且该无关联保荐机构为第一保荐机构。

4. 信息隔离

《证券公司信息隔离墙制度指引》(2019)第三条规定,证券公司应当按照需知原则管理敏感信息,确保敏感信息仅限于存在合理业务需求或有管理职责需要的工作人员知悉。第八条规定,证券公司应当确保保密侧业务与公开侧业务之间的办公场所和办公设备封闭和相互独立,信息系统相互独立或实现逻辑隔离①。第九条规定,证券公司公开侧业务的工作人员需参与保密侧业务并接触内幕信息的,或公开侧业务的工作人员被动接触到保密侧业务的内幕信息的,应当履行跨墙审批程序。第十三条规定,证券公司应当建立观察名单和限制名单制度,明确设置名单的目的、有关公司或证券进入和退出名单的事由和时点、名单编制和管理的程序及职责分工、掌握名单的工作人员范围、对有关业务活动进行监控或限制的措施以及异常情况的处理办法等内容。第十四条规定,证券公司已经或可能掌握内幕信息的,应当将该内幕信息所涉公司或证券列入观察名单。观察名单属于高度保密的名单,仅限于履行相关管理和监控职责的工作人员知悉。

➤案例 8-1　招商证券自营业务案例

招商证券成立于 1991 年,隶属于招商局集团,是国务院国资委体系内规模最大的证券公司,全国设有 12 家分公司,258 家营业部,在香港、新加坡、英国、韩国设有子公司。公司于 2009 年在上海证券交易所挂牌上市,2016 年 H 股在香港联合交易所交易上市。

该公司自营业务采取"大而稳"的大类资产配置战略。自上而下统筹资产配置、投资决策和风险管理,根据市场形势变化及时调整优化投资结构,有效提升了投资收益的稳定性。截至 2023 年年末,公司金融资产规模 3 746.04 亿元,同比增长 21.42%。交易性金融资产中,公司以债券投资为主,债券投资规模占 62.81%。此外,公司衍生品规模持续增长场内衍生品做市业务资格数量增至 88 个,位居证券行业第一。

在股票投资方面,公司积极完善、健全风险控制体系,持续优化投研团队建设,以绝对收益为导向,紧密关注宏观环境与国家政策,坚守产业发展的长期趋势并精选行业龙头。

在权益类衍生投资业务方面,公司持续发展场内衍生品做市、证券做市、场外衍生品等资本中介型交易业务和量化策略等中性投资业务。在场内衍生品做市业务上应用大数据、机器学习等金融科技方法,价格发现和风险管理能力持续提升;积极发展科技金融、绿色金融,新增科创板 ETF 期权和碳酸锂期权等衍生品做市资格,助力相关产业

---

① 保密侧业务是指证券公司基于业务需要,有资格或应当接触并获取内幕信息的证券承销与保荐业务,以及与证券交易、证券投资活动有关的财务顾问等特定业务范畴。相对而言,公开侧业务是指保密侧业务之外的其他业务。

风险管理需求。截至 2023 年，公司场内衍生品做市业务资格数量增至 88 个，位居证券行业第一，股票期权做市 AA 评级占比位居行业第一。基金做市业务做市项目数达 437 个，基金做市 AA 评级占比位居行业前列。公司稳健开展科创板做市业务，为 39 只科创板股票提供做市服务，同时公司是北交所首批做市商之一。在场外衍生品业务上持续加强基础设施建设，优化"招商证券天衍平台"，持续提升交易清算效率和管理效率，持续丰富场外期权、收益互换品种和拓展交易标的覆盖范围，助力机构、企业客户提升全球资产配置和风险管理能力。推出招商证券境内大类资产配置指数并成功发行挂钩该策略指数的结构化产品，有效满足投资者多元化分散投资的需求，年末场外衍生品业务名义本金规模同比显著增长。

在固定收益投资方面，公司准确把握债券市场配置及波段交易机会，加强数字化赋能，大力发展中性策略，积极开展做市业务，稳健拓展境外债券投资，信用风险管理能力持续提升。报告期内公司境内固定收益投资收益率显著超越中债综合财富指数。中性策略方面，公司加强固收量化系统建设，促进中性策略投资规模稳步提升，衍生品交易规模持续增长，其中标债远期、国债期货交易量分别同比增长 148.40%、60.46%。做市业务方面，公司不断优化自动化做市系统，提升定价能力，国债期货做市交易规模同比增长 66.73%，首批开展 30 年期国债期货品种做市，首批参与交易所债券做市业务，"债券通"北向通高速发展，交易量同比增长 748.96%，进出口银行债做市业务持续位居市场前列。在信用风险管理方面，公司具备全面有效的信用风险管理体系，报告期内未发生负面信用事件。

在外汇业务方面，公司持续拓展交易币种及产品，业务覆盖人民币外汇、G7 货币自营业务、外币拆借、外币回购及国债交叉货币互换等本外币货币市场业务，已基本实现中国外汇交易中心外汇业务全覆盖。

在另类投资业务方面，公司秉持"金融服务实体经济"理念，精进产业链投研能力，聚焦重点赛道投资，坚持精投优投原则，支持优质企业高质量发展，报告期内新增投资规模约 10 亿元，同时关注已投项目的风险防控和风险处置，积极把握市场机会，顺利完成了多个项目退出。

资料来源：招商证券 2023 年度报告、中原证券研究报告（2024）。

本章小结

1. 自营业务是指投资银行通过自己的账户，用自有资金或自筹资金在二级市场上进行证券交易，从证券价格变动或者相对价值差异中获取利益的业务。

2. 我国券商自营投资品种包括：①在境内证券交易所上市交易的证券；②境内银行间市场交易的部分证券；③经证监会批准或备案发行并在境内金融机构柜台交易的证券。

3. 证券市场价格存在对信息反应不足或过度反应的情况，给投机交易留下了机会。投机策略有基于技术分析的投机交易策略，基于行为金融的投机交易策略。

4. 套利包括风险套利和无风险套利。无风险套利有跨市场套利、跨时间套利、信用利差套利、到期期限套利。

5. 券商直投业务是指证券公司利用自身的专业优势寻找并发现优质投资项目或公司，以自有或募集资金进行股权投资，并以获取股权收益为目的的业务。

6. 我国对直投业务的规范措施有严格的准入制度、组织形式、直投业务资格、金额限制等。

7. 直投业务道德风险的控制措施有组织隔离、业务隔离、无关联保荐、信息隔离制度。

拓展阅读

为更多地了解私募股权和创业金融，参阅：

GEORGE W FENN，N LIANG，S PROWSE. The economics of the private equity market. Working paper，Board of Governors of the Federal Reserve System，December 1995

DENIS，DAVID J. Entrepreneurial finance：an overview of the issues and evidence ［J］. Journal of Corporate Finance，2004，10（2）：301-326.

ALLEN BERGER，GREGORY UDELL. The economics of small business finance：the roles of private equity and debt markets in the financial growth cycle ［J］. Journal of Banking & Finance，1998，22（6）：613-673.

思考与计算题

1. 什么是自营业务？
2. 我国券商自营投资品种有哪些？
3. 自营商有哪些投机策略？
4. 什么是套利？有哪些套利行为？
5. 什么是券商直投业务？
6. 我国对券商直投业务有哪些规范和管理措施？
7. 假设存在 3 种证券 A、B、C，期末存在两种收益状态，每种证券当前价格和期末收益见表 8-4。

问题：目前证券价格是否存在套利机会？

表 8-4　A、B、C 证券当前价格和两种期末收益状态

证券	当前价格	状态 1	状态 2
A	10	20	-10
B	20	10	30
C	15	20	40

第九章
投资银行金融工程与金融创新业务

➢学习目标

了解金融工程工具，掌握衍生证券的特点及定价原理，证券设计、混合证券、金融创新的概念及类型。理解金融工程和金融创新的动因、投资银行在金融工程和金融创新中的作用及业务。

➢学习内容

- ■金融工程概述
- ■金融工程工具
- ■衍生工具的定价
- ■证券设计
- ■金融创新的概念
- ■金融创新的动因及经济作用
- ■投资银行对金融创新的促进作用
- ■金融创新案例分析

➢导入案例

疫情防控时期，口罩是最紧缺的防护用品之一。医疗用口罩的原材料主要是聚丙烯，每吨聚丙烯约可制成一次性外科口罩 90 万个或 N95 口罩 20 万个。道恩集团是一家口罩制造商，聚丙烯的价格直接关系到该公司的生产成本和供应能力。2020 年 2 月，在中国建设银行总行的支持下，建信期货的风险管理子公司建信商贸主动为道恩集团免费提供了一份行权价格为 7 234.5 元/吨、标的为聚丙烯（大连商品交易所上市期货品种口罩原材料）的亚式看涨期权，规模为 500 吨。聚丙烯的价格关系到口罩产业链的成本，该期权协议相当于保障了 4.5 亿个一次性外科口罩或 1 亿个 N95 口罩的原料成本。

资料来源：根据公开资料整理。

启发问题：

1. 什么是金融工程？

2. 投资银行在金融工程中发挥什么作用？

3. 什么是金融创新？

4. 投资银行在金融创新过程中发挥什么作用？

第一节　金融工程概述

一、金融工程的概念

金融工程学（financial engineering）是 20 世纪八九十年代随着公司财务、商业银行、投资银行与证券投资业务的迅速发展而诞生的一门工程型的新兴交叉学科。1991年国际金融工程师协会的成立，以及 1992 年美国圣约翰大学（St. John's Llniversity）教授马歇尔（J. Marshall）和其助手班赛尔（V. K. Bensal）合著的《金融工程》一书的出版[1]，标志着金融工程学成为一门正式的学科。顾名思义，金融工程是金融活动领域的工程，或者指以工程学的思路和方法来从事金融工作，以工程师的态度和思路来从事金融职业[2]。

格里茨（Galitz）的《金融工程学》（唐旭，等译，1998）认为，金融工程是应用金融工具，将现在的金融结构进行重组以获得人们所希望的结果[3]。芬尼迪（John Finnerty，1988）认为，金融工程包括创新型金融工具与金融手段的设计、开发与实施，以及对金融问题给予创造性的解决[4]。

宋逢明等（1998）认为金融工程是现代金融学、信息技术和工程方法结合的一门新兴交叉学科，是金融科学的产品化和工程化。具体地，金融工程将工程思维引入金融领域，综合地采用各种方法（主要有数学建模、数值计算、网络图解、仿真模拟等）设计、开发和实施新型金融产品，创造性地解决各种金融问题。郑振龙和陈蓉（2020）认为，金融工程是一门关于金融产品设计、定价和风险管理的学科[5]。

上述表述各异，但仍存在共性。总体而言，金融工程可理解为运用工程手段和思维，结合信息技术和数学技术，为满足个人或公司的需要而进行的新的金融工具的设

---

[1] 马歇尔，班赛尔. 金融工程 [M]. 宋逢明，朱宝宪，张陶伟，译. 北京：清华大学出版社，1998.

[2] 《简明大不列颠百科全书》对工程的定义为：工程是应用科学知识使自然资源为人类服务的一种专门技术。

[3] LAWRENCE GALITZ. Financial engineering：tools and techniques to manage financial risk [M]. Totowa：Pitman Publishing，1994.

[4] JOHN FINNERTY. Financial engineering financial engineering in corporate finance：an overview [J]. Financial Management，1988，17（4）：14-33.

[5] 郑振龙，陈蓉. 金融工程 [M]. 5 版. 北京：高等教育出版社，2020.

计、开发与实施，以及金融问题创造性解决。其中最为常见的是各种新产品特别是结构性金融产品的开发与应用。

二、金融工程的范围

根据马歇尔和班赛尔（1998）的论述，金融工程的范围如下[①]：

1. 为降低公司融资成本而创设新的融资工具

通过金融工程开发新的金融工具让公司可以以较低成本筹集经营活动所需要的资金，比如零息债券、可调整利率票据、可转换公司债券等，为满足杠杆收购（LBO）而设计的垃圾债券和桥式融资等。

2. 为追逐套利机会而开发套利工具或套利策略

金融工具之间的套利解释了复合金融工具和现金流重新包装的新发展，比如复合期权、零息票债券、以按揭贷款为担保的债券（CMO）等。风险市场的不对称性、进入市场难度的不对称性，以及税收方面的不对称性解释了互换协议、优先股及特殊目的合伙企业的出现。

3. 为管理风险而开发新的工具和策略

为管理价格风险而开发新的产品，如远期、期货、互换、期权、利率顶、利率底等，策略包括资产/负债管理等。

4. 为提高金融服务而开发的新工具和新服务

如可调整利率的按揭贷款、现金管理账户、可转让提款单账户、个人退休账户（IRA）、Keogh 计划，以及新式人寿保险。

三、金融工程发展的驱动因素

金融工程的发展是一系列因素综合作用的结果，这些因素分为企业外部因素和企业内部因素。企业外部因素包括资产价格波动、产品和金融市场的全球化、税收的不对称性、科技的进步、金融理论的发展、金融监管方面的变化、竞争的加剧等。企业内部因素包括追求流动性的需要、风险管理的需要、降低代理成本的需要等。

1. 企业外部因素

（1）资产价格波动

消费者的需求与生产者的相互作用决定了市场交易的价格和数量。供需关系的变化导致消费品和资本品价格发生波动。20 世纪 70 年代中期以来，大多数市场的价格变动速度加快、变动频率增加、变动幅度增大。价格波动使家庭或企业暴露在价格风险中，使它们产生了管理价格风险的需求。

（2）市场的全球化

全球化导致跨国公司的出现，这类公司以成本最小化和利润最大化为目的，在全球进行融资和产品销售。这类公司容易遭遇利率风险和汇率风险，于是产生了管理利率风险和汇率风险的需求。

---

① 马歇尔，班赛尔. 金融工程［M］. 宋逢明，朱宝宪，张陶伟，译. 北京：清华大学出版社，1998.

（3）税收差异

首先，政府对不同行业实行不同的税收政策，比如给予需要鼓励的行业以低税收或税收豁免政策；其次，不同国家向企业施加不同的税收负担。税收不对称性刺激了套利行为，比如20世纪80年代发展起来的企业间的债务/权益互换。

（4）科技的进步

科技的进步推动了金融工程的发展。比如，正是工作表的出现才使复杂的金融建模成为可能。目前5G、区块链、大数据、人工智能、卫星通信等新一代信息技术催生了新的金融产品或服务，比如第三方支付、加密货币、大数据基金、智能投顾等。未来的量子计算将极大提高现有风险管理、套利和资产管理的水平。

（5）金融理论的发展

没有坚实的金融理论基础，金融工程师就无法有效地工作。金融理论的核心是估值关系，这种估值关系说明一项资产的价值等于其产生的未来现金流的现值之和。该理论最早由艾文·费雪（Irving Fisher）在1896年确认并做出解释。其他重要的金融理论包括由哈利·马科维茨（Harry Markowitz）在1952年开创的投资组合管理理论，由威廉·夏普（William Sharpe）、约翰·林特纳（John Lintner）和简·莫辛（Jan Mossin）在20世纪60年代集体开创的资本资产定价理论（CAPM），由费歇·布莱克（Fischer Black）和马龙·舒尔斯（Myron Scholes）在1973年提出的期权定价模型（B-S模型）等。

（6）法规的变化和竞争的加剧

近年来许多金融工程活动与放松金融管制（deregulation）有关。比如1933年《格拉斯-斯蒂格尔法案》（Glass-Steagall Act）被废除之后，商业银行重新涉足投资银行业。1933年，美国颁布了《Q条例》，该条例关于商业银行的存款利率不得超过5.5%的规定，使得公众对存款越来越没有兴趣。《Q条例》成为美国创建立货币市场基金的最初动因。2012年，《JOBS法案》使众筹变得合法。

小资料9-1：JOBS法案

2012年4月5日，美国总统奥巴马正式签署《工商初创企业推动法案》（Jumpstart Our Business Startups Act，JOBS Act），该法案又称JOBS法案。该法案大幅修订了美国《证券法》《证券交易法》等的相关规定：通过减轻各项法定义务、允许对注册表草稿秘密审议、放松对分析师参与的限制等，为新兴成长公司重启美国资本市场；大幅放松了对私募中广告或公开劝诱的禁止；分类调整了公众公司门槛，增强企业的灵活自主性。同时，法案拓展或创设了三类注册豁免机制，以便利中小型企业融资，其中关于众筹的规定尤为令人瞩目。因此，该法案被认为是继萨班斯-奥克斯利法案（Sarbanes-Oxley Act）、多德-弗兰克法案（Dodd-Frank Act）之后美国证券领域又一部重要法律。

资料来源：郭雳，美国JOBS法案介绍，《互联网金融与法律》，2014年第1期。

2. 企业内部因素

（1）流动性管理的需要

流动性是指将一项资产转变成现金的难易程度，或在紧急情况下筹措现金的能力。公司或个人都有流动性的需要，都关心流动性问题。许多金融工具创新都是针对这一问题而设计的。比如货币市场基金、货币市场账户、流动账户、电子资金转移和支付系统、商业票据和大额存单的出现，以及回购协议市场的发展等。另外一些创新则试图通过增加市场深度来增进流动性，其具体操作是：把以前不标准的金融工具标准化，对金融工具的结构进行调整，使其能更容易地在规范的二级市场中交易。或者，使高风险的金融工具对低风险承受能力的投资者也有吸引力。比如以按揭贷款为担保的债券（CMO），以及对诸如汽车贷款和垃圾债券等高风险资产重新打包等。

（2）风险管理的需要

理性人投资人厌恶金融风险，但这不意味着他们不愿承受风险，只要预期会得到足够的风险补偿，他们就愿意承担风险。一些金融创新通过降低金融工具的内在风险或者创造出管理风险的金融工具来增大企业价值或个人投资者的效用。比如按揭贷款担保的债券使投资者不必过于担心提前还款风险，可调利率债务降低了投资者的利率风险。20世纪20年代以来针对个人和企业对风险的厌恶而设计出了非常有效的风险管理工具和风险管理策略。这些风险管理工具包括利率期货与期权、股票指数期货、股票与股票指数期权、外汇期货与外汇期权，以及诸如远期利率协议、远期外汇协议、利率互换、货币互换、商品互换和权益互换等。风险管理策略包括资产/负债管理技术（久期策略和各种风险免疫策略）、比较好的风险评估与测量技术、各种套期保值策略等。

（3）降低代理成本的需要

代理成本（agency）指代理人偏离委托人利益所造成的成本。代理成本理论解释了20世纪80年代美国金融业中的大量杠杆并购（LBO）活动。在杠杆并购中，通过掌握所有权，管理层消除了代理成本，消除了因而代理关系所引发的大部分成本。

（4）改善财务报表的需要

许多金融创新的目的是改善企业的财务报表状况，提升企业短期运营测度指标，比如为了减少企业债务，将债务与股权互换。

四、金融工程的步骤

金融工程是实现金融创新的手段，有五个步骤[①]：

（1）诊断：识别金融问题的实质和根源。

（2）分析：根据当前的体制、技术和金融理论找出解决问题的最佳方案。一般是采用一种新的金融工具（或一组工具），或者建立一种新的金融中介。

（3）生产：产生一种新工具。

（4）定价：确定生产成本和边际收益。

（5）修正：为满足客户的特殊需求，对工具进行修正。

---

① 梅森，默顿，佩罗德，等. 金融工程案例［M］. 胡维熊，译. 大连：东北财经大学出版社，2001.

第二节　混合证券设计

使用金融工程一个重要的工作内容是将诸如股票、债券、远期和期权这类实体性工具结合起来，通过适当的组合，创建新的证券——混合证券。所谓证券设计（security design），是指投资银行等金融机构根据客户的需要创设新的证券或金融契约的过程。

一、混合证券和结构性产品的概念

基本元素证券是指具有单一回报的证券。这些单一回报可能基于利率、权益、汇率或商品。混合证券（hybrid security）是结合多种基本元素证券的证券（Bidyut Sen，1998）[①]。例如：一个基本元素证券为 5 年期的美元固定利率债券，相应的混合证券可能为 5 年期本金偿还为日元，利率为美元的固定利率债券。

跟混合产品密切相关的是结构性产品。结构性产品（structured product）通常由与利息相关的资产加上一种或多种衍生品构成（Das，2001），实际上就是含有衍生证券要素的混合证券。具体来说，这类产品基于传统证券，但设计了非传统的现金流，这些现金流依赖于一项或多项标的资产的表现。常见的结构性产品包括股价联动债券、信用联动债券、结构性存款、投资连接保险、商品联动债券、奇异期权嵌入债券等。结构性产品高度定制化，旨在满足客户特定的风险—收益偏好。

二、混合证券的创设过程和分类

1. 创设过程

基本元素市场包括利率市场、权益市场、外汇市场和商品市场。每一基本市场又可以细分，比如利率市场包括美元计值、日元计值等，商品市场包括黄金、铜、小麦等。将这些市场中的任意两个或多个组合，可创造出一种混合证券。将同一基本元素市场中的两个子集集合也可创造出混合证券。基本元素市场可以以多种方式组合。再对这些组合加上期权特性，可以创造出丰富多样的产品。混合证券的创设过程如图 9-1 所示：

---

① 转引自马歇尔和班赛尔的《金融工程》（1998）。

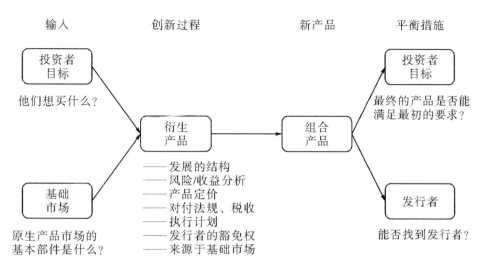

图 9-1　混合证券的创设过程

资料来源：马歇尔和班赛尔的《金融工程》（1998）。

2. 混合证券的分类

（1）根据与基础证券的关系，分为货币相联系的债券、商品相联系的债券、权益相联系的债券、收益率曲线相联系的债券、利率相联系的债券等。

（2）根据支付类型，分为本金偿付相联系的混合证券、息票支付相联系的混合证券、本金偿付与息票支付都联系的混合证券。

（3）根据衍生证券的种类，分为定位于期权的混合证券、定位于期货的混合证券、定位于远期的混合证券、定位于互换的混合证券。

（4）根据发行方式不同，分为公开发行的混合证券、私募发行的混合证券、离岸发行的混合证券。

例 9-1：利率/汇率混合证券

利率/汇率混合证券的典型例子是双货币债券。其最简单的形式是利息以一种货币支付，而本金以另一种货币支付，这样该债券的到期收益率就受到汇率变化的影响。假设一只 5 年期息票债券，息票利率为 12%，息票以美元计价。面值为 1 000 美元（USD），到期日本金以澳元（AUD）偿还，数量为 1 200 澳元。目前售价为 1 000 美元。

假设到期收益率为 y，债券到期时澳元兑换美元汇率为 e_m，根据到期收益率的定义有：

$$1\ 000 = \frac{120}{1+y} + \frac{120}{(1+y)^2} + \frac{120}{(1+y)^3} + \frac{120}{(1+y)^4} + \frac{120 + 1\ 200\ e_m}{(1+y)^5} \quad 式（9.1）$$

假设到期时澳元兑换美元汇率为 1 澳元＝0.60 美元，则 $y = 7.15\%$。表 9-1 给出了澳元兑美元（AUD/USD）在不同汇率下投资者的到期收益率。从该表可以看出，投资者收益率受到澳元兑美元汇率的影响，当澳元升值时，投资者的收益率随之提高。

表 9-1 澳元兑美元在不同汇率下投资者的收益状况

到期日 AUD/USD	USD 计值的本金/ $	每年的利息/ $	到期收益率/%
0.60	840	120	7.15
0.70	960	120	9.34
0.80	1 080	120	11.36
0.90	1 200	120	13.23
1.00	1 320	120	14.97
1.20	1 560	120	18.13

例 9-2：利率/权益混合证券

利率/权益混合证券考虑了利率要素和权益两种要素。假设以美元计价的 3 年期债券面值为 1 000 美元，售价为 1 000 美元。固定年利率为 10%，按年付息。到期日偿还本金 FV 与股票指数挂钩，其具体计算公式如下：

$$FV = 1\ 000 + 1\ 000 \times \frac{I_m - I_0}{I_0} \qquad \text{式 (9.2)}$$

上式中，I_0 为债券发行时的股票指数，$I_0 = 500$，I_m 为债券到期时的股票指数。

假设到期收益率为 y，债券到期时股票指数为 I_m，根据到期收益率的定义有：

$$1\ 000 = \frac{100}{1+y} + \frac{100}{(1+y)^2} + \frac{100 + 1\ 000 + 1\ 000 * \dfrac{I_m - 500}{500}}{(1+y)^3} \qquad \text{式 (9.3)}$$

假设到期时，股票指数为 300，则 $y = -3.86\%$。表 9-2 给出了不同股票指数情况下投资者的到期收益率。从该表可以看出，投资者收益率受到股票指数的影响，当到期日股票指数上涨时，投资者的收益率随之提高。

表 9-2 不同股票指数情况下投资者的到期收益率

到期日股票指数	本金偿还值/ $	每年的利息/ $	到期收益率/%
300	600	100	-3.86
400	800	100	5.02
500	1 000	100	11.40
600	1 200	100	17.08
700	1 400	100	22.23

例 9-3：货币/商品混合证券

货币/商品混合证券考虑了货币汇率和商票价格两种要素。假设一美元计价的 2 年期债券面值为 1 000 美元，售价为 1 000 美元。固定年利率为 9%，按年付息。到期日偿还本金 FV 与原油价格挂钩，其具体计算公式如下：

$$FV = 1\ 000 + 1\ 000 \times \frac{P_m - P_0}{P_0} \qquad \text{式 (9.4)}$$

上式中，P_0 为债券发行时每桶原油的日元价格，P_m 为债券到期时每桶原油的日元价格。假设发行时，美元兑日元的汇率为 1 美元 = 120 日元，每桶石油为 30 美元，合 3 600 日元。

假设到期收益率为 y，债券到期时每桶石油价格为 P_m 日元，美元兑日元的汇率为 e_m，根据到期收益率的定义有：

$$1\,000 = \frac{90}{1+y} + \frac{90}{(1+y)^2} + \frac{90 + 1\,000 + 1\,000 \times \dfrac{P_m - 3\,600}{3\,600}}{(1+y)^3}$$

假设到期时，美元兑日元汇率为 100，到期时每股原油为 10 美元，则 $y = -20.88\%$。表 9-3 给出了期末不同汇率、不同原油价格下的到期收益率。从该表可以看出，到期时美元越升值，原油价格越高，投资者的收益率越高。

表 9-3　期末不同汇率、不同原油价格下的到期收益率

汇率（USD/JPY）	每桶原油美元价格	每桶原油日元价格	本金偿还 / \$	内部收益率/%
100	10	1 000	277.78	-20.88
120	30	3 600	1 000.00	9.00
140	50	7 000	1 944.44	32.21
160	10	1 600	444.44	-11.91
180	30	5 400	1 500.00	22.43
200	50	10 000	2 777.78	47.29

例 9-4：指数挂钩存单

指数挂钩存单是指存单收益与某种市场指数挂钩的存单如图 9-2。令 1 年期指数存单面值为 F_0，息票率为 0，购买时市场指数为 I_o，期末市场指数为 I_m。投资者参与指数上涨收益比例为 b，指数存单的期末支付为 F_m，其值为：

$$F_m = F_0 \times \left[1 + b \times \max\left(0, \frac{I_m}{I_o} - 1 \right) \right] \qquad 式（9.5）$$

上式意味着，当到期市场指数 I_m 小于期初指数 I_o 时，期末偿还面值 $F_m = F_0$；当到期指数 I_m 大于指数 I_o 时，期末偿还值 $F_m = F_0 + F_0 \times b \times \left(\dfrac{I_m}{I_o} - 1 \right)$。

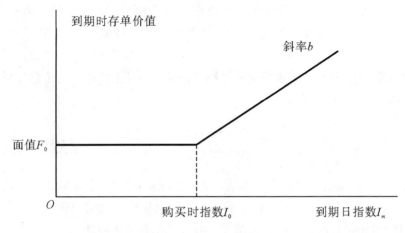

图 9-2　指数挂钩存单

假设 1 年期指数存单面值为 10 000，购买时市场指数为 $I_o = 1 000$，到期时市场指数 $I_m = 1 200$，投资者参与指数上涨收益比例为 70%，则指数存单的期末支付值为：

$$F_m = 10\,000 \times \left[1 + 0.7 \times \max\left(0, \frac{1\,200}{1\,000} - 1\right) \right] = 11\,400$$

三、混合证券产生的驱动因素

1. 投资者角度

理论上，投资者可以自行组合基本证券以创造出混合证券，但实际上投资者倾向于投资银行等金融机构创设的混合证券。其主要来自包括交易成本、市场专门知识、市场准入、政策限制等。

（1）交易成本

投资者自己利用基本证券构造混合证券，将不得不与各个对手进行交易，从而增加了交易成本。相反，对于已经成型的混合证券，投资者只需与一种工具交易就行了，从而减少了交易成本。

（2）市场专门知识

混合证券的组装和定价需要各种基本元素的专业知识，而投资者往往不具备这些知识。因此，他们不得不从市场直接购买现成的混合证券。

（3）市场准入

不是所有投资者都能够进入基本要素市场。比如许多投资者希望投资于其收益与股票市场挂钩的固定利率证券，但他们进入股指期货市场可能受到限制，从而无法构造出符合自己需要的混合证券。在这种情况下，他们只能直接购买现成的混合证券。

（4）政策限制

由于监管限制或内部政策限制，某些投资者可能在创造混合证券时受到阻挠。比如，有机构投资者希望投资于利率/权益混合证券，但可能受到投资于 AAA 资信级别的限制。因此，如果能够设计出 AAA 级别的混合证券，那就是适宜的。由投资者自行组合基本要素创造出 AAA 级证券是不现实的，因为他缺少有能力或有愿望提供所有必要元素的 AAA 级资信的对手。

2. 发行者角度

从发行者角度看，发行者愿意发行混合证券主要有两个原因：①利用市场中的套利机会降低资金成本；②基于公司的资产，创造出发行者所期望的负债头寸的风险暴露，实现套期保值。

（1）利用套利机会降低资金成本

假设一个资信等级为 AAA 的发行者希望以浮动利率融入 5 年期 1 亿美元的资金，有两种方案，如图 9-3 所示。方案 1：选择直接融资。在当前市场环境下，其融资成本为 LIBOR+20 个基点；方案 2：发行混合证券。一个可能的方案是：发行双货币债券，即利息以美元计，年利率为 12%，本金以日元计。融资金额 = 140 亿日元 = 1 亿美元（发行时汇率：1 美元 = 140 日元）。

混合证券的发行操作为：①互换交易，公司在互换市场上以 LIBOR 换取 12% 的利率；②公司以 1 美元 = 140 日元的价格签订一项远期汇率合同，购入日元。

其结果是公司以 1 美元 = 140 日元 LIBOR 为成本得到了 5 年期的浮动利率融资，与直接融资相比节省了 20 个基点。

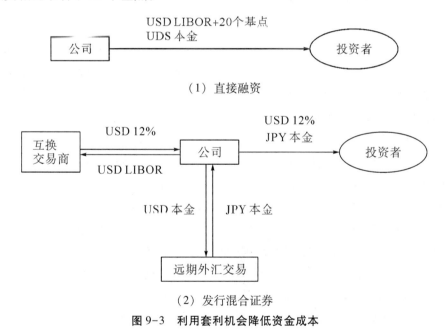

（1）直接融资

（2）发行混合证券

图 9-3　利用套利机会降低资金成本

（2）创造出发行者所期望的负债头寸的风险暴露

假设一家原油公司正打算进行 5 年期借款，有 2 种方案。方案 1：发行 5 年期固定利率债券，发行利率为 8%；方案 2：发行与到期时原油价格挂钩的债券，年利率为 2%。到期时，偿还价格为：

$$FV = \max\left[1\,000,\ 1\,000 + 1\,000 \times \frac{P_m - P_0}{P_0}\right]$$

上式中，P_0 为债券发行时的原油价格，P_m 为债券到期时的原油价格。

该方案 2 对投资者的好处在于：原油价格上涨时，收益提高，但没有价格下跌风险，相当于获得看涨期权，因此可以接受较低的票面利率。对发行公司的好处在于：出售了一项看涨斯权买权。当原油价格上涨时，原油上涨的好处抵消了企业多支付给投资者的本金。因此发行公司并没有因为原油价格上涨而遭遇损失。

第三节　基本衍生工具的定价

一、资产定价基本理论

1. 资产定价的本质

资产定价（valuation）是指在公平和自由市场竞争条件下测算一项资产价值是多少的过程。假设一项资产的未来支付（payoff）为 $\tilde{x}$，资产价值 ρ 可视为资产支付对一个投资者当前愿意支付价格 p 的映射，即：

$$\rho(\tilde{x}) = p \qquad\qquad 式（9.6）$$

2. 无套利均衡与一价定律

套利（arbitrage）是指人们从相同资产的不同价格中赚取无风险利润的行为。正是人们的普遍套利导致套利机会的消失，形成无套利均衡。一价定律（law of one price）认为，具有相同收益的两个资产必须具有相同的价格，也即在无套利机会的金融市场上，不可能通过低价买进一个证券并将其高价售出获利。在数学上，如果两个组合具有相同的收益，$X\varphi = X\omega$。则它们的价格必须是相同的：$\rho(X\varphi) = \rho(X\omega)$。（其中 X 表示 $s \times N$ 收益矩阵，表示所有证券的收益；φ、ω 表示组合权重）

一价定律成立的充要条件是每一收益为零的组合其价格也必须为零。一价定律排除了一个资产拥有多种价格，只存在唯一价格。这意味着，价格映射 ρ 必须是线性的，即 $\rho[X(a\varphi + b\omega)] = a\rho(X\omega) + b\rho(X\omega)$，组合的价格必须等于资产价格的组合。直观上，两个汉堡价格等于一个汉堡价格的两倍，而一个汉堡+可乐的价格等于这两个价格之和。

3. 中性定价原理

如果存在一个状态价格向量 $q = (q_1, q_2, \cdots, q_s)'$。证券 i 第 s 状态的收益为 v_{sj}，则证券 j 的价格 p_j 计为：

$$p_j = q_1 v_{1j} + q_2 v_{2j} + \cdots q_s v_{sj}$$

令 $q_1 + q_2 + \cdots + q_s = q$，则：

$$p_j = q\left(\frac{q_1}{q} v_{1j} + \frac{q_2}{q} v_{2j} + \cdots \frac{q_s}{q} v_{sj}\right) = qE^Q(v_j)$$

对于无风险证券来说，假设无风险利率为 r，则根据上式有：

$$1 = q(1 + r) \qquad\qquad 式（9.7）$$

由此，得：

$$p_j = \frac{1}{1+r} E^Q(v_j) \qquad\qquad \text{式（9.8）}$$

上式中，E^Q 表示中性概率下的期望算子。上式意味着，证券的价格等于状态收益在中性概率下的平均值在无风险利率下的贴现值[①]。

二、期权定价

（一）到期时的期权价值

1. 欧式看涨期权

期权（option），又称选择权。该合约赋予持有人在未来某一特定日期或之前的任何时间，以事前约定的价格买入或卖出某种资产的权利。欧式看涨期权（call）赋予合约持有人在到期日以执行价格买入标的资产的权利。在标的资产是股票的情况下，假设到期时股票价格为 S_T，X 为执行价格，则根据看涨期权的定义，到期时看涨期权的价值 = $\max[S_T - X, 0]$。

假设看涨期权价格为 C，则到期时看涨期权买方的利润 = $\max[S_T - X, 0] - C$。到期时看涨期权买方价值、利润与股价的关系见图 9-4。

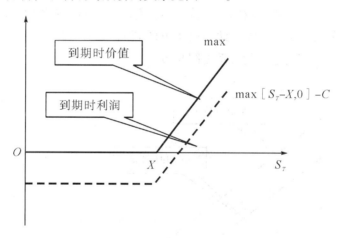

图 9-4　到期时看涨期权的买方价值与利润

到期时看涨期权买方的盈利就是卖方的损失，因此到期时看涨期权卖方的价值与利润跟买方之间存在镜像关系。用公式表示为：看涨期权的卖方价值 = $-\max[S_T - X, 0]$，看涨期权卖方的利润 = $-\{\max[S_T - X, 0] - C\}$。到期时看涨期权卖方价值、利润与股价的关系见图 9-5。

---

① 法博齐，尼夫，周国富. 金融经济学［M］. 北京：机械工业出版社，2015.

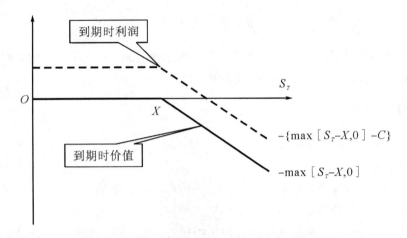

图 9-5　到期时看涨期权的卖方价值与利润

2. 欧式看跌期权

欧式看跌期权（put）赋予合约持有人在期权到期日以执行价格卖出标的资产的权利。在标的资产是股票的情况下，假设到期时股票价格为 S_T，X 为执行价格，则根据看跌期权的定义，到期时看跌期权的买方价值为：看跌期权的买方价值 = $\max\left[X - S_T,\ 0\right]$

假设看跌期权价格为 P，则看跌期权买方的利润 = $\max\left[X - S_T,\ 0\right] - P$。到期时看涨期权买方价值、利润与股价的关系见图 9-6。

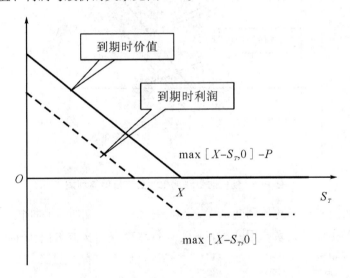

图 9-6　到期时看跌期权的买方价值与利润

到期时看跌期权买方的盈利就是卖方的损失，因此到期时看跌期权卖方的价值与利润跟买方之间存在镜像关系。用公式表示为：看跌期权的卖方价值 = $-\max\left[X - S_T,\ 0\right]$，看跌期权卖方的利润 = $-\left\{\max\left[X - S_T,\ 0\right] - P\right\}$。到期时看跌期权卖方价值、利润与股价的关系见图 9-7。

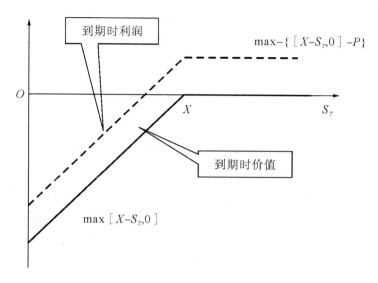

图 9-7　到期时看跌期权的卖方价值与利润

（二）看跌期权与看涨期权的平价关系

看跌期权与看涨期权的平价关系描述了执行价格和到期日相同的看涨期权与看跌期权价值之间的关系。假设看涨期权价格为 C，看跌期权价格为 P，执行价格为 X，股票现价为 S_0，无风险利率为 r_f，看涨期权+债券、看跌期权+股票两种组合的期初投入与期末收益分别见表 9-4：

表 9-4　组成策略的期初投入与期末收益

组合策略	期初投入	期末收益
看涨期权+债券组合		
买入看涨期权	C	$\max(S_T - X, 0)$
买入 $X/(1+r_f)^T$ 的利息债券	$X/(1+r_f)^T$	X
合计	$C + X/(1+r_f)^T$	$\max(S_T - X, 0) + X$
看跌期权+股票的组合		
买入看跌期权	P	$\max(X - S_T, 0)$
现价买入股票	S_0	S_T
合计	$S_0 + P$	$\max(X - S_T, 0) + S_T$

由于期末收益 $\max(S_T - X, 0) + X = \max(X - S_T, 0) + S_T$，根据无套利原理，投入成本应相等，因此有：

$$C + \frac{X}{(1+r_f)^T} = S_0 + P \qquad\qquad 式（9.9）$$

$$\rightarrow P = C + \frac{X}{(1+r_f)^T} - S_0 \qquad\qquad 式（9.10）$$

在考虑股票股息的情况下，式（9.9）可写为：

$$C + PV(X) = S_0 + P - PV(D) \qquad\qquad 式（9.11）$$

$$\rightarrow P = C + PV(X) + PV(D) - S_0 \qquad\qquad 式（9.12）$$

上式说明，一种期权收益可以由其他资产组合而来。当该期权价格与组合资产的价格不等时，则存在套利机会。

（三）二项式期权定价

期权的期末收益是状态依赖的，对其定价是一个难题。最简单的思路是，只考虑期末收益存在两种情况，再根据无套利的思想对其进行定价。这种方法被称作二项式期权定价[①]。

假设股票当前价格为 S，当股票价格上升时，将其价格记为 uS；当股票价格下跌时，将其价格记为 dS。其中 u 表示上涨倍数，d 表示下跌倍数。股票价格二叉树表示如下（图9-8）：

图9-8 股票价格二叉树

令 C_u 和 C_d 分别表示股票价格上升或下降时的期权价值。股票价格二叉树对应着相应的期权价值二叉树（图9-9）：

图9-9 期权价值树

为求出 0 期的看涨期权价值，首先以 N_s 份股票和 1 份面值为 B 的债券构造投资组合，复制看涨期权在期末的收益，然后求出投资组合的成本。根据无套利思想，投资组合成本即为看涨期权的价值。假设时间长度为 h，则利息终值因子为 e^{rh}。复制组合需满足以下条件：

$$\begin{cases} N_s \cdot uS + Be^{rh} = C_u \\ N_s \cdot dS + Be^{rh} = C_d \end{cases}$$

解方程，得：

$$\begin{cases} N_s = \dfrac{C_u - C_d}{(u - d)S} \\ B = e^{-rh}\dfrac{uC_d - dC_u}{u - d} \end{cases}$$

---

① Cox 等（1979）与 Rendleman 和 Batter（1979）正式发展了二项式期权定价理论，并证明了该方法与 Black—Scholes 模型之间的联系。因此二项式期权定价模型又被称作 Cox—Ross—Rubinstein 模型。

复制投资组合的成本为：

$$N_s \cdot S + B = e^{-rh} \left[C_u \frac{e^{rh} - d}{u - d} + C_d \frac{u - e^{rh}}{u - d} \right]$$

该组合的成本即为期权的价值，由此得

$$C_0 = e^{-rh} \left[C_u \frac{e^{rh} - d}{u - d} + C_d \frac{u - e^{rh}}{u - d} \right] \qquad \text{式（9.13）}$$

例 9-5：期权价值的计算

假设某股票现价 30 元，预计 6 月后可能上涨 30%，也可能跌 30%。半年期无风险利率为 1.5%。以该股票为基础资产，6 月后到期，执行价格为 32 元的欧式看涨期权价值是多少？

解：

（1）复制方法

期初用 x 份股票和数量为 $\dfrac{y}{1 + 1.5\%}$ 的银行借款去复制该期权的期末价值，方程组须满足：

$$\begin{cases} x \times 39 - y = 7 \\ x \times 21 - y = 0 \end{cases}$$

解得 $x = \dfrac{7}{18} = 0.389$，$y = 21 \times \dfrac{7}{18} = \dfrac{147}{18} = 8.17$

根据无套利原则，该投资组合的价值和看涨期权的价值在期初必然相等，即看涨期权的价值为：

$$c = x S_0 - \frac{y}{1 + 1.5\%} = \frac{7}{18} \times 30 - \frac{\dfrac{147}{18}}{1 + 1.5\%} = 11.67 - 8.05 = 3.62 \text{ 元}$$

（2）风险中性法

首先求解中性概率 p，其满足：

$$30 \times (1 + 1.5\%) = p \times 39 + (1 - p) \times 21$$

解得 $p = \dfrac{30.45 - 21}{18} = 0.525$。

根据风险中性定价原理，看涨期权价值为：

$$c = \frac{p \times c_u + (1 - p) \times c_d}{1 + r_f} = \frac{0.525 \times 7 + 0}{1 + 0.015} = 3.62 \text{ 元}$$

（四）布莱克—斯科尔斯（B-S）期权定价公式

1973 年，美国学者布莱克和斯科尔斯在期末收益连续的情况下建立了 Black - Scholes 期权定价模型，该模型成为期权定价理论的重要成果[①]。

1. 模型基本假设

（1）股票的连续复合收益率呈正态分布，并在时间上独立。

---

① 1997 年，Robert Merton 和 Myron Scholes 因为他们在期权定价理论方面的贡献而获得诺贝尔经济学奖。

（2）在期权的有效期内，无风险利率和连续复合收益率已知且为常数。

（3）在期权的有效期内不支付红利。

（4）不存在交易成本和税收。

（5）允许卖空，资产可以细分。

2. 模型推导过程

根据期权的定义，期权价格是基础资产价格 S 和时间 t 的函数，即：

$$C = f(S, t) \qquad \text{式（9.14）}$$

构成资产组合 G，$G(S, t) = C + \delta S$，G 满足在充分小的时间间隔 dt 内无风险，δ 为待定系数。对 G 进行微分，得：

$$dG = dC + \delta dS \qquad \text{式（9.15）}$$

根据 Ito 引理，有：

$$dC = \frac{\partial C}{\partial S} dS + \frac{\partial C}{\partial t} dt + \frac{1}{2} \frac{\partial^2 C}{\partial S^2} \sigma^2 S^2 dt \qquad \text{式（9.16）}$$

代入上式并整理，得：

$$dG = \left(\frac{\partial C}{\partial S} + \delta \right) dS + \left(\frac{\partial C}{\partial t} + \frac{1}{2} \frac{\partial^2 C}{\partial S^2} \sigma^2 S^2 \right) dt \qquad \text{式（9.17）}$$

如果要消去随机项，则需令：

$$\delta = -\frac{\partial C}{\partial S} \qquad \text{式（9.18）}$$

这也意味着在构建组合初期，买入 1 份看涨期权和 $-\frac{\partial C}{\partial S}$ 股票，即可获得无风险收益组合。其期初价值为：

$$G = C - \frac{\partial C}{\partial S} S \qquad \text{式（9.19）}$$

由于是无风险组合，在 dt 时间内的收益为 r，即：

$$dG = rGdt \qquad \text{式（9.20）}$$

代入上式，得：

$$\frac{\partial C}{\partial t} + rS \frac{\partial C}{\partial S} + \frac{1}{2} \frac{\partial^2 C}{\partial S^2} \sigma^2 S^2 = rC \qquad \text{式（9.21）}$$

这是一个偏微分方程，是一般性衍生金融产品定价的普遍方程，根据边界条件或初始条件，进一步求解。

当 $S = 0$ 时，欧式看涨期权没有价值；当 $S \to \infty$ 时，期权价值趋于无穷，所以边界条件为：

$$\begin{cases} C(S, t) = 0, & S = 0 \\ C(S, t) \to \infty, & S \to \infty \end{cases}$$

到期时，$C(S, t) = \max(S - X, 0)$。

根据以上边界条件，解上述偏微分方程，得到看涨期权价值公式为：

$$C = SN(d_1) - Xe^{-rT} N(d_2) \qquad \text{式（9.22）}$$

其中：

$$d_1 = \frac{\ln(S/X) + (r + \sigma^2/2)T}{\sigma\sqrt{T}}$$

式（9.23）

$$d_2 = d_1 - \sigma\sqrt{T}$$

上式中：S 为当前的股票价格；X 为执行价格；$N(d)$ 为标准正态分布小于 d 的概率；e 为自然对数的底，$e \approx 2.71828$；r 为与期权到期期限相同的安全资产连续复利的年收益率；T 为到期时间；$\ln$ 为自然对数；σ 为股票连续复利的年收益率的标准差。

三、期货定价

1. 期货到期时的收益

假设到期日期货的现货价格为 P_T，开始时的期货价格为 F_0，则到期时期货多头方利润为：

期货多头方的利润 $= P_T - F_0$

由于期货合约是零和游戏，所有头寸总收益为 0，一方的盈利就是另一方的损失，因此到期时空头方的利润如下：

期货空头方的利润 $=$ （$P_T - F_0$）

期货多、空双方到期时的利润与到期时标的资产的关系见图 9-10。

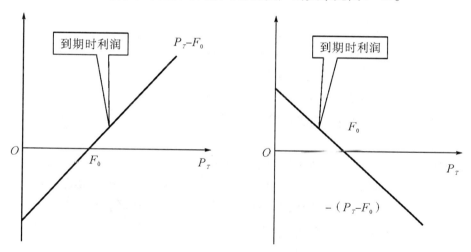

图 9-10 期货到期时多、空双方的利润

2. 现货期货平价定理

从上图可以看出，期货的期末收益是线性的。对期货的定价，仍采取无套利均衡的思想。假设只投资 1 期。期初股票现货价格为 S_0，以该股票为标的资产的期货价格为 F_0，期末股票价格为 S_T，股息为 D，无风险收益为 r_f。构建股票+期货的组合，即现价买入股票，同时以现有期货价格卖出该股票的期货。组合期初投入和期末的收益见表 9-5。

表 9-5 组合期初投入和期末的收益

组合策略	期初投入	期末收益
买入股票	S_0	S_T+D
按 F_0 卖出期货		$-(S_T-F_0)$
合计	S_0	F_0+D

由于该组合取得无风险收益，根据无套利原理，有：

$$\frac{F_0 + D}{S_0} = 1 + r_f \qquad 式（9.24）$$

解得：

$$F_0 = S_0(1 + r_f) - D = S_0(1 + r_f - d) \qquad 式（9.25）$$

上式中，$d = D/S_0$，表示股票的股息率。在多期情况下，$F_0 = S_0(1 + r_f - d)^T$。这就是所谓的现货期货平价定理，给出了期货价格与现货价格之间的关系，偏离这一关系将会提供无风险套利机会。

3. 期货价格与预期现货价格

现货期货平价定理揭示了期货价格与现货价格的关系，关于期货价格与未来现货价格之间的关系，目前存在四种理论，即预期假设理论、现货溢价理论、期货溢价理论与现代资产组合理论。

（1）预期假设理论

预期假设（expectation hypothesis）理论认为期货价格等于标的商品未来现货价格的期望值，即 $F_0 = E(P_T)$。期货多方的期望利润为 $E(P_T) - F_0$，空方的期望利润为 $F_0 - E(P_T)$。该理论认为期货合约的多、空双方的期望收益都为 0，从而 $F_0 = E(P_T)$。该理论的假设前提是所有市场参与者都是风险中性的。

（2）现货溢价理论

与预期假设理论不同，现货溢价理论认为期货价格小于将来现货价格的期望值，即 $F_0 < E(P_T)$，但在合约有效期内逐步上升，直至合约到期 $F_T = P_T$。其理由是：商品拥有者是套期保值的需求者，希望通过套期保值规避风险。投机者拥有多头头寸，为补偿和激励投机者，商品拥有者需给予投机者一定的盈利空间，即 $E(P_T) - F_0 > 0$。

（3）期货溢价理论

与现货溢价理论相反，期货溢价理论认为套期保值的需求者是商品的买方，而不是卖方。因而期货的卖方将获得正的期望收益，即 $F_0 - E(P_T) > 0$。这意味期货价格大于未来现货价格的期望值。

（4）现代资产组合理论

不同于上述三种理论，现代资产组合理论利用资本资产定价模型来推导期货价格与未来现货价格之间的关系。假设 $E(P_T)$ 为未来股票价格的期望值，k 为股票必要收益率，则股票的期初价格为：

$$S_0 = \frac{E(P_T)}{(1 + k)^T} \qquad 式（9.25）$$

根据现货期货平价定理，有：

$$S_0 = \frac{F_0}{(1 + r_f)^T}$$
式（9.26）

联立以上两式，得：

$$F_0 = \left(\frac{1 + r_f}{1 + k}\right)^T E(P_T)$$
式（9.27）

根据 CAPM 模型，当商品具有正的系统风险时，$k > r_f$，此时 $F_0 < E(P_T)$。这意味着，当商品具有正的系统风险时，期货价格小于未来现货价格的期望值。此时，期货的多方获得正的期望收益，而空方获得负的期望收益。期货价格与预期将来的现货价格关系的四种理论如图 9-11 所示。

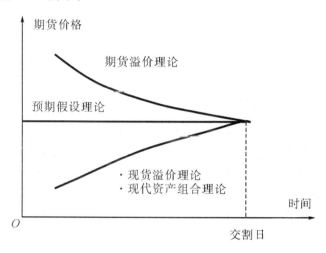

图 9-11　期货价格与预期将来的现货价格关系

第四节　金融创新的基本概念和理论

一、金融创新的概念

最早提出创新概念并强调其重要性的是美国经济学家约瑟夫·熊彼特（Joseph A. Schumpeter）①。他认为，创新是指新的生产函数的建立，即把生产要素和生产条件引入生产体系实行新的组合，具体包括新产品、新技术、新市场、新的生产供应来源以及新的企业组织形式。熊彼特认为，资本主义是一种创造性的毁灭过程，具体表现为不断地摧毁旧的并同时创造新的，从而对经济结构进行不间断的革新。

---

① 熊彼特（1883—1950 年），是 20 世纪最受推崇的经济学家之一。其《经济发展理论》（*The Theory of Economic Development*）出版于 1911 年，是其早期成名作。在该书中，他以创新理论解释了资本主义的本质特征，从而闻名于资产阶级经济学界。

金融创新，顾名思义是指跟金融相关或发生在金融领域的创新。现代金融史就是一部金融创新史（Goetzmann & Rouwenhorst，2007；辛乔利，2019）。最早的金融合约可追溯至公元前2500年古巴比伦人写在陶片上的贷款合约。现代银行产生于15世纪意大利。现代保险市场源自一位名叫托马斯·菲里诺（Thomas Farynor）的伦敦面包师，由于他未能及时熄灭店铺的炉火，导致1666年伦敦大火，烧毁了13 200多座房屋，于是一位叫巴本的地产商开始提供私人保险业务。为缓解债务的固定偿付压力，出现了优先股和收益债券。通货膨胀保值债券起始于1780年独立战争时期的马萨诸塞州，其主要用途是保护士兵免受物价上涨的影响。世界上第一个期货市场是18世纪的日本大阪堂岛大米期货交易所。衍生品真正兴起于20世纪70至80年代，其主要目的是管理利率波动、汇率浮动、借款者违约以及大宗商品价格快速变动带来的风险[1][2]。

二、金融创新的分类

金融创新包括新的金融产品和工具、新的金融服务、新的金融机构、新的金融概念以及新的金融制度。

1. 金融产品或金融工具创新

金融工具创新是指金融机构灵活运用和组合传统金融工具，开发创造新的金融工具，如优先股、大额存单、永续债券、伊斯兰债券（sukuk）、高收益债券、可转换债券、浮动利率票据、抵御通胀债券（TIPs）、垃圾债券、风险资本、共同基金、对冲基金、认股权证、期权、期货、天气衍生品、交易所交易基金（ETF）、按揭抵押支持证券（MBS）、担保债券凭证（CDO）、加密货币、代币、碳排放权（CER）、自愿减排量（CCER）等。

2. 金融服务创新

金融服务创新是指金融机构在服务内容、服务形式、服务手段等方面的创新，以不断满足客户个性化、综合性的需求，比如支票、ATM、信用卡、私人银行、银团贷款等这些服务不是从来就有的，互联网和数字经济时代产生了手机/网络银行转账、账户短信通知、网络银行、直销银行、开放银行、手机银行App、网络证券、手机证券App、网络保险、延误保险、手机保险App、轻松筹、水滴筹、移动支付、第三方支付、智能投顾、助贷服务等。

3. 金融机构创新

金融机构创新是指产生了新的金融组织形式。比如法人、商业银行、保险公司、投资银行、证券交易所、基金公司、信用评级机构、风险投资基（VC）、私募股权投资（PE）、资产管理公司/理财机构、特殊目的工具（SPV）等这些机构都不是从来就有的，互联网和数字经济时代产生了助贷机构、直销银行、互联网银行、轻松筹平台、水滴筹平台、金融科技公司、供应链金融科技平台等新的金融机构或组织。

---

① 戈兹曼，罗文霍斯特. 价值起源 [M]. 王宇，王文玉，译. 沈阳：万卷出版公司，2010.
② 艾伦，雅戈. 金融创新力 [M]. 牛红军，译. 北京：中国人民大学出版社，2015.

4. 新的金融概念和理论

金融概念和理论创新是指金融领域出现的新金融概念和理论，如净现值、投资组合理论、资本资产定价模型、B-S 模型、Token 定价模型、NTF 定价模型、碳汇资产定价模型等。

5. 金融制度创新

金融制度创新是指新的金融规章或制度，如做市商制度、上架发行、科创板、注册制等。

小案例 9-1：金融科技公司——Kensho

Kensho 是一家为华尔街大银行和投资机构提供机器学习分析平台与自然语言搜索工具的创业公司。2018 年 3 月 6 日，标普全球（S&P Global）以 5.5 亿美元完成对该公司的收购，收购金额刷新了之前对人工智能的收购纪录。Kensho 团队开发了一种名叫 Warren 的算法，可以将海量的市场数据进行结构化处理，以发现数据之间的关联性和套利机会。Warren 背后的技术很复杂，但是呈现给分析师的界面十分简单——一个类似于 Google 首页的搜索框。Kensho 在 2013 年得到来自 Google Venture、NEA 等其他 VC 共计 1 000 万美元的种子轮投资。2015 年，高盛成为 Kensho 的 1 500 万美元的 A 轮融资领投方。2017 年，Kensho 完成了由标普全球领投的 5 000 万美元 B 轮融资。

资料来源：根据公开资料整理。

小案例 9-2：金融科技公司——YipitData

YipitData 成立于 2010 年，总部位于美国纽约，是一家通过收集公开信息为机构投资者提供数据集和报告的数据提供商。YipitData 完成了两轮共计 730 万美金的融资，最新的 B 轮融资完成于 2011 年 6 月。YipitData 的客户为对冲基金和买方机构，目前它已与全球 150 多家顶级基金和资产管理公司开展合作。

资料来源：根据公开资料整理。

小案例 9-3：金融科技公司——同花顺

杭州核新于 1994 年成立，向券商销售网上行情交易系统，通过同花顺金融服务网提供免费服务。上海核新于 2001 年成立，向券商提供网上行情交易系统技术服务，向个人投资者提供金融信息服务。2007 年，上海核新收购杭州核新 100% 股权并迁至杭州，整体变更为浙江核新同花顺网络信息股份有限公司。公司依托移动、PC 端，为券商、基金、银行、保险、政府、科研院所、上市公司等机构和个人投资者提供金融信息产品与服务。2018 年，公司立足同花顺 AI 开放平台，陆续推出 AI 相关产品，并开发基于大数据、云计算、金融工程、人机交互等前沿技术的产品应用，实现金融科技与人工智能的双轮驱动。

资料来源：根据公开资料整理。

三、金融创新的驱动因素

1. 需求因素

很多金融创新源于家庭、金融机构或政府的风险管理、流动性等需求。比如，为管理价格风险，产生了远期、期权、期货、互换等衍生工具；为转移财产风险，产生了保险服务；为转移信用风险，产生了担保服务。20 世纪 70 年代，美国通胀达两位数以上，为了规避利率风险，产生了大量可变利率债务工具，如可变利率存单、可变利率抵押债券、可变利率贷款等。为减小银行贷款风险，我国产生了投贷联动的贷款模式。

为增加证券的流动性，产生了证券交易所、柜台市场、做市商等服务机构和模式。为增加银行的存款的流动性，产生了可转让存单。证券化是 20 世纪 90 年代主要的银行业创新，其很重要的一个目的是增强银行资产的流动性。

2. 经济因素

这类观点以希克斯（J. R. Hicks）和尼汉斯（J. Niehans）为代表，他们从微观经济学和交易成本的角度探讨金融创新的原因，认为金融创新源于金融交易当事人降低交易成本、追求潜在利润的需要。这一理论解释了银行、投资银行、证券交易所、经纪人、VC 等中介机构产生的原因，以及可转换证券、资产证券化中的分层设计等产生的原因。以银行业为例，银行是借款人减少搜寻成本，贷款人追求审查、监督规模经济的结果。

由于买者与卖者之间直接精准配对的可能性较低，做市商最早出现在阿姆斯特丹证券交易所。在航海业务中，由于借款回报有限，产生了康曼达（commenda）合伙形式。在康曼达中，一方合伙人投入劳务，另一方合伙人投入金钱。从航行中获得的利润在当事人之间进行分配，比如利润的 75%归出资者，25%归航行者。康曼达还规定了航行者在航行中所履行的义务，是缓解委托—代理问题的早期尝试。

3. 技术因素

技术因素是金融创新非常重要的驱动因素，一些原来不能提供的金融服务，由于技术的进步，变得可行了。比如 ATM 机（automated teller machine）的出现源自计算机和通信技术的进步[①]。Hannon 和 McDowell（1984）研究发现，新技术的采用和扩散与金融市场结构的变化紧密相关，尤其是计算机、通信技术的发展为金融创新提供了物质保证，因此，新技术的推进是金融创新的一个主要因素。

现代信息技术对金融创新的影响集中表现为金融科技。Thakor（2020）认为金融科技（Fintech）是在支付系统、信贷市场和保险等方面的创新，本质上是利用技术提供新的或改进传统金融服务。金融稳定理事会（financial stability board, 2017）认为，金融科技是指技术带来的金融创新，它能创造新的模式、业务、流程与产品，从而对金融市场服务和模式造成重大影响。Das（2019）认为金融科技是指金融部门中用于自动化

---

① 1967 年 6 月 27 日，伦敦北郊的英国巴克莱银行安装了世界上第一台自动取款机，它被称之为"自由银行"。随着数字移动支付的出现，ATM 机在我国出现使用频次下降的趋势。据央行统计，2019 年 ATM 减少了 1.31 万台，2020 年再次减少 8.39 万台。

流程的各种金融技术，金融科技使金融的三个领域发生变化：①筹集资金；②转移资金；③配置资金。

Chen 等（2019）将金融科技分为七种形式：网络安全、移动交易、数据分析、区块链、P2P、智能投顾、物联网（IoT）。Das（2019）将金融科技划分为十一个类别：机器学习、人工智能与深度学习、系统性风险建模、个人和消费者金融、临近预测、网络安全、欺诈检测与预防、支付和资金筹集制度、自动化和高频交易、区块链和加密货币、文本分析。

金融科技带来的金融创新，在金融产品或金融工具方面，有众筹、代币、加密货币等；在金融服务创新方面，有移动支付、第三方支付、智能投顾、网络银行、区块链金融、区块链供应链金融等。除了传统的金融机构，许多金融创新来自金融业之外的信息科技企业[①]。

4. 监管因素

一些金融创新推出的初衷是躲避监管。20 世纪 30 年代的大危机之后，西方各国加强了银行管制，金融业为躲避管制，推出了许多新业务。比如为躲避活期存款不准付息，推出了自动转账制度（ATS）；为规避储蓄账户不能开支票的限制，推出了可转让支付命令（NOW）；为规避定期存款利率上限（《Q 条例》），创立了货币市场互助基金；为规避法定存款准备金率，商业银行到境外借入欧洲美元，等等。

凯恩（1978、1981）提出了金融监管辩证法，运用一个斗争模型（struggle model）来描述监管者与被监管者之间永不停息的斗争，认为金融创新是被监管者和监管者之间持续争斗的结果。由于金融监管与金融创新总是处于监管—创新—再监管—再创新的动态博弈过程中，近年来很多学者采取演化博弈的分析方法来分析这一相互影响的关系（An et al.，2021[②]）。

小资料 9-2：基于即时预测的金融创新

传统预测通常依赖于年度或季度数据。宏观预测很难及时预测，这是因为用于预测的统计数据如 GDP、通货膨胀、失业率等的获取存在一定滞后，而且这些数据均是低频数据。跟宏观经济密切相关的新的数据来源开启了实时高频预测的可能性。这种预测办法被称为即时预测（Nowcasting）。

亚特兰大储备银行开发了一种叫作 GDPNow（Higgins，2014）的 GDP 增长率预测模型。该模型综合了 GDP 下的 13 个子指标。该模型提供更加及时的预测，击败了其他预测方法。即时预测模型的综述见 Bańbura，Giannone，Modugno，and Reichlin（2013）。

即时预测提供了一种不能交易的指数。Chacko、Das 和 Fan（2016）提供了一个理论模型，用以创造基于不可交易指数的交易所交易基金（exchange-traded fund，ETF）。

---

① JOSH LERNER，AMIT SERU，NICHOLAS SHORT，YUAN SUN. Financial innovation in the 21st century：evidence from U. S. patenting[EB/OL].（2022-08-07）[2023-11-12].http：www.nber.org/papers//28980.

② HUI AN，RUIBO YANG，XUEJIAO MA，SIQI ZHANG，SARDAR M N. Islam，an evolutionary game theory model for the inter-relationships between financial regulation and financial innovation［J］.The North American Journal of Economics and Finance，2021（55）：101341.

在该产品中，任何市场的流动性被模型化为交易及时性的期权。在非流动市场上，交易及时性难以满足时，交易的期权具有较高的价值。

资料来源：DAS，CHRISTIE. The future of fintech ［J］. Financial Management，2019，48（4）：981-1007.

四、金融创新的经济作用

1. 使证券市场更完全

大多数金融产品可以用一系列特征加以描述，比如收益、期限、流动性、价格风险、信用风险等。金融创新可被视为将单个工具的特点和风险分拆，然后将它们装配为不同的新组合的过程。Niehans（1983）认为即使最复杂的金融安排，也可描述为三种标准产品或服务的组合：①对现在货币和未来货币的交换；②将借款人与贷款人聚合在一起；③有利于客户的执行或便利支付。

金融创新的重要作用在于使证券市场更加完全。Desai 和 Low（1987）基于定位理论（location theory）提出了金融创新的一个微观经济模型。定位理论将商品看作多种特征的组合，认为可以根据现存商品在每种特征上所占的比重的不同来对产品进行重新设计。为简单起见，只考虑回报和流动性两种特征。图 9-12 显示了金融产品的二维特征空间。在零点，资产流动性最大，随着离零点越来越远，资源的流动性越来越差。x_1、x_2 表示具有特定收益与流动性的两种现存金融产品，发行一种新产品的机会是现存产品间空白的函数。创新程度由两者的夹角 θ_{12} 来表示。多种偏好的消费者将沿着曲线来选择他们最喜欢的工具。当资产挤满了双特征空间时，创新将通过开发新的特征来发生。

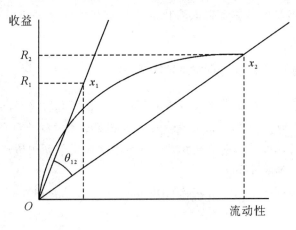

图 9-12　金融产品的二维特征空间

资料来源：Desai & Low（1987），Measuring the Opportunity for Product Innovation。

2. 促进风险分担和资源有效配置

金融创新是一个组合和分拆的过程，是填补产品空白的手段，它使市场更加完全。艾伦和盖尔（Allen & Gale，1994）提出了一种金融创新理论的框架，将金融创新与风险分担及最优证券设计联系起来。

他们的研究结论是：消费者通过发行证券实现风险分摊的有效性取决于证券市场的完全性。如果市场是完全的，则资源配置有效率。如果证券种类太少并且证券被不适当地选择了，则市场是不完全的，且不能够有效分担风险。如果市场不完全，证券设计就很重要。此外，他们证明了在市场不完全情况下，适宜的证券设计能够影响资源的有效配置①。

3. 维持经济增长

金融创新有利于促进经济增长。Laeven 等（2015）建立了一个熊彼特模型（Schumpeterian model）来论证金融创新与经济增长的关系。该模型通过生产更好的产品来赚取利润、追求利润最大化来甄别（screen）企业家。该模型预测，除非金融家进行创新，否则技术创新和经济增长就会停止。实证证据支持了他们的模型②。

4. 促进动物多样性保护和绿色发展

最新的研究表明金融创新有利于促进生物多样性保护、推进环境污染治理等。2022年3月，由央行和监管机构绿色金融网络（NGFS）和可持续金融政策洞察、研究和交流国际网络（INSPIRE）发起成立的生物多样性和金融稳定联合研究组开展了关于生物多样性和金融稳定关系的研究。研究结果指出生物多样性丧失可能产生重大的经济和金融影响，并且生物多样性丧失对经济的影响必然会波及金融稳定性。

生物多样性金融（biodiversity finance）是指对生物多样性的保护、可持续利用和恢复做出贡献的金融活动，产生了包括绿色债券、绿色信贷、权益工具、众筹、风险投资等。绿色信贷包括生态修复贷、生态保护贷、碳汇林业贷、美丽乡村贷、排污权质押贷、GEP③贷等针对于生态保护的金融创新产品。

五、金融创新与金融工程的关系

金融创新与金融工程存在密切的关系。两者的共同点在于：①两者都涉及金融工具的组合和分拆。以至于很多学者对金融创新的定义接近于金融工程。比如，Niehans（1983）、Desai 和 Low（1987）等认为金融创新是将单个工具的特点和风险进行分拆，然后装配为不同新组合的过程。②金融工程和金融创新都受技术的驱动。金融工程依赖于数学、通信工具及计算工具的发展，因此数学理论、通信工具及计算速度的进步将催生出新的金融产品和风险管理手段。金融创新受技术驱动明显，正是由于现代信息技术的发展，出现了互联网金融、大数据金融、数字金融、5G 金融、物联网金融、区块链金融等新兴金融业态。③金融工程和金融创新都是为了满足个人、家庭、企业的某种金融需求。比如银行资产证券化满足了银行对资产流动性的需求，各类金融衍生金融产品的出现满足了人们转移风险的需求。④金融工程和金融创新最终从改善风险配置、提供市场完全性等方面提高了金融系统的功能，促进经济增长和社会进步。

---

① GALE DOUGLAS, ALLEN FRANKLIN. Financial innovation and risk sharing [M]. Cambridge：MIT Press, 1994.

② LUC LAEVEN, ROSS LEVINE, STELIOS MICHALOPOULOS. Financial innovation and endogenous growth [J]. Journal of Financial Intermediation, 2015, 24（1）：1-24.

③ GEP 指生态系统生产总值。

两者的区别在于：①金融工程是金融创新的手段和过程，而金融创新是金融工程的结果。不断发展的金融工程学为金融创新提供了更多的创新可能和更大的创新空间。②金融创新是更为久远的概念，人类社会自有文明开始，就有了金融创新。可以说，人类发展史就是金融发展史和金融创新史，货币、债权、股权、股份公司、证券交易所、银行、保险公司等都经历了从无到有的过程。相比之下，金融工程是近几十年才出现的概念。③金融工程主要集中于金融产品和金融工具的创设设计，以及一些金融问题的创造新解决，其范围相对狭窄。相比之下，金融创新不仅涉及金融工具和金融产品的创新，还包括金融服务和金融制度的创新，因此范围相对宽泛。

第五节　部分金融产品创新

一、与债券相关的金融产品创新

1. 通货膨胀保值债券

通货膨胀保值债券（treasury inflation-protected securities，TIPS）由美国财政部在 1997 年首次发行。该债券本金与消费者价格指数（CPI）挂钩。创设该债券的目的是帮助投资者规避通货膨胀风险，故又称作通胀保值债券。

2. 浮动利率债券

浮动利率债券（floatingrate note，FRN）是指本金（面值）固定但利率可以调整的债券。浮动利率通常取决于其他利率水平，比如国债利率。浮动利率债券创设的初衷是帮助投资者规避利率风险。

3. 收益债券

收益债券（income bond）与传统债券类似，唯一不同的是其利息支付取决于公司的盈利，通常只有在公司盈利充足的情况下才会被兑现。

4. 可转换债券

可转换债券（convertible bond）是指公司依法发行、允许持有人在一定期间内依据约定的条件可以转换成公司股票的公司债券。可转换债券可视为普通债券与看涨期权的组合。转换比例=可转换债券面值／转换价格，转换价格=可转换债券面值／转换比例，可转债价值=普通债价值+看涨期权价值。其价值与股票的价格关系如下（图9-13）：

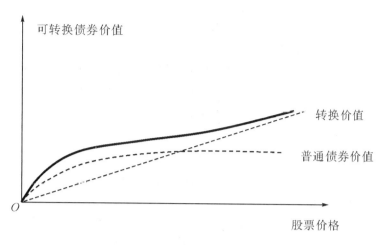

图 9-13　价值与股票的价格关系

5. 可赎回债券

可赎回债券（put bond）是指允许发行人在将来某个时间按约定赎回价格将债券从投资者手中购回的债券。赎回条款赋予发行人看涨期权，执行价格即约定的赎回价格。因而可赎回债券可视为发行人出售给投资者的普通债券与投资者出售给发行人看涨期权的组合（图 9-14）。

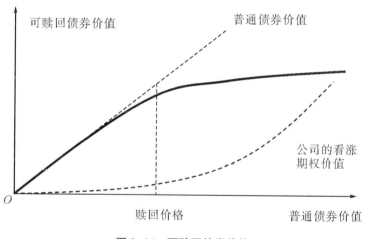

图 9-14　可赎回债券价值

6. 永续债券

永续债券是指没有明确到期时间的债券，它一般具有期限长、股债混合、高票息率、附加续期相关条款等特点。根据监管机构的不同，国内有三种债券品种具有永续债券的特点，分别为发改委核准的可续期企业债、在银行间市场交易商协会注册的长期限含权中期票据，以及交易所预审、证监会核准的可续期公司债。

永续债券的特殊条款主要包括赎回与延期选择权、利息跳升机制、递延支付利息权、交叉违约、破产偿付顺序等。

7. 巨灾债券

巨灾债券（catastrophe bond，CAT Bond）又称为天意债券或 CAT 债券。巨灾债券公开发行后，未来其本金及债息的偿还与否取决于未来巨灾损失发生与否。它的期限一般为 3~5 年，属于高收益债券。2016 年，我国首只巨灾债券在北美成功发行；2017 年 7 月 1 日，中国第一只以地震风险为保障对象的巨灾债券在境外市场成功发行。该债券由中再集团旗下全资子公司中再产险作为发起人，发行主体为设在百慕大的特殊目的机构（SPV）Panda Re，募集金额为 5 000 万美元。

8. 社会影响债券

社会影响债券是指为完成一项社会事业所发行的债券。在社会影响债券项目中，由投资者提供项目运营的资金，项目承包方实施项目，政府则根据项目实施的效果（项目合同约定的一些特定指标）来向投资者支付报酬。

如果实现目标，政府向投资者返还资金，同时奖励一份利润；如果没有实现目标，政府不做任何返还。社会影响债券的投资者回报额取决于项目或者服务所获得的成果。比如，回报额取决于该项目是否降低了罪犯再入狱率。

二、与期权相关的金融产品创新

在标准的期权合约中，买方支付一定的权利金后，有权在未来特定时间对标的资产以特定的价格进行买入或卖出。这类普通期权称为香草期权（vanilla option）。相较于普通期权，在期权性质、标的资产及行权有效期等方面存在创新的期权，一般称为奇异期权（exotic options）。奇异期权一般在场外市场交易。

1. 亚式期权

亚式期权（asian options）是指其回报由期权到期日之前某一特定时间段内标的资产的均价与执行价格共同确定的期权，因此又称为均价期权。

2. 障碍期权

障碍期权（barrier options）是最古老的奇异期权，其实质为一种条件性期权。其收益不仅取决于到期时标的资产的价格，还取决于在期权续存期内标的资产价格是否达到触发水平。常见形式包括敲入（knock-in）期权和敲出（knock-out）期权。敲入期权指当标的资产市价达到触发水平（障碍）时，期权生效。敲出期权则相反，当标的资产的市价达到触发水平时，该期权失效。

3. 回顾期权

回顾期权（lookback options）是一种回报不仅取决于标的资产的执行价格，它同时还取决于期权续存期内标的资产的最高价或者最低价。

4. 数字期权

数字期权（digital options）是一种期权形式，当标的资产的市场价格超过执行价格时，它为交易者提供固定支付。数字期权为交易者提供了两种可能的交易结果——如果他们的预测是正确的，交易者就会获利，否则他们就失去最初的投资额。

5. 呼叫期权

呼叫期权（shout options）的持有者有权在期权有效期内的某一时间锁定一个最小盈利。

6. 复合期权

复合期权（compound options）是指一种期权合约以另一种期权合约作为标的物的期权，也即期权的期权。

7. 彩虹期权

彩虹期权（rainbow option）是一种与两种或两种以上标的资产的表现挂钩的期权合约。持有人可以在同一时间对所有标的资产的最佳表现或最低表现进行投机。每一个底层可以被称为一种颜色，所以所有这些因素的总和就构成了彩虹。

彩虹期权类似于相关期权和篮子期权，因为它们也涉及一些基础证券。不同的是，这些期权基于这些标的证券的单一价格。相反，彩虹期权的结构是根据所涉及的标的资产，对表现最好或最差的股票进行看涨和/或看跌。

8. 雪球期权

雪球期权（snow option）是一种设置了触发敲入和敲出的障碍条件、一种组合化的障碍期权。其本质是投资者向券商卖出带触发条件的看跌期权。内嵌雪球期权的理财产品一般具有高票息但非保本的特点。雪球结构产品的收益依赖于挂钩的标的的价格的波动幅度。目前境内市场上雪球结构产品最常见的挂钩标的为中证500指数。

小知识9-1：雪球期权的条款

挂钩标的：雪球产品的最终损益取决于产品持有期内挂钩标的的走势，主要挂钩指数、个股及个股组合。

敲出条款：定期观察标的价格，若标的价格高出敲出价格，则触发敲出事件。敲出后产品立即终止。

敲入条款：定期观察标的价格，一旦标的价格低于敲入价格，则触发敲入事件。此时投资者开始承担标的价格波动风险，若直至到期产品仍未能敲出，则投资者需要承担本金亏损的风险，甚至是较大的本金亏损。敲入后产品继续运作直至到期或者触发敲出。

定期观察日：分为敲出观察日和敲入观察日。根据约定的日期，并以标的价格与约定的敲出或敲入价格进行对比，以判断是否触发敲出事件或敲入事件。一般敲出观察日每个月一次，敲入观察日为每个交易日。

收益率：也被称为票息，指在雪球产品敲出终止或未敲入直至到期的情形下的年化收益率。票息与市场波动率有关，不同标的、不同时点、不同敲入敲出价格、不同期限的雪球产品收益率不同。

资料来源：根据公开资料整理。

三、信用衍生品

信用衍生品本质上是信用保护提供机构为参考实体或标的债务（债券或贷款等债权债务工具）提供保险的一种衍生品。参考实体是以其信用风险作为信用衍生产品交易标的的单个或多个实体。目前我国信用衍生品主要有信用风险缓释凭证（CRMW）、信用风险缓释合约（CRMA）、信用违约互换（CDS）、信用联结票据（CLN）四种。

CRMW、CRMA 最早在 2010 年由中国银行间交易商协会推出。2016 年 9 月 23 日，银行间市场交易商协会发布修订后的《银行间市场信用风险缓释工具试点业务规则》，在 CRMW 和 CRMA 的基础上新增了 CDS 和 CLN 两种衍生品，并附上《信用违约互换业务指引》和《信用联结票据业务指引》两份业务指引，意味着信用衍生品大家族的正式拓展。2018 年 11 月，上海证券交易所推出信用保护工具试点，深圳证券交易所推出信用保护合约业务试点。至此，信用衍生品已较为完整地覆盖我国银行间与交易所债券市场。

四、气候衍生品

天气风险是影响经济的重要因素。世界天气风险管理协会认为，目前全球经济的 20%～30% 直接暴露于天气风险之下。

1. 天气指数保险

天气指数是指气象部门单独或与金融机构联合开发的关于温度、降水、风力、日照、降雪等气象水平的指数。保险合同以此指数为基础，当指数达到一定水平时由保险公司向投保人进行赔付。日本是最早开展天气指数保险的国家之一。1999 年，日本三井住友保险公司首次出售天气指数保险，其中最具特色的保险产品为樱花险。投保的旅行社、休闲娱乐场所以及其他客户可以根据保险公司的预测安排相关日程，如果樱花开放时间与预测不符，客户即可获得相应补偿。英国最早的天气指数保险为降雨指数保险。英国保险公司与气象部门合作，对英国各地的降雨量进行分析，绘制成英国全国年和月平均雨量图，作为制定保险费率的依据。投保人在遇到降雨时即可按照所在地区的费率获得赔偿。西班牙太阳海岸是一个著名的日光浴旅游胜地，保险公司针对性地开发了一款名为"阳光保险"的天气指数保险产品。游客若在太阳海岸 21 天的游玩中有 4 个白天下雨，则保险公司赔偿被保险人 3 周开销的一半费用；如果遇到 7 天下雨，则赔偿其全部费用。

2014 年 5 月，我国众安保险推出了中国首款面向个人的天气指数类保险产品——37℃高温险。该产品约定，在 2014 年 6 月 21 日至 8 月 23 日，若投保人所在城市出现 37℃ 及以上的高温，一旦累计天数超过约定的免责天数，即可获得高温津贴补偿，每天补偿 5 元/份。

2. 天气衍生品

天气交易市场形成的初期，是在柜台交易（OTC）进行的。随着市场的迅速扩大，天气衍生品开始在交易所以标准化合约形式进行交易。1999 年 9 月，美国芝加哥商品交易所（CME）率先推出了标准化的天气衍生品交易。此后，伦敦国家金融期货期权交易所（LIFFE）、芬兰赫尔辛基交易所等陆续开始挂牌交易天气衍生品，天气衍生品的交易方式逐步从场外交易发展到场内交易。

天气衍生产品种类繁多，包括天气期货、天气期权、天气互换和套保期权等，目前市场上交易最广泛的品种为天气期货和天气期权。交易标的包括美国制热日指数 HDD、制冷日指数 CDD）、欧洲霜冻指数（MFDF）、欧洲季节性霜冻指数（SFDF）、美国月度降雪指数（MSIF）、季节性降雪指数（SSSIF）、飓风指数（CHI）等。

天气衍生品的需求方有套期保值者和投机者。套期保值者大多来自对天气风险敏感的农业、能源、交通等行业，利用天气衍生品来对冲或平滑面临的天气风险；投机者则利用天气衍生品来优化其资产组合结构，包含基金、银行、保险公司和再保险公司等金融机构。天气衍生品的供给方主要有银行、交易经纪人和辅助机构。

第六节　投资银行金融工程和金融创新业务

一、金融工程和金融创新业务的概念

金融工程和金融创新涉及前期市场调研、产品方案设计等诸多环节，过程复杂；涵盖金融、税收、法律、数学、统计等诸多知识，因此需要专业金融机构的参与。

投资银行金融工程业务，是指投资银行基于自身和客户在风险规避、套利、投机等方面的需要而进行的金融工具与金融产品的开发、设计与实施，以及因为对金融问题提供创造性解决方案而获取收入的业务。

投资银行金融创新业务，是指投资银行基于自身和客户的需要，在金融工具、金融产品、金融服务等方面开展创新活动，并以此作为收入来源的业务模式。

投资银行对第三方机构提供金融工程和金融创新解决方案，则获得咨询收入。当投资银行自身成为衍生产品的发行方时，其金融工程和金融创新业务作为职能部门而存在。

二、金融工程和金融创新业务开展的背景

衍生品的价值功能首先体现于风险管理。其次，衍生品具有丰富投资组合、优化资产配置的价值。对衍生品的巨大市场需求是金融工程和金融创新业务开展的背景。《中华人民共和国期货和衍生品法》（2022）规定，国家支持期货市场健康发展，发挥发现价格、管理风险、配置资源的功能。国家鼓励利用期货市场和衍生品市场从事套期保值等风险管理活动。国家采取措施推动农产品期货市场和衍生品市场发展，引导国内农产品生产经营。

根据《证券公司监督管理条例》（2014），国家鼓励证券公司在有效控制风险的前提下，依法开展经营方式创新、业务或者产品创新、组织创新和激励约束机制创新。国务院证券监督管理机构、国务院有关部门应当采取有效措施，促进证券公司的创新活动规范、有序进行。

小资料9-3：证券公司金融衍生品业务增长情况

中国证券业协会数据显示，2020年，证券公司场外金融衍生品（收益互换、场外期权）业务新增名义本金4.76万亿元，较上年新增规模增长162.41%；2020年年末，场外金融衍生品存量名义本金1.28万亿元，较2019年年末增长105.26%；从场外金融衍生品年度累计新增名义本金来看，2019年和2020年累计新增名义本金增速均在

100%以上。瑞银报告显示，2030年衍生品业务或将贡献国内证券行业8%~25%的利润，相比目前仅贡献4.4%左右的利润，基准情形下2030年衍生品业务将为行业带来512亿元利润，2020年至2030年的年复合平均增长率（CAGR）估计达到23%。

高速增长的背后无疑是强劲的需求驱动。例如，收益互换合约交易对手中交易规模占比最多的是私募基金，2021年2月交易规模占比41.85%；场外期权交易对手方主要是商业银行，2021年2月交易规模占比71.35%。未来两大买方机构的潜在需求依旧旺盛。商业银行方面，银行理财产品净值化管理后，结构性理财产品的占比提升，商业银行需要通过衍生品对冲交易来平滑净值波动；私募基金方面，再融资新规松绑后，私募基金借道证券公司通过"场外衍生品+定增"的模式进入资本市场。因此，场外期权和场外互换的规模不断提升，预计将为证券公司带来较为可观的业绩增量。

证券公司衍生品业务呈高度集中化态势，与美国衍生品市场类似。数据显示，截至2021年2月存续名义本金规模较大的前五家证券公司在收益互换、场外期权中的全行业占比分别为82.64%、69.00%。

资料来源：新华网，http://www.xinhuanet.com/money/20210719/51f03b4c4ff141a6a450d5e20dfef6cd/c.html。

三、金融工程和金融创新业务对投资银行的作用

Boot和Takor（1997）就金融体系对投资银行金融创新的影响进行了研究。他们的主要结论是：全能银行制度下的金融创新低于商业银行、投资银行分离情况下的金融创新。Tufano（1989）研究了证券市场中新证券先动者（first-mover）的数量及扩展优势。运用1974—1986年58种金融创新的数据，他发现创造新产品的投资银行虽在未出现模仿者之前的较短时间内不会收取高额，而且在长期内授权的费用低于其竞争对手提供的模仿品；但是，它获得了更大的市场份额。同样，Allen和Gale（1994）发现创新者获得了更大的市场份额[1]。Herrera和Schroth（2011）发现开发了新证券的投资银行在新的承销市场中居于领先地位。在承销费方面，创新者的收费高于模仿者，但随着更多的发行而下降[2]。

四、金融工程和金融创新业务的规范

1. 资格限制

中国人民银行等四部委发布的《关于促进衍生品业务规范发展的指导意见》（2021）指出，衍生品的认定遵循实质重于形式的原则。金融机构不得违反规定变相开展衍生品业务。金融机构提供部分符合衍生品基本特征的产品，应当向相关金融管理部门报告。非金融机构不得向公众发行具有衍生品业务特征的产品或提供衍生品交易服务，相关金融管理部门及其授权的自律组织另有规定的除外。

---

① GALE D, ALLEN F. Financial innovation and risk sharing [M]. MIT Press, 1994.

② HELIOS HERRERA, ENRIQUE SCHROTH. Advantageous innovation and imitation in the underwriting market for corporate securities [J]. Journal of Banking & Finance, 2011, 35（5）: 1097-1113.

2. 交易限制

《证券公司场外期权业务管理办法》（2020）规定，证券公司参与场外期权交易实施分层管理，根据公司资本实力、分类结果、全面风险管理水平、专业人员及技术系统情况，分为一级交易商和二级交易商。最近一年分类评级在 A 类 AA 级以上的，经中国证监会认可，可以成为一级交易商。最近一年分类评级在 A 类 A 级以上或 B 类 BBB 级以上，持续规范经营且专业人员、技术系统、风险管理等符合对应条件的证券公司，经协会备案，可以成为二级交易商。展业一年情况良好、未有重大风险事件的，可向证监会申请成为一级交易商。证券公司、证券公司子公司及上述主体管理的产品均应当通过证监会认可或协会备案的证券公司交易商进行场外期权交易。一级交易商应当在沪深证券交易所开立场内个股对冲交易专用账户，直接开展对冲交易。二级交易商仅能与一级交易商进行场内个股对冲交易，不得自行或与一级交易商之外的交易对手开展场内个股对冲交易。

3. 标的及合约管理

《证券公司场外期权业务管理办法》（2020）规定，中国证券业协会对证券公司场外期权业务挂钩标的实行自律管理。证券公司可以开展挂钩符合规定条件的个股、股票指数、大宗商品等标的资产的场外期权业务。挂钩标的应当具有充分的现货交易基础、市场竞争充分，具备公允的市场定价，流动性良好等，适宜进行场外期权交易。

证券公司开展场外期权业务个股标的范围不得超出融资融券标的当期名单，股票指数标的不得超出协会规定的范围。证券公司可以自主设计适合投资者真实风险管理需求的期权合约类型，但应避免形成与其他衍生工具合约组合、嵌套的增加交易成本和链条的复杂产品。

对于合约期限 30 天以下、行权价偏离标的资产市场价格超过 20% 的合约，证券公司合规部门应当对产品合约设计的合规性进行审慎评估并出具书面合规意见。

4. 投资者适当性管理

《关于促进衍生品业务规范发展的指导意见》（2021）要求，金融机构开展柜台对客衍生品业务，应当仅面向合格投资者，合格投资者的标准由相关金融管理部门具体规定。金融机构应当坚持主要面向非个人投资者开展衍生品业务的原则，严格实施合格投资者标准审查。银行保险机构不得通过柜台与个人客户直接开展衍生品交易，不得为企业提供以非套期保值为目的的交易服务。其他金融机构确需为个人客户提供衍生品交易服务的，应当对个人客户制定更为审慎的参与要求。

《证券公司场外期权业务管理办法》（2020）规定，商品类场外期权交易对手方，应当是符合《证券期货投资者适当性管理办法》的专业机构投资者。证券公司应当通过尽职调查、要求投资者提供证明材料、查询公开信息等必要措施，对投资者尤其是私募基金等非持牌机构的真实身份、是否满足准入标准、产品合同对投资场外期权是否约定、相关风险是否揭示等进行核实。

5. 风险控制

《证券公司场外期权业务管理办法》（2020）规定，证券公司应当建立健全覆盖场外期权业务各环节的内部管理制度，有效防范业务风险。证券公司应当完善场外期权业务规模和对冲交易持仓集中度控制，严格按照《证券公司风险控制指标管理办法》及配套规则的规定，审慎计算场外期权业务对应的风控指标。在计算风险资本准备时，卖出场外期权的最大损失应当按照合约本身的损失测算。

➤案例9-1 美林公司流动收益期权票据的创新

一、流动收益期权票据的基本特征

流动收益期权票据（liquid yield option note，LYON）是美林公司于1985年创造的复杂金融产品，这种债券具有零息债券、可转股债券、可赎回债券、可回售债券的混合特征。下面以威斯特（Waste）公司发行的LYON为例具体分析其基本特征。

1. 无息

按照发行协议，一张威斯特公司的流动收益期权票据面值为1 000美元，到期日为2001年1月25日，不付息，发行价为250美元。如果该债券未被发行公司赎回，也未能换成股票或回售给发行公司，则持有人到期将获得1 000美元，其实际到期收益率为9%。

2. 可转换性

流动收益期权票据出售的同时也售给了投资者一张转换期权，该期权保证投资者在到期日前的任何时候能将每张债券按4.36的比率转换成威斯特公司的股票。发行时该公司股价为52美元，而转换价格为57.34美元（等于250除以4.36），显然这一转换价格较之发行市价有10%的转换溢价。由于流动收益期权票据是一张无息债券，这意味着流动收益期权票据的转换价格随着债券的生命周期而不断上升，从而转换溢价也不断上升。

3. 可回售性

LYON还给了投资者回售期权，这一期权保证投资者从1988年6月30日起以事先规定的价格回售给发行人。该回售价随时间推移而递增，如果以发行价250美元为计价基础，回售期权保证投资者第一个可回售年获得超过6%的最低收益率，并且这一最低收益率在接下来的三年中每年递增6%，直至9%为止。

4. 可赎回性

流动收益期权票据出售的同时也给予了发行人回赎期权。这一期权使发行人有权以事先规定的随时间推移而上涨的价格赎回该债券。尽管发行人在发行后可随时收回该债券，但投资者受到某种保护，因为发行人在1987年6月30日之前不能赎回该债券，除非该公司普通股价格上升到86.01美元以上。对于发行人的回赎，投资者有两种选择，要么按赎回价被赎回，要么按4.36的比率转换成普通股。

二、流动收益期权票据的创新过程

任何一项成功的金融创新产品都有一个构思、包装、定价、促销直到上市的过程。流动收益期权票据作为美林公司的标志性产品，其整个创新过程可分为以下几个阶段：

第一阶段：发现潜在的投资需求。在20世纪80年代，美林公司是最大的股票期权零售商，同时也是最大的散户货币市场账户经理人，其管理的现金管理账户（cash management account，CMA）金额高达2 000亿美元。在1983年，当时担任美林公司期权市场经理的李·科尔敏锐地察觉到个人投资者期权市场上的主要行为是购买看涨期权，这些期权期限通常为 90 天，并且到期往往未被执行。显然这种投资行为具有相当大的风险，此外由于这些期权每隔 90 天到期，则投资者一年至少购买 4 次，其交易成本也很大。李·科尔进一步分析其客户的 CMA 账户，发现许多期权购买者在 CMA 账户上保持相当大的余额而极少直接投资于股票市场，而 CMA 的资金主要投资于利率风险小且没有违约风险的短期国库券。据此他认为只要保证这些个人投资者在 CMA 上的大部分资金安全，则他们愿意以小部分资金投资于高风险的期权市场，而且购买期权的资金主要来源于 CMA 的利息收入。在此基础上，李·科尔大胆推测一种可转换且可回售的债券在该零售市场会具有吸引力，因为购买一张可转换性的债券相当于购买了一张长期的低成本看涨期权；同时购买一张可回售性的债券保证了投资者最低的收益率，这极大降低了投资者的利率风险及违约风险。显然，流动收益期权票据的设计与构思基本满足了该零售市场的投资需求，从而为流动收益期权票据成功进入零售市场打下了基础。

第二阶段：寻找合适的发行人。市场创造必须兼顾供应与需求，因为潜在的需求并不等于现实的供应，换言之并不是每个发行人都能满足李·科尔所揭示的这种投资需求。因为从这种投资需求的特点来看，合适的发行人必须满足以下标准：其一，该公司有筹集资金的需求；其二，该债券有可回售性，这要求发行人具有较高的信用等级；其三，由于这种债券的发行对象主要是零售市场上的个人投资者，这要求发行人必须具有较高的市场知名度；其四，该债券的可转换性要求发行公司的股价具有较大的可变性，而满足这一点的公司规模往往不大。美林公司经过长期认真挑选，认为威斯特公司是符合上述标准的理想发行人。该公司的信用级别为 Aa 级，普通股价可变性为 30%，该公司并非一家知名消费品制造商，但由于在 1972—1985 年美林公司为其发行过 4 次新股和 9 次债券，因而在美林公司的庞大经销网络中具有相当大的知名度。

第三阶段：包装与定价。流动收益期权票据的包装设计的最成功之处在于零息债券特性。零息债券作为现代金融工程技术的一项基础性创新，其最大特点是现金流量的一次性。这一特点使投资者在到期日有一笔确定的现金流入，从而极大地规避了再投资风险；此外零息债券的发行者由于到期日之前无需支付任何利息而获得最大的现金流量的好处，而零息债券的投资者则由于到期日才收到现金利息从而获得税收延迟和税收减免的好处。显然流动收益期权票据的这一包装极大地刺激了投资需求。流动收益期权票据的包装设计的另一成功之处在于引入可回售性对投资者进行保护的同时又引入可回赎性对发行人利益进行保护。由于可回售价与可回赎价事先确定，发行人与投资者的利益得到了兼顾。

由于流动收益期权票据就其本质来说是一种混合债券，其定价的基本框架是：

流动收益期权票据的最终定价＝没有违约风险的偿还期相同的无息票债券价格

-使用风险价格

-销售给发行人提前赎回期权的价格

+销售给投资者的转换期权的价格

+销售给投资者回售期权的价格

根据上述定价框架，定价的原则是：利率水平越高，流动收益期权票据的定价越低；发行公司股价可变性越大，流动收益期权票据的定价越高；流动收益期权票据的赎回价越低且赎回保护期越短，其定价越低；发行公司股利支付水平越高，流动收益期权票据的定价越低（因为股利支付水平越高，股价波动越小）；流动收益期权票据的回售价越高且回售保护期越长，则其定价越高。以威斯特公司发行的流动收益期权票据为例分析上述市场条件变化对定价的影响。该公司流动收益期权票据的基本特征是：可参照利率为 11.21%；股价 52.25 美元，股价可变性 30%，红利支付水平 1.6%，期限 15 年，转换比率 4.36；回赎价及回售价基本数据略。在此基础上理论定价为 262.70 美元。现假设市场条件发生改变，则流动收益期权票据的价格变化如表 9-6 所示：

表 9-6　市场条件变化对流动收益期权票据（LYON）定价的影响　单位：美元

	价格	变化程度
基本特征	262.70	—
股价上升至 56 美元	271.68	+8.98
股价可变性上升为 40%	271.89	+9.19
红利支付水平上升为 3%	260.78	−10.32
没有赎回期权	283.29	+20.59
没有回售期权	215.04	−47.66

根据表 9-6 可知，该公司的流动收益期权票据价格对利率的敏感度极低，200 基点的利率上升仅仅使流动收益期权票据价格下降不到 4%；但这种利率不敏感性是由于保护性的回售期权占流动收益期权票据价格的 20%，因为没有回售期权的流动收益期权票据价格将由 262.70 美元降为 215 美元；此外由于保护性的赎回期权占流动收益期权票据价格的约 8%（赎回期权使流动收益期权票据的价格降低了约 20 美元），也降低了流动收益期权票据对利率的敏感性。显然流动收益期权票据的这种利率非敏感性降低了发行人和投资者的利率风险。

第四阶段：促销及上市。一项成功的金融创新产品的最后成功是在合理的时机进入合适的市场。选择合理的时机主要考虑的因素是利率水平的预期走势、近期债券发行的供求状况及公司股价的近期表现。选择合适的市场主要考虑的因素是潜在的未被挖掘的市场需求。显然，流动收益期权票据从创新之初就把进入广阔的零售市场作为其上市目标。事实上市场对第一例流动收益期权票据收获的反应之热烈证实了李·科尔对零售市场投资需求的预测。传统的可转股债券大约 90% 是被机构投资者购买的，而第一例流动收益期权票据却有 40% 是被个人投资者认购的，这说明流动收益期权票据对零售市场上的个人投资者的吸引力持续上升，在整个 20 世纪 80 年代 50% 的流动收益期权票据是在零售市场上销售的。

三、结论及借鉴意义

流动收益期权票据创新是应用现代金融工程技术成功创新的典型案例，其创新过程的分析对发展金融创新具有以下借鉴意义：

第一，金融创新与一般商品创新具有同样重要的经济含义。一般商品的创新往往是由于需求的改变，而一项成功的商品创新往往意味着其产品与同类产品具有差异性。这种产品的差异往往又使创新者获得巨大的垄断利润，直至竞争者仿效该产品瓜分垄断利润。商品创新的过程也就是社会福利增长的过程。金融产品创新同样遵循上述规律。经济体系经常面临一些冲击，如利率波动、税收调整、金融法规改变等，这些因素改变了投资者和筹资者的需求偏好，但现存的金融产品往往难以满足这种需求变化。假设某公司能及时捕捉到这一需求变化并创造出新的金融产品，那么该公司就能从金融创新中获得巨大利益，投资者和筹资者也获得了需求满足，从而使整个经济体系的福利得以增加。

美林公司作为流动收益期权票据的创新者从该创新中获得了巨大利润。在整个20世纪90年代流动收益期权票据可以说是华尔街最受欢迎的产品，并且该产品具有巨大的赢利性，一个典型的可转股债券承销费率为1.7%，而流动收益期权票据即使在目前竞争加剧的情况下承销费率也平均高达2.5%。美林公司在长达5年的时间里几乎垄断了流动收益期权票据市场。1985—1991年该公司共承销了43笔流动收益期权票据，发行金额达117亿美元，获利高达24.8亿美元。

第二，金融产品的设计必须充分考虑潜在投资需求特点及投资需求的规模，并在此基础上对金融产品进行合理包装与定价，最后选择合适的市场时机推向市场，这就是金融产品的市场营销。流动收益期权票据的成功应首先归因于李·科尔对零售市场个人投资者需求偏好的深入了解。符合投资者需要的金融产品必定大受欢迎，旺盛的需求有助于提高金融产品的发行价格，这意味着发行人资金筹集成本的下降，从而使金融市场的效率得以提高。

第三，金融创新的精髓在于运用尖端技术对现有收益—风险进行剥离、分解，并通过重新组合或复合创造出新的收益—风险关系。流动收益期权票据创新的实质是零息票债券、可转股债券及回售期权、赎回期权的组合，但这种组合债券的收益—风险的关系较之普通债券具有显著的不同。最突出的是流动收益期权票据的利率风险、违约风险大大降低，不仅如此，流动收益期权票据的创新为发行人带来了现金流量，又为投资者带来了税收延迟、收益—风险关系优化等好处。

资料来源：

1. 奚君羊. 投资银行学［M］. 北京：首都经济贸易大学出版社，2003.266-270.

2. MCCONNELL J J, SCHWARTZ E S. The origin of LYONs: a case study in financial innovation［J］. Journal of Applied Corporate Finance, 1992：40-47.

本章小结

1. 金融工程是现代金融学、信息技术和工程方法结合的一门新兴交叉学科，是金融科学的产品化和工程化。

2. 金融工程涉及范围很广，包括公司财务、投资、风险管理等多个领域。

3. 金融工程的发展是企业外部因素和企业内部因素作用的结果，企业外部因素包括价格波动性、产品和金融市场的全球化、税收的不对称性、科技的进步、金融理论的发展、金融监管方面的变化、竞争的加剧以及交易的成本加大等方面的因素。企业内部因素包括流动性需要、经营者与所有者对风险的厌恶程度、代理成本等。

4. 金融工程业务是指投资银行或其他金融机构根据公司融资、风险管理，投资者以及自身风险管理、套利、投机的需要，而进行的创新型金融工具、金融手段的设计、开发与实施，以及对各类金融问题提供创造性解决方案的业务。

5. 金融工具分为概念性工具和实体性工具。概念性工具主要指经济和金融基本概念、基本理论，比如价值与财富的来源、价值与收益的度量、识别风险的方法、各种衡量风险的方法及其可用性、基本的证券组合理论、基本的套期保值理论、基本的期权定价理论、风险和收益以及投资者满意程度三者的关系、代理成本的根源、会计理论、不同组织的税收待遇等。实体性工具指基本的金融工具，包括固定收益证券、权益证券、期货、期权、互换等。

6. 金融工程的一个重要的工作内容是将诸如股票、债券、远期合约和期权这类实体性工具结合起来，通过适当的组装创建新的索偿权。混合证券是指将多种基本元素结合于其结构中的证券。

7. 金融创新指跟金融相关或发生在金融领域的创新。

8. 投资银行金融创新业务，是指投资银行基于自身和客户的需要，在金融工具、金融产品、金融服务等方面开展创新活动，并以此作为收入来源的业务模式。

拓展阅读

1. 关于金融创新与金融工程的基本理论，参阅：

莫利纽克斯，沙姆洛克冯健，金融创新 [M]. 杨娟，张玉仁，等译. 北京：中国人民大学出版社，2003.

FINNERTY D J. Financial engineering in corporate finance：an overview [J]. Financial Management，1988，17（4）：14-33.

FINNERTY D J. An Overview of corporate securities innovation [J]. Journal of Applied Corporate Finance，1992，4（4）：459-471.

DARRELL DUFFIE，ROHIT RAHI. Financial market innovation and security design：an introduction [J]. Journal of Economic Theory，1995，65（1）：1-42.

KHRAISHA T，ARTHUR K. Can we have a general theory of financial innovation processes? a conceptual review [J]. Financial Innovation，2018（4）：4.

SCHINDLER JOHN. FinTech and financial innovation：drivers and depth，finance and economics discussion series[EB/OL].https：//doi.org/10. 17016/FEDS.2017. 081.

2. 关于金融创新的作用，参阅：

LUC LAEVEN，ROSS LEVINE，STELIOS MICHALOPOULOS. Financial innovation and endogenous growth [J]. Journal of FinancialIntermediation，2015，24（1）：1-24.

3. 为更深入地了解投资银行与金融创新的关系，参阅：

TUFANO PETER. Financial innovation and first-mover advantages [J]. Journal of Financial Economics，1990，25（2）：213-240．

IIERRERA HELIOS，ENRIQUE SCHROTH. Advantageous innovation and imitation in the underwriting market for corporate securities［J］. Journal of Banking & Finance，2011，35（5）：1097-1113.

LYONS K R，Chatman A J，Joyce K C. Innovation in services：corporate culture and investment banking［J］. California Management Review，2007，50（1）：174-191.

FRANKLIN ALLEN，DOUGLAS GALE. Innovations in financial services，relationships，and risk sharing［J］. Management Science，1999，45（9）：1239-1253.

余晓斌，吴淑琨，陈代云. 投资银行声誉、IPO 质量分布与发行制度创新［J］. 经济学（季刊），2006（1）：403-426.

4. 为了解 LYON 的创新过程，参阅：

MCCONNELL J J，SCHWARTZ E S. The origin of LYONs：a case study in financial innovation［J］. Journal of Applied Corporate Finance，1992：40-47.

5. 关于金融创新的故事性知识，参阅：

戈兹曼，罗文霍斯特. 价值起源［M］. 王宇，王文玉，译. 沈阳：万卷出版公司，2010.

艾伦，雅戈. 金融创新力［M］. 牛红军，译. 北京：中国人民大学出版社，2015.

思考与计算题

1. 什么是金融工程？
2. 金融工程的发展是哪些因素作用的结果？
3. 什么是金融工程业务？
4. 金融工具有哪些？
5. 什么是证券设计？
6. 什么是混合证券？
7. 混合证券有哪些种类？混合证券产生的原因是什么？
8. 什么是金融创新？金融创新的驱动因素是什么？
9. 计算题

（1）假设一只 3 年期息票债券，息票利率为 10%，息票以美元计价格。面值为 1 000 美元（USD），到期日本金以澳元偿还（AUD），数量为 1 200 澳元。目前售价为 1 000 美元。计算到期时澳元兑美元汇率（AUD/USD）在 0.8 和 1.2 下的到期收益率。

（2）假设一美元计价的 3 年期债券，面值为 1 000 美元，售价为 1 000 美元。固定年利率为 10%，按年付息。到期日偿还本金 FV 与股票指数挂钩，其具体计算公式如下：

$$FV = 1\ 000 + 1\ 000 \times \frac{I_m - I_0}{I_0}$$

上式中，I_0 为债券发行时股票指数；I_m 为债券到期时的股票指数。假设 $I_0 = 1\ 000$，$I_m = 1\ 200$。

计算该债券的实际到期收益率。

（3）假设一美元计价的 2 年期债券，面值为 1 000 美元，售价为 1 000 美元。固定年利率为9%，按年付息。到期日偿还本金 FV 与原油价格挂钩，其具体计算公式如下：

$$FV = 1\ 000 + 1\ 000 \times \frac{P_m - P_0}{P_0}$$

上式中，I_0 为债券发行时股票指数；I_m 为债券到期时的股票指数。假设 $I_0 = 1\ 000$，$I_m = 1\ 200$。计算该债券的实际到期收益率。

第十章
投资银行资产证券化业务

➤学习目标

掌握资产证券化和资产证券化业务的概念，了解资产证券化运作过程、住房抵押贷款支持证券的种类及创设过程，了解其他资产证券化。

➤学习内容

- ■资产证券化和资产证券化业务的概念
- ■资产证券化运作过程
- ■住房抵押贷款支持证券
- ■其他资产证券化

➤导入案例

2023 年 7 月 12 日，中国债券信息网披露了海尔消费金融首期资产支持证券（ABS）"海鑫 2023 年第一期个人消费贷款资产支持证券"发行公告，拟发行规模为 10.48 亿元，基础资产是公司自营个人消费信用贷款。预计 2023 年 7 月 19 日向全国银行间债券市场成员发行。其中优先 A 档 7.62 亿元，占比 72.74%；优先 B 档 0.60 亿元，占比 5.73%；次级档 2.26 亿元，占比 21.53%。

海尔消费金融相关负责人表示："继去年发布首单 5.1 亿元银团贷款以来，本次公司发布首期 ABS 在压降融资成本的同时，可以有效补充公司发展资金，为金融科技、金融产品创新、新市民服务等提供更加强有力的支持。未来，海尔消费金融将持续打通新的融资方式。"

资料来源：中国网财经中心，https://finance.china.com.cn/money/fintech/20230714/60092 30. shtml。

启发问题：

1. 什么是资产证券化？
2. 投资银行在资产证券化过程中发挥了怎样的作用？

第一节　资产证券化的基本概念及意义

一、资产证券化

资产证券化（asset securitization）是指将缺乏流动性但预期未来可以产生稳定现金流的资产按照某种共同特征分类，形成资产组合，再辅以信用增级，进而以这组资产为支撑或担保发行固定收益证券的过程。

从技术上讲，资产证券化过程本质上是将一组离散、非标准化的资产转化为标准化债权的过程，以及将低流动性资产转化为高流动性资产的过程。从资金流向和借贷源头关系来看，Gardener（1991）认为资产证券化是储蓄者与借款者通过金融市场得以或全部匹配的一个过程或工具，这里开放的市场信誉取代了由银行或其他金融机构提供的封闭市场信誉。

资产证券化是重要的金融工程活动，是近 40 年来全球金融领域最重要的创新之一[1]，它兴起于美国的家用住宅抵押贷款的证券化。20 世纪 70 年代，美国政府为了解决第二次世界大战之后婴儿潮带来的庞大购房资金需求，拟通过资本市场向购屋者筹措资金，发明了抵押转手证券（mortgage pass-through）[2]。随后又出现了商业地产抵押贷款、汽车贷款证券化、信用卡贷款等多种资产的证券化[3]。目前，资产支持证券已成为债券市场的重要组成部分。

二、与资产证券化相关的几个概念

1. 基础资产

理论上，任何产生现金流的资产都可被证券化。被证券化的资产被称作基础资产（underlying assets）。根据《证券公司及基金管理公司子公司资产证券化业务管理规定》（2014），基础资产是指符合法律法规，权属明确，可以产生独立、可预测的现金流且可特定化的财产权利或者财产。基础资产可以是单项财产权利或者财产，也可以是多项财产权利或者财产构成的资产组合。财产权利或者财产，具体包括企业应收款、租赁债权、信贷资产、信托受益权等财产权利，基础设施、商业物业等不动产财产或不动产收

---

① 莫利纽克斯和沙姆洛克（2003）甚至认为，近年来大部分金融创新都表现出证券化的趋势。
② 最早的转手证券创立于 1968 年。
③ 基于 NFT、代币现象，Schwarcz（2023）提出下一代资产证券化即货币化的概念。详见：SCHWARCZ S. Next-generation securitization：NFTs, tokenization, and the monetization of "Things" ［J］. Boston University Law Review, 2023, 103（4）：967-1003.

益权等财产权利，以及中国证监会认可的其他财产或财产权利。由此可见，可被证券化的资产不仅来自金融机构，还来自实体企业。

具体来说，可担当基础资产的资产包括：按揭抵押贷款、汽车消费贷款、学生贷款、信用卡应收款、项目融资、设备租赁、运营资产（比如飞机）、小企业贷款、娱乐资产（比如电影版权、音乐付费收入[①]）。《金融机构信贷资产证券化试点监督管理办法》（2005）规定，信贷资产证券化发起机构拟证券化的信贷资产应当符合以下条件：①具有较高的同质性；②能够产生可预测的现金流收入；等等。

小资料10-1：我国资产证券化基础资产主要类型

从表10-1看出，我国资产证券化基础资产十分丰富，其中应收账款占比最高，比例为21.55%；其次是个人住房抵押贷款，占比约16.27%；再其次是信托贷款债权，占比约10.67%。

表 10-1　资产证券化各类基础资产占比

序号	基础资产类型	占比/%	序号	基础资产类型	占比/%
1	应收账款	21.55	10	其他	2.42
2	个人住房抵押贷款	16.27	11	委托贷款债权	1.84
3	信托贷款债权	10.67	12	基础设施收费	1.76
4	汽车贷款	8.47	13	企业贷款	1.73
5	信托受益权	7.36	14	保理融资债权	1.62
6	租赁租金	5.26	15	应收债权	1.44
7	租赁债权	4.21	16	消费性贷款	1.35
8	优先有限合伙份额	3.63	17	工程尾款债权	1.16
9	小额贷款	2.96	18	购房尾款债	1.05

资料来源：根据企业预警通 App 公开资料整理。

2. 结构性重组

结构性重组是资产证券化的关键所在。所谓结构性重组，是指将基础资产转移给特别目的载体（special purpose vehicle，SPV）以实现破产隔离，然后对基础资产的现金流进行分割、重组，设计不同风险特征的证券，将不同风险水平的现金流分配给不同层级（tranche）证券的过程。结构性重组体现了金融工程的过程。

根据现金流处理方法的不同，基础资产现金流重组分为过手型重组和支付型重组两种类型。两者的区别在于：支付型重组将对基础资产产生的现金流进行重新安排并设计出不同风险、期限和收益的证券，而过手型重组则没有这种处理。

3. 资产支持证券

资产证券化的重要成果是创设了资产支持证券（asset-backed securities，ABS）。根

[①] 1997 摇滚音乐巨星 David Bowie 发行了 5 500 万美元基于他 25 张音乐唱片的资产支持债券。

据《证券公司及基金管理公司子公司资产证券化业务管理规定》（2014），资产支持证券是投资者享有专项计划权益的证明，可以依法继承、交易、转让或出质。资产支持证券投资者不得主张分割专项计划资产，不得要求专项计划回购资产支持证券。资产支持证券的规模、存续期限应当与基础资产的规模、存续期限相匹配。

资产支持证券是有价证券的一种，具有所有有价证券的特征，比如收益性、风险性等。资产支持证券与股票或债券类证券的区别在于：①股票或债券的收益和风险决定于企业实体资产产生的收益和波动程度，而资产支持证券的收益和风险则决定于基础资产的收益和风险；②由此可以看出，股票或债券属于原生证券，而资产支持证券则属于衍生证券；③股票或债券的发行将导致企业资产负债表的同向变化；而资产支撑证券的发行只体现了基础资产收益现金流的重新分割和风险的重新分配，不影响企业资产总量和负债总量。

根据出售基础资产的不同，资产证券分为以住房抵押贷款为基础资产（residential mortgage-backed security，RMBS）、以商业住房抵押贷款为基础资产（commercial mortgage-backed security，CMBS）、以商业票据为基础资产（asset-backed commercial papers，ABCP）、以汽车贷款、信用卡贷款、学生贷款、贸易应收款等债权资产为基础资产（asset-backed securities，ABS）、以企业债券、保险资产等为基础资产（collateral debt obligations，CDO）等多种类型[①]。

小资料 10-2：资产支持票据

在我国，和资产支持证券相类似的还有资产支持票据。根据《非金融企业资产支持票据指引》（2017），资产支持票据（ABN）是指非金融企业为实现融资目的，采用结构化方式，通过发行载体发行的，由基础资产所产生的现金流作为收益支持的，按约定以还本付息等方式支付收益的证券化融资工具。发行资产支持票据应在中国银行间市场交易商协会注册，发起机构、发行载体及相关中介机构应按相关要求接受交易商协会的自律管理。

资料来源：《非金融企业资产支持票据指引》（2017）。

三、资产证券化的特征和意义

1. 资产证券化的特征

（1）资产证券化属于表外融资

资产证券化对于发起人来说通过卖出资产而获得现金，在形式上表现为融资，但发起人的资产、负债均没有改变，只是资产结构上发生了变化。因此本质上，资产证券化只是发起人的资产置换，而非真正意义上的融资。从获得资金这个角度看，资产证券化属于表外融资。

---

① 资料来源：中国银行研究院研究报告（2022）"个人住房贷款证券化发展历程、存在问题与相关建议"。美国学者法博齐等（2011）将资产支持证券分为家用住宅按揭抵押贷款支持证券（RMBS）、商业不动产抵押贷款支持证券（CMBS）、除房屋按揭抵押贷款之外的由贷款、应收账款、设备租赁、运营资产、娱乐资产等支持的证券被称作非房地产资产支持证券（non-real estate ABS）。

（2）资产支持证券风险独立于发起人信用风险

在银行贷款、证券市场融资中，融资者以企业整体信用作为偿付基础，偿付资金来源于企业产生的收益。而资产支持证券的偿付资金来源于基础资产产生的现金流，发起人的信用风险与基础资产的风险是隔离的。因而投资者在投资时，不需要对发起人的整体信用水平进行评估，只需要判断基础资产的质量就可以了。

2. 资产证券化的意义

（1）有利于降低金融机构或企业的融资成本

金融机构或企业实施资产证券化的一个很重要的动机是降低融资成本，以企业整体资产为基础发行证券时，证券的风险决定于企业的整体信用，从而可能支付较高的风险溢价；而以基础资产发行资产支持证券时，由于基础资产与企业资产实现了破产隔离，因而证券的风险决定于基础资产的信用质量，从而可能支付较低的风险溢价，实现低成本融资。

（2）提升发起人的资产负债管理能力

银行资产和负债的不匹配性主要表现在两个方面：一是流动性和期限的不匹配；二是利率的不匹配。流动性不匹配的原因在于：银行的资产主要是中长期贷款等流动性差的资产，而负债则主要是活期存款等流动性较高的负债。两者的不匹配将可能导致支付危机，而通过资产证券化，银行可以将流动性差的资产转化为流动性高的现金，从而有助于解决流动性和期限错配的问题。

（3）重新配置风险

资产证券化是金融非中介化、脱媒的表现。通过创设特别目的载体（SPV）、资产支持证券，资产证券化将融资者与投资者直接联系起来；通过将企业资产负债表上资产的信用风险通过资产证券化转移给资本市场，实现了风险的重新配置，从而提高了整个金融系统的稳定性和资源配置效率。

（4）资产证券化为投资者提供了更多的投资选择

资产证券化通过基础资产现金流进行分割和组合，设计出不同风险—收益特征的证券，从而为不同风险偏好的投资者提供了多样化的投资选择。

第二节　资产证券化的参与主体与运作过程

一、资产证券化参与主体

资产证券化是一个复杂的过程，涉及多个参与主体，包括发起人、特殊目的载体、信用增级机构、信用评级机构、承销商、服务商和受托人。

1. 发起人/原始权益人

发起人（asset originator）是资产的卖方（seller），也是基础资产的原始权益人。由于资产证券化往往出于发起人变现资产和融资的需要，发起人是资产证券化的主要推动力。根据《证券公司及基金管理公司子公司资产证券化业务管理规定》（2014），原始权益人是指按照本规定及约定向专项计划转移其合法拥有的基础资产以获得资金的主体。原始权益人向管理人等有关业务参与人所提交的文件应当真实、准确、完整，不存在虚假记载、误导性陈述或者重大遗漏；原始权益人应当确保基础资产真实、合法、有效，不存在虚假或欺诈性转移等任何影响专项计划设立的情形。

发起人可以是银行等各类金融机构，也可以是实体企业。在《金融机构信贷资产证券化试点监督管理办法》（2005）规定，金融机构包括中华人民共和国境内依法设立的商业银行、政策性银行、信托投资公司、财务公司、城市信用社、农村信用社以及中国银行业监督管理委员会依法监督管理的其他金融机构。

不是任何银行机构都可以作为资产证券化的发起人，《金融机构信贷资产证券化试点监督管理办法》（2005）规定，银行业金融机构作为信贷资产证券化发起机构，应当具备以下条件：①具有良好的社会信誉和经营业绩，最近3年内没有重大违法、违规行为；②具有良好的公司治理、风险管理体系和内部控制制度；③对开办信贷资产证券化业务具有合理的目标定位和明确的战略规划，并且符合其总体经营目标和发展战略；④具有开办信贷资产证券化业务所需要的专业人员、业务处理系统、会计核算系统、管理信息系统以及风险管理和内部控制制度；⑤最近3年内没有从事信贷资产证券化业务的不良记录；等等。

2. 管理人

管理人是指为资产支持证券持有人之利益，对专项计划进行管理及履行其他法定及约定职责的证券公司、基金管理公司子公司。根据《证券公司及基金管理公司子公司资产证券化业务管理规定》（2014），管理人的主要职责包括：①对相关交易主体和基础资产进行全面的尽职调查；②在专项计划存续期间，督促原始权益人以及为专项计划提供服务的有关机构，履行法律规定及合同约定的义务；③办理资产支持证券发行事宜；④按照约定及时将募集资金支付给原始权益人；⑤为资产支持证券投资者的利益管理专项计划资产；⑥建立相对封闭、独立的基础资产现金流归集机制，切实防范专项计划资产与其他资产混同以及被侵占、挪用等风险；⑦监督、检查特定原始权益人的持续经营情况和基础资产现金流状况，出现重大异常情况时，管理人应当采取必要措施，维护专项计划资产安全；⑧按照约定向资产支持证券投资者分配收益；⑨履行信息披露义务；⑩负责专项计划的终止清算；⑪法律、行政法规和中国证监会规定以及计划说明书约定的其他职责。

根据《证券公司及基金管理公司子公司资产证券化业务管理规定》，除证券公司、基金管理公司子公司外，经过中国证监会认可，期货公司、证券金融公司、中国证监会负责监管的其他公司以及商业银行、保险公司、信托公司等金融机构，可参照适用本规定开展资产证券化业务。

3. 发行人

发行人（issuer）也称信托人（trust），是发行资产支持证券的实体机构。发行人通常由特殊目的载体（special purpose vehicle，SPV）来担任。所谓特殊目的载体，是指为了资产证券化而专门组建的法律主体，其负债是资产支持证券，其资产是向发起人购买的基础资产组成的资产池（asset pool）。SPV 介于发起人和投资者之间，其核心作用在于隔离风险。在组织结构上，SPV 包括信托型 SPV 即特殊目的信托（special purpose trust）、公司型 SPV 或有限合伙型 SPV。SPV 可以由发起人建立或管理人建立。

4. 投资者

投资者是资产支持证券的购买者和持有者，投资者主要是投资机构或金融机构，如商业银行、保险公司、基金公司等，享有资产支持证券的收益，并承担相应的风险。根据《证券公司及基金管理公司子公司资产证券化业务管理规定》（2014），资产支持证券投资者享有下列权利：①分享专项计划收益；②按照认购协议及计划说明书的约定参与分配清算后的专项计划剩余资产；③按规定或约定的时间和方式获得资产管理报告等专项计划信息披露文件，查阅或者复制专项计划相关信息资料；④依法以交易、转让或质押等方式处置资产支持证券；⑤根据证券交易场所相关规则，通过回购进行融资；⑥认购协议或者计划说明书约定的其他权利。

5. 托管人

根据《证券公司及基金管理公司子公司资产证券化业务管理规定》（2014），托管人是指为资产支持证券持有人之利益，按照规定或约定对专项计划相关资产进行保管，并监督专项计划运作的商业银行或其他机构。专项计划资产应当由具有相关业务资格的商业银行、中国证券登记结算有限责任公司、具有托管业务资格的证券公司或者中国证监会认可的其他资产托管机构托管。

6. 服务机构

贷款服务机构（servicer）根据服务合同，收取证券化资产的本金、利息和其他收入，对过期欠账进行催收，并及时、足额转入受托机构在资金保管机构开立的资金账户。服务机构可以由发起人担任，并收取服务费。

7. 信用增级机构

为了提高资产支持证券的信用等级，保证证券化的成功，往往需要对资产支持证券进行信用增级（credit enhancement）。信用增级分为内部增级和外部增级。内部信用增级包括但不限于超额抵押（overcollateralization）、资产支持证券分层结构、现金抵押账户和利差账户等。外部信用增级包括但不限于备用信用证、担保和保险等。

8. 信用评级机构

为了揭示资产支持证券的信用等级，需要聘请信用评级机构对资产支持证券进行评级。根据《证券公司及基金管理公司子公司资产证券化业务管理规定》（2014），对资产支持证券进行评级的，应当由取得中国证监会核准的证券市场资信评级业务资格的资信评级机构进行初始评级和跟踪评级。

9. 承销商

承销商是帮助资产支持证券发行的金融机构。《信贷资产证券化试点管理办法》（2005）规定，发行资产支持证券时，发行人应组建承销团，承销人可在发行期内向其他投资者分销其所承销的资产支持证券。

10. 监管机构

针对不同产品，监管机构也不同。中国人民银行和中国银保监会监管信贷资产证券化产品，中国证监会和中国证券投资基金业协会监管企业资产证券化产品，交易商协会监管资产支持票据以及中国银保监会监管保险资产支持计划。

《金融机构信贷资产证券化试点监督管理办法》（2005）规定，银监会依法对金融机构的信贷资产证券化业务活动实施监督管理。未经银监会批准，金融机构不得作为信贷资产证券化发起机构或者特定目的信托受托机构从事信贷资产证券化业务活动。资产证券化各参与主体及主要职能如表 10-2 所示。

表 10-2　资产证券化各参与主体及主要职能

参与主体	主要职能
发起人	选择拟证券化资产，并进行打包，然后转移给 SPV，从 SPV 处获得对价
管理人	对整个资产证券化过程进行管理，包括基础资产尽职调查、创立 SPV 等
发行人	从发起人处购买基础资产，并发行资产支持证券（通常由 SPV 担任发行人）
投资者	购买资产支持证券
托管人	对专项计划相关资产进行保管，并监督专项计划运作
服务机构	收取基础资产的到期本金和利息，对过期欠账进行催收，定期向受托管理人和投资者提供基础资产组合的财务报告等
信用增级机构	对 SPV 发行的证券提供额外信用支持（由发起人或独立的第三方担任）
信用评级机构	对 SPV 发行的证券进行初始信用评级或后续跟踪评级
承销机构	为资产支持证券提供承销服务
监管机构	对资产证券化业务进行监管

二、资产证券化的运作流程

1. 确定基础资产并组建资产池

资产证券化的发起人，即任何有贷款或收入资产的单个公司或金融机构，如果希望移除资产负债表的部分资产，对这部分资产进行证券化，可在管理人的帮助下，对这类资产进行汇集，形成资产池，也即参考组合（reference portfolio）。

假设有 n 笔基础资产，每笔基础资产在未来 t 时刻产生的现金流为 c_{it}，$t = 1, 2, 3, \cdots, T$；$i = 1, 2, 3, \cdots, n$。则资产池在未来 t 时刻产生的现金流为：

$$C_{it} = \sum_{i=1}^{n} c_{it} \qquad\qquad 式（10.1）$$

2. 创设特殊目的载体 SPV

在管理人帮助下，创设特殊目的载体 SPV。SPV 向资产原始权益人购买基础资产，价值为 $V = PV(C_{it})$，即价值为基础资产现金流的现值。资产服务机构为 SPV 提供现金收集等服务，假设收费为所收集现金的一定比率 f。担保机构为 SPV 的资产提供信用增强服务，假设担保收费为所收集现金的一定比率 g。扣除服务费及担保费后，基础资产池的现金流为：

$$C'_{it} = (1 - f - g) \sum_{i=1}^{n} c_{it} \qquad\qquad 式（10.2）$$

3. 创设资产支持证券

根据市场情况，管理人创设资产支持证券。资产支持证券可以为单一证券，即转手证券。也可以分进行不同的分层（tranche），分层的目的是使证券卖出最好的价格（best execution）。《证券公司及基金管理公司子公司资产证券化业务管理规定》（2014）规定，同一专项计划发行的资产支持证券可以划分为不同种类。同一种类的资产支持证券，享有同等权益，承担同等风险。

在单一证券情况下，假设发行 N 份证券，则每份证券的未来现金流为：

$$\mathrm{cs}_t = \frac{C'_{it}}{N} \qquad \text{式（10.3）}$$

在分层情况下，假设资产支持证券分为优先级和次级两个层次。优先等级证券获得固定现金流 $\bar{C}$，次级证券获得剩余现金流（$C'_{it} - \bar{C}$），则每份优先层级证券的未来现金流为：

$$\mathrm{csenior}_t = \frac{\bar{C}}{N} \qquad \text{式（10.4）}$$

每份次级证券的未来现金流为：

$$\mathrm{csub}_t = \frac{C'_{it} - \bar{C}}{N} \qquad \text{式（10.5）}$$

例 10-1：资产支持证券层次

假设基础资产池未来 5 年的现金流如表 10-3 所示，以基础资产池发行资产支持证券 100 份。证券分为优先级和次级，优先级证券每年现金流为 50，剩余现金流属于次级证券。忽略管理费、服务费和担保费，则每份优先级证券和次级证券的现金流如表 10-3 所示。

表 10-3　不同层级证券现金流的分割

不同层次证券	年份				
	1	2	3	4	5
资产池现金流	100	120	80	90	140
优先级证券现金流	50	50	50	50	50
次级证券现金流	50	70	30	40	90
每份优先级证券现金流	0.5	0.5	0.5	0.5	0.5
每份次级证券现金流	0.5	0.7	0.3	0.4	0.9

4. 资产支撑证券评级与发售

信用评级机构对拟发售的资产支持证券进行信用评级，信用等级越高，表明证券的风险越低，从而发行证券价格越高。在投资银行帮助下，资产支持证券向投资者发售。《证券公司及基金管理公司子公司资产证券化业务管理规定》（2014）要求，资产支持证券应当面向合格投资者发行，发行对象不得超过 200 人，单笔认购不少于 100 万元人民币发行面值或等值份额。合格投资者应当符合《私募投资基金监督管理暂行办法》

规定的条件。这说明，在我国资产支持证券只能采取非公开发行的方式。

《证券公司及基金管理公司子公司资产证券化业务管理规定》（2014）规定，资产支持证券按照计划说明书约定的条件发行完毕，专项计划设立完成。发行期结束时，资产支持证券发行规模未达到计划说明书约定的最低发行规模，或者专项计划未满足计划说明书约定的其他设立条件，专项计划设立失败。管理人应当自发行期结束之日起 10个工作日内，向投资者退还认购资金，并加算银行同期活期存款利息。管理人应当自专项计划成立日起 5 个工作日内将设立情况报中国基金业协会备案，同时抄送对管理人有辖区监管权的中国证监会派出机构。

5. 资产支持证券的流通和收益实现

《证券公司及基金管理公司子公司资产证券化业务管理规定》（2014）规定，资产支持证券可以按照规定在证券交易所、全国中小企业股份转让系统、机构间私募产品报价与服务系统、证券公司柜台市场以及中国证监会认可的其他证券交易场所进行挂牌、转让。资产支持证券仅限于在合格投资者范围内转让。转让后，持有资产支持证券的合格投资者合计不得超过 200 人。资产支持证券初始挂牌交易单位所对应的发行面值或等值份额应不少于 100 万元人民币。资产支持证券申请在证券交易场所挂牌转让的，还应当符合证券交易所或其他证券交易场所规定的条件。证券公司等机构可以为资产支持证券转让提供双边报价服务。其全部流程见图 10-1。

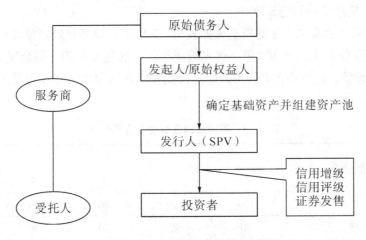

图 10-1　资产证券化运作流程

第三节　个人住房按揭抵押贷款证券化

一、个人住房按揭抵押贷款支持证券的早期历史

个人住房按揭抵押贷款证券化是出现历史较早且比较经典的证券化资产。住房按揭抵押贷款（mortgage）是以住房为担保的一种长期贷款。通过住房按揭抵押贷款，个人

或家庭获得购买家用住宅的资金。住房按揭抵押贷款通常采取分期偿还的方式。

对银行来说，个人住房按揭抵押贷款面临的风险主要有：①借款人的违约风险。即借款人不能及时偿还贷款，而抵押品在系统性风险下，也面临着贬值的问题。20 世纪 30 年代美国经济大萧条时期，就曾出现多起借款者失去工作、无力偿还贷款，导致住房抵押贷款的银行倒闭的案例。②利率风险。住房抵押贷款的期限通常为 15～30 年，远远长于贷款机构的债务期限，从而使贷款机构暴露于利率风险中。

为了降低房屋贷款机构的风险，增加贷款机构住房抵押贷款的积极性，1934 年美国成立联邦住宅管理局（FHA），提供不动产贷款保险。1944 年又成立退伍军人管理局（VA），针对退伍军人的贷款进行担保。此外，美国政府还建立机构来购买抵押贷款。比如，联邦国民抵押贷款协会（Fannie Mae，房利美）的建立就是为了从住房贷款机构购买抵押贷款，然而房利美资金有限，效果有限。

在上述背景下，一些住房抵押贷款机构开始尝试将贷款打包出售给投资者并收取费用。直接出售的困难在于：①非标准化，规模大小不一，难以找到合适的投资者。②单个资产包规模较大，普通投资者难以参与。一个创新的做法是，以抵押贷款组合为支持（或担保），背靠背向资本市场发行新的证券，由此将期限较长、非标准的抵押贷款通过资产组合以标准化证券的方式发售给资本市场。抵押贷款支持证券（mortgage backed security，MBS）由此产生。它最常见的类型是抵押贷款转手证券（mortgage pass-through）[1]。通过这一过程，住房抵押贷款机构转移了资产风险，解决了资产流动性的后顾之忧，实现了购房者、投资者、贷款者和政府的四赢。

20 世纪 60 年代晚期（1968 年），美国政府重组联邦国民抵押协会并创建了两个新的机构：政府国民抵押协会（Ginnie Mae，珍妮美）和联邦住宅贷款抵押公司（Freddie Mac，房地美）。美国大多数抵押支持债券由房利美、珍妮美和房地美三家机构所发行，住房抵押贷款支持证券为住房贷款提供了重要的资金来源。

1998 年以来，随着住房市场化改革大幕的开启，我国个人住房按揭抵押贷款快速增长。为满足商业银行盘活资产、提高资金使用效率的要求，2005 年 4 月，中国人民银行发布《信贷资产证券化试点管理办法》，标志着个人住房贷款证券化（RMBS）正式开启。同年 12 月，国家开发银行和中国建设银行分别发行了我国首支信贷资产支持证券和 RMBS 产品。此后，中国建设银行又于 2007 年 4 月发行了第二单 RMBS 产品[2]。

二、住房按揭抵押贷款的证券化过程

1. 确定基础资产并组建资产池

从事住房按揭抵押贷款的机构，遴选出部分按揭抵押贷款组成资产池。这些资产具有以下特征：①具有同质性；②能够产生可预测的现金流。

2. 创设特定目的信托 SPV

根据《金融机构信贷资产证券化试点监督管理办法》（2005）的规定，特定目的信

---

① 米什金，埃金斯. 金融市场与金融机构 [M]. 张莹，刘波，译. 5 版. 北京：机械工业出版社，2008.
② 资料来源：中国银行研究院研究报告（2022）"个人住房贷款证券化发展历程、存在问题与相关建议"。

托受托机构是指在信贷资产证券化过程中，因承诺信托而负责管理特定目的信托财产并发行资产支持证券的机构。受托机构由依法设立的信托投资公司或者银监会批准的其他机构担任。

信托投资公司担任特定目的信托受托机构，应当具备以下条件：①根据国家有关规定完成重新登记三年以上；②注册资本不低于 5 亿元人民币，并且最近 3 年年末的净资产不低于 5 亿元人民币；③自营业务资产状况和流动性良好，符合有关监管要求；④原有存款性负债业务全部清理完毕，没有发生新的存款性负债或者以信托等业务名义办理的变相负债业务；⑤具有良好的社会信誉和经营业绩，到期信托项目全部按合同约定顺利完成，没有挪用信托财产的不良记录，并且最近三年内没有重大违法、违规行为；⑥具有良好的公司治理、信托业务操作流程、风险管理体系和内部控制；⑦具有履行特定目的信托受托机构职责所需要的专业人员、业务处理系统、会计核算系统、管理信息系统以及风险管理和内部控制制度；⑧已按照规定披露公司年度报告；⑨银监会规定的其他审慎性条件。

资产服务机构为 SPV 提供现金收集等服务，担保机构为 SPV 的资产提供信用增强服务。

3. 创设抵押贷款资产支持证券

根据市场情况，管理人创设资产支持证券。资产支持证券可以为单一证券，即转手证券，也可以分不同的分层（tranche），同一层级的资产支持证券享有同等权益，承担同等风险。

4. 抵押贷款资产支撑证券评级与发售

信用评级机构对拟发售的抵押贷款资产支持证券进行信用评级。在投资银行帮助下，资产支持证券向投资者发售。根据《金融机构信贷资产证券化试点监督管理办法》（2005），金融机构投资资产支持证券，应当充分了解可能面临的信用风险、利率风险、流动性风险、法律风险等各类风险，制定相应的投资管理政策和程序，建立投资资产支持证券的业务处理系统、管理信息系统和风险控制系统。

参与资产支持证券投资和风险管理的工作人员应当在充分了解信贷资产证券化的交易结构、资产池资产状况、信用增级情况、信用评级情况等信息的基础上做出投资决策，分析资产支持证券的风险特征并运用相应的风险管理方法和技术控制相关风险。

金融机构投资资产支持证券，应当实行内部限额管理，根据本机构的风险偏好、资本实力、风险管理能力和信贷资产证券化的风险特征，设定并定期审查、更新资产支持证券的投资限额、风险限额、止损限额等，同时对超限额情况制定监控和处理程序。提供抵押贷款的金融机构不得投资由其发起的资产支持证券，但发起机构持有最低档次资产支持证券的除外。

三、抵押贷款支持证券的定价

假设抵押贷款资产池未来的预期现金流为 C_t，$t = 1, 2, 3, \cdots, T$。贴现率为 k。则根据贴现现金流分析（DCF）方法，资产池的公平售价为：

$$P_i = \sum_{t=1}^{T} \frac{C_t}{(1+k)^t} \qquad \text{式（10.6）}$$

假设抵押贷款支持证券分层证券 i 未来的预期现金流为 c_{it}，$t = 1$，2，3，$\cdots$，T。贴现率为 r_i。则根据贴现现金流分析方法，该证券的公平价格为：

$$p_i = \sum_{t=1}^{T} \frac{c_{it}}{(1+r_i)^t} \qquad \text{式（10.7）}$$

例 10-1：抵押贷款支持证券的定价

假设某银行具有 10 笔 20 年期共计面值为 20 000 万元的房屋抵押贷款，年利率为 6%，贷款偿还方式为等额本息。5 年后，银行拟以这 10 笔贷款为支持进行资产证券化。担保机构为该资产池提供的担保费率为每年偿还现金流的 1%，服务机构的服务费率为每年偿还现金流的 0.5%。证券化方案为：拟发行 1 000 万份优先级和次级两种债权凭证。优先级债券每年获得 500 万元的无风险现金流，贴现率为 2%；次级债券获得剩余现金流，贴现率为 8%。

问题：

（1）贷款转让时，市场利率为 7%，则 20 000 万元面值房屋贷款的转让价格为多少？

（2）优先级和次级债券售价分别是多少？

解：

（1）资产池预期每年获得的现金流 $C = \dfrac{20\,000 \times 6\%}{1 - (1 + 6\%)^{-20}} = 1\,743.69$ 万元

20 000 万元面值房屋贷款转让价格 $P = 1\,743.69 \times \dfrac{1 - (1 + 7\%)^{-15}}{7\%} = 15\,881.39$ 万元

（2）扣除担保费和服务费后，资产池的预期现金流 $C' = 1\,743.69 \times (1 - 1\% - 0.5\%) = 1\,717.54$ 万元

每份优先级债券现金流 $c_{senior} = \dfrac{500}{1\,000} = 0.5$ 元

每份次级债券现金流 $c_{sub} = \dfrac{1\,717.54 - 500}{1\,000} = 1.22$ 元

优先级债券售价 $p_{senior} = 0.5 \times \dfrac{1 - (1 + 2\%)^{-15}}{2\%} = 6.42$ 元

次级债券售价 $p_{sub} = 1.22 \times \dfrac{1 - (1 + 8\%)^{-15}}{8\%} = 10.44$ 元

四、提前偿付风险与抵押贷款支持证券创新

提前偿付是指借款人提前归还抵押贷款的行为。提前偿付的原因有：①房屋的主人以更低的抵押贷款利率融资；②借款人工作变动（去一个新地方任职）；③家庭人口变化（家庭成员增加）等。提前偿付导致资产池加权平均期限缩短，影响了资产池以及资产支持证券预期的现金流计划，形成了所谓的提前偿付风险。针对提前偿付风险，西

方国家提出了多种资产支持证券创新如下:

1. IO/PO 债券

将抵押贷款的现金流分为本金和利息两部分,分别创设仅付本金证券(principal only, PO)和仅付利息证券(interest only, IO)。认为利率将下降、提前偿付率会增加的投资者将倾向于购买付本证券,因为他们将较快地收回本金;相反,认为利率将上升的投资者将会选择付息证券,因为提前偿付率会下降,因此利息支付将持续更长的时间。

2. 持续还本债券

持续还本债券(SEQ)使用几个档次来分配现金流,各档次债券所获得的支付优先权不同。通常,第一优先档次的本金得到完全偿还后,下一档次债券的本金才开始得以偿还,以此类推。通过持续还本的分档次安排,有些档次的平均期限很长,有些则很短。平均期限较短的档次,其利率敏感性也低,因此提前偿还的风险也低。

3. SEQ 的增值档

有时,SEQ 的最后一档被设计成不接受任何利息。相反,它的利息被用于支付其他档次的本金。这类档次被称为增值档(accrual tranche),由于与美国国债的零息债券类似,这类档次的债权也被称作 Z 债券。增值档的存在稳定了其他档次的现金流,并减少了其他档次的平均期限。

4. 计划摊还证券

即使有增值档,SEQ 的提前偿付风险也是相当高的。于是产生了计划摊还证券(planned amortization classes, PAC)。该类债设定为没有或者最小化提前偿付风险。其特点是:在特定的提前支付率范围内,现金流是完全确定的,其他档次必须全部吸收提前偿付风险,这些档次被称为支持或者混合债券[①]。

第四节　其他资产证券化

一、商用房产抵押贷款证券化

商用房产抵押贷款是指以商贸、服务业使用的建筑物以及写字楼、标准厂房等为抵押物发放的贷款,贷款主要用于商用房地产的建设或购置,以中长期为主,还款的现金流将主要来自借款人出租房产的租金收入。商用房产抵押贷款证券化(commercial mortgage-backed securitization, CMBS)是指以上述抵押贷款作为支持发行证券的过程。

1. 基础资产池

CMBS 是以不动产贷款中的商用房产抵押贷款为支持发行证券。由于商用房产涉及零售房产、宾馆、办公用房、工业用房、库房和自助储存设施等,因此商用房产抵押贷

---

① 查科,德桑,等. 金融工具与市场案例 [M]. 丁志杰,等译. 北京:机械工业出版社,2008.

款基础资产种类十分丰富。

2. 贷款的转让及 SPV 的设立

CMBS 的 SPV 可以是由拥有大规模商用房产抵押贷款的银行设立的子公司或者在银行内部新设的部门来担任。银行汇总其所属各分支行的合规资产,通过真实出售或者担保融资的方式将资产转让给 SPV。

二、汽车贷款证券化

跟住房抵押贷款一样,汽车贷款也是一种与消费相关的分期付款的融资方式。根据《汽车金融公司管理办法》(2023),汽车金融公司是指经国家金融监督管理总局批准设立的专门提供汽车金融服务的非银行金融机构[①]。提供汽车贷款的机构主要分为三类:商业银行、汽车制造商附属的财务公司以及某些独立的财务公司。

在构筑资产池时,应考虑贷款总额/汽车价、长期贷款的比重、借款人地理分布等指标,把握资产池的质量。汽车贷款的贷款人将贷款以真实出售的方式转让给 SPV,以达到破产隔离的目的。然后 SPV 将抵押资产交由受托人管理,由受托人负责向投资者支付本金和利息。

三、信用卡应收款证券化

信用卡是银行或其他机构向申请人发行的用于在指定商户消费或在指定银行机构存取现金的特殊的信用凭证[②]。正是由于信用卡可以提供无担保的消费信贷,持卡人可以在发卡人提供的信用额度内延迟付款和分期付款,由此产生了对持卡人的应收款。以发卡人的信用卡应收款为支持发行证券融资称为信用卡应收款证券化。

信用卡应收款证券化的交易过程与一般资产的证券化过程类似,具体包括应收款的出售、资产池的构造、信用增级、信用评级、证券的发行以及将回收的应收款扣除各种费用后以事先约定的方式向投资者支付等过程。

信用卡应收款是一种短期应收款,因此其交易结构采取了"循环期+摊还期"的偿还期结构。几乎所有的应收款证券化都设计两种证券:投资者权益凭证和卖方权益凭证。投资者权益凭证代表了投资者对应收款资产池收益的权利,其本金和利率在发行时即已确定,一般都经过评级机构的信用评级,公开发售,其偿付也优先于卖方权益凭证。

四、消费金融的资产证券化

比信用卡更广泛的是消费金融的概念。所谓消费金融,狭义上是指以消费为目的的小额信用贷款,广义上不仅包括小额贷款,还包括房贷、车贷等大额信用贷款。根据《消费金融公司管理办法》(2024),消费金融公司是指经国家金融监督管理总局批准设

[①]　为进一步加强汽车金融公司监管,引导其依法合规经营和持续稳健运行,2023 年 7 月,国家金融监督管理总局修订发布了《汽车金融公司管理办法》,自 2023 年 8 月 11 日起正式施行。

[②]　1985 年,中国银行珠海分行正式发行了我国境内第一张人民币信用卡——"中银卡"。

立的，不吸收公众存款，以小额、分散为原则，为中国境内居民个人提供消费贷款的非银行金融机构。从 2009 年国务院批准设立消费金融公司开始，截至 2022 年，我国正式成立的消费金融公司已达 30 家。

值得注意的是，除银行等金融机构外，一些实体企业比如海尔，一些互联网企业比如阿里巴巴、京东、苏宁、小米也加入了消费金融市场，并开展了资产证券化，比如京东白条 ABS、蚂蚁金服"花呗"ABS 等。

小案例 10-1　马上消费金融股份有限公司个人消费贷款资产支持证券发行公告

2023 年 7 月 18 日，马上消费金融股份有限公司公布了《安逸花 2023 年第三期个人消费贷款资产支持证券发行公告》。根据公告，安逸花 2023 年第三期个人消费贷款资产支持证券已经央行批准发行，发行时间为 2023 年 7 月 25 日，地点为全国银行间债券市场，发行规模约为 20 亿元。该计划发行人/受托机构为重庆信托股份有限公司，中金公司、中信建投证券、中国银行和三井住友银行（中国）为主承销商。该资产支持证券（ABS）优先 A 档资产支持证券 14.9 亿元，优先 B 档资产支持证券 2.1 亿元，以簿记建档的方式发行，合计占比 85%；次级档资产支持证券约 3 亿元，占比 15%，全部由发起机构自持。

资料来源：搜狐网，https://www.sohu.com/a/703587582_816412。

五、贸易应收款证券化

当卖方向制造商、分销商、零售商或者消费者提供商品或服务时，根据双方交易合同，买方在交易完成后的一定时期内要向卖方付款。买方付清所有应付款前，这笔交易在卖方的资产负债表上就表现为对买方的应收账款，它代表了卖方对已出售货物或已提供服务的求偿权，是卖方资产的重要组成部分。应收款证券化是指借助于证券化的工具，将未来的应收款现金流转化为当期出售资产的收益。

1. 基础资产池

贸易应收款证券化的基础资产可以是已经发生的或未来发生的应收款。二者对证券化交易的不同影响在于：如果基础资产是已经发生的应收款，则证券化交易的评级仅与原始权益人售出的应收款有关，而与其经营状况等因素无关，因此可以通过信用增级等各种手段使证券化交易的信用级别高于原始权益人的信用级别。

由于每笔应收款所包含的风险会影响到资产池的质量，因此在选择应收款时应遵循一定的标准：①应收款拖欠、违约情况。应尽量选择历史还款记录良好的客户的应收款。②债务人集中度。一般要求应收款的分布尽量分散，来自同一债务人和同一地区的应收款不得高于资产池中应收款总价值的一定百分比。

2. 资产的转让

在贸易应收款从发起人账户向特殊目的机构账户转移的过程中，双方一般会选择折价出售，折扣部分应收款可以保证有充足的现金流来支付各种费用和本金利息。

六、基础设施资产证券化

基础设施是一国经济和社会发展的主要基础条件，具体包括公路、铁路、航空等交通设施，通信设施，市政设施（如供水、供电和供气等设施）以及为国民经济和人民生活提供基本服务的设施。

基础设施通常可以分为两类：一是自然垄断行业提供的设施，如电、水、热、通信、公共交通等。这类基础设施具有收入来源。二是纯公共品，如市政公路、排污设施、环保设施等。这类基础设施没有收入来源。

采取基础设施收费证券化的方式为基础设施建设融资是近几年来兴起的一种融资方式。基础设施收费证券化是指以基础设施的未来收费所得产生的现金流入为支持发行证券进行融资的方式。由于基础设施的收费所得通常具有能在未来产生可预测的稳定的现金流、缴费拖欠的比例低等特点，是很适合采取证券化融资的资产。

根据《公开募集基础设施证券基金指引（试行）》（2020）的定义，基础设施资产支持证券是指依据《证券公司及基金管理公司子公司资产证券化业务管理规定》等有关规定，以基础设施项目产生的现金流为偿付来源，以基础设施资产支持专项计划为载体，向投资者发行的代表基础设施财产或财产权益份额的有价证券。基础设施项目主要包括仓储物流，收费公路、机场港口等交通设施，水、电、气、热等市政设施，污染治理、信息网络、产业园区等其他基础设施。

小资料 10-3：首单港口基础设施 PPP-ABS 成功发行

2023 年 7 月，由中交海建作为发起机构、中交疏浚作为增信机构的"申万广发—中交疏浚—中交海建港口基础设施资产支持专项计划"在上交所成功发行。该产品总规模为 5.3 亿元，其中优先级资产支持证券的发行规模为 5.04 亿元，票面利率为 3.30%，吸引了包括保险、银行、券商、基金等主流机构的积极认购，全场认购倍数达 2.63 倍，创近一年来全市场 PPP 类 ABS 利率新低。

该产品以港口 PPP 项目基础设施作为底层资产。牵头服务商为中交资本控股有限公司，计划管理人为申万宏源证券有限公司，销售机构为广发证券有限公司。

资料来源：新浪财经，2023-07-10。

七、不良贷款的资产证券化

从世界范围看，不良贷款是资产证券化的重要对象，不良贷款的资产证券化是金融机构走出金融困境的重要手段。银行的不良资产又称为不良债权，其中最主要的是不良贷款，是指借款人不能按期、按量归还本息的贷款。具体而言，按照银行金融贷款分类原则，银行贷款划分为正常、关注、次级、可疑和损失五类。参照 2017 年巴塞尔银行监管委员会《审慎处理资产指引——关于不良暴露和监管容忍的定义》，逾期超过 90 天、270 天、360 天的金融资产，可分别划分为次级类、可疑类和损失类。

不良资产证券化是指商业银行在现有的不良资产中选择现金流可预见且相对稳定的资产，通过现金流分离、资产重组等手段组成资产池并打包销售给为本次交易成立的

SPV，再通过合理的信用增级和资产估值等流程，转换成可在银行间市场上出售、流通的证券（段云华，2020）。由于不良贷款并不意味着彻底的坏账，因此不良贷款并非毫无价值。通过超额本金/利息覆盖等内部增信及其他外部增信方式，创设的资产支持证券仍具投资价值。

目前我国不良资产证券化产品的基础资产主要包括对公类、个人抵押类、个人信用类和微小企业类这四大类的贷款，以个人抵押类不良贷款和个人信用类不良贷款为主。2022 年，对公类不良资产证券化产品共发行 4 单，发行规模合计 62.23 亿元；个人抵押类不良资产证券化产品共发行 8 单，发行规模合计 84.64 亿元；个人信用类不良资产证券化产品共发行 45 单，发行规模合计 137.48 亿元；微小企业类不良资产证券化产品共发行 11 单，发行规模合计 25.26 亿元。

第五节　投资银行资产证券化业务

一、投资银行在资产证券化中的作用

投资银行在资产证券化中的作用主要包括：

（1）经济作用。资产证券化本质上是将一个企业可以产生现金流的非流动资产销售给社会投资者的过程，发起人与投资者之间的信息不对称增加了交易成本，甚至阻碍了交易。为了避免信息不对称导致的不良后果，需要金融中介发挥鉴证作用。在这种条件下，投资银行无论担当管理人角色还是销售机构角色，实际上是以自己的社会声誉为资产支持证券的质量进行担保。

（2）咨询作用。资产证券化涉及的技术细节很多，比如资产证券化方案的整体设计、资产支持化规模、资产证券化时机、资产支持证券分层设计、资产支持证券定价等，投资银行承担了咨询和专家的作用。

（3）协调作用。资产证券化过程复杂，参与主体众多，有发起机构、服务机构、资金托管机构、信用增强机构、信用评级机构、销售机构等。在这一过程中，投资银行作为管理方，起到了协调作用。

二、资产证券化业务的概念

《证券公司及基金管理公司子公司资产证券化业务管理规定》（2014）规定，资产证券化业务是指以基础资产所产生的现金流为偿付支持，通过结构化等方式进行信用增级，在此基础上发行资产支持证券的业务活动。《信贷资产证券化试点管理办法》（2005）第三十六条规定，发行资产支持证券时，发行人应组建承销团，承销人可在发行期内向其他投资者分销其所承销的资产支持证券。

对投资银行来说，资产证券化业务是指投资银行为客户提供资产证券化整体交易架构设计、确定基础资产、基础资产定价、资产支持证券分层设计、资产支持证券定价、

资产证券承销等技术性服务，并藉此获得报酬的业务。投资银行担当的具体角色包括计划管理人、承销机构等。

三、资产证券化业务资格的获取

《证券公司及基金管理公司子公司资产证券化业务管理规定》（2014）规定，开展资产证券化业务的证券公司须具备客户资产管理业务资格，基金管理公司子公司须由证券投资基金管理公司设立且具备特定客户资产管理业务资格。

《信贷资产证券化试点管理办法》（2005）第三十九条规定，资产支持证券的承销可采用协议承销和招标承销等方式。承销机构应为金融机构，并须具备下列条件：①注册资本不低于2亿元人民币；②具有较强的债券分销能力；③具有合格的从事债券市场业务的专业人员和债券分销渠道；④最近两年内没有重大违法、违规行为；⑤中国人民银行要求的其他条件。

第六节　区块链在资产证券化中的作用

资产支持证券（ABS）的发行需经过资产筛选、尽职调查、产品设计、监管报批、销售发行等环节。传统ABS业务存在的问题主要有：

（1）信息不对称，资产质量存疑。资产证券化交易过程、交易结构复杂，由于信息不对称，发起人剥离资产、管理人的尽职调查、估值与评级过程对投资者来说都是不透明、不公开的，由此导致投资者对基础资产质量存疑，这种存疑影响了产品的发行和二级市场转让流通，最终造成企业融资成本偏高。

（2）信息不对称，中间机构可能出现道德风险。由于信息不对称，投资者十分担心发起人、管理人、信用评级以及销售机构在各自环节的道德风险。比如发起人可能将不良资产打包卖给投资者，信用评级机构可能出于经济利益考量，无法对资产的真实信用风险做出客观评价。

（3）过程管理效率低下。资产证券化业务的参与主体众多，会经历组建资产池、设立SPV、出售资产、信用增级和评级等一系列繁杂的业务环节。传统ABS模式下，信息交流、业务交接等工作成本较高、效率较低。

（4）信息披露不及时。ABS产品披露的信息基本上更多是发行时的静态信息，使得投资者难以把握存续期内基础资产的动态变化，从而增加其定价与风险管理难度。

区块链技术对于资产证券化业务带来的影响是：

（1）基础资产真实性得到提高。ABS原始权益人按照数据披露以及信息披露要求，将底层交易信息及资产信息储存至区块链平台上，通过多方验证进行公信后，记录在分布式账本上。由于储存于分布式账本上的原始信息一经记录就难以篡改，且由各方共同认可维护，可以解决底层资产的真实性问题。

（2）信息流转和处理效率得到提升。在产品结构机制设计方面，智能合约可通过条款设置将 ABS 各流程节点如信用增级、金融资产结算清算、物理资产确权等纳入其中，经智能合约各方达成共识后入链，一旦满足条件，自动执行。链中成员共享账本的数据特性使得机构间的操作更为透明化，由此信任得以增强，整体效率也因此得到提高。

（3）管理及监管的智能化。在资产证券化产品存续期间，可以利用智能合约实现 ABS 关键业务流程如基础资产现金流回收、分配等操作的自动执行，将降低人工操作失误的可能性，使得 ABS 全业务流程得以有效管理，减少各环节造假的可能，在一定程度上降低事中风险。

监管机构也可作为节点加入，获得账本完整数据，缩减中间环节，提高智能化监管能力，确保监管者、投资者可通过联盟链实现实时监控、检测基础资产现金流回收情况，确保现金流清偿条款按约执行，使存续期管理变得更加透明（肖旻，2021）。如图 10-2 所示。

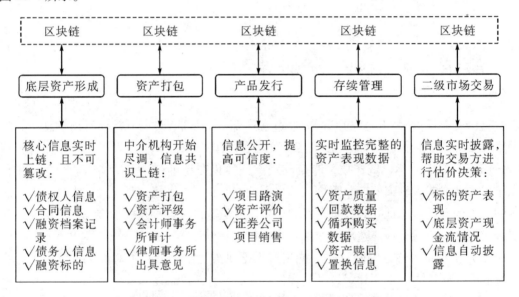

图 10-2　资产证券化产品管理及监管的智能化

▶案例 10-1　兴业银行疫情防控信贷资产支持证券

据上证报中国证券网报道，2020 年 3 月 20 日，由兴业证券担任牵头主承销商及簿记管理人的"兴银 2020 年首单疫情防控信贷资产支持证券"成功发行，发行总规模为36.56 亿元。本单为银行间市场首单，发行利率为兴业银行历史发行的企业信贷资产支持专项证券（CLO）各档最低。

1. 交易结构

在此次的信托交易结构中，兴业银行为发起机构、委托人和贷款服务机构，兴业信托为受托机构、发行人，并联合中信建投证券、海通证券及国泰君安证券作为牵头/联席主承销商。其他参与本次交易的中介机构还包括：资金保管机构工商银行海南分行、信用评级机构联合资信评估、会计顾问毕马威华振会计师事务所、法律顾问北京市中伦

律师事务所。本项目基本交易结构如图 10-3 所示，实线表示各方之间的合同关系，虚
线表示现金流的划转。

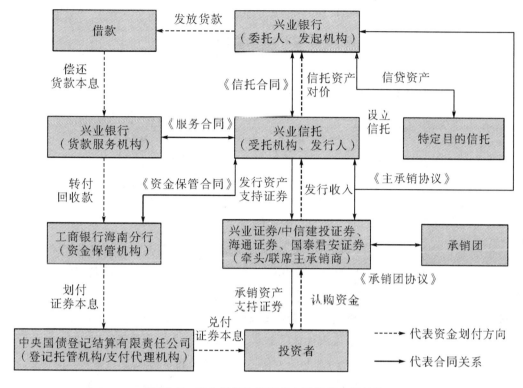

图 10-3　兴业银行信贷资产支持证券交易结构

根据《信托合同》约定，兴业银行作为发起机构将相关信贷资产委托给作为受托
人的兴业信托，由兴业信托设立"兴银 2020 年第二期疫情防控信贷资产支持证券"。
受托人将发行以信托财产为支持的资产支持证券。牵头主承销商/簿记管理人将扣除承
销报酬后的资产支持证券募集款项划至发行人收款账户。发行人再将上述资产支持证券
募集净额支付给发起机构。

受托人向投资人发行本期证券，并以信托财产所产生的现金为限支付本期证券的本
息及收益。受托人所发行的证券分为优先档资产支持证券和次级档资产支持证券，其中
优先档资产支持证券包括优先 A 档资产支持证券和优先 B 档资产支持证券。

发行人与发起机构、牵头主承销商、联席主承销商签署《主承销协议》，主承销商
再与承销团成员签署《承销团协议》，组建承销团对优先档资产支持证券和次级档资产
支持证券进行销售。对于信托财产所产生的现金流，受托人委托资金保管机构提供资金
保管服务。受托人委托中央国债登记结算有限责任公司（作为登记托管机构和支付代理
机构）提供资产支持证券的登记托管和代理兑付服务。

2. 资产池

本期信贷资产证券化项目的基础资产为兴业银行对公贷款，截至 2019 年 9 月 28 日
0：00，资产池未偿本金余额为 365 580.06 万元，资产等级均为信贷资产五级分类中的
正常类。贷款笔数共计 48 笔，借款人数目为 39 个，加权平均年利率为 4.69%。上述基

础资产全部分布在浙江省。根据国标行业二级分类口径统计，涉及公共设施管理业，广播、电视、电影和录音制作业，化学纤维制造业等 21 个行业。借款人资信状况良好，有效地降低了本项目可能面临的信用风险。表 10-4 显示了资产池中贷款的总体特征。

表 10-4　资产池中贷款的总体特征

贷款数量/笔数	48
未偿本金余额/人民币万元	365 580.06
合同总金额/人民币万元	365 870.06
加权平均资产年利率/%	4.69
加权平均贷款合同期限/年	1.44
加权平均贷款剩余期限/年	0.98

3. 资产支持证券设计

根据兴业银行与兴业信托的《信托合同》，在信托财产交付日，兴业银行将上述贷款组合作为信托财产委托给兴业信托，在资产支持证券发行之日，全部资产支持证券的发行总量（面值）为 365 580.06 万元。此次发行采用优先/次级权益的结构方式，分别为优先 A 档资产支持证券、优先 B 档资产支持证券和次级档资产支持证券（表 10-5）。

在组合中，优先 A 档证券信用评级等级为 AAA 级，为过手浮动利率证券，发行规模 283 100 万元，占发行总量的 77.44%，优先 A 档票面利率为基准利率+基本利差，其中，基准利率为中国人民银行授权同业拆借中心基于贷款市场报价利率报价按公开市场操作利率（主要指中期借贷便利利率）加点形成的方式自主报出的贷款利率计算并发布的一年期贷款市场报价利率（LPR）。

优先 B 档证券信用评级等级为 AA+级，为过手浮动利率证券，发行规模 25 480 万元，占发行总量的 6.97%，发行利率为基准利率+基本利差；次级档资产支持证券无信用评级等级，发行规模为 57 000.06 万元，占发行总量的 15.59%，无票面利率。

表 10-5　资产支持证券设计

证券种类	发行规模	发行利率	最终到期日	联合资信
优先 A 档资产支持证券	283 100.00 万元	浮动利率	2024.09.17	AAA
优先 B 档资产支持证券	25 480.00 万元	浮动利率	2024.09.17	AA+
次级档资产支持证券	57 000.06 万元	无票面利率	2024.09.17	无评级
总计	365, 580.06 万元			

新型冠状病毒感染疫情发生以来，兴业银行已为疫情防控和企业复工复产信贷支持超250 亿元，主承销发行湖北省首单疫情防控债、国内首批航空运输业疫情防控债、市场首单疫情防控 ABS、首单疫情防控中期票据、首单全国汽车制造企业疫情防控债等疫情防控债近 100 亿元。

兴业银行投资银行部总经理陈伟表示："通过信贷资产证券化把存量企业优质贷款

资产出售，实现资产提前变现，有效提高资产流动性和资本充足率，同时盘活信贷资产，腾挪出更多信贷规模投向实体企业，增强支持疫情防控和经济平稳增长的服务能力。"

截至 2020 年 3 月 20 日，兴业银行"兴银""兴元""兴瑞"等信贷资产证券化系列产品已合计发行 26 单，规模总计 1 645 亿元。

资料来源：根据中国债券信息网及其他公开资料整理。

本章小结

1. 资产证券化是指将缺乏流动性但可以产生稳定的可预见未来现金流的资产按照某种共同特征分类，形成资产组合，再辅以信用增级，进而以这组资产为支撑或担保发行的、可在金融市场上可流通的固定收益型证券的技术和过程。

2. 资产证券化业务是指投资银行或其他金融机构为客户提供的关于资产证券化过程中整体交易架构设计、确定基础资产、基础资产定价、资产支撑证券设计与定价等技术性服务以及后续的证券承销，并藉此获得报酬的业务。

3. 资产证券化是一个复杂的过程，涉及多个参与主体，包括发起人、特别目的载体、信用增级机构、信用评级机构、承销商、服务商和受托人。

4. 资产证券化的运作流程包括：确定基础资产并组建资产池、设立 SPV、资产转移、信用增级、证券信用评级、证券销售、管理资产池、兑付收益。

5. 住房抵押贷款支持证券包括政府国民抵押协会转手证券、邦住宅贷款抵押协会转手证券、私人转手证券。

6. 其他资产证券化包括商用房产抵押贷款证券化、汽车贷款证券化、信用卡应收款证券化、贸易应收款证券化、基础设施收费证券化、文化艺术资产证券化、消费金融资产证券化等。

拓展阅读

1. 关于资产证券化与信息不对称，参阅：

IACOBUCCI M E, WINTER A R. Asset securitization and asymmetric information [J]. The Journal of Legal Studies, 2005, 34 (1): 161-206.

MEI CHENG, DAN S DHALIWAL, MONICA NEAMTIU. Asset securitization, securitization recourse, and information uncertainty [J]. The Accounting Review, 2011, 86 (2): 541-568.

2. 关于资产证券化定价，参阅：

HOLLIFIELD B, NEKLYUDOV A, SPATT C. Bid-ask spreads, trading networks, and the pricing of securitizations [J]. The Review of Financial Studies, 2017, 30 (9): 3048-3085.

NODIRBEK K, ALPER K, GARETH D. The impact of legal advisor-issuer cooperation on securitization pricing ［J］. Financial Markets, Institutions & Instruments, 2021, 30（5）: 167-199.

思考与计算题

1. 什么是资产证券化? 什么是资产证券化业务?

2. 资产证券化过程涉及哪些主体?

3. 资产证券化包括哪些运作流程?

4. 计算题

XYZ 银行具有 10 笔 20 年期共计 10 000 万元的房屋抵押贷款, 年利率为 6%, 等额偿还, 每年获得的本息支付为 871.85 万元, 市场利率为 6%。投资银行给出的三种资产证券化方案如下:

A. 将 10 000 万元房屋贷款以一定价格转让给某信托账户, 以该贷款作为支撑发行 5 000 万份债券性质证券, 证券收益来源于贷款的本息。

B. 向担保机构申请业绩保障以确保证券本金及利息如期偿还。

C. 银行作为服务人按年收取贷款人房贷本金和利息, 并根据原始资产价值, 按年收取 0.5% 的服务费, 按年支付 0.5% 的保证费。

问题:

（1）10 000 万元房屋贷款的转让价格为多少?

（2）单位资产化证券售价多少?

第十一章
投资银行证券研究业务

▶学习目标

理解什么是证券研究业务，掌握证券研究业务的内容和方法，了解证券研究能力及证券研究业务利益冲突与道德风险问题。

▶学习内容

■证券研究业务的概念

■证券研究业务的内容和方法

■证券研究能力

■证券研究业务利益冲突与道德风险

▶导入案例

在经历了极具挑战的 2022 年之后，高盛研究部预计 2023 年中国 GDP 增速将从今年的 3.0%加速至 4.5%。重新开放意味着 2023 年中国可能迎来强劲的消费反弹、核心通胀率走强以及周期性政策逐渐回归正常。在 2023 年全年经济增速提高的整体表现之下，中国的经济形势在上半年和下半年可能大不相同。与市场共识相比，高盛预测中国经济形势更呈现"前低后高"的态势。

资料来源：高盛证券，https://www.goldmansachs.com/worldwide/greater - china/insights/China-macro-equity-outlook.html。

启发问题：

1. 什么是证券研究业务？

2. 投资银行为什么重视证券研究业务？

第一节　证券研究业务的基本概念

一、证券研究及证券研究业务的概念

证券研究是指证券公司研究人员根据经济学、金融学、投资学、产业经济学等理论，对未来宏观经济走势、国家的宏观政策措施、行业发展前景、市场价格走势、公司价值等有关证券投资的独立、客观、理性的思考和判断，并出具规范的书面报告的职业行为。

证券研究业务是指投资银行为发行者、个人投资者、机构投资者等客户提供证券研究服务而获取报酬的业务。证券研究业务虽然对投资银行利润贡献度不大，但事关投资银行的实力和持久竞争力，因而几乎所有的大型证券公司都设有自己的证券研究部门和首席经济学家。该部门为证券公司自身经营、发展提供智囊，更主要是为发行者、个人投资者、机构投资者等客户提供证券研究和咨询服务。由于证券研究部门体现了证券公司的智囊能力，对树立公司形象和维系客户具有重要作用，因此在证券公司组织机构中具有十分重要的地位。

二、证券研究的业务产品

根据证券研究对象的不同，证券研究业务分为宏观经济研究、行业研究、市场研究、公司研究、其他专题研究。

1. 宏观经济研究

这是指对国际国内宏观经济的未来走势及国家未来可能的宏观调控政策的把握和研究。宏观经济研究结论关系到未来中长期投资资产的战略配置，对客户的投资具有较大影响。

宏观经济研究将运用到宏观经济学、国际经济学、货币金融学、财政学等相关理论，其结论的正确性依赖于研究人员对现有宏观经济指标的正确分析和把握，以及宏观经济计量模型的正确应用。

2. 行业研究

这是指对各种行业未来盈利前景的研究，包括行业所属市场类型、商业生命周期、国家产业政策对证券价格影响的分析。行业研究的正确性依赖于研究人员对国家及世界产业发展趋势、行业内市场结构、行业技术特征的认识。行业研究涉及的经济理论包括产业组织理论、市场结构理论，要求行业研究人员不仅具备相应的经济理论，而且最好具备相关行业的技术知识背景。

国信证券在业内率先推行行业首席分析师制，构建首席分析师、高级分析师、资深分析师的梯级研究团队。行业细分为汽车和汽车零部件、传播与文化、非银行金融、钢铁、航空运输、基础化工、批发与零售贸易、造纸印刷、银行、房地产业、公路港口航

运、通信、家电等。国信证券 2006 年在《软件外包：低投入高回报，低风险高增长》投资报告中，从宏观产业演变、微观公司运营的角度，判断软件外包类行业将产生成长兼价值型龙头公司。

3. 市场研究

这主要指对未来证券市场价格走势的判断和分析，有每日晨会报告、国际国内债券市场日报、每周盈利预测报告、基金市场周评、基金仓位分析周报等。采用的理论包括统计分析、技术分析、行为金融学等。

4. 公司研究

这主要针对具体公司就所属产业、管理状况、财务状况、盈利前景进行研究，并最终提出是否具有投资价值以及如何投资操作的建议。中期操作建议着眼于从评级开始 12 个月内的预期回报，包括强力买入（最低回报 20%或更多，高风险证券）、买入（最低 10%）、中间水平（0~10%）、减仓/卖出（负回报）、无评级。长期操作建议着眼于从评级开始 3 年内的预期回报，包括强力买入（最低回报 40%或更多）、买入（最低 20%）、中间水平（0~20%）、减仓/卖出（负回报）、无评级。

5. 其他专题研究

其他专题研究主要是针对某一特定的需求而进行的研究，比如各种调研报告、金融工程相关报告、权证定价与投资策略报告等。比如，2023 年 3 月的一份研究显示，ChatGPT 等生成式人工智慧系统的最新突破将给全球劳动力市场带来重大颠覆，全球预计将有 3 亿个工作岗位被生成式 AI 取代，律师和行政人员将是最有可能被裁员的岗位。这项研究结论是高盛分析师 Joseph Briggs 和 Devesh Kodnani 根据数千份职业通常执行的任务数据得出的。他们的模型计算显示，美国和欧洲大约三分之二的工作在某种程度上将受到人工智慧自动化的影响①。

三、证券研究业务的盈利模式

证券研究报告属于智力产品，其使用者对内包括经纪业务部门、投资银行部门、对外则包括公司的个人投资者客户、机构投资者客户、拟发行证券的公司及其他专题研究的委托者。

证券研究的业务收入包括直接收入和间接收入。直接收入来自愿意购买证券公司证券研究服务的个人投资者、投资基金等机构投资者。这类投资者以会员费或单笔交费的方式获得证券公司的研究服务，证券研究部门则藉此获得相应的收入。

证券研究业务具有外溢性，即证券研究业务特别是投资分析师的活动可能带来证券公司投资银行业务或交易佣金的增加，从而体现为间接收入。机构投资者通常通过其经纪部门略有溢价的直接交易佣金来补偿投资银行提供的研究服务。这种付费称为"软钱"。此外，证券研究特别是证券分析师在各种媒体的频繁露面，有利于树立公司的公众形象和增加公司的品牌价值。

① 潇湘. 高盛：生成式 AI 或导致全球三亿人"丢饭碗"［EB/OL］.（2023-03-28）［2023-06-18］.http://www.mycaijing.com/article/488891? source_id:40.

证券研究的成本则包括研究人员工资、固定设备、资料费用、实地调研费用等。综上所述，证券研究业务的利润如下：

$$证券研究业务利润=新增品牌价值收益+新增投资银行业务收益+$$
$$新增经济业务收益-相应的成本$$

由于证券分析师对市场具有一定影响力，拟发行证券的公司及证券公司的投资银行部门可能对证券分析师进行干预，从而形成证券分析师的道德风险。具体表现为，为了促使投资银行部门以更高价格销售证券，证券分析师可能不顾事实，故意夸大所销售证券的投资价值。

第二节　证券分析内容

一、宏观经济分析

1. 国际经济环境分析

国际经济环境可能影响公司的出口，还会影响竞争者之间的竞争以及公司海外的投资收益。国际经济环境因素包括外国的经济增长速度、政治事件、贸易政策中的保护主义、资本的自由流动、汇率、货币政策、财政政策等。股票市场与国内生产总值预期增长率的关系见表11-1。

表11-1　股票市场与国内生产总值预期增长率的关系（2012年）

国家	2012年股票市场收益/%		国内生产总值预期增长率/%
	以当地货币计	以美元计	
巴西	10.2	0.8	3.5
英国	8.2	13.3	1.0
加拿大	4.9	8.6	2.0
中国	3.1	4.2	8.5
法国	18.2	20.5	0.0
德国	31.9	34.5	0.7
希腊	38.3	41.1	-5.0
中国香港	26.5	26.7	2.6
印度	27.6	26.7	6.5
意大利	12.0	14.2	-0.9
日本	18.0	4.2	0.8
墨西哥	19.5	30.9	3.7
俄罗斯	3.7	10.5	3.7

表11-1（续）

国家	2012 年股票市场收益/%		国内生产总值预期增长率/%
	以当地货币计	以美元计	
新加坡	21.0	28.5	2.9
韩国	11.2	20.5	3.4
西班牙	-0.6	1.4	-1.7
泰国	37.3	42.7	4.2
美国	9.8	9.8	1.0

资料来源：根据博迪等《投资学》（第 10 版）教材整理。

汇率是两种不同货币之间的折算比价，也就是以一国货币表示的另一国货币的价格，是重要的国际经济环境变量。

（1）汇率与进出口。本币汇率下降，即对外贬值，有利于促进本国出口、抑制他国进口；若本币汇率上升，即对外升值，则有利于他国进口，不利于本国出口。例如：当美元对人民币＝1∶7.52 时，1 万美元汽车的价格为 75 200 元人民币，当美元对人民币＝1∶6.52 时，1 万美元汽车的价格为 65 200 元人民币。因而当人民币升值、美元贬值时，美国产品变得更便宜，国内对其需求将增加。

（2）汇率与资本流出入。汇率的变动对国际长期投资的影响不太直接。因为长期资本的流动主要以利润和风险为动因。对于国际短期资本流动，汇率的影响是直接的：在本币对外贬值的趋势下，以本币计值的各种金融资产会被转兑成外汇，资本外流；反之，在存在本币对外升值的趋势下，会引发资本的内流。

（3）汇率与物价。本币对外贬值，进口商品的国内价格上涨；本币对外升值，进口商品的国内价格降低。本币对外贬值，刺激出口，出口品有可能涨价；本币对外升值，有可能获得较廉价的进口品。

（4）汇率与产出和就业。汇率的变动能够影响进出口、物价和资本流出入，就能对一国的产出和就业产生影响。当汇率有利于出口增加和进口减少时，就会带动总的生产规模扩大和就业水平的提高，甚至会引起一国生产结构的改变；相应地，不利的汇率会给生产和就业带来困难。

人民币升值对我国经济的负面影响表现为：影响我国对外出口，从而减少总需求。人民币汇率升值将导致对外资吸引力的下降，减少外商对中国的直接投资；降低中国企业的利润率，增大就业压力。人民币升值对我国经济的积极影响表现在：降低中国企业从国外进口的配件及原材料成本、减轻外债还本付息压力、提高中国 GDP 的国际地位、中国百姓的国际购买力增强等。

小资料 11-1：经济增长与股市回报之间的关系

Ritter（2005）研究了世界上主要发达国家在过去 100 余年（1900—2002 年）股市的真实回报（扣除通胀后，深色柱子）和真实人均 GDP 增速（浅色柱子）的关系，如图 11-1 所示。发现股市表现最好的国家比如美国、南非、瑞典和澳大利亚，其经济增速都不是最快的。相反，经济增速最快的国家比如日本、意大利和爱尔兰，其股市回报并不是最好的。

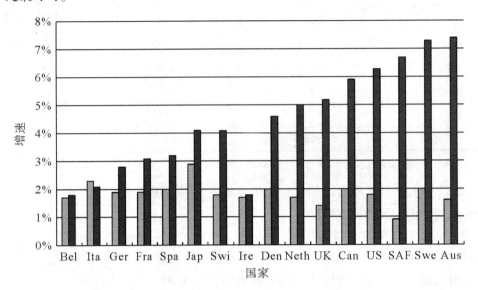

图 11-1　1900—2002 年主要发达国家股市的真实回报和真实人均 GDP 增速关系

资料来源：Jay R. Ritter（2005）。

2. 国内宏观经济分析

宏观经济是决定投资业绩的重要因素。国内宏观经济的分析主要从以下几个方面进行：

（1）宏观经济指标分析

反映宏观经济运行的指标包括国内生产总值、失业率、通货膨胀率、利率、财政收支状况等。

国内生产总值（GDP）是指一定时期（一般按年统计）在一国领土范围内所产生的产品和劳务的总值，是个绝对指标。GDP 的增长速度是反映了一定时期经济发展水平变化程度的动态指标和相对指标。快速增长的 GDP 意味着一个国家经济快速增长，公司有充足的机会来提高销售量。

失业率是指正在寻找工作的劳动力占总劳动力的百分比。失业率测度了经济运行中生产能力的运用程度。高失业率说明经济不景气，低失业率说明经济向好。

通货膨胀率指价格全面上涨的程度。高通货膨胀一般与过热的经济联系在一起。适度的通货膨胀对证券市场有利，过度的通货膨胀对证券市场不利。

利率是指借贷期内利息额与所贷资金额的比率。利率水平的提高一方面增加了公司的贷款成本；另一方面增加了投资者投资股票的机会成本，二者均会使股票价格下跌。

财政收支状况包括财政收入和财政支出两个方面，大量的政府借债将导致经济中信贷需求的增加，此外还会对私人借债及投资产生挤出效应。

心理因素指消费者与生产者的心理状态，即他们对经济是采取悲观的态度还是乐观的态度。如果消费者对未来收入水平有很大信心，则他们将愿意进行更多的即期消费。

同样，如果生产者对未来销售采取乐观态度，则他们将会提高产品产量或库存水平。因此，公众的信心将会影响到消费和投资的数量以及对产品或劳务的总需求。

国际收支状况是一国居民与非居民在一定时期内在政治、经济、军事、文化及其他往来中所产生的全部交易的系统记录。包括经常项目和资本项目。

（2）需求与供给冲击分析

需求冲击是指可能影响到产品或劳务需求的事件，如减税、增加货币供应量、增加政府支出、增加对外出口等。需求冲击通常使总产出与通货膨胀或利率变化发生同向变动。

供给冲击是指可能引起生产能力或成本产生变化的事件，如石油价格的变化，霜冻、洪水或干旱对大量农作物的破坏，一国劳动力教育水平的变化或劳动力参加工作的最低工资率的变化等。供给冲击通常会使总产出与通货膨胀或利率反向变动。

（3）宏观经济政策分析

国家宏观经济调控工具主要分为两大类：一类是对产品或劳务的需求产生影响，另一类是对产品或劳务的供给产生影响。前者指财政政策和货币政策，后者主要指供给政策。

财政政策是指政府支出政策和税收政策，是需求管理的一部分。财政政策手段包括国家预算、税收、国债和财政补贴。财政政策分为松的财政政策、紧的财政政策和中性的财政政策。紧的财政政策将使过热的经济受到控制，证券市场走弱；松的财政政策将刺激经济发展，使证券市场走强。以税收政策为例，降低税率将导致居民收入增加，进而使其增加投资需求和消费支出；此外，降低企业所得税率，将导致企业税后利润增加，刺激企业扩大投资。这几方面的因素都有利于扩大社会总需求。

货币政策是指通过控制货币的供应量而影响宏观经济的政策，是另一种影响需求的国家宏观经济政策。货币政策工具包括法定存款准备金率、再贴现政策和公开市场业务。货币政策主要通过影响利率实现，货币供应量增加将导致短期利率下降，并最终刺激投资需求和消费需求。从长期看，许多经济学家认为货币的高供给只会导致物价上涨，并不能对经济活动产生持续的影响。财政政策对经济的影响比较直接，相比之下，货币政策影响经济的作用较为迂回曲折。

供给学派主张提高经济的生产能力，而不是刺激对产品或劳务的需求。从实施方法看，供给学派一般着眼于提高工作的积极性和创新性，并致力于消除源自税收系统的风险。供给政策的目标是创造一个良好的环境，能使工人和资本所有者具有最大动力和能力生产或发展产品。供给学派同样重视税收政策，需求学派看到的是税收对消费需求的影响，而供给学派则注重边际税率以及由此产生的激励机制问题。

3. 经济周期分析

经济重复地经历扩张和紧缩的阶段，表现为经济周期现象。经济周期在一定程度上可以通过经济指标进行预测。

先行指标是指在经济中提前上升或下降的经济指标，包括货币供给、股票价格、收益率曲线斜率、主要生产资料价格、企业投资规模等。

同步指标是指与国民经济同步变化的指标，如失业率、企业工资支出、工业产量、社会商品销售额等。

滞后指标指滞后于经济发展的指标，如贸易存货与销售比率、银行优惠利率水平、现有工商贷款数量、分期付款占个人收入的比重等。

二、行业分析

行业是指由于其产品在很大程度上可相互替代或属于上下游关系而处于一种彼此紧密联系状态的企业群。就证券分析而言，行业是介于宏观和微观间重要的经济因素。在同一时期，不同行业的增长率及股票表现不一样。行业分析的主要目的在于寻找适合投资的行业。

1. 行业经济周期敏感度分析

不同的行业对经济周期的敏感度不同，那些对经济发展异常敏感的行业称为周期型行业，包括汽车、洗衣机等耐用消费品行业以及生产资本品的行业。对经济发展不太敏感的行业称为防守型行业，主要包括食品生产和加工业、医疗设备行业和公用事业等。

一个公司对经济周期的敏感度取决于三个因素。

第一个因素是销售额对经济周期的敏感度，食品、药物、医疗服务等生活必需品行业对经济周期的敏感度最低。相反，机器设备、钢铁、汽车等对经济发展有很大的敏感度。

第二个因素是经营杠杆比率，它反映了企业固定成本与可变成本之间的分配比例关系。经营杠杆系数（DOL）＝净利润变动百分比/销售额变动百分比＝1+固定成本/利润，因而高固定成本公司表现出较高的经济周期敏感性。

第三个因素是财务杠杆。ROE＝（1-所得税率）［ROA+（ROA-利率）×债务/权益］，财务杠杆越大的企业，对经济周期越敏感。

2. 产业轮动分析

产业轮动（sector rotation）是指在经济周期的不同阶段应投资不同的行业（图11-2）。

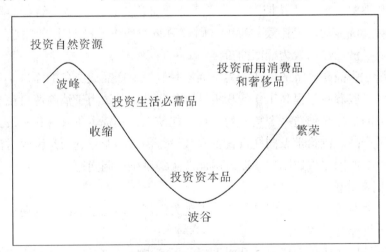

图 11-2　产业轮动

在波峰，经济处于过热阶段，通货膨胀及利率较高，基本消费品价格上升压力大，增加了投资自然资源开采和加工行业的机会。

当波峰过后，经济进入衰退期，由于保守型的行业如药物、食品等生活必需品行业对经济周期敏感度较低，是合适的投资对象。

在衰退期，为维持经济平衡以及接下来的经济复苏，公司可能购买新设备来满足预期的需求增长，因而是投资机械、运输或建筑等资本品行业的时机。

在繁荣期，经济发展迅速。周期敏感性行业如耐用消费品和奢侈品将获利最高，因而是投资这些行业的时机。此外，由于信贷规模大，银行业也是较好的投资对象。

3. 行业生命周期分析

一个典型行业的生命周期包括四个阶段：创业阶段、成长阶段、成熟阶段、衰退阶段。

创业阶段。任何一个产业都是以一项新技术或一种新产品起步的。在这个阶段，难以预测哪家公司会成为行业的领导者。它们中的一些会极为成功，但其他公司会失败。因此对这一阶段企业的投资风险非常大。

成长阶段。当某个产品已经建立了稳定的市场，行业领导者就出现了。从创业期存活下来的公司一般具有稳定的市场份额，其未来发展前景可以预期。因此，成长阶段是进取型投资的良好时期。

成熟阶段。在这个阶段，该产品已经挖掘出消费者的所有潜力，产品变得越来越标准化。厂商在基本价格上面临着激烈的竞争，这会导致企业边际利润降低。由于这一阶段的企业具有稳定的现金流但几乎没有再增长的可能，因此被称为"现金牛"。适合稳健型和追求当期收益的投资。

衰退阶段。在这个阶段，企业的发展速度将低于经济的发展。这可能是产品过时引起的，也可能缘于低成本供应商的竞争或新产品的入侵。投资者应该避免投资于这一阶段的企业，除非企业进行危机转型。

4. 行业结构竞争环境分析

迈克尔·波特（Michael Porter）于20世纪80年代初提出五力竞争模型，认为决定竞争环境的因素包括五个方面：进入威胁、现有企业之间的竞争、替代品企业的压力、买方议价能力、供方议价能力。

进入威胁。新进入者会对产品价格和利润造成巨大压力。进入壁垒是行业获利的重要决定因素。进入壁垒主要包括规模经济、销售渠道、商业秘密、商标、版权、自然资源（如冶金业对矿产的拥有）、地理环境（如造船厂只能建在海滨城市）等方面，其中有些壁垒是很难借助复制或仿造的方式来突破的。

现有企业之间的竞争。现有企业之间的竞争常常表现在价格、广告、产品介绍、售后服务等方面，其竞争强度与许多因素有关。一般来说，出现下述情况将意味着行业中现有企业之间竞争的加剧：行业进入壁垒较低，竞争参与者多；市场趋于成熟，产品需求增长缓慢；竞争者提供几乎相同的产品或服务，用户的转换成本很低；等。

替代品企业的压力。两个处于同行业或不同行业的企业，可能会由于所生产的产品是互为替代品产生相互竞争行为。替代品价格越低、质量越好、用户的转换成本越低，竞争压力就越大。来自替代品生产者的竞争压力的强度，可以通过替代品销售增长率、替代品厂家生产能力与盈利情况来加以描述。

买方议价能力。购买者主要通过压价与要求提供较高的产品或服务质量的能力来影响行业中现有企业的盈利能力。一般来说，满足如下条件的购买者可能具有较强的讨价还价力量：购买者的总数较少，而每个购买者的购买量较大，占了卖方销售量的很大比例；卖方行业由大量相对来说规模较小的企业所组成；购买者所购买的基本上是一种标准化产品，同时向多个卖主购买产品在经济上也完全可行。

供方议价能力。如果供方处于垄断地位，则他可以对产品索取高的价格，进而从需求方获得利润。一般来说，满足如下条件的供方会具有较强的议价能力：供方行业为一些具有比较稳固市场地位而不受市场激烈竞争困扰的企业所控制，其产品的买主很多，单个买主都不可能成为供方的重要客户。供方各企业的产品具有一定特色，买主难以转换或转换成本太高，或者很难找到可与供方企业产品相竞争的替代品。

小资料 11-2：数字经济鸿沟

评估数据和跨境数据流动对发展的影响时，需要考虑一些主要的数字鸿沟和不平衡。最不发达国家使用互联网的人口占比仅20%，而且下载速度慢，上网资费高，其上网目的也与其他国家不同。例如，在一些发达国家，每10个互联网用户中就有8个在网上购物，而在许多最不发达国家，网上购物的比例不到十分之一。此外，在国家内部，农村与城市之间以及男女之间在网络使用上存在明显的鸿沟。最不发达国家和非洲地区在网络使用上的性别鸿沟最大。

从参与数字经济并从中受益的能力来看，美国和中国脱颖而出。全世界的超大规模数据中心有一半在这两个国家，它们的5G普及率最高，它们过去五年人工智能初创企业融资为总额的94%，世界顶尖人工智能研究人员总额的70%，全球最大数字平台市值为总额的近90%。最大的数字平台——苹果、微软、亚马逊、Alphabet、Facebook、腾讯和阿里巴巴——正越来越多地投资于全球数据价值链的每个环节：通过面向用户的平台服务进行数据收集，通过海底电缆和卫星进行数据传输，建立数据存储机构（数据中心），通过人工智能等方式进行数据分析、处理和使用。这些公司因其平台业务而具有数据优势，但它们不再只是数字平台，而是已经成为全球性的数字企业，在全球范围内拥有强大的金融、市场和技术力量，掌握大量用户数据。随着数字化进程的加快，这些公司的规模、利润、市场价值和主导地位得到了加强。例如，纽约证券交易所综合指数在2019年10月至2021年1月增长了17%，但顶尖数字平台的股票价格的涨幅则呈现出显著差异，从Facebook的55%到苹果的144%不等。

资料来源：联合国数字经济报告2021，https://unctad.org/system/files/official-document/der2021_overview_ch.pdf。

小资料 11-3：你的投资"数字化"了吗

数字化转型将不可逆转地改变我们的生活、工作和娱乐方式。在全球范围内，以下领域具有巨大的市场潜力：

（1）使能技术。它包括5G、机器学习和云基础设施等基础性技术。例如，5G就是一项基础性的使能技术，它能提供强大的通信能力，并且为物联网、自动驾驶和边缘计算等应用场景赋能。

（2）金融科技。突发公共卫生事件迫使企业必须应对各种新的支付系统以及新的分销方式如线上销售。随着企业现在需要管理远程销售渠道，金融科技领域将有更广阔的发展空间。

（3）健康科技。突发公共卫生事件促使医疗保健行业进一步拥抱数字化转型。远程医疗会继续受到关注，并在治疗新的慢性病和急性病方面可以发挥更大的潜力。另外，我们看到了机器人手术的广阔发展前景，当然还有基因组医学，这同样也是一个具有高增长潜力的领域。

（4）订阅经济。我们预计，到2025年，数字订阅市场年增长率约为18%，市场规模可能会翻一倍以上，达到1.5万亿美元。多元化的消费者和企业客户需求，将使得订阅经济成为全球增长最快的行业之一。

资料来源：瑞银 UBS CIO，https://www.ubs.com/cn/sc/assetmanagement/insights/asset-class-perspectives/equities/articles/digital-investment.html。

三、企业分析

1. 产品分析和技术能力分析

产品分析包括产品知名度、产品的市场份额、产品的营销模式、产品的市场模型（地区性、区域性还是全国性）、产品的生命周期的分析。

技术能力分析主要指产品的技术水平分析，比如公司产品是否具有其他公司难以企及的技术水平，技术是否被专利保护、具有垄断地位，公司的技术开发能力如何等。

2. 企业管理能力分析

具体包括管理层素质分析、管理层的勤勉尽责分析以及公司治理机制分析等。管理层素质分析包括管理者的学历、从业经验、历史业绩等分析。管理层的勤勉尽责分析包括考察管理层是否有欺骗和损害股东利益的记录、是否具有损害股东利益的嫌疑、管理层之间是否具有裙带关系、管理层是否总是在追逐时髦等。公司治理机制分析主要看公司治理机制是否完善、是否存在董事长或总经理一言堂等情况。

3. 财务报表分析

财务报表是公司经营管理结果的成绩单。财务报表分析依赖于资产负债表、损益表、现金流量表。

资产负债表是反映某一特定日期（如年、半年、季度）的财务状况的静态报表，反映的是公司资产、负债（包括股东权益）之间的平衡关系。

损益表是一定时期内（如年、半年、季度）经营成果的反映，是关于收益和损耗情况的财务报表。它是一个动态报告，反映公司在一定时期内的业务经营状况，揭示了公司获取利润能力的大小、潜力和发展趋势。

现金流量表为会计报表使用者提供一定会计期间内现金和现金等价物流入和流出的信息，以便于报表使用者了解和评价企业获取现金和现金等价物的能力，并据以预测企业未来现金流量。现金流量表有经营活动、投资活动和筹资活动三个部分。

通过对资产负债表的分析，可以了解公司的财务状况，对公司的偿债能力、资本结构、流动资金做出判断。通过对损益表的分析，可以了解公司的盈利能力、经营效率、持续发展能力等。通过对现金流量表的分析，可以了解公司运营资金的能力，判断公司日常资金周转是否充分等。

4. 财务比率分析

（1）偿债能力分析。偿债能力指标包括短期偿债能力指标和长期偿债能力指标。短期偿债能力指标包括流动比率、速动比率、利息支付倍数，长期偿债能力指标包括资产负债率、股东权益与固定资产比率等，见表11-2。

表11-2　企业偿债能力分析

偿债能力	具体指标	定义
短期偿债能力指标	流动比率	流动比率＝流动资产/流动负债，一般认为合理流动比率为2，但要考虑行业因素
	速动比率	速动比率＝（流动资产-存货）/流动负债，一般认为正常的速动比率为1，但要考虑行业因素
	保守速动比率	保守速动比率＝（现金+短期证券+应收账款净额）/流动负债
	利息支付倍数	利息支付倍数＝息税前利润（EBIT）/利息费用
长期偿债能力指标	资产负债率	资产负债率＝负债总额/资产总额×100%
	股东权益与固定资产比率	股东权益与固定资产比率＝股东权益总额/固定资产×100%

（2）经营效率分析。相关指标主要有存货周转率固定资产周转率、总资产周转率、股东权益周转率等。存货周转率＝销货成本/平均存货，存货周转天数＝360/存货周转率。一般来说，存货周转速度越快，存货占用水平越低，流动性越强，存货转变为现金或应收账款的速度越快。

（3）盈利能力分析。相关指标包括销售毛利率、销售净利率、资产收益率、净资产收益率、主营业务利润率，见表11-3。

表11-3　企业盈利能力分析

具体指标	定义
销售毛利率	销售毛利率＝（销售收入-销售成本）/销售成本×100%，销售毛利率是企业形成销售净利率的基础，该指标越大越好
销售净利率	销售净利率＝净利润/销售收入，销售净利率反映1元销售收入带来净利润的多少，该指标越大越好
资产收益率	资产收益率＝净利润/平均资产总额×100%，平均资产总额＝（期初+期末资产）/2，该指标越高，说明公司资产的综合利用效率越高
净资产收益率	又称作股东权益收益率（ROE），净资产收益率＝净利润/平均股东权益，该比率越高，说明股东权益资产利用效率越高
主营业务利润率	主营业务利润＝主营业务利润/主营业务收入×100%，该指标越高，说明公司的主营业务越突出，以后的利润越有保障

杜邦系统（DuPont system）与股权收益率的分解为：

$$ROE = \frac{净利润}{税前利润} \times \frac{税前利润}{EBIT} \times \frac{EBIT}{销售收入} \times \frac{销售收入}{资产} \times \frac{资产}{权益} \qquad 式（11.1）$$

$$= 税收负担 \times 利息负担 \times 销售利润率 \times 资产周转率 \times 杠杆率$$

由于 ROA＝利润率×资产周转率，复合杠杆因子＝利息负担×杠杆率

因此，ROE 也可分解为：

$$ROE = 税收负担 \times ROA \times 复合杠杆因子 \qquad 式（11.2）$$

从上式可知，在税收负担一定的情况下，企业资产收益率越高，复合杠杆因子越大，企业净资产收益越高。

（4）市场价格比率分析

有两种常见的市场价格比率：账面市值比（P/B）和市盈率（P/E）。

账面市值比（P/B）＝每股市价/每股净值。有分析家认为具有较低账面市值比的公司是更安全的投资，他们将账面价值看作支撑市价的底板。

市盈率（P/E）＝每股市价/每股盈利。有分析家认为与高市盈率股票相比，低市盈率股票更可能是具有投资价值的股票。但市盈率并非越小就越有投资价值，必须考虑到公司的增长机会价值。

四、技术分析

以上分析属于基本面分析（fundamental analysis）。技术分析（technical analysis）是指从过去交易活动中收集价格变动和交易量方面的数据，进而判断趋势，评估投资和识别交易机会的证券分析方法。与试图根据销售和收益等商业结果评估证券价值的基本面分析不同，技术分析侧重于研究价格和数量[1]。换言之，技术分析试图通过寻找模式和趋势来理解价格趋势背后的市场情绪，而不是分析证券的基本属性。技术分析假设如下（Edwards，Magee & Bassetti，2018）[2]：①市场价值决定于供需的相互作用；②供需关系由多种因素决定，包括理性因素和非理性因素；③尽管存在小的波动，证券价格仍倾向于沿着趋势运动，且持续一段时间；④趋势的改变决定于供需关系的改变；⑤供需关系的改变不管为什么发生，迟早能够通过交易的图表分析被发现；⑥一些图表模式倾向于重复自己。

证券分析主要分析方法包括：K线分析、图形分析、指标分析、移动均值法、交易量法、周期分析、趋势理论、波浪理论等。

---

[1] 技术分析最初来自 19 世纪末的查尔斯·道（Charles Dow）和他的道氏理论（Dow theory）。William P. Hamilton、Robert Rhea、Edson Gould 和 John Magee 等进一步完善了道氏理论。

[2] ROBERT D EDWARDS, JOHN MAGEE, W H C BASSETTI. Technical analysis of stock trends［M］. 11th edition CRC Press, 2018.

第三节 股票研究的有效性

根据《发布证券研究报告暂行规定》（2020），证券研究报告是证券投资咨询业务的一种基本形式，指证券公司、证券投资咨询机构对证券及证券相关产品的价值、市场走势或者相关影响因素进行分析，形成证券估值、投资评级等投资分析意见，制作证券研究报告，并向客户发布的行为。证券研究报告主要包括涉及证券及证券相关产品的价值分析报告、行业研究报告、投资策略报告等。

证券研究的悖论是，人们对证券的普遍研究将导致市场有效。而当市场是有效时，证券研究就失去了价值。尽管如此，大多数投资银行仍然设置投资研究部，并通过客户经理将证券研究结果及时推荐给客户，它们认为：①认为市场不如理论上那样有效；②这是投资银行能力和有形服务的展示；③这是联系客户的渠道。

一、股票定价模型

1. 贴现法

（1）股利贴现模型

股利贴现模型认为，股票的价值 V_0 等于该股票未来所获股利的贴现值。假设未来第 t 年的股利为 D_t ，$t = 1$，2，3，$\cdots$，∞。股利按 g 的速度进行增长，$D_{t+1} = D_t (1 + g)$。贴现率为 k ，则股票价值的公式为：

$$V_0 = \sum_{t=1}^{\infty} \frac{D_0 (1 + g)^t}{(1 + k)^t} \qquad \text{式（11.3）}$$

（2）自由现金流量估值法

自由现金流量估值法包括企业自由现金流法（free cash flow for the firm，FCFF）和股东自由现金流法（free cash flow for the equity holders，FCFE）。企业自由现金流是指企业经营活动产生的税后现金流扣除资本投资和净营运资本后的净现金流。它既包括给股东的现金流，也包括给债权人的现金流，用公式表示为：

$$\text{FCFF} = \text{EBIT} (1-t_c) + 折旧 - 资本化支出 - \text{NWC 的增加} \qquad \text{式（11.4）}$$

上式中：EBIT 为息税前利润，t_c 为公司税率，NWC 为净运营资本。

在企业自由现金流法下，首先用加权平均资本成本对企业自由现金流进行贴现，获得整体企业估值，然后扣除债务的价值来得到权益价值：

$$公司价值 = \sum_{t=1}^{T} \frac{\text{FCFF}_t}{(1 + \text{WACC})^t} + \frac{V_T}{(1 + \text{WACC})^T}，\text{其中 } V_T = \frac{\text{FCFF}_{T+1}}{\text{WACC} - g}$$

$$\text{式（11.5）}$$

$$权益价值 = 公司价值 - 现有负债的市场价值$$

股东自由现金流法与企业自由现金流法的区别在于：它的计算涉及税后利息费用以及新发行或重购债务的现金流（即偿还本金的现金流出减去新发债获得的现金流入）。

用公式表示为：

$$FCFE = FCFF - 利息费用 \times (1 - t_c) + 净负债的增加$$

在股东自由现金流法下，用股权资本成本 k_e 对股东的自由现金流直接进行贴现以获得权益价值估值。用公式表示为：

$$权益价值 = \sum_{t=1}^{T} \frac{FCFE_t}{(1 + k_e)^t} + \frac{V_T}{(1 + k_e)^T}, \quad 其中 V_T = \frac{FCFE_{T+1}}{k_e - g} \qquad 式（11.6）$$

2. 比值法

比值法依据比较原则对股票进行估值。该方法认为，无套利情况下，各方面相似的股票具有相同的比值。常用的比值包括市盈率（P/E）、市净率（P/B）、市销率（P/S）、股价/现金流比（P/C）、动态股价收益比（PEG）等。假设某公司年末每股收益（EPS）为 5 元，同类公司的市盈率为 60，则该公司的估值为 300（= 5×60）元。

二、有效市场理论

早在 1900 年，法国人巴舍利耶（Bachelier）发现股价波动遵循随机游走模型。Kendall（1953）惊奇地发现，不存在任何股价可预测的形式，股价的发展好像是随机的。1970 年，美国金融学者法码（Fama）正式提出有效市场假说（efficient market hypothesis，EMH），认为股价已反映所有已知信息。根据信息范围，有效市场分为弱式有效、半强有效和强有效三个层次。弱式有效，意味着技术分析失去作用。半强有效和强有效意味着基本分析和技术分析都失去价值。

有效市场理论对投资的启示：投资者不能获得超额收益，只能获得与投资风险相当的正常收益率。积极投资策略不一定好于消极投资策略（passive investment strategy）。

三、市场异象与行为金融理论

1. 市场异象

市场异常现象（anomaly）主要指跟市场有效理论预期相违背的情况，主要包括：日历效应、公司现象、超常易变性、反转和惯性。

（1）日历效应

已被发现的日历效应有"1 月效应"和"周末效应"。其中，1 月效应是指每年 1 月份股票收益显著较高的情形。根据对美国股票市场过去 70 年的统计研究结果，1 月份股票的平均收益率为 3.48%，而其他 11 个月份的平均收益率为 0.42%，差值为 3.06%。在东京证券市场，1 月的数据比其他月份高出 6.7%。周末现象，是指股票在周一或周五的回报率比其他交易日要低得多的情况。纽约证券交易所、东京证券交易所的数据均发现周一的收益率为负。

（2）小公司效应

小公司效应，是指市场价值总额小的公司股票的平均收益率明显大于市场价值大的公司的平均收益率的现象。研究发现，1973—1987 年纽约证券交易所市值最小 500 家公司的股票平均收益率比标准普尔 500 种股票的收益率高出 7.8%，同期东京股市小盘股与大盘股的差异则高达 8.4%。研究还发现，小盘股与 1 月效应高度相关，即小盘股大多发生在正月。

对于这一现象,学者阿贝尔等提出被遗忘效应来进行解释。即小公司容易被机构投资者所忽略,信息越不完全,风险越高,因而所要求的收益就越高。还有一种解释是小盘股通常比蓝筹股具有更大的经验不确定性和更大的贝塔系数,因而所要求的回报率越高。

（3）超常易变性

超常易变性是指股票价格变化超出经济模型假定的现象。Shiller（2001）认为在美国股市历史上单日跌幅最大的 10 次股市波动中,只有 2 次可以找到明确的与之相关的新闻事件。Shiller（2001）认为分红波动不足以解释股票价格变化。

（4）反转和惯性

反转是指过去赚钱的股票在未来会亏损的现象。惯性是指过去赚钱的股票在未来仍旧会赚钱的现象。Thlaer 和 Debondt（1985）发现过去赚钱的组合在 3~5 年后收益比过去亏钱的股票组合的收益要差,说明存在反转现象。Jegadeesh 和 Titman（1993）发现,买入前期表现好的、卖出前期表现差的股票,未来可获得超额回报,说明存在动量效应或惯性效应。

2. 行为金融理论

面对上述有效市场理论难以解释的现象,行为金融学提出了新的解释角度。该理论认为人们存在动物情绪（animal sprit）,是有限理性的,会导致信息处理错误和行为偏差。

（1）信息处理错误

信息处理错误包括预测错误、过分自信等。Kahneman 和 Tversky（1973）的试验表明,人们做预测更看重当前的经历而非以前的信息,而且会在信息不确定情况下做出极端的预测。DeBondt 和 Thaler（1990）认为市盈率效应可用极端的收益期望来解释:当预测未来收益高时（可能因为近期表现较好）,相对公司的客观前景而言,预测值会过高。基于这一因素,股票在 IPO 时有较高的市盈率,但长期来看弱势。

过分自信是指人们通常会低估自己的认识误差和预测的不精确程度,且通常高估自己的能力。理性投资模型认为如果投资者是理性的,那么市场上就不应该出现大量的交易。比如 Grossman 和 Stiglitz（1980）认为人们只有在交易、购买的信息能增加他们的预期效用时才会交易。但 Barber 和 Odean（2000）通过分析 1991—1997 年 78 000 个家庭的交易活动,发现所有投资者年均周转量 75%,最高 240%。1962—1993 年,基金年均周转量 77%,积极增长基金还达到了 99.7%。Barber 和 Odean（2000）、Gervais 和 Odean（2001）提出以信息为基础的过度自信交易模型,认为正是投资者的过度自信导致频繁交易。

（2）行为偏差

行为偏差包括框架效应、心理账户、后悔规避、前景理论、羊群效应等。

框架效应,是指面临有风险的收益时,人们可能会杜绝这种赌博;面临有风险的损失时,人们可能会接受。换言之,面对收益时,人们往往规避风险;面对损失时,人们往往寻求冒险。

心理账户，是指人们将投资决策分成不同部分是框定效应的一种具体形式。比如投资者会对一个账户进行高风险投资，但在子女的教育账户中却相对保守。人们更倾向于出售获得收益的股票而不是出售亏损的股票。Statman（1997）认为心理账户与投资者偏好高股利股票的非理性偏好一致，投资倾向于长时间持有亏损股票。事实上，处置效应（disposition effect）认为投资者更倾向出售获得收益的股票而不是出现损失的股票。心理账户效应有助于揭示股票价格的动量效应。赌场资金效应（house money effect）是指赢钱的赌徒更乐意参与新的赌博。他们认为自己是在用"赢钱账户"即赌场赢来的钱而不是自己的钱在做赌博。股市上涨后，会认为是用资本利得的钱来进行投资，变得更加容忍风险，并用更低的折现率，从而进一步推动股价上涨。

后悔规避，是指当人们不依惯例进行决策并出现不利结果时会更加后悔。比如，相对于购买一个蓝筹股，购买一个不知名的新公司的股票出现不利结果时会更加后悔。人们将投资于蓝筹股出现的损失归于坏运气而非糟糕的投资决策。DeBondt 和 Thaler（1987）认为这种后悔规避与市净率效应一致。账面市值比高的公司，股价会更低，具有更高的收益率。这是因为较小的不知名的公司属于非传统投资选择，需要投资者更大的勇气，从而要求更高的投资报酬率。

前景理论认为，投资者对盈利的效用函数是凹函数，而对损失的效用函数是凸函数。也即投资者在面临投资账户损失时更加偏好风险，而在面临盈利时更加规避风险。前景理论是行为金融的代表理论，可以解释不少金融市场中的市场异象，如股权溢价之谜、期权微笑现象等。

羊群效应，是指人们思维相似、决策一致的现象。在投资行为上，这表现为受其他投资者行为的影响而采取相同的投资策略的现象。我国证券市场大量存在的跟风、跟庄就是典型的羊群效应的体现。羊群行为会导致股价的过度上涨或过度下跌。

（3）一些典型的行为金融模型

①BSV 模型（Barberis，Shleifer，Vishny，1998），又称代表性偏差模型。该模型认为投资者在利用公开信息时存在两个认知偏差：保守倾向与选择性偏差（小数定律）。保守倾向指投资者不能及时根据变化修正自己的预测模型，导致投资者对收益率变化反应过度；选择性偏差指投资者过分重视近期数据的变化，导致投资者对收益率变化反应不足。

②DHS 模型（Daniel，Hirshleifer，Subrahmanyam，1998）。该模型建立在人们普遍存在的过度自信与自我归功心理偏差上，即过度相信自己发现新的信息，过度自信于自己对新信息的解释能力，其结果是对个人信息的过度反应和对公共信息的反应不足，大量买入或卖出，从而导致势头效应，长期出现均值回归。

③HS 模型（Hong，Stein，1999），又称统一理论模型。该模型把研究重点放在不同投资者的认知偏差上面，具体把投资者分为信息观察者和动量交易者。前者依赖未来价值的信息，后者依赖过去价格的变化。该模型认为最初消息观察者对私人信息反映不足的倾向，导致动量交易者通过淘气策略来利用这一点，结果导致过度反应。

市场究竟有效还是无效的争论尚未有定论。如果市场不是理想中的那么有效，则意味着证券研究是有价值的，即股票研究可以找到严重偏离内在价值的股票。目前比较流行的信念是：市场是十分有效的，但是特别勤奋、有智慧或创造性的劳动可以获得相应的回报。

小资料 11-4：券商"金股"的表现

在所有券商推荐的金股中，被多家券商共同推荐的个股往往被称为热门金股。据统计，2022 年 7 月共有 19 只金股被 4 家及以上券商共同推荐，但没有 1 只热门金股取得正收益。如被 17 家券商共同推荐且有"免税茅"之称的中国中免在 7 月下跌了 9.24%，有 9 家券商共同推荐的贵州茅台下跌 7.17%，被 7 家券商共同推荐的五粮液下跌 11.65%，有 6 家共同推荐的东方财富下跌 12.4%。19 只热门金股中，中国国航 7 月份以 16.88% 的跌幅"夺冠"，宋城演艺以 16.61% 的跌幅屈居"亚军"。这些热门金股的表现，无疑让人大跌眼镜。

其实，券商出于行业属性等方面的特点热衷于推荐金股已是不争的事实。此前，每年年底券商在举行的年度投资策略报告会上都会推荐下一年度的金股，但从结果看，某些券商推荐的金股变成了名副其实的"熊股"。如果有投资者相信券商金股的话，亏损将是大概率事件。而且，下一年度的黑马股，往往都非常出乎市场的意料，也基本上与券商推荐的金股无缘。

资料来源：《金融投资报》，2022-8-13。

第四节　证券研究业务利益冲突与道德风险

投资银行证券研究报告的客观性、科学性与其承销业务、经纪业务等可能存在一定利益冲突，从而诱发证券分析师的道德风险。

一、与投资银行承销业务的利益冲突

拟发行证券的公司希望证券分析师对公司未来做出积极的预测，从而吸引投资者。与此对应，投资银行在从事各类证券的承销活动时，为了使承销任务顺利完成，可能会要求证券研究部门予以配合，对所承销的证券未来的收入和风险做出乐观的预测，其结果是损害了投资者的利益。

二、与经纪业务的利益冲突

由于机构投资者是投资银行的重要客户，投资银行为了留住客户，有可能让证券研究部门暗中配合机构投资者的操作，做出损害其独立性的证券分析或证券评价报告。

此外，目前我国券商对分析师的评价在很大程度上取决于外部评价。机构客户对分析师的评分的高低将直接影响分析师奖金的比例。为了换取机构投资者的高分评价，证券分析师对机构重仓持有的股票可能采取十分谨慎的心态，不会随意做出负面评价。

三、与上市公司的利益冲突

为了获取一手信息，证券分析师到上市公司调研是一种常态。但接不接受调研的主动权在于上市公司。出于维护公司利益的考虑，上市公司可能只会透露积极信息，而隐瞒负面信息，从而影响调研报告的质量。此外，上市公司可能为了某种活动而要求证券分析师在调研报告上进行配合。比如，上市公司有再融资或减持计划时，可能希望证券分析师做出积极的报告。如果证券分析师不予以配合，则以后很难接受该公司的调研。

四、证券研究业务规范

2010 年 10 月，中国证监会发布《发布证券研究报告暂行规定》（2020），对券商证券研究业务进行了规范。

1. 原则性要求

证券公司、证券投资咨询机构发布证券研究报告，应当遵守法律、行政法规和本规定，遵循独立、客观、公平、审慎原则，有效防范利益冲突，公平对待发布对象，禁止传播虚假、不实、误导性信息，禁止从事或者参与内幕交易、操纵证券市场活动。

中国证监会及其派出机构依法对证券公司、证券投资咨询机构发布证券研究报告行为实行监督管理。中国证券业协会对证券公司、证券投资咨询机构发布证券研究报告行为实行自律管理，并依据有关法律、行政法规和本规定，制定相应的执业规范和行为准则。在发布的证券研究报告上署名的人员，应当符合相关从业条件，并在中国证券业协会注册登记为证券分析师。证券分析师不得同时注册为证券投资顾问。

2. 组织管理

发布证券研究报告的证券公司、证券投资咨询机构，应当设立专门研究部门或者子公司，建立健全业务管理制度，对发布证券研究报告行为及相关人员实行集中统一管理。

证券公司、证券投资咨询机构应当建立健全与发布证券研究报告相关的利益冲突防范机制，明确管理流程、披露事项和操作要求，有效防范发布证券研究报告与其他证券业务之间的利益冲突。

证券公司、证券投资咨询机构应当采取有效管理措施，防止制作发布证券研究报告的相关人员利用发布证券研究报告为自身及其利益相关者谋取不当利益，或者在发布证券研究报告前泄露证券研究报告的内容和观点。

证券公司、证券投资咨询机构应当严格执行发布证券研究报告与其他证券业务之间的隔离墙制度，防止存在利益冲突的部门及人员利用发布证券研究报告谋取不当利益。

证券公司、证券投资咨询机构的证券分析师因公司业务需要，阶段性参与公司承销保荐、财务顾问等业务项目，撰写投资价值研究报告或者提供行业研究支持的，应当履行公司内部跨越隔离墙审批程序。

合规管理部门和相关业务部门应当对证券分析师跨越隔离墙后的业务活动实行监控。证券分析师参与公司承销保荐、财务顾问等业务项目期间，不得发布与该业务项目相关的证券研究报告。跨越隔离墙期满，证券分析师不得利用公司承销保荐、财务顾问等业务项目的非公开信息发布证券研究报告。

证券公司、证券投资咨询机构从事发布证券研究报告业务，同时从事证券承销与保荐、上市公司并购重组财务顾问业务的，应当根据有关规定，按照独立、客观、公平的原则，建立健全发布证券研究报告静默期制度和实施机制，并通过公司网站等途径向客户披露静默期安排。

3. 禁止行为

从事发布证券研究报告业务的相关人员，不得同时从事证券自营、证券资产管理等存在利益冲突的业务。公司高级管理人员同时负责管理发布证券研究报告业务和其他证券业务的，应当采取防范利益冲突的措施，并有充分证据证明已经有效防范利益冲突。

证券公司、证券投资咨询机构应当采取有效措施，保证制作发布证券研究报告不受证券发行人、上市公司、基金管理公司、资产管理公司等利益相关者的干涉和影响。

制作证券研究报告应当合规、客观、专业、审慎。署名的证券分析师应当对证券研究报告的内容和观点负责，保证信息来源合法合规，研究方法专业审慎，分析结论具有合理依据。

证券公司、证券投资咨询机构应当公平对待证券研究报告的发布对象，不得将证券研究报告的内容或者观点优先提供给公司内部部门、人员或者特定对象。

发布对具体股票做出明确估值和投资评级的证券研究报告时，公司持有该股票达到相关上市公司已发行股份1%以上的，应当在证券研究报告中向客户披露本公司持有该股票的情况，并且在证券研究报告发布日及第二个交易日，不得进行与证券研究报告观点相反的交易。

➤ 案例11-1　国泰君安证券及其他券商的研究业务

国泰君安证券股份有限公司（简称"国泰君安），是国内历史最悠久、牌照最齐全、规模最大的综合类券商之一，由创设于1992年的国泰证券和君安证券通过新设合并、增资扩股，于1999年8月18日组建成立。公司于2015年6月A股（601211.SH）上市、2017年4月H股（2611.HK）上市，实现了A+H国际化资本架构。

2022年，该公司提供了6 870篇研究报告，研究了1 022家公司。2023年，该公司加强资产配置领域及ESG的研究体系建设，加大对核心客户的重点服务力度，不断提升专业研究能力、综合服务能力和内部支持能力。报告期内，公司研究所共完成研究报告9 121篇，举办电话会议1 515场，开展对机构客户路演48 887人次。

越来越多券商发力研究业务，主要基于以下原因：①投资者机构化时代来临，公募基金客户对券商的重要性日益提升；②注册制与资管新规推行之下，全市场对研究业务的需求提升；③随着券商竞争焦点逐渐从依靠牌照的业务向需要依靠专业定价能力的业务转变，券商研究能力正成为核心竞争力之一。发挥研究的驱动作用，加强对投资银行、投资业务等重点业务的研究服务，为公司战略决策提供智力支持，成为不少券商研究所转型的重心所在。

根据中证协2023年底发布的2022年证券研究报告业务经营情况报告，截至2022年底，100家证券商研究部门分析师人数共3 858人，同比增长21%。分析师人数排名前 30 位的券商分析师人数之和占全行业分析师总人数的 70.48%。

2022 年，机构调研累计达 45.52 万次，同比增长 74.81%；覆盖 2 546 家公司，占 2022 年 A 股上市公司总数约 50%，同比上涨 18.97%，其中，约 78 家上市公司获机构超千次调研，16 家公司接受调研次数在 2 000 次以上。从机构调研的动向和频率看，2022 年，机构投资者集中调研频次较高的公司，集中在生物医药、电子、机械设备等板块。

Choice 数据显示，2022 年共有 92 家券商机构发布研报约 152 001 篇，同比增长 27.57%，这些研报覆盖 3 295 家 A 股上市公司，覆盖面达 64.53%。相较之下，2021 年，全部研报覆盖 A 股上市公司数量为 2 757 家，占 A 股公司比例约为 58.79%。整体来看，全年发布研报数量在 4 000 篇以上的证券研究所，由 2021 年的 9 家增长至 2022 年的 15 家。

资料来源：新财富杂志（2023）、国泰君安 2023 年年度报告。

本章小结

1. 证券研究业务虽然对投资银行利润贡献度不大，但事关投资银行的实力和持久竞争力，因而几乎所有的大型证券公司都十分重视。

2. 证券研究业务是指投资银行为发行者、个人投资者、机构投资者等客户提供证券研究服务而获取报酬的业务。

3. 根据证券研究对象不同，证券研究业务分为宏观经济研究、行业研究、市场研究、公司研究、其他专题研究。

4. 证券研究业务内容包括宏观经济分析、行业分析、企业分析。

5. 证券研究能力涉及有效市场理论、市场异象与行为金融理论。

6. 证券公司证券研究报告的客观性、科学性与券商投资银行业务、经纪业务、上市公司存在一定利益冲突，从而可能诱发证券分析师的道德风险。

拓展阅读

1. 关于经济增长与股权收益之间的关系，参阅：

JAY R RITTER. Economic growth and equity returns [J]. Pacific‐Basin Finance Journal，2005（13）：489-503.

2. 关于股票定价，参阅：

FULLER RUSSELL J, CHI-CHENG HSIA. A simplified common stock valuation model [J]. Financial Analysts Journal, 1984（40）：49-56.

3. 关于证券分析师，参阅：

BHUSHAN R. Firm characteristics and analyst following [J]. Journal of Accounting & Economics, 1989, 11（2-3）：255-274.

TAMURA H. Individual analyst characteristics and forecast error [J]. Financial Analysts

Journal，2002，58（4）：28-35.

方军雄. 我国上市公司信息披露透明度与证券分析师预测［J］. 金融研究，2007（6）：136-148.

岳衡，林小驰. 证券分析师 VS 统计模型：证券分析师盈利预测的相对精确性及其决定因素［J］. 会计研究，2008（8）：40-49.

思考题

1. 什么是证券研究业务？该业务的盈利模式是什么？
2. 证券研究业务的内容是什么？
3. 什么是证券研究能力？涉及哪些理论？
4. 证券研究业务为什么会存在道德风险？它与哪些方面存在利益冲突？

参考文献

［1］博迪，凯恩，马库斯. 投资学［M］. 汪昌云，张永骥，译. 10 版. 北京：机械工业出版社，2017.

［2］查科，德桑，等. 金融工具与市场案例［M］. 丁志杰，等译. 北京：机械工业出版社，2008.

［3］陈胜权，詹武. 解读高盛［M］. 北京：中国金融出版社，2009.

［4］艾伦、盖尔. 比较金融系统［M］王晋斌，等译. 北京：中国人民大学出版社，2002.

［5］格里茨. 金融工程学［M］. 唐旭，等译. 北京：经济科学出版社，1998.

［6］何小峰，黄嵩. 投资银行学［M］. 2 版. 北京：北京大学出版社，2008.

［7］吉斯特. 金融体系中的投资银行［M］. 郭浩，译. 北京：经济科学出版社，1998.

［8］马杜拉. 金融市场与金融机构［M］. 何丽芬，译. 8 版. 北京：机械工业出版社，2010.

［9］李子白. 投资银行学［M］. 北京：清华大学出版社，2005.

［10］麦克唐纳. 衍生品市场基础［M］. 任婕茹，戴晓彬，译. 北京：机械工业出版社，2009.

［11］欧阳良宜. 中国私募股权发展之难［J］. 中国经济，2009（9）.

［12］米什金，埃金斯. 金融市场与金融机构［M］. 张莹，刘波，译. 5 版. 北京：机械工业出版社，2008.

［13］弗勒里耶. 一本书读懂投资银行［M］. 朱凯誉，译. 北京：中信出版社，2010.

［14］科罗赫，等. 风险管理［M］. 曾刚，等译. 北京：中国财政经济出版社，2005.

［15］马修斯，汤姆森. 银行经济学［M］. 慕相，译. 北京：机械工业出版社，2008.

［16］谢剑平. 现代投资银行［M］. 北京：中国人民大学出版社，2004.

［17］罗斯，威斯特菲尔德，杰富，等. 公司理财［M］. 吴世农，等译. 11 版. 北京：机械工业出版社，2017.

［18］梅森，默顿，佩罗德，等. 金融工程案例［M］. 胡维熊，译. 大连：东北财经大学出版社，2001.

［19］史永东，赵永刚. 我国多层次资本市场建设研究［R］. 深圳证券交易所综合研究研究报告，2006.

［20］威斯通，郑光，苏姗. 兼并、重组与公司控制［M］. 唐旭，等译. 北京：经济科学出版社，1999.

［21］奚君羊. 投资银行学［M］北京：首都经济贸易大学出版社，2003.

［22］俞自由，李松涛，赵荣信. 风险投资理论与实践［M］. 上海：上海财经大学出版社，2001.

［23］徐尚昆，杨汝岱. 企业社会责任概念范畴的归纳性分析［J］. 中国工业经济，2007（5）：71-79.

［24］张春. 公司金融学［M］. 北京：中国人民大学出版社，2008.

［25］周春生. 融资、并购与公司控制［M］. 北京：北京大学出版社，2005.

［26］张维迎. 博弈论与信息经济学［M］. 上海：上海三联书店，1996.

［27］张维迎. 企业理论与中国企业改革［M］. 北京：北京大学出版社，1999.

［28］Z BODIE，R C MERTON，D L CLEETON. Financial economics［M］. 影印版. 北京：中国人民大学出版社，2011.

［29］ROBERTS R. What's in a name？ industrial bankers and investment bankers［J］. Business History，1993，35：22-38.

［30］BOOT A，A THAKOR. Financial system architecture［J］. Review of Financial Studies，1997，10（3）：693-733.

［31］BOOT A，A THAKOR. Banking scope and financial innovation［J］. Review of Financial Studies，1997，10（4）：1099-1131.

［32］BOOTH JAMES R，SMITH II，RICHARD L. Capital raising，underwriting and the certification hypothesis［J］Journal of Financial Economics，1986，15（1/2）：261-281.

［33］CARTER RICHARD，MANASTER STEVEN. Initial public offerings and underwriter reputation［J］Journal of Finance，1990，45（4）：1045-1067.

［34］CHEMMANUR T J，FULGHIERI P A. Theory of the going-public decision［J］. Review of Financial Studies，1999，12（2）：249-279.

［35］DING YUAN，ERIC NOWAK，HUA ZHANG. Foreign vs domestic listing：an entrepreneurial decision［J］. Journal of Business Venturing，2010，25（2）：175-191.

［36］GRINBLATT M，S TITMAN. 金融市场与公司战略［M］. 2 版. 北京：清华大学出版社，2003.

［37］ GEORGE W FENN, NELLIE LIANG, STEPHEN PROWSE. The economics of the private equity market ［J］. Staff Studies, 1995, 83 (1): 21-34.

［38］ MORRISON, ALAN D, WILLIAM J WILHELM. The demise of investment banking partnerships: theory and Evidence ［J］. Journal of Finance, 2008, 63 (1): 311-350.

［39］ MCCONNELL J J, SCHWARTZ E S. The origin of LYONs: a case study in financial innovation ［J］. Journal of Applied Corporate Finance, 1992: 40-47.

［40］ PAGANO MARCO, FABIO PANETTA, LUIGI ZINGALES. Why do companies go public? An empirical analysis ［J］ Journal of Finance, 1998, 53 (1): 27-64.

［41］ WALTER, TERRY S ALFRED YAWSON, CHARLES P W YEUNG. The role of investment banks in M&A transactions: fees and services ［J］. Pacific-Basin Finance Journal, 2008, 16: 341-369.

［42］ YEOMAN, JOHN C. The optimal spread and offering price for underwritten securities ［J］. Journal of Financial Economics, 2001, 62 (1): 169-198.